Christina Weidmann / Ralf Kohlhepp

Die gemeinnützige GmbH

Christina Weidmann
Ralf Kohlhepp

Die gemeinnützige GmbH

Errichtung und Besteuerung einer gGmbH

2. Auflage

GABLER

Bibliografische Information der Deutschen Nationalbibliothek
Die Deutsche Nationalbibliothek verzeichnet diese Publikation in der Deutschen Nationalbibliografie; detaillierte bibliografische Daten sind im Internet über <http://dnb.d-nb.de> abrufbar.

1. Auflage 2009
2. Auflage 2011

Lektorat: Andreas Funk

Gabler Verlag ist eine Marke von Springer Fachmedien.
Springer Fachmedien ist Teil der Fachverlagsgruppe Springer Science+Business Media.
www.gabler.de

Umschlaggestaltung: KünkelLopka Medienentwicklung, Heidelberg
Druck und buchbinderische Verarbeitung: AZ Druck und Datentechnik, Berlin
Gedruckt auf säurefreiem und chlorfrei gebleichtem Papier
Printed in Germany

ISBN 978-3-8349-2742-2

Vorwort

Die gGmbH ist eine Erscheinungsform gemeinnütziger Organisationen, die immer stärkeren Zulauf verzeichnet. Zahlreiche Organisationen wie Krankenhäuser, Weiterbildungsorganisationen, Jugendhilfeeinrichtungen sind in dieser Form organisiert. Die Trägerschaft kann sowohl öffentlich-rechtlich als auch privat sein, manch eine gGmbH stellt sich als Form der Public-Private-Partnership dar.

Literatur speziell für die gGmbH ist schwer zu finden. Zwar existieren Anleitungen und Mustersammlungen für Satzungstexte, doch fehlt eine systematische Aufarbeitung und eine praxisnahe Darstellung der wesentlichen rechtlichen und steuerlichen Problemkreise rund um die gGmbH. Dieser Aufgabe stellt sich das vorliegende Werk nunmehr in 2. Auflage.

Die hier vorgelegte Darstellung der rechtlichen und steuerlichen Rahmenbedingungen der gGmbH sieht sich insbesondere als Ratgeber für die Praxis und als Buch des ersten Zugriffs, um für Problembereiche zu sensibilisieren. Eine jedes Detail behandelnde Darstellung hätte schnell an Übersichtlichkeit eingebüßt und wäre für die hiermit verfolgten Zwecke nicht dienlich gewesen. Insoweit wird auf die zitierte Literatur verwiesen.

Gleichwohl haben wir die an uns aus Kreisen der Leserschaft herangetragenen Einzelthemen aufgegriffen und teilweise vertieft dargestellt, da viele Problemkreise der gGmbH bislang eher ein Schattendasein fristen.

Die 2. Auflage dieses Buches wurde aufgrund der positiven Aufnahme der Erstauflage bereits nach weniger als zwei Jahren erforderlich. Wir haben die Gelegenheit genutzt, das Werk vollständig zu überarbeiten und die von der Leserschaft begrüßte Praxisorientierung weiter auszubauen. In diesem Rahmen haben wir verstärkt aktuelle Rechtsprechung und Literatur eingearbeitet und hierzu Praxishinweise aufgenommen, die aus unserer beratenden Tätigkeit im Bereich des Gesellschafts- und Gemeinnützigkeitsrecht resultieren.

Die Darstellung lebt von Hinweisen aus der Praxis. Wir sind daher für Fragen und Anregungen dankbar und würden uns freuen, wenn die Praxis auch im Rahmen der Zweitauflage durch Hinweise und Gespräche weiter zur Verbesserung des Werkes beiträgt. Über Ihre Zuschriften freuen wir uns unter info@kanzlei-weidmann.de

Hamburg, im August 2011

Dr. Christina Weidmann　　　Dr. Ralf Kohlhepp

Inhaltsübersicht

Literaturverzeichnis

Buchna, Johannes, Gemeinnützigkeit im Steuerrecht, 9. Auflage 2008

Hüttemann, Rainer, Gemeinnützigkeits- und Spendenrecht, 2008

Hüttemann, Rainer/Schön, Wolfgang, Vermögensverwaltung und Vermögenserhaltung im Stiftungs- und Gemeinnützigkeitsrecht, Köln, München 2007

Kohlhepp, Ralf, Verdeckte Gewinnausschüttung, 2008

Kötz, Hein / Rawert, Peter/Schmidt, Karsten/Walz, Rainer W., Non Profit Law Yearbook 2003, 2004

Lurati, Max Christian/Passarge, Malte/Torwegge, Christoph/Werthmann-Feldhues, Annekatren, Das neue GmbH-Recht, 2009

Mecking, Christoph, Die gemeinnützige GmbH, in: Weitz (Hrsg.) Rechtshandbuch für Stiftungen, 2011, 5/8

Schauhoff, Stephan (Hrsg.), Handbuch der Gemeinnützigkeit, 3. Auflage 2010

Schmidt, Karsten, Gesellschaftsrecht, 4. Auflage 2002

Schmidt, Karsten, Handelsrecht, 5. Auflage 1999

Seifart, Werner/v. Campenhausen, Axel Frhr., Stiftungsrechts-Handbuch, 3. Auflage 2009

Sölch/Ringleb, Umsatzsteuergesetz, Kommentar, Stand September 2010

Tipke, Klaus/Kruse, Heinrich Wilhelm, Abgabenordnung Kommentar, Stand November 2010

Ullrich, Benjamin D., Gesellschaftsrecht und steuerliche Gemeinützigkeit, Köln 2011

Weidmann, Christina, Stiftung und Testamentsvollstreckung, Hamburg 2009

§ 1 Einführung und Konzeption

A. Gemeinnütziges Engagement in Deutschland

I. Vereinskultur, Stiftungslandschaft, Bürgerschaftliches Engagement, öffentlich-rechtliche Verwaltung

Das Engagement für das Gemeinwohl weist in Deutschland eine lange Tradition und eine große Bandbreite – sowohl in inhaltlicher als auch in organisatorischer Hinsicht – auf. Gemeinnützigkeit hat viele Gesichter – von kleinen Zusammenschlüssen in lokalen Vereinen, über großbürgerliches Mäzenatentum in Gestalt von Stiftungen, bis hin zu unternehmerisch geprägtem Handeln, immer öfter in Form einer gGmbH. 1

Der Wunsch, der Gesellschaft etwas zurückzugeben, wird oft als Motivation für gemeinnützige Tätigkeiten genannt. Weniger altruistisch, dafür praktisch umso bedeutsamer sind Kinderlosigkeit oder fehlende bzw. ungeeignete Nachfolger als wichtige Auslöser für gemeinnütziges Engagement in einer selbst errichteten Organisationsstruktur. Die Behebung struktureller Probleme oder die Vorbeugung steuerlicher Schwierigkeiten kann für öffentlich-rechtliche Körperschaften Beweggrund für die Nutzung einer gGmbH sein.

Non-Profit-Organisationen füllen eine gesellschaftliche Lücke, die der Staat nicht mehr besetzen kann und zum Teil auch nicht sollte. Hier geht es nicht um Daseinsvorsorge, sondern um Nischen und Exzellenz, um Hilfe zur Selbsthilfe und oft auch um Forschung, losgelöst von marktwirtschaftlichen Zwängen und schließlich auch um die Verwirklichung des ganz persönlichen Traums von einer besseren Welt oder der Sinnhaftigkeit des eigenen Lebenswerkes über den Tod hinaus.

Die gGmbH ist dabei ein flexibles Instrument zur Umsetzung gemeinwohlorientierter Ziele. Sie bietet sich insbesondere im Bereich wirtschaftlicher Geschäftsbetriebe an, da einerseits aufgrund der unbedingten Weisungsbindung der Geschäftsführung eine klare Entscheidungshierarchie gilt, andererseits ein gesellschaftsrechtlich verlässliches und erprobtes Instrumentarium für die Ausübung wirtschaftlicher Betätigungen vorliegt. Alle Organisationformen, die nach dem gängigen Begriffsverständnis im Gemeinnützigkeitssegment tätig sind, kommen mehr oder minder stark mit wirtschaftlichen Betätigungsfeldern in Berührung. Dies kann bei der bestehenden Vereinskultur in Deutschland beispielsweise der Vertrieb von Werbe- oder Merchandiseartikeln, die Vermietung von Räumlichkeiten oder die entgeltliche Beratung sein. Auch im Bereich der Kranken- und Altenpflege sowie bestehender Jugendhilfeeinrichtungen wird immer stärker ein betriebswirtschaftliches Vorgehen erforderlich. Das führt dazu, dass auch öffentlich-rechtliche Trägerschaft mit ihren bestehenden Strukturen teilweise nicht mehr geeignet ist, eine solche Tätigkeit ohne separate Organisationsstruktur auszuführen. Hier bietet sich ebenso die gGmbH an, wie dies in vielen Bereichen des bürgerschaftlichen Engagements oder im Rahmen der Wahrnehmung wirtschaftlicher Geschäftsbetriebe durch Stiftungsorganisationen der Fall ist.

Die vorstehenden Ausführungen verdeutlichen, dass Vereinskultur, Stiftungslandschaft, bürgerschaftliches Engagement und öffentlich-rechtliche Verwaltung in immer größerem Maße durch unternehmerisches Handeln geprägt sind. Die Eignung der gGmbH als Bindeglied zwischen Gemeinwohl und Unternehmertum soll nachfolgend dargestellt werden.

1

II. Gemeinwohl und Unternehmertum

2 Wenn über gemeinnützige Gestaltungen nachgedacht wird, kommen zunächst zwei Rechtsformen in den Sinn: der Verein und die Stiftung. Kapitalgesellschaften hingegen widersprechen aufgrund ihrer Ausrichtung auf Gewinnerzielung auf den ersten Blick dem Gedanken der Selbstlosigkeit und der Gemeinwohlorientierung.

Das Gemeinnützigkeitsrecht beschränkt sich jedoch nicht auf bestimmte Rechtsformen, sondern knüpft an den Begriff der Körperschaft im steuerrechtlichen Sinne an. Der Status der Gemeinnützigkeit ist damit natürlichen Personen und Personengesellschaften (wie z.B. GbR, OHG oder KG) verwehrt – sie können ihr gemeinnütziges Engagement nur durch Unterstützung dieser Körperschaften (Spenden) oder durch Errichtung/Beitritt zu einer solchen Körperschaft erreichen.

Die gemeinnützige GmbH ist bereits eine weit verbreitete Erscheinungsform im sogenannten „Dritten Sektor".[1] Die Bedeutung der gGmbH nimmt immer stärker zu. Die Gründe dafür sind vielschichtig:

Zunächst können, ggf. abgesehen vom aufzubringenden Stammkapital, alle weiteren Zahlungen an die (eigene) GmbH steuerlich im Rahmen des Spendenabzugs geltend gemacht werden.

Trägervereine und andere Non-Profit-Organisationen aus dem Bereich Bildung, Erziehung, Soziales suchen nach Strukturen, in denen sich wirtschaftliche Führung und handlungsfähige Entscheidungsgremien mit dem Status der Gemeinnützigkeit verbinden lassen.

Vor allem ist es aber die Unternehmenstauglichkeit der gGmbH im Vergleich zum Verein und die größere Flexibilität im Vergleich zur Stiftung, die die gGmbH immer stärker in den Mittelpunkt des Interesses rücken.

3 Die Umwidmung einer bestehenden GmbH hat dabei zwar in der Praxis bislang eine geringere Bedeutung als die Neugründung einer gGmbH, sie stellt aber – in dazu prädestinierten Branchen auch im Rahmen der Unternehmensnachfolge – eine echte Alternativlösung dar (vgl. hierzu in § 3 D.).

Bezüglich der Ausrichtung der GmbH sind rein vermögensverwaltende Gesellschaften eher unterrepräsentiert. Ein ganz klassischer Tätigkeitsbereich für die gGmbH ist der Gesundheitsbereich, d. h. der Krankenhausbetrieb sowie die Altenpflege, aber auch der Betrieb von Weiterbildungs- und Jugendhilfeeinrichtungen. In diesem Fall korrespondiert oft der Unternehmensgegenstand mit der gemeinnützigen Ausrichtung (Altenpflege als gemeinnütziger Zweck i.S.d. § 52 AO).

Soll eine bislang rein vermögensverwaltende GmbH in den Gemeinnützigkeitsstatus überführt werden, ist bei der Frage der Rechtsformwahl in praktischer Hinsicht gegebenenfalls die Abgrenzung zur Beteiligungsträgerstiftung interessant. Denkbar ist z. B. die Gestaltungsvariante, bei der eine rechtsfähige Stiftung gegründet wird, die als Dotationskapital die Anteile an der GmbH (die ihrerseits dann nicht gemeinnützig sein muss) hält und das Gewinnbezugsrecht daraus als Einnahmequelle für die Stiftung dient. Nachteil dieser Gestaltung ist zwar die Steuerpflicht auf Ebene der GmbH, jedoch lässt sich der angestrebte gemeinnützige Zweck gegebenenfalls besser verwirklichen und mit der Dauerhaftigkeit der Stiftung versehen.

Neben der Eignung von gGmbHs für die Ausübung wirtschaftlicher Tätigkeiten durch gemeinnützige Organisationen, kann die gGmbH aber auch als Gestaltungsinstrument der Unternehmensnachfolge genutzt werden. Das gilt insbesondere dann, wenn der bestehende Unternehmenszweck bereits eine Nähe zu gemeinnützigkeitsrechtlich relevanten Zwecksetzungen hat. Auch in anderen Fällen kann die gGmbH beispielsweise als Beteiligungsholding für Erblasser dann interessant sein, wenn geeignete Nachfolger fehlen oder erhebliche Pflichtteilslasten drohen und „erwünschte" Nachfolger durch anderweitige Gestaltungen hinreichend abgesichert werden können. In diesem Fall kann die

1 Vgl. Mecking 8.1. mit Beispielen.

gGmbH aufgrund der im Rahmen der Erbschaftsteuer nur gering anzusetzenden Anteilswerte (als Folge der gemeinnützigen Vermögensbindung) als Mittel zur Reduzierung der Erbschaftsteuer dienen.

Fazit: 4

Praktische Gründe für gemeinnütziges Engagement in Form einer gGmbH sind:

- Als Bestandteil der Nachfolgeregelung, insbesondere wenn der Erblasser keine eigenen Kinder hat
- Als Modell im Rahmen einer steuerlichen Gesamtstrukturierung des Vermögens
- Zur Vermeidung von Zersplitterung und Pflichtteilslasten, Herstellung von „Familienfrieden"
- Reduzierung der Erbschaftsteuer
- Auslagerung von Betrieben aus Stiftungen und Vereinen, u.a. zur Haftungsbegrenzung und zur Etablierung von professioneller Führung
- Verwirklichung von persönlichen Zielvorstellungen und Interessen durch Ausrichtung des Zweckes an den Motiven des Gründers.

III. Gesellschaftsrechtliche Rahmenbedingungen

Steuerbegünstigt können nicht nur Vereine und Stiftungen, sondern auch Kapitalgesellschaften im Sinne von § 1 Abs. 1 KStG sein. Voraussetzung ist, dass sie die gemeinnützigkeitsrechtlichen Voraussetzungen der §§ 51-68 AO erfüllen. 5

Von ihrer Grundidee sind Kapitalgesellschaften als Rechtform für erwerbswirtschaftliche Unternehmen vom Gesetzgeber konzipiert. Gleichwohl eignen sie sich als äußerer rechtlicher Rahmen für gemeinnütziges Engagement – sie verbinden hierbei die Vorteile der klaren gesellschaftsrechtlichen Regelungen mit den Grundsätzen des Gemeinnützigkeitsrechts zu einer unternehmerisch geführten Non-Profit-Organisation.

Das Gesellschaftsrecht kennt keine Einschränkung in Bezug auf die Gesellschaftszwecke – grundsätzlich kann eine GmbH zu jedem gesetzlich zulässigen Zweck errichtet werden, d. h. es muss sich keineswegs um einen wirtschaftlich geprägten Zweck handeln (§ 1 GmbHG).

Die gemeinnützige GmbH ist unter den gemeinnützigen Kapitalgesellschaften die am häufigsten verbreitete Rechtsform. Sie bildet eine interessante Alternative zur Errichtung eines gemeinnützigen Vereins oder einer gemeinnützigen Stiftung.

Die gGmbH bietet sich für die Ausübung gemeinnütziger Tätigkeiten insbesondere deswegen an, weil ihr einerseits gesellschaftsrechtlich eine klare Struktur innewohnt, die das Handeln der Organe eng an die Vorgaben der Satzung anknüpft; sie andererseits, aufgrund der institutionell vorgesehenen Fremdorganschaft, über eine streng weisungsgebundene Geschäftsführung verfügt, für die anders als etwa im Fall der Stiftung nicht das Primat des ursprünglichen Stifterwillens, sondern die aktuellen, an die jeweiligen Umstände anpassbaren Weisungen der Gesellschafter gelten. Schließlich lässt das Gesellschaftsrecht dem Gründer hinreichend Raum, etwa durch die Schaffung eines Beirats oder anderer Gesellschaftsorgane weitreichenden Einfluss auf die Ausgestaltung der Tätigkeit im Einzelnen zu nehmen. Schließlich ist die Haftungsabschirmung ein weiterer elementarer Vorteil der gemeinnützigen GmbH.

IV. Verhältnis von Gemeinnützigkeit und Gesellschaftsrecht

6 Die gemeinnützigen Kapitalgesellschaften, damit auch die gGmbH, unterliegen den allgemeinen Regelungen des Gesellschaftsrechts – ihre ideelle Zielsetzung führt grundsätzlich zu keiner gesellschaftsrechtlichen Sonderbehandlung.[2]

Es gibt kein gesondertes Gesellschaftsrecht für gemeinnützige Einrichtungen. Gemeinnützigkeitsrecht und Gesellschaftsrecht stehen nebeneinander. Dies ist im Rahmen der Gestaltung von Satzungen / Gesellschaftsverträgen von gemeinnützigen Kapitalgesellschaften zu berücksichtigen, d. h. die Satzung einer gGmbH muss einerseits den gesellschaftsrechtlichen Vorgaben des GmbHG, andererseits den steuerrechtlichen Prinzipien der Abgabenordnung (§§ 51 ff. AO) entsprechen.

7 Dieses Nebeneinander von Gesellschafts- und Gemeinnützigkeitsrecht hat konkrete praktische Auswirkungen: Bei der gGmbH ist der nach § 3 Abs. 1 S. 2 GmbHG im Gesellschaftsvertrag anzugebene Unternehmensgegenstand nicht identisch mit dem nach § 60 Abs. 1 AO in der Satzung anzugebenden steuerbegünstigten Zweck der Körperschaft (vgl. dazu im Einzelnen in § 3 B.).

Der Einfluss des Steuerrechts auf das Gesellschaftsrecht ist bei diesen beiden Kernelementen der gemeinnützigen Kapitalgesellschaft – Unternehmensgegenstand und Zweck – deutlich zu erkennen: Der steuerbegünstigte Zweck und die Art und Weise seiner Verwirklichung, d. h. der Unternehmensgegenstand, müssen im Gesellschaftsvertrag so genau angegeben werden, dass allein aufgrund dieser satzungsmäßigen Bestimmung die Voraussetzungen der Steuervergünstigung durch die Finanzbehörden überprüft werden können.[3]

Hinweis:

Während der steuerbegünstigte Zweck (zulässig sind auch mehrere Zwecke) möglichst genau bestimmt werden muss, ist von einer zu engen Formulierung des Unternehmensgegenstandes abzuraten, da sich dadurch die Gesellschaft der Möglichkeit einer Anpassung an künftige wirtschaftliche Entwicklungen und Veränderungen erschwert.

Die Satzung sollte daher bezüglich des Unternehmensgegenstandes offener bzw. weiter ausgestaltet werden, z. B. durch die Formulierung: Die steuerbegünstigten Zwecke werden insbesondere verwirklicht durch .....[Angabe eines möglichst weiten Unternehmensgegenstandes mit mehreren Tätigkeitsbereichen, z.B. Betrieb von Bildungseinrichtungen in den Bereichen Aus- und Weiterbildung, Umschulungen, Freizeitangebote/Kurse].

Das Gemeinnützigkeitsrecht hat auch Einfluss auf die Rechte der Gesellschafter. So werden durch die Satzungsgestaltung bei der gGmbH die Vermögensrechte der Gesellschafter ausgeschlossen bzw. stark eingeschränkt: Gewinnausschüttungen an Gesellschafter – ob offen oder verdeckt (zu hohe Geschäftsführergehälter oder Sachbezüge) – sind nach § 55 Abs. 1 Nr. 1 AO untersagt und schließen die Gemeinnützigkeit aus (vgl. dazu die Mustersatzung in § 9 B.).

2 Vgl. zum Meinungsstand und zur Diskussion de lege ferenda: Ullrich, S. 99 ff. und passim.
3 Vgl. dazu näher BFH v. 20.07.1988 – I R 244/83, BFH NV 1989, 479ff.

1

B. Rechtsformwahl

I. Abgrenzung Verein, GmbH, Stiftung

Der eingetragene Verein, die rechtsfähige Stiftung und die GmbH lassen sich unter zwei Oberbegriffe fassen: Sie sind im steuerrechtlichen Sinne Körperschaften und sind damit selbst Steuersubjekt (§ 1 KStG); im zivilrechtlichem Sinne fallen sie unter die juristischen Personen des 2. Teils des 1. Buches des BGB und sind damit selbst Träger von Rechten und Pflichten. 8

An die Entstehung sind bei allen drei Rechtsformen neben der rechtsgeschäftlichen Errichtung besondere Entstehungsvoraussetzungen geknüpft: Beim Verein die Eintragung ins Vereinsregister, bei der Stiftung die staatliche Anerkennung und bei der GmbH die Eintragung ins Handelsregister. Die Erfüllung dieser Voraussetzungen ist jeweils konstitutiv für die Erlangung der Rechtsfähigkeit.

Abgesehen von diesen Gemeinsamkeiten bestehen jedoch im Einzelnen bedeutsame Unterschiede der im Gemeinnützigkeitsrecht verbreitetsten Rechtsformen.

1. Willensbildung

Unterschiede zwischen den drei Rechtsformen ergeben sich zunächst bei der Art und Weise der **Willensbildung**: 9

a) Verein

Beim Verein verfügt jedes Mitglied im Rahmen der Mitgliederversammlung in der Regel über eine Stimme. Diese stark personalistische Struktur ist von Vorteil, wenn Zweck und Organisationsstruktur z. B. auf die eigene Erfüllung des gemeinnützigen Zweckes ausgerichtet sind. Wenig geeignet ist der Verein zur Unternehmensführung, da die pluralistische Willensbildung im Widerspruch steht zum Erfordernis stringenter Entscheidungsprozesse. Zudem wirft eine über einen Nebenzweck hinausgehende wirtschaftliche Betätigung eines Vereins vielfältige Fragen im Spannungsfeld zwischen Vereins- und Gesellschaftsrecht auf.[4] 10

b) GmbH

Die gGmbH ist körperschaftlich strukturiert, d. h. ist auf Dauer der Willensbildung ihrer Gesellschafter unterworfen – sie sind nach dem gesetzlichen Leitbild die Entscheidungsträger der Gesellschaft. Die Gesellschafter können damit jederzeit eine Änderung des Zweckes oder des Gesellschaftsvertrages herbeiführen oder die gGmbH auflösen. Im Vergleich zur Stiftung fehlen der gGmbH damit die Elemente der Dauerhaftigkeit und der Kontinuität.[5] 11

Auch die gGmbH ist trotz ihrer gemeinnützigen Ausrichtung in erster Linie eine Kapitalgesellschaft. Die Willensbildung orientiert sich demzufolge grundsätzlich an den Geschäftsanteilen bzw. den geleisteten Einlagen der Gesellschafter. Abweichende Regelungen können im Gesellschaftsvertrag vereinbart werden – eine Willensbildung rein nach Köpfen ist bei der GmbH aber eher unüblich (vgl. dazu näher in § 3 A.).

4 Vgl. Reuter, in Müko BGB §§ 21, 22 Rz. 4ff.
5 (zur Möglichkeit der stiftungsähnlichen Ausgestaltung der gGmbH siehe in § 1 III. 3.)

c) Stiftung

12 Bei der Stiftung ist eine autonome Willensbildung grundsätzlich ausgeschlossen. Zwar gibt es in jüngster Zeit Tendenzen, die Willensbildung auch bei Stiftungen an die Regelungen bei Kapitalgesellschaften anzunähern[6], nach geltendem Recht bzw. ganz herrschender Meinung widerspricht dies aber den stiftungsrechtlichen Grundprinzipien.[7]

Die Willensbildung bei der Stiftung leitet sich aus dem in der Stiftungssatzung manifestierten Stifterwillen her. Eine spätere Änderung dieses Willens ist nur unter sehr engen Voraussetzungen und in der Regel nur mit staatlicher Genehmigung durch die Stiftungsbehörde möglich, § 87 BGB. Dies gilt, sofern in der Satzung kein entsprechender Stiftervorbehalt angeordnet worden ist, grundsätzlich auch bereits zu Lebzeiten des Stifters.[8] Das macht die Stiftung im Vergleich zu Verein und GmbH einerseits zur idealen Rechtsform zur Gewährleistung einer dauerhaften Erfüllung einmal angeordneter Zwecke. Andererseits macht es die Stiftung aber auch zu unflexibel, um auf veränderte Umstände zu reagieren und ihre Zwecke hieran anzupassen.

2. Geschäftsführung und Vertretung

13 Vertretungsorgan beim Verein ist der Vorstand, der aus der Mitgliederversammlung heraus gewählt wird. Im Gegensatz dazu ist bei der GmbH nur der Geschäftsführer vertretungsberechtigt. Der Geschäftsführer muss nicht zwingend auch Gesellschafter sein und umgekehrt kann selbst ein Mehrheitsgesellschafter ohne Geschäftsführungsbefugnis die GmbH nicht wirksam nach außen vertreten.

Die gesetzlich vorgesehene Fremdgeschäftsführung ist eine Gemeinsamkeit von GmbH und Stiftung. Da die Stiftung weder über Gesellschafter noch über Mitglieder verfügt, sondern eine reine Verwaltungsorganisation mit eigenem Vermögen ist, kann der vertretungsberechtigte Vorstand – zumindest dem Idealbild zufolge – von Eigeninteressen unabhängig und allein zum Wohl der Stiftung agieren. Der GmbH-Geschäftsführer unterliegt hingegen den Weisungen der Gesellschafter.

Ein für die Rechtsformwahl relevanter Vorteil der GmbH kann auch die klare Vertretungsregel im GmbH-Gesetz in Verbindung mit dem Publizitätsgrundsatz der GmbH sein. Diese führen im Rechtsverkehr zu großer Rechtssicherheit, da ein Blick in das Handelsregister, der auch elektronisch jederzeit möglich ist[9], zu Klarheit und Sicherheit über den zum Vertragsabschluss befugten Vertretungsberechtigten führt.

3. Haftung

a) Haftung des Vertretungsorgans

14 Auch bezüglich der Haftung des Vertretungsorgans trifft das GmbHG eindeutige Regelungen. Die Haftung von Vorständen gemeinnütziger Stiftungen oder Vereine wird hingegen aufgrund der geringeren unternehmerischen Ausrichtung oft unterschätzt.

Der Geschäftsführer einer GmbH haftet grundsätzlich gegenüber Dritten nicht persönlich aus seinen Handlungen bzw. aus der Verletzung von Verträgen der gGmbH. Eine deliktische Haftung besteht gegebenenfalls im Einzelfall. Ein nicht zu unterschätzendes Risiko für den GmbH Geschäftsführer

6 Vgl. nur Burgard, Gestaltungsfreiheit im Stiftungsrecht, 2006.
7 Rawert, BGB-Staudinger, § 85 Rz. 8; Reuter in MüKo-BGB § 85 Rz. 2.
8 Weidmann, Stiftung und Testamentsvollstreckung, 2009.
9 www.unternehmensregister.de

ist allerdings die Haftung gegenüber Gläubigern im Zusammenhang mit der Insolvenzantragspflicht, die aber auch Gesellschafter in bestimmten Konstellationen trifft (vgl. unten. § 5 D. II.). Im Innenverhältnis haftet der Geschäftsführer der gGmbH für Verstöße gegen seine Sorgfaltspflichten aus dem Geschäftsführeranstellungsvertrag.

Der Vorstand des Vereins haftet nach Maßgabe des § 280 BGB für schuldhafte Pflichtverletzungen gegenüber dem Verein. Es gilt der Sorgfaltsmaßstab des § 276 BGB, d. h. er muss sich an der Sorgfalt einer gewissenhaften, ihrer Aufgabe gewachsenen Person messen lassen. Der Vorstand haftet grundsätzlich schon für leichte Fahrlässigkeit. Gleiches gilt für den Vorstand der rechtsfähigen Stiftung. In Anbetracht der Tatsache, dass das gesetzliche Leitbild eines Vereins- und Stiftungsvorstands die ehrenamtliche Ausübung dieser Tätigkeit bildet (d. h. eine entgeltliche Vorstandstätigkeit muss in der Satzung verankert sein), ist das damit verbundene Haftungsrisiko je nach Größe des Vereins und Umfang der wirtschaftlichen Betätigung recht erheblich.

Die GmbH bietet den Gesellschaftern die Möglichkeit, dieses Risiko mittels einer Fremdgeschäftsführung, idealerweise mit fachspezifischem, betriebswirtschaftlichem Knowhow, zu verringern und das bestehende Haftungsrisiko des Geschäftsführers über eine entsprechende Vergütung adäquat zu kompensieren.

Die Haftungsthematik spielt aber nicht nur in Bezug auf die Vertretung im Außenverhältnis eine Rolle, sondern insbesondere bezüglich der laufenden Geschäftstätigkeit, d. h. vor allem im Innenverhältnis gegenüber der Körperschaft. Während bei der Stiftung die interne Vorstandshaftung in vielen Fällen aufgrund der mitgliederlosen Struktur der Stiftung praktisch nicht zum Tragen kommt, können bei der gGmbH die Gesellschafter die Interessen der Gesellschaft gegenüber dem Geschäftsführer in der Gesellschafterversammlung effektiv wahrnehmen .

b) Haftung der Organisationsform

Die Rechtsform der GmbH führt für die Gesellschafter grundsätzlich zu einer Haftungsbegrenzung 15 auf das voll eingezahlte Stammkapital. Die GmbH selbst haftet ebenso wie der Verein oder die Stiftung mit dem gesamten Vermögen. Dies betrifft wiederum nicht die Haftung der Organe, sondern der Gesellschaft selbst mit ihrem eigenen Vermögen.

Da gemeinnützige Vereine und Stiftungen somit durch ihre teilweise wirtschaftlichen Aktivitäten auch für den Bereich der gemeinnützigen Tätigkeit einer lediglich durch das Vereins- bzw. Stiftungsvermögen beschränkten Haftung ausgesetzt sind, bietet sich eine häufig gewählte Gestaltungsvariante an: Die Ausgliederung der wirtschaftlichen / betrieblichen / riskanten Aktivitäten des Vereins oder der Stiftung in eine (ihrerseits ebenfalls gemeinnützige) GmbH.

Vor allem das Risiko des Totalverlustes in Bezug auf das Vereins- bzw. Stiftungsvermögen wird dadurch effektiv verhindert, da sich die Haftung für die wirtschaftliche Geschäftstätigkeit nur auf die GmbH beschränkt, gleichzeitig aber mittels einer entsprechenden Ausgestaltung in der Satzung der gGmbH die Erträge dem gemeinnützigen Träger (Stiftung oder Verein) zufließen können.

1

II. Zusammenspiel von gemeinnütziger Organisation und gGmbH

16 Die Wahl der Rechtsform der GmbH als organisatorischer Rahmen für ein bestimmtes gemeinnütziges Engagement basiert meist auf einer zumindest partiell wirtschaftlichen bzw. betrieblichen Ausrichtung der Non-Profit-Organisation. Ideelle Zielsetzung und unternehmerische Betätigung sollen dergestalt miteinander verbunden werden, dass der unternehmerische Bereich eine tragfähige Grundlage für das gemeinnützige Engagement bildet.

1. Auslagerung des betrieblichen Bereichs

17 Am häufigsten ist die gGmbH in einer Gesamtstruktur von mehreren Verbandskörperschaften eingebunden. Die gGmbH dient damit als Betriebsgesellschaft. Mit der Auslagerung des betrieblichen Bereichs, z. B. eines Vereins oder einer oder mehrerer öff.-rechtl. Körperschaften auf eine gGmbH, sind viele Vorzüge verbunden.

Die Bindung zwischen ideellem und betrieblichem Bereich bleibt über die meist 100-prozentige Beteiligungsstruktur erhalten, gleichzeitig werden die Bereiche organisatorisch und vor allem auch (haftungs-) rechtlich getrennt

Mit dieser Gestaltung kann etwa folgende **Zielsetzung** verbunden sein (am Beispiel des Vereins):

- Schutz des Vereinsvermögens vor den Risiken einer wirtschaftlichen bzw. unternehmerischen Betätigung.
- Begrenzung der Haftung des Vereins auf das in der gGmbH investierte Stammkapital (ggf. nur das Mindestkapital von 25.000 Euro).
- Haftungsbegrenzung für den Vereinsvorstand: Der Vorstand soll nicht unbegrenzt und persönlichen für die wirtschaftlichen Risiken des Betriebs haften, insbesondere nicht der ehrenamtliche Vorstand.
- Fehlende unternehmerische bzw. betriebswirtschaftliche Qualifikation des Vereinsvorstands – Auslagerung auf einen verantwortlichen Fremdgeschäftsführer der gGmbH.
- Größere Unabhängigkeit der Geschäftsführung des Betriebes vom Vereinsvorstand.
- Begrenzte Verantwortlichkeit des Vorstands bei Auslagerung: Auswahl des Geschäftsführers und Überwachungspflichten als (Allein-)Gesellschafter (denn allein durch eine Übertragung auf einen Vereinsgeschäftsführer kann der Vorstand seine Haftung kaum begrenzen).
- Vereinsvorstand kann sich besser auf die Vereinsaufgaben, insbesondere die gemeinnützige Zweckerfüllung konzentrieren.
- Entlastung der Gremien, insbesondere bei der Ausübung ihrer Kontrollfunktion.
- Bessere Führung des Betriebes, Steigerung der Flexibilität und Wettbewerbsfähigkeit.
- Erleichterung bzw. Vorbereitung der Veräußerung des Betriebes.

18 Es gibt allerdings nicht nur positive Aspekte, die zu einer Auslagerung des Betriebes auf eine gGmbH bewegen. Teilweise ist es auch Ziel des Vereinsvorstandes, durch eine rechtliche Verselbständigung die anderen Vereinsmitglieder, die nicht in den Vereinsvorstand berufen sind, von den betrieblichen Entscheidungsprozessen fernzuhalten.

1

Auch die Möglichkeit, die Haftung auf ein relativ geringes Stammkapital zu begrenzen, kann sich auf die Erfüllung der gemeinnützigen Zwecke negativ auswirken. Dieses Vorgehen birgt die Gefahr, dass Projekte mit zu großem Risikopotential begonnen werden und dann scheitern, der Vorstand sich nicht mehr persönlich verantwortlich fühlt oder auch die wirtschaftlichen Aspekte aufgrund der unternehmerischen Organisationsstruktur der GmbH zu stark in den Vordergrund rücken und damit im schlechtesten Fall die Gemeinnützigkeit gefährdet wird. Es ist daher anzuraten, jede Ausgründung mit zweckentsprechenden liquiden Mitteln anzureichern.

2. Gestaltung einer betrieblichen Ausgliederung

a) Ausgliederung eines Betriebes aus dem Verein in eine gGmbH

Nachfolgend soll eine typische Konstellation vorgestellt werden, die in verschiedenen Varianten auftreten kann, und gleichwohl einige allgemeingültige Grundsätze aufzeigt: 19

Beispiel:

Der steuerbegünstigte Verein möchte den Zweckbetrieb, der maßgeblich zur Finanzierung der ideellen Zwecke des Vereins beiträgt, aus seiner Organisationsstruktur ausgliedern.

Hierzu gründet der Verein, vertreten durch den Vereinsvorstand, eine gemeinnützige GmbH. Diese Gesellschaftsgründung sollte zuvor in der Mitgliederversammlung des Vereins beschlossen werden. Unter Umständen ist auch eine Anpassung der Vereinssatzung nötig und zwar dergestalt, dass der Verein selbst Gesellschaften gründen und Teile seines Engagements auf diese auslagern darf.

Der **Verein** wird in dieser Konstellation **Alleingesellschafter der gGmbH**. Er hält damit 100% der Geschäftsanteile an der gGmbH.

Da der Verein selbst gemeinnützig ist, gilt hier eine **Ausnahme vom Gewinnausschüttungsverbot**: Die von der gGmbH erwirtschafteten Mittel dürfen in Form einer gemeinnützigkeitsrechtlichen „Mittelweitergabe" im Sinne des § 58 Nr. 1 und 2 AO an den Verein ausgeschüttet werden.[10]

Hinweis:

Diese Variante ist in der steuerlichen Mustersatzung (vgl. § 9) nicht enthalten und muss in den Gesellschaftsvertrag der gGmbH gesondert aufgenommen werden.

b) Personenidentität

Bei der Gestaltung der Satzung sollten darüber hinaus noch weitere Aspekte berücksichtigt werden: 20

In personeller Hinsicht ist eine Identität von Vereinsvorstand und Gesellschafterversammlung der gGmbH zwingende Folge. Dies ergibt sich bereits aus der Konstruktion, dass die gGmbH 100-prozentige Tochtergesellschaft des Vereins ist. Der Vorstand als gesetzliches Vertretungsorgan des Vereins vertritt damit gleichzeitig die Eigentümerinteressen des Alleingesellschafters.

10 Zu der Ausgestaltung von Gewinnausschüttungen zwischen steuerbegünstigten Körperschaften vgl. Döring/Fischer, DB 2007, 1831.

Gründen **mehrere gemeinnützige Vereine** eine gemeinnützige GmbH, in der sie z. B. ihre Bildungseinrichtungen zusammenführen, besteht die Gesellschafterversammlung aus den Vorständen der beteiligten Vereine. Gegebenenfalls sollte hier vereinbart werden, dass nur die Vorsitzenden bzw. Stellvertreter der jeweiligen Vereinsvorstände in den Gesellschaftsversammlungen stimmberechtigt sind (und dabei die zuvor im Vereinsvorstand intern getroffenen Beschlüsse einbringen).

Eine vollständige Personenidentität zwischen der Vereinsleitung in Gestalt des Vorstands und der Leitung der gGmbH in Form der Geschäftsführung ist hingegen nicht zu empfehlen:

Zum einen ist eine Einflussnahme in Grundsatzfragen bereits durch die Doppelfunktion von Vereinsvorstand und Gesellschafterversammlung sichergestellt.

Zum anderen sollte bezüglich der Geschäftsführung die mit dieser Gestaltung bezweckte klare Abgrenzung der einzelnen Bereiche dokumentiert werden:

gemeinnütziger e.V. = verbandliche Sphäre

gemeinnützige GmbH = betriebliche Sphäre

c) Probleme und Risiken bei einer Ausgliederung

21 Die konsequente Umsetzung dieser rechtlichen Trennung und der Haftungsabschirmung des Vereins sollte möglichst in allen Bereich eingehalten werden. Zu beachten ist, dass die Vergabe von Darlehen / Sicherheiten oder Bürgschaften vom Verein an die gGmbH diese Abschirmung in negativer Weise durchbricht. Insbesondere die Gewährung langfristiger Darlehen kann aus gemeinnützigkeitsrechtlichen Gründen bedenklich sein (vgl. AEAO Nr. 15 f. zu § 55), wogegen Sicherheiten/Bürgschaften erst problematisch werden, wenn auf sie zurückgegriffen werden muss.

Um eine Vermögensvermischung zu vermeiden, ist z. B. auch anstelle einer Vermögensübertragung von betriebsnotwendigen Grundstücken und Gebäuden die Verpachtung des Immobilienvermögens an die gGmbH vorzuziehen. Steuerlich bedeutet dies allerdings ggf. eine sog. Betriebsaufspaltung, die zu negativen ertragssteuerlichen Konsequenzen führen kann, wenn die gGmbH ihre Gemeinnützigkeit verliert (vgl. dazu unten § 7 Rz. 21).

Wird eine Ausgliederung erwogen, sind hierbei auch folgende Aspekte mit in Erwägung zu ziehen bzw. vorab zu prüfen:

- die Übertragung von Betriebsgrundstücken auf die gGmbh kann Grunderwerbsteuer auslösen.
- Zweckbindungen bei Zuschüssen der öffentlichen Hand können bestehen und Zuschüsse können ggf. nicht übertragen werden.

Bespiel:

Ein privater Bildungsträger in der Rechtsform eines gemeinnützigen Vereins erhält auf der Grundlage des Landesschulgesetzes öffentliche Zuschüsse für seine pädagogischen Mitarbeiter.

Der Träger will den Vorschulbetrieb auf eine gGmbH ausgliedern. Die für diesen Bereich gewährten Zuschüsse sind grundsätzlich an den Träger gebunden. Die zuständige Behörde ist vor einem Trägerwechsel zu informieren und ihre schriftliche Zustimmung zur Übertragung dieser Zuschüsse auf den neuen Träger einzuholen.

Weitere negative Aspekte können sein:

- Erhöhung der Komplexität der Gesamtstruktur und dadurch höhere Kosten.
- Verlust der Kontrolle des Vereinsvorstands über die betrieblichen Prozesse.

Im Ergebnis ist die Option der Ausgliederung betrieblicher Bereiche in eine gGmbH im Einzelfall zu prüfen. Gerade für Vereine und Stiftungen, die nicht über eine entsprechend komplexe bzw. auf betriebliche Erfordernisse ausgerichtete Organisationsstruktur verfügen, bietet diese Variante in der Regel signifikante Vorteile.

III. Verbindung von gemeinnütziger Stiftung und gemeinnütziger GmbH

1. Stiftung als Holding für mehrere Unternehmen in der Rechtform der gGmbH

Ebenso wie der Verein eignet sich auch die Stiftung als Gesellschafterin einer gGmbH. Die Stiftung kann auch als Holding für mehrere gGmbHs fungieren.[11] Diese Gestaltungsvariante bietet sich insbesondere für jene Strukturen an, in denen die Stiftung die Funktion einer Dachorganisation ausübt, bei der zentrale strategische und organisatorische Themen gebündelt werden und gleichzeitig die hohe Reputation der Rechtsform Stiftung für die Außenwirkung genutzt werden soll. 22

- Beteiligungsträgerstiftung, d. h. Stiftung hält 100% Anteile an den gGmbHs.
- Schaffung einer Haftungsexklave: keine natürlichen Personen als Gesellschafter, da die Stiftung mitglieder- und gesellschafterlose Einrichtung ist.
- Haftungsbegrenzung auf die Vertretungsorgane (Stiftungsvorstand, Geschäftsführer).
- Verewigung der zu verfolgenden Zwecke in der Stiftungssatzung.
- Stiftung als Vermögensträger, d. h. kein Insolvenzrisiko von Privatpersonen.
- Insolvenz einer gGmbH schlägt nicht auf Stiftung oder andere gGmbHs durch.

Anpassung an geänderte Verhältnisse auf der GmbH-Ebene durch Änderung der Gesellschaftsverträge unproblematisch möglich.

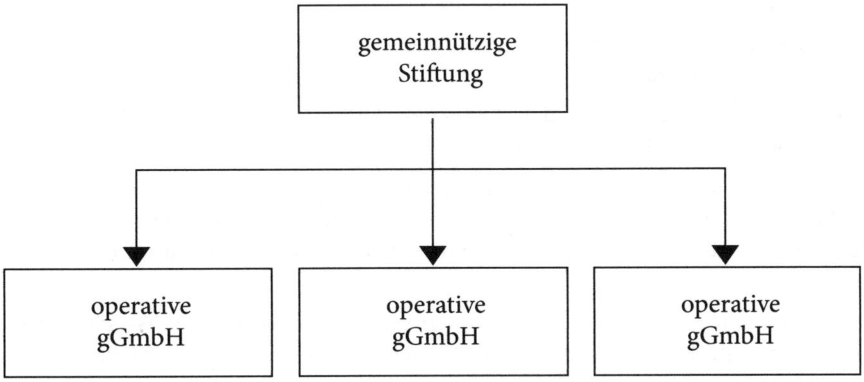

11 Siehe auch, Mecking 8.4.3.

1

Hinweis:

Die oben gezeigte Struktur bedarf einer sorgfältigen Satzungsgestaltung, um auf Ebene der gemeinnützigen Stiftung den Anforderungen der Unmittelbarkeit und Ausschließlichkeit zu genügen.

2. Übersicht: Vergleich gGmbH und gemeinnützige Stiftung

23 Gemeinnützige GmbH

- Die gGmbH verbindet die größtmögliche Flexibilität mit den Möglichkeiten der steuerbegünstigten Verwirklichung gemeinnütziger Zwecke.
- Anders als bei der Stiftung handelt es sich bei der gemeinnützigen GmbH gesellschaftsrechtlich um eine normale Kapitalgesellschaft, deren Gesellschafter die Anteile halten und im Rahmen der Beschlussfassung in der Gesellschafterversammlung strategische Lenkungsentscheidungen treffen können können.
- Der Grundsatz der Vermögensbindung bedeutet bei der gGmbH, dass das Vermögen der Gesellschaft insgesamt gemeinnützigen Zwecken gewidmet ist und diesen auch bei Auflösung der Gesellschaft zur Verfügung gestellt wird. Dies führt auch dazu, dass an die Anteilseigner der gemeinnützigen GmbH weder Ausschüttungen noch Kapitalrückzahlungen über das Nennkapital hinaus erfolgen dürfen.
- Die gGmbH unterliegt nicht der staatlichen Aufsicht, verfügt deshalb im Non-Profit-Sektor nicht über dieselbe Reputation wie die Stiftung.
- Die gGmbH ist im Vergleich zum Verein eher als Unternehmensträger geeignet, sie verfügt über größere Flexibilität im Vergleich zur Stiftung bezogen auf die Steuerung von Unternehmensentscheidungen.

24 Gemeinnützige rechtsfähige Stiftung

- Die Rechtsform der Stiftung bietet in einzigartiger Weise die Gewähr für einen dauerhaften Erhalt der Vermögenssubstanz, denn die rechtsfähige Stiftung hat weder Gesellschafter noch Mitglieder – das ihr übertragene Vermögen gehört der Stiftung selbst und kann nicht mehr an den Stifter, seine Erben oder an Dritte zurückfließen.
- Das Grundstockvermögen der Stiftung muss grundsätzlich[12] erhalten bleiben und bildet damit die Basis für laufende Erträge.
- Die rechtfähige Stiftung unterliegt der staatlichen Aufsicht und die gemeinnützige Stiftung zusätzlich der Kontrolle durch das Finanzamt.
- Die Stiftung ist die beste Rechtsform, um langfristige Stabilität und personelle Unabhängigkeit mit dem Gedanken der Förderung des Gemeinwohls zu verbinden, denn sie verfügt über eine hohe Reputation in der Öffentlichkeit und eignet sich sehr für die Einwerbung von Spenden und Fördermitteln.
- Die Einrichtung eines Beirates als Kontrollgremium stellt darüber hinaus sicher, dass die Ziele Vermögenserhalt und Ertragsstabilität erfüllt und die Mittel satzungsgemäß verwendet werden.

---

12 Ausnahme: Verbandsstiftung, deren Akzeptanz in den Stiftungsbehörden der Bundesländer sehr unterschiedlich ausgestattet ist.

1

3. Die gemeinnützige Stiftungs-GmbH

a) Rechtsform-Variante der GmbH

Der Begriff der ***Stiftung*** ist kein absolut geschützter Rechtsformzusatz. Auch Vereine oder GmbHs führen den Begriff der Stiftung in ihren Namen (vgl. dazu unter c). 25

Die Variante der Stiftungs-GmbH ist eine in der Kautelarpraxis entwickelte Alternative zur (gemeinnützigen) rechtsfähigen Stiftung, bei der die Vorteile der GmbH mit denen der Stiftung verbunden werden. Bekanntes Beispiel ist etwa die *Robert-Bosch-Stiftung gGmbH.*

Die Stiftungs-GmbH ist **keine eigenständige Rechtsform**, sondern eine Variante der GmbH, deren Satzung stiftungsähnlich ausgestaltet wird. Die Stiftungs-GmbH wird wie eine Stiftung mit einem Vermögen ausgestattet, das in der Regel deutlich über dem Mindeststammkapital einer klassischen GmbH von etwa 25.000 Euro liegt.

Ähnlich wie die Stiftung generiert die Stiftungs-GmbH ihre Erträge zu einem großen Teil aus ihrer Vermögensausstattung, d. h. im Wege der Vermögensverwaltung, und weniger aus den Einkünften eines (Zweck) Betriebes.

b) Vorteile von Stiftung und GmbH verbinden

Die Vorteile der Stiftungs-GmbH lassen sich wie folgt zusammenfassen: 26

- hohe Reputation durch Auftreten als „Stiftung" nach außen,
- bessere Chancen als Zuwendungsempfänger,
- keine Stiftungsaufsicht,
- Dispositionsbefugnis der Gesellschafter,
- Einflussmöglichkeiten der Gesellschafter auf die Geschäftsführung.

Die **Verewigung des Stiftungszweckes** und die Bestandssicherung, d. h. der Schutz vor Auflösung können bei der Stiftungs-GmbH an die rechtsfähige Stiftung angenähert werden, indem diesbezüglich in der Satzung ein Einstimmigkeitserfordernis verankert wird.

Der vollständige Ausschluss der Auflösungsmöglichkeit der Gesellschaft, um eine fast vollständige Annäherung an das Stiftungsrecht zu erreichen, ist jedoch nicht möglich, da die Beschlusskompetenz der Gesellschafterversammlung für Grundlagenänderungen ein zentrales und unabdingbares Element des Verbandsrechts bildet.[13]

Trotz weitreichender Möglichkeiten der Angleichung lässt sich eine dauerhafte Perpetuierung des Gründerwillens bei der Stiftungs-GmbH nicht in einer Intensität erreichen, die mit der rechtsfähigen Stiftung vergleichbar wäre. Die rechtsfähige Stiftung behält damit ihren exklusiven Anspruch in puncto Bewahrung des Stifterwillens.

---

13 Hachenburg/Ulmer § 60 Rn. 1; Hüttemann, Gemeinnützigkeits- und Spendenrecht, § 2 Rn. 9.

1

c) Firmenrechtliche Zulässigkeit des Stiftungs-Begriffs

27 Der Begriff der Stiftung ist nicht der rechtsfähigen Stiftung im Sinne des § 80 BGB vorbehalten. So dürfen unselbständige (treuhänderische) Stiftungen, die über keine eigenständige rechtliche Existenz verfügen, sondern lediglich ein zweckgebundenes Sondervermögen bilden, ganz selbstverständlich den Begriff der Stiftung in ihre Namensbezeichnung aufnehmen.

Bezüglich der Stiftungs-GmbH ergeben sich allerdings Beschränkungen aus dem Firmenrecht. So sind bei der Verwendung des Begriffs der Stiftung in der Firma der Stiftungs-GmbH die in § 18 Abs. 2 HGB enthaltenen Grenzen zu beachten. Die Regelung des § 18 Abs. 2 HGB enthält das sog. **Irreführungsverbot**. Danach darf die Firma eines Kaufmanns / einer Gesellschaft keine Angaben enthalten, die geeignet sind, die wesentlichen Verkehrskreise über die geschäftlichen Verhältnisse irrezuführen. Bei der Auslegung dieser gesetzlichen Beschränkung werden mittlerweile jedoch großzügigere Maßstäbe angelegt. Nicht jede begriffliche Ähnlichkeit bzw. Übereinstimmung bedeutet per se eine Irreführung.

In Bezug auf die Stiftungs-GmbH wird von der herrschenden Meinung in Rechtsprechung und Schrifttum gefordert, dass die GmbH der **Stiftung** insofern **inhaltlich ähnlich** ausgestaltet wird, als dass sie über eine **angemessene Vermögensausstattung** verfügt, mit deren Verwaltung sie Erträge zur Erfüllung ihrer satzungsmäßigen Zwecke erzielt.[14]

FAZIT:

Die gemeinnützige Stiftungs-GmbH ist die geeignete Rechtsformvariante für Organisationen mit ausreichender Kapitalausstattung, die eine größere Kontinuität bezüglich ihrer ideellen Zwecke anstreben, gleichzeitig aber die größere Flexibilität und Unabhängigkeit von staatlicher Einflussnahme im Vergleich zur rechtsfähigen Stiftung erzielen wollen.

14 Bay OLG Beschluss v. 25.10.1972, BReg. 2 Z 56/72 NJW 1973, 249; Staudinger/Rawert, Vor §§ 80 Rn. 179; Hüttemann, Gemeinnützigkeits- und Spendenrecht § 2 Rn, 10.

§ 2 Besondere Einflüsse des GmbH Rechts

A. Grundlagen

Das GmbHG (Gesetz betreffend die Gesellschaft mit beschränkter Haftung) ist zuletzt durch das Gesetz zur Modernisierung des GmbH-Rechts und zur Bekämpfung von Missbräuchen (MoMiG) grundlegend geändert worden. Das MoMiG verfolgte ursprünglich die Zielsetzung, den Missbrauch der Rechtsform der GmbH zu bekämpfen, entwickelte sich aber zu einer ganz grundlegenden Reform des GmbH-Rechts, wie sie es seit Entstehen des GmbHG noch nicht gab. 1

Für die Praxis relevante Änderungen finden sich sowohl in materieller Hinsicht als auch bezüglich des Verfahrens der Gründung. Die Reform brachte neue Regelungen zur Kapitalaufbringung, zum Gründungsverfahren, zu den Pflichten der Organe in der Krise der Gesellschaft und auch die Einführung einer neuen Rechtsformvariante in Gestalt der Unternehmergesellschaft (haftungsbeschränkt). Nur die wichtigsten Änderungen sollen nachfolgend dargestellt werden, unter Berücksichtigung der besonderen Anforderungen der Gemeinnützigkeit. 2

Betroffen von der Reform sind sowohl sämtliche bestehende GmbHs, als auch alle seit dem 01.11.2008 neu gegründeten GmbHs und Unternehmergesellschaften. Nicht zu vergessen dabei auch alle Komplementär-GmbHs bei den GmbH & Co. KGs, wobei letztere nicht als gGmbH in Betracht kommen und daher aus der nachfolgenden Betrachtung ausgespart bleiben.

I. Gründung im vereinfachten Verfahren nach § 2 Abs. 1 a GmbHG

Die Gründung der GmbH erfolgt regulär durch Beurkundung des Gesellschaftsvertrages und der vor dem Notar abgehaltenen ersten Gesellschafterversammlung (Gründungsprotokoll), sowie Anmeldung zum Handelsregister mit Einreichung einer Gesellschafterliste. 3

Mit der Reform des GmbH-Rechts wurde ein vereinfachtes Verfahren eingeführt, das insbesondere in einfach gelagerten Standardfällen eine schnelle und kostengünstigere Gründungsvariante ermöglichen soll, da nach § 41d KostO eine Kostenprivilegierung vorgesehen ist. Hierfür hat der Gesetzgeber ein Musterprotokoll entwickelt, das in der Anlage zum GmbHG enthalten ist. Das Musterprotokoll ist zwar ebenfalls notariell zu beurkunden, allerdings belaufen sich die Kosten hierfür auf max. 300-400 Euro.

Anwendbar ist dieses vereinfachte Verfahren sowohl für die GmbH als auch für die Unternehmergesellschaft, sofern nicht mehr als drei Gesellschafter und ein Geschäftsführer vorgesehen sind. Das Musterprotokoll vereint dabei Gesellschaftsvertrag, Geschäftsführerbestellung und Gesellschafterliste in einem einheitlichen Dokument.

Für die Gründung einer **gemeinnützigen GmbH** ist das vereinfachte Verfahren jedoch **nicht geeignet**, da nach der gesetzlichen Vorgabe jegliche Abweichung vom Musterprotokoll unzulässig ist, mit der Konsequenz, dass bei gleichwohl vorgenommenen Änderungen keine Eintragung in das Handelsregister erfolgen darf. 4

Das Musterprotokoll enthält allerdings bei weitem nicht alle notwendigen Bestandteile, die zur Gründung einer gGmbH erforderlich sind. Die Satzung einer gemeinnützigen GmbH muss Regelungen zur Selbstlosigkeit und zur gemeinnützigen Mittelverwendung sowie zum Grundsatz der Vermögensbindung enthalten. Diese vom Standardfall abweichenden Regelungen lassen sich im vereinfachten Gründungsverfahren nicht umsetzen.

Die gemeinnützige GmbH ist daher auf das traditionelle Gründungsverfahren angewiesen.

II. Stückelung des Stammkapitals

5 Die Begriffe „Stammkapital", „Stammeinlage" und „Geschäftsanteil" sorgten – nicht nur bei juristischen Laien – in der Vergangenheit immer wieder für Unklarheiten und Verwechslungen. Der Gesellschafter übernimmt gegen Einlage auf das Stammkapital der Gesellschaft die sog. Stammeinlage.

Der neue § 3 Abs. 1 Nr. 4 GmbHG enthält nunmehr eine klare Definition der Stammeinlage als Gesamtheit der Geschäftsanteile, die ein Gesellschafter hält.

6 Bislang musste jeder Geschäftsanteil durch 50 teilbar sein. Dies hatte zur Folge, dass bei einem gewählten Mindeststammkapital von 25.000 Euro eine exakt gleichmäßige Verteilung von Geschäftsanteilen bei z.B. drei Gesellschaftern aufgrund der zwingenden gesetzlichen Stückelungsregelung nicht möglich war. Bei der Gründung ließ sich dies noch dadurch beheben, in dem man ein geringfügig höheres Stammkapital wählte, dass die entsprechende Stückelung ermöglichte. Besonders ungünstig gestaltete sich diese Regelung jedoch im Erbfall: Da es im GmbH-Recht (anders als bei den Personengesellschaften) keine Sondererbfolge zugunsten eines bestimmten Nachfolgers gibt, ist somit die Erbengemeinschaft und damit jeder Erbe quotal am Geschäftsanteil des Erblassers beteiligt, sofern keine entsprechende testamentarische Nachfolgeregelung besteht. Zu lösen war dies nur durch einen Ausgleich in Geld der überproportional begünstigten Miterben.

7 Hier stellt nun die neue Regelung eine wesentliche Verbesserung und Erleichterung dar: Nach der neuen Vorschrift des § 5 Abs. 2 GmbHG muss der Nennbetrag eines Geschäftsanteils nur noch auf volle Euro lauten.

Dadurch können auch – ohne dass es einer substantiellen Erhöhung der Beteiligungsquote bedarf – Mehrheitsverhältnisse besser gesteuert und Pattsituationen vermieden werden, indem z.B. bestimmte Gesellschafter eine um einen Euro höhere Stammeinlage übernehmen im Vergleich zu den anderen. Die Gesellschafter können nach der neuen Regelung auch mehrere Geschäftsanteile halten.

Die Regelung hat auch für gGmbHs ihre Bedeutung, da – wie noch aufzuzeigen sein wird – die gGmbH auch als Instrument der Nachfolgegestaltung Bedeutung hat.

III. Gutgläubiger Erwerb

8 Die von der Gesellschaft beim Handelsregister einzureichende **Gesellschafterliste** ist künftig von besonderer Bedeutung. Sie gibt die Geschäftsanteilsinhaber sowie die Höhe und die Stückelung der Beteiligungsverhältnisse wieder und ist bei jeder diesbezüglichen Änderung zu erneuern und beim Handelsregister einzureichen.

9 Bislang konnten GmbH-Geschäftsanteile nur vom Berechtigten, nicht aber gutgläubig erworben werden. Aufgrund der in das Handelsregister aufgenommenen Gesellschafterliste und die entsprechende gesetzliche Regelung in § 16 GmbHG ist nunmehr ein gutgläubiger Erwerb des Gesellschaftsanteils durch außenstehende Dritte möglich. Die Gesellschafterliste wird damit zum **Rechtsscheinträger**.

Chancen bietet dies vor allem im Rahmen der Vergabe von Kreditsicherheiten, da die Sicherungsnehmer nunmehr eine höhere Sicherheit bei der Verwertung der Anteile erlangen und ihnen keine gesellschaftsinternen Einwände entgegengehalten werden können. Diese Besonderheit hat aber für gGmbHs in der Regel keine Bedeutung, da aufgrund der gemeinnützichkeitsrechtlichen Bindung des GmbH-Vermögens eine Sicherheitsleistung durch GmbH-Anteile ausscheiden dürfte.

Die Regelung birgt allerdings auch Gefahren für die Gesellschaft, wenn z. B. ein längst ausgeschiedener Gesellschafter den Anteil an einen Dritten abtritt. Gerade hieran wird die Bedeutung der Aktualisierung der Gesellschafterliste deutlich. Gleichzeitig erlangen Vinkulierungsklauseln in Gesellschaftsverträgen eine erhebliche Bedeutung, denn der Schutz des guten Glaubens beschränkt sich auf den Gesellschafterbestand laut Gesellschafterliste und bezieht sich nicht auf die Zustimmungserteilung durch die Gesellschafterversammlung.

Aufgrund des Ausschlusses des Gewinnbezugsrechts bei der **gGmbH** ist die Interessenlage für solche „Angriffe von außen" auf den ersten Blick nicht typisch für gemeinnützige Organisationen. Die gGmbH kann jedoch wie jede andere Gesellschaft höchst profitabel am Markt auftreten und damit z. B. in das Blickfeld von Eigengläubigern des Gesellschafters rücken. Schützen kann sich die Gesellschaft hier nur durch entsprechende Einziehungsklauseln in ihrem Gesellschaftsvertrag.

Rechtliche Grundlage für den gutgläubigen Erwerb von GmbH-Geschäftsanteilen bildet § 16 Abs. 3 10
GmbHG. Gutgläubig erworben werden kann danach ein *existierender* Geschäftsanteil oder ein Recht daran.

Voraussetzung dafür, dass die Gesellschafterliste als Rechtsscheingrundlage für einen gutgläubigen Erwerb dienen kann, ist:

- Veräußerer muss als Inhaber des Geschäftsanteils in der Gesellschafterliste im Sinne des § 40 GmbHG ausgewiesen sein,
- die Gesellschafterliste muss den (nichtberechtigten) Veräußerer seit mindestens drei Jahren als Inhaber des Geschäftsanteils ausweisen oder
- der Fehler der Gesellschafterliste muss dem wahren Berechtigten zuzurechnen sein, dann ist gutgläubiger Erwerb auch vor Ablauf dieser Frist von drei Jahren möglich;
- die Kenntnis von der fehlenden Berechtigung oder die Tatsache, dass der Gesellschafterliste bereits ein Widerspruch zugeordnet ist, schließen den gutgläubigen Erwerb aus.

IV. Verschärfte Gesellschafter- und Geschäftsführerpflichten

Bislang endete die persönliche Verantwortung der Gesellschafter für die Geschäfte der GmbH spä- 11
testens mit wirksamer Eintragung der Gesellschaft im Handelsregister und der Ernennung des Geschäftsführers. Vor Eintragung hafteten die Handelnden, also vor allem die Gesellschafter, persönlich und solidarisch (§ 11 GmbH). An dieser Handelndenhaftung vor Eintragung hat sich nichts geändert, wohl aber die Verantwortlichkeit im laufenden Geschäftsbetrieb.

Hat die GmbH keinen Geschäftsführer, weil dieser sein Amt niederlegt, entlassen wird oder seine Berufung unwirksam war, wird die Gesellschaft nunmehr von ihren Gesellschaftern vertreten, § 35 Abs. 1 S. 2 GmbHG, ohne dass es hierzu einer Eintragung im Handelsregister bedürfte. Es handelt sich dabei um eine Passivvertretung der führungslos gewordenen Gesellschaft, mit der Rechtsfolge, dass gegenüber den Gesellschaftern wirksam Willenserklärungen abgegeben und Zustellungen bewirkt werden können. Dies bildet vor allem für Gläubiger in Vollstreckungsverfahren gegen die GmbH eine wesentliche Erleichterung.

Die Anforderungen an die Qualifikation der Geschäftsführer und korrespondierend die entsprechende Versicherung bei der Handelsregisteranmeldung wurden erweitert (§ 6 Abs. 2 und § 8 Abs. 3 GmbHG).

Gleichzeitig haften die Gesellschafter künftig auch für das Fehlverhalten von Personen, die diese Qualifikationen nicht erfüllen und daher nicht Geschäftsführer sein dürfen (§ 6 Abs. 2 GmbHG), sofern sie ihnen vorsätzlich oder grob fährlässig die Führung der Geschäfte überlassen haben, § 6 Abs. 5 GmbHG. Dazu gehören vor allem Personen, die unter Betreuung stehen, für die ein Berufsausübungsverbot für den Bereich des Unternehmensgegenstandes besteht oder die für strafrechtlich relevante Vergehen (Insolvenzstraftaten, Vermögensdelikte etc.) verurteilt wurden.

Für die Gesellschafter einer gemeinnützigen GmbH sind diese Verschärfungen schon deshalb von besonderer Bedeutung, da das damit verbundene Risiko nicht durch die Möglichkeit von Gewinnentnahmen kompensiert werden kann.

V. Kapitalaufbringung

12 Die Gründung einer GmbH mit einem Mindeststammkapital von 25.000,- Euro bedeutet im Falle einer Bargründung, dass nur die Hälfte des Stammkapitals (12.500,- Euro) aufgebracht werden muss. Dies galt bisher nur bei Gründung einer Mehrpersonen-GmbH. Nach neuem Recht genügt auch bei Gründung einer Einpersonen-GmbH die Einzahlung des hälftigen Stammkapitals, § 7 Abs. 2 GmbHG.

Desweiteren wurden die Regelung zur Kontrolle der Baraufbringung durch das Registergericht gelokkert: Während bisher in der Regel der Einzahlungsbeleg vom Notar mit der Anmeldung eingereicht werden musste, kann das Handelsregister diesen Nachweis jetzt nur noch bei „erheblichen Zweifeln" an der im Antrag enthaltenen Versicherung der Einzahlung verlangen, § 8 Abs. 2 S. 2 GmbHG.

Auch bei der gGmbH ist zunächst nur die Hälfte des Stammkapitals zwingend aufzubringen. Während es den Gesellschaftern einer nicht gemeinnützigkeitsrechtlich gebundenen GmbH aber möglich ist, spätere Gewinne der GmbH quasi im Schütt-aus hol zurück-Verfahren als Stammkapital einzulegen, ist den Gesellschaftern der gGmbH dieser Weg versperrt. Sie müssen, aufgrund gemeinnützigkeitsrechtlicher Erfordernisse, das gesamte Stammkapital selbst aufbringen.

B. Die Unternehmergesellschaft

I. Rechtsformvariante der GmbH

13 Den Ausgangspunkt für die Schaffung einer neuen Rechtsformvariante im deutschen Gesellschaftsrecht bildete vor allem die zunehmende Konkurrenz anderer europäischer Rechtsformalternativen, allen voran die englische Limited. Zwar hat sich der anfängliche Boom der Limited mittlerweile (zu Recht) wieder gelegt, zumal die Folgekosten der anfänglich so günstigen Rechtsform in nicht wenigen Fällen den vermeintlichen finanziellen Startvorteil schnell wieder zunichte machten. Der Gesetzgeber sah dennoch Handlungsbedarf zur Schaffung einer Alternative, bei der eine haftungsbeschränkte Gesellschaftsform mit den Vorzügen einer nur marginalen Kapitalaufbringung verbunden werden kann.

Die Unternehmergesellschaft (haftungsbeschränkt), mittlerweile auch schon als „1-Euro-GmbH" oder „Mini-GmbH" bezeichnet, erfüllt diese Voraussetzungen und wird daher oft als die deutsche Antwort auf die Limited gesehen.

Der Einführung dieser neuen Rechtsformvariante geht ein langer rechtspolitischer Diskurs voraus. 14
Im Zentrum stand dabei stets die Frage, wie sich eine haftungsbeschränkte Rechtsform, die keinen Mindestkapitalerfordernissen unterliegt, in das deutsche Gesellschaftsrecht einfügen könne. Ausgangspunkt war die Diskussion, ob die Herabsetzung der Aufbringungshürden für das Stammkapital die Rechtsform der GmbH im internationalen Vergleich zu mehr Attraktivität verhelfen könne.

Der ursprüngliche Regierungsentwurf, der eine Absenkung auf ein Mindestkapital von 10.000 Euro vorsah[1], wurde letztendlich nicht Gesetz. Stattdessen hat man sich auf die Einführung einer Rechtsformvariante ohne anfängliches Mindestkapital geeinigt, die **Unternehmergesellschaft (haftungsbeschränkt)**.

Die Unternehmergesellschaft ist dabei keine Gesellschaft ohne Stammkapital. Im Gegensatz zur klas- 15
sischen GmbH wird das aufzubringende Stammkapital jedoch nicht durch Bar- oder Sacheinlagen, sondern ganz überwiegend durch die Bildung von Rücklagen aufgebracht.

Im übrigen unterliegt auch die Unternehmergesellschaft den Regelungen des GmbHG, ihre Gründung und Anmeldung beim Handelsregister ist beurkundungspflichtig und ebenso können die Regelungen zu Geschäftsführung, Vertretung und Beschlussfassung in der Satzung abweichend von der gesetzlichen Norm aufgestellt werden.

Wesentliche Merkmale bezüglich der Kapitalausstattung sind:

- Mindestkapital: 1 Euro
- Höchstkapital: 24.999 Euro
- Verpflichtung zur Bildung einer Rücklage, § 5a Abs. 3 GmbHG

In der Praxis hat die Unternehmergesellschaft der klassischen GmbH bislang wenig Konkurrenz gemacht und wird eher in Randbereichen herangezogen.

Von zunehmendem Interesse ist allerdings die Frage, ob es eine gemeinnützige Variante der Un- 16
ternehmergesellschaft äquivalent zur gGmbH geben kann. Schwierigkeiten ergeben sich gerade aus einer der Kernregelungen der neuen Unternehmergesellschaft – der gesetzlich zwingenden Bildung von Rücklagen zur Aufbringung des Stammkapitals.

Problematisch ist dies im Zusammenhang mit dem Status der **Gemeinnützigkeit** deshalb, weil steuerbegünstige Körperschaften dem Grundsatz der zeitnahen Mittelverwendung gemäß § 55 Abs. 1 Nr. 1 S. 1 AO unterliegen, wonach Mittel der Körperschaft nur für die satzungsmäßigen Zwecke verwendet werden dürfen. Die Ausnahmen in Gestalt der Bildung von Rücklagen sind in § 58 AO steuerrechtlich abschließend geregelt.

Die GmbH darf dementsprechend entweder nach § 58 Nr. 7 AO aus den zeitnah zu verwendenden Mitteln Beträge in eine freie Rücklage einstellen oder nach § 58 Nr. 12 AO Mittel zum Vermögen der Gesellschaft zuführen. Diese Maßnahmen zur Vermögensbildung gehen stets zu Lasten der Zweckverfolgung und sind daher nur in bestimmten Grenzen zulässig.

II. Gemeinnützige Unternehmergesellschaft – geeignete und zulässige Rechtsformvariante?

Die Einführung der Unternehmergesellschaft wurde mit der Erwartung verbunden, einen verein- 17
fachten Zugang zu einer haftungsbeschränkten Kapitalgesellschaft zu ermöglichen. Dies ist auch für den gemeinnützigen Sektor von Interesse: Die Vorteile einer strukturierten, auch für unternehme-

1 MindestkapG, BR-Drucks. 619/05/BT-Drucks. 15/5673.

rische Betätigungen geeignete Organisationsform mit der gemeinnützigen Zweckverfolgung zu verbinden und diese damit professioneller zu gestalten. Das niedrige Gründungskapital bietet hierfür einen zusätzlichen Anreiz.

Aber ist die gemeinnützige Unternehmergesellschaft wirklich eine geeignete Alternative zur gGmbH?

Grundsätzlich eignen sich alle Körperschaften dazu, den Status der Gemeinnützigkeit zu erlangen. Einige Körperschaften gelten als klassische Träger gemeinnütziger Zwecke, wie z. B. die Stiftung und der Verein. Aber auch Kapitalgesellschaften eignen sich zur Verfolgung steuerbegünstigter Zwecke, wenn die mit der Unternehmenstätigkeit erzielten Gewinne ausschließlich dem gemeinnützigen Engagement zufließen sollen.

18 Hat die Körperschaft den Status der Gemeinnützigkeit erlangt, dann ist sie mit ihren Einkünften grundsätzlich von allen Verkehrssteuern befreit. Sie unterliegt damit jedoch gleichzeitig dem System der §§ 51 ff. AO, das die Voraussetzungen für die Erlangung und den Erhalt der Gemeinnützigkeit regelt.

Die Rechtsformvariante der Unternehmergesellschaft scheint auf den ersten Blick die ideale Form der Kapitalgesellschaft zu sein, mit der die gemeinnützige Zweckverfolgung erreicht werden kann. Denn die Gesellschafter einer gemeinnützigen Unternehmergesellschaft dürfen keine Ausschüttung auf ihre Geschäftsanteile erhalten – um so weniger scheint die Höhe der Kapitalausstattung, als vielmehr die für die Zweckverwirklichung zu verwendenden Mittel von Bedeutung zu sein.

Bei der Unternehmergesellschaft liegt das Problem jedoch in ihrem markantesten Merkmal begründet: der Aufbringung des Stammkapitals durch Rücklagenbildung. Bei gemeinnützigen Körperschaften sind grundsätzlich alle Erträge ausschließlich zur Erfüllung der satzungsmäßigen Zwecke zu verwenden (Mittelverwendungsgebot, § 55 AO). Von diesem Gebot der ausschließlichen und selbstlosen Mittelverwendung gibt es im Gemeinnützigkeitsrecht einige klar umrissene Ausnahmen: die Rücklagenbildung nach § 58 AO, für die entsprechende Voraussetzungen und Grenzen gelten (vgl. im Einzelnen in § 4).

1. Ansparen versus Ausschütten

19 Wesentliches Merkmal der Unternehmergesellschaft und Ausgleich für das geringe Gründungskapital ist die gesetzliche Rücklage nach § 5a Abs. 3 GmbHG, in die mindestens ein Viertel des Jahresüberschusses der Gesellschaft einzustellen und damit das fehlende Stammkapital von 25.000 Euro „anzusparen“ ist.

Hierin offenbart sich ein Widerspruch zum Gemeinnützigkeitsrecht. Denn das Ansparen widerspricht vom Grundsatz her dem Gebot der zeitnahen Mittelverwendung, wonach bis zum Ende des Wirtschaftsjahres, das auf den Mittelzufluss folgt, die zugeflossenen Mittel für die satzungsmäßigen Zwecke zu verwenden sind. Der hierin angelegte Konflikt zwischen Gesellschaftsrecht und Gemeinnützigkeitsrecht lässt sich – entgegen der z.T. vertretenen Ansicht im Schrifttum – nicht zulasten den Gemeinnützigkeitsrechts lösen[2]. Doch nicht nur die Frage der zeitnahen Mittelverwendung, auch das Gebot der Selbstlosigkeit steht auf den ersten Blick einer gemeinnützigkeit der UG im Wege, denn die Ansammlung des Stammkapitals bedeutet eine Mittelverwendung zu Gunsten des Anteilseigners, dessen Verpflichtung zur Aufbringung von Stammkapital durch die Rücklagenbildung ersetzt wird.

Eine zentrale Frage ist aber, ob die Mittel für die gesellschaftsrechtlich erforderliche Rücklage zur Auffüllung des Stammkapitals überhaupt dem Erfordernis der zeitnahen Mittelverwendung nach §§ 55 AO unterliegen.

2 a.A. Oberbeck/Winheller, DStR 2009, 516, 518: Gesellschaftsrecht dominiert Gemeinnützigkeitsrecht.

2

Sowenig wie der Vermögensstock einer Stiftung, unterliegt das **Ausstattungskapital**, d.h. Stammkapital einer gemeinnützigen Kapitalgesellschaft, dem Mittelverwendungsgebots[3]. Diese Tatsache ist fast schon eine Selbstverständlichkeit, denn das Ausstattungskapital bildet die finanzielle Basis einer gemeinnützigen Organisation und dient – entweder als Grundlage der Vermögensverwaltung oder als Basis eines wirtschaftlichen Geschäftsbetriebs im Sinne des § 14 AO der Mittelerzielung – nicht dem Verbrauch (Ausnahme: z. B. die sog. Verbrauchsstiftung).

Das Ansparen von Mitteln, die der satzungsmäßigen Mittelverwendungspflicht unterliegen, verstößt auch gegen das sog. Admassierungsverbot – das zwar verstärkt im Stiftungszivilrecht zur Anwendung kommt, über die §§ 55 ff. AO aber auch für alle anderen gemeinnützigen Rechtssubjekte, d.h. auch die GmbH oder Unternehmergesellschaft gilt.

Bezüglich des Verstoßes gegen das Gebot der Selbstlosigkeit wird man eine Satzungsregelung verlangen müssen, die dem Gesellschafter lediglich Anspruch auf Auskehrung der originär von ihm geleisteten Einlagen gewährt. Andernfalls wäre die Satzung der gemeinnützigen UG, steuerlich nicht anzuerkennen.

Formulierungsvorschlag 20

§ 3 Abs. 3 des Muster-Gesellschaftsvertrages könnte für eine UG wie folgt formuliert werden: Gesellschafter erhalten bei ihrem Ausscheiden oder bei Auflösung der Gesellschaft oder bei Wegfall der steuerbegünstigten Zwecke lediglich den Anteil an den geleisteten Sach- und Bareinlagen zurück, der ohne Berücksichtigung der Rücklagenbildung von ihnen selbst aufgebracht worden ist.

2. Welche Mittel unterliegen dem Mittelverwendungsgebot?

Bei der gGmbH ist für die Zwecke der Gemeinnützigkeit zu unterscheiden, woher die der Gesell- 21
schaft zur Verfügung stehenden bzw. ihr zufließenden Mittel stammen.

Überwiegend werden aus folgenden Bereichen Mittel generiert:

- Einkünfte aus Vermögensverwaltung
- Einkünfte aus einem Zweckbetrieb
- Einkünfte aus dem wirtschaftlichen Geschäftsbetrieb
- Spenden und sonstige Zuwendungen, soweit nicht ausdrücklich vom Geber bestimmt ist, dass die Mittel dem Vermögensstamm zuwachsen sollen

Grundsätzlich sind alle Mittel, die der Körperschaft zufließen, unmittelbar für die gemeinnützigen Zwecke zu verwenden.[4] Ausgenommen sind z. B. Umschichtungsgewinne, da diese dem gebundenen Vermögen zuzuordnen sind. Gleiches gilt für Mittel, die aus der Abschreibung von Wirtschaftsgütern stammen, die zum Ausstattungskapital der Gesellschaft gehören.[5]

3. Gemeinnützigkeitsrechtliche Ausnahmen von der Pflicht zur zeitnahen Mittelverwendung

Von der Pflicht zur zeitnahen Mittelverwendung gibt es Ausnahmen, die im Rahmen der Auffüllung 22
des Stammkapitals herangezogen werden könnten. Ihre (zum Teil fehlende) Praxistauglichkeit für die Problemlösung bei der Unternehmergesellschaft soll nachfolgend dargestellt werden.

3 Buchna, Gemeinnützigkeit im Steuerrecht, 9. Auflage 2009, S. 162.
4 BFH Urteil v. 23.10.91, I R 19/91, BStBI. II 1992, 62.
5 Buchna, aaO., S.165.

23 In die sog. freie Rücklage können immerhin bis zu 1/3 des Einnahmenüberschusses aus der Vermögensverwaltung und darüber hinaus 10% der sonstigen zeitnah zu verwendenden Mittel z. B. aus dem wirtschaftlichen Geschäftsbetrieb oder Zweckbetrieb eingestellt werden. Die Mittel aus der freien Rücklage können dann entweder zum Erhalt des Kapitals oder zu einem beliebigen Zeitpunkt zur satzungsmäßigen Mittelverwendung eingesetzt werden. Damit wäre die freie Rücklage zumindest theoretisch geeignet, um eine Auffüllung des Stammkapitals auf die Mindesthöhe von 25.000,- Euro zu erreichen.

Praktisch gesehen setzen nennenswerte Einnahmen aus Vermögensverwaltung auch entsprechendes einzusetzendes Vermögen voraus. Die Generierung aus sonstigen Mittel ist aber auf nur 10% beschränkt.

Die freie Rücklage ist daher für die meisten Unternehmergesellschaften keine Option, um gemeinnützigkeitsrechts-konform der gesellschaftsrechtlichen Pflichtrücklage von 25% zu entsprechen.

24 Nach Auffassung der Finanzverwaltung verstößt die gesetzlich vorgeschriebene Rücklagenbildung zur Auffüllung des Stammkapitals nach § 5a Abs. 3 GmbHG nicht gegen den Grundsatz der zeitnahen Mittelverwendung.[6] Ebenso wie auch das Stammkapital einer Kapitalgesellschaft unterliegen jene Mittel, die gesetzlich zur Erhöhung des Stammkapitals in eine entsprechende Rücklage einzustellen sind und insoweit bereits anderweitig gesetzlich gebunden sind, nicht der gemeinnützigkeitsrechtlichen Mittelverwendungspflicht.

Bei gemeinnützigen Körperschaften dient das Stammkapital regelmäßig einer langfristigen Sicherung der Ertragslage bzw. der zur Ertragserzielung ausgerichteten Tätigkeit der Körperschaft. Wenn nur die aus dem Stammkapital gezogenen Erträge zeitnah verwendet werden müssen, dann kann es durchaus der gesetzgeberischen Intention entsprechen, dass zunächst die Mittel zur Erreichung eines Mindeststammkapitals verwendet werden dürfen bzw. müssen, bevor eine Mittelverwendung für die gemeinnützigen Zwecke der Körperschaft erfolgt.

4. Kein genereller Vorrang des Gesellschaftsrechts vor dem Gemeinnützigkeitsrecht

25 Ein genereller Vorrang des Gesellschaftsrechts gegenüber dem Gemeinnützigkeitsrecht resultiert daraus jedoch nicht. Die diesbezüglich im Schrifttum vertretene Auffassung von *Oberbeck/Winheller*[7] widerspricht den Grundsätzen des Gemeinnützigkeitsrechts, die im Gegenteil gerade rechtsformübergreifend Geltung beanspruchen. Zur Belegung ihrer These stützen sich *Oberbeck/Winheller*[8] auf die Auffassung von *Carstensen* zum Verhältnis von Mittelverwendung zu Kapitalerhalt im Stiftungsrecht.

Carstensen[9] hat insoweit die Ansicht vertreten, dass Stiftungen nach den Landesstiftungsgesetzen verpflichtet seien, ihr Kapital auf Dauer inflationsgeschützt zu erhalten. Mit dem Konzept einer realen Kapitalerhaltung soll die Ertragskraft der Stiftung auf Dauer gesichert werden.

6 Koordinierter Ländererlass, vgl. Bayrisches Landesamt für Steuern, Verfügung vom 31.03.2009, DB 2009, S. 934 f. (siehe § 8 Rz. 14)
7 Oberbeck/Winheller, DStR 2009, 516, 518 und Fn. 16.
8 Oberbeck/Winheller, DStR 2009, 516, 518 und Fn. 16.
9 Carstensen, Vermögensverwaltung, Vermögenserhaltung und Rechnungslegung gemeinnütziger Stiftungen, S. 42ff.; ders. Wpg 1996, 871, 787f.; ders. in Bertelsmann Handbuch Stiftungen, S. 556.

Diese These des realen Kapitalerhalts wird von der Mehrheit im stiftungsrechtlichen Schrifttum jedoch zu Recht abgelehnt. Eine Pflicht zum realen Kapitalerhalt enthält weder das Stiftungszivilrecht in den §§ 80 ff. BGB und auch keines der Landesstiftungsgesetze. Die Stiftungsgesetze der Länder enthalten fast alle die Regelung, wonach das Stiftungsvermögen in seinem Bestand ungeschmälert zu erhalten ist.[10]

Im Übrigen legen auch Bewertungsvorschriften des Handels- und Steuerrechts verfassungskonform nur eine nominelle Kapitalerhaltung zugrunde (Nominalwertprinzip).[11]

Die These von *Oberbeck/Winheller*, dass das Stiftungsrecht das Gemeinnützigkeitsrecht dominiere, 26
stützt sich damit auf eine Analogie zu einer Mindermeinung im Stiftungsrecht. Im Gegenteil wird man eher von einem Primat des Gemeinnützigkeitsrechts sprechen müssen. Das Gemeinnützigkeitsrecht gebietet bereits in der Gründungsphase die Aufnahme steuerlicher Grundsätze über die Mittelverwendung und die Vermögensbindung in die Satzung der Körperschaft. Für das Stiftungsrecht hat dies zur Folge, dass die Stiftungsvorstände aufgrund ihrer strikten Bindung an die Satzung aus stiftungsrechtlicher Sicht an die insofern engeren gemeinnützigkeitsrechtlichen Vorgaben gebunden sind.[12]

Für die Stiftungspraxis gilt somit: **Gemeinnützigkeitsrecht dominiert Stiftungsrecht** (zumal auch die Finanzbehörden die gemeinnützige Mittelverwendung wesentlich strenger überwachen als die Stiftungsaufsichtsbehörden z. B. den Kapitalerhalt).

Die These, dass die Thesaurierung von Mitteln entgegen den Vorgaben des Gemeinnützigkeitsrechts aufgrund eines angestrebten realen Kapitalerhalts gerechtfertigt sei, ist für alle gemeinnützigen Körperschaften gefährlich und vor einer Probe aufs Exempel sei ausdrücklich gewarnt.

Der im Schrifttum von *Oberbeck/Winheller*[13] vertretene Hinweis auf eine Gleichbehandlung von gemeinnütziger Unternehmergesellschaft und gemeinnütziger GmbH ist zwar im Allgemeinen zu befürworten, greift aber in der hier relevanten Frage zu kurz.

Das Gemeinnützigkeitsrecht ist in den Grundzügen rechtsformneutral. Es spielt somit für die Frage einer Gleichbehandlung grundsätzlich keine Rolle, dass beide Rechtsformvarianten – gUG und gGmbH dem GmbHG unterliegen. Andererseits ist auch zu berücksichtigen, dass das Gemeinnützigkeitsrecht keine echte Gleichbehandlung aller Rechtsformen oder Rechtsformvarianten vorsieht, wie an der Privilegierung der Rechtsform Stiftung deutlich erkennbar ist.

Die Möglichkeit der Rücklagenbildung nach § 5a Abs. 3 GmbHG bildet eine gesetzlich kodifizierte 27
Ausnahme vom Gebot der zeitnahen Mittelverwendung und damit eine Spezialvorschrift und ein Privileg für die Unternehmergesellschaft. Diese Ausnahme lässt sich nicht durch eine Forderung nach Gleichbehandlung mit der gGmbH begründen, denn die gGmbH unterliegt mit sämtlichen ihr zufließenden Mittel dem gemeinnützigkeitsrechtlichen Mittelverwendungsgebot.

Die Pflicht zur zeitnahen Mittelverwendung ist auch *nicht gleichzusetzen* mit dem Erfordernis der Vermögensbindung (so aber *Oberbeck/Winheller*). Beim Prinzip der Vermögensbindung geht es darum, dass sichergestellt ist, dass keine Mittel oder gebundenes Vermögen an die Gesellschafter zurückfließen. Das Mittelverwendungsgebot hingegen will sicherstellen, dass die Mittel zeitnah für die satzungsmäßigen Zwecke verwendet werden, d. h. weder für andere Zwecke verbraucht, noch thesauriert, oder auch für überproportional höhe Verwaltungskosten oder sonstige Vergünstigungen verwendet werden.

10 Mit Ausnahme der reformierten Landesstiftungsgesetze von Brandenburg und Mecklenburg-Vorpommern, die entsprechend der Empfehlungen im Modellentwurf eines Landesstiftungsgesetzes von *Hüttemann/Rawert*, ZIP 2002, 2019ff. auf eine Regelung des Vermögenserhaltungsgrundsatzes verzichtet haben.

11 Vgl. BVerfG v. 19.12.1978, 1 BvR 335/76 u. a. BVerfGE 50, 57.

12 Hüttemann/Schön, Vermögensverwaltung und Vermögenserhaltung im Stiftungs- und Gemeinnützigkeitsrecht, S. 23 m.w.N.

13 Oberbeck/Winheller, DStR 2009, 516, 518 und Fn. 16.

§ 3 Errichtung der gGmbH

A. Die Organe der gGmbH

1 Die gGmbH verfügt je nach Größe, Struktur und inhaltlicher Ausrichtung über zwei oder drei Organe. Obligatorisch sind lediglich die Gesellschafterversammlung, § 48 GmbHG und die Geschäftsführung, § 35 GmbHG.

Als drittes fakultatives Organ kann die Satzung einen Aufsichtsrat vorsehen, § 52 GmbHG. Im gemeinnützigen Bereich wird ein entsprechendes Gremium eher als Beirat oder Kuratorium bezeichnet, ohne dass damit eine wesentlich andere inhaltliche Qualifizierung einherginge.

Die Einrichtung eines Beirates ist insbesondere dann zu empfehlen, wenn entweder aufgrund der Größe der Gesellschaft ein drittes Organ mit bestimmten Kontrollbefugnissen erforderlich wird oder wenn die Gesellschafter sich eher als Kapitalgeber verstehen und durch den Beirat Wirtschaftskompetenz oder spezifische Fachkenntnis in die Gesellschaft integriert werden soll.

Die Einbindung solcher Kompetenzen in Gestalt von Beiratsfunktionen ist aufgrund der höheren Bindung und Verantwortung für die Gesellschaft in den meisten Fällen einer externen Beraterstruktur vorzuziehen.

2 Den verschiedenen Organen sind in Ermangelung gesetzlicher Vorgaben in der Satzung spezifische Kompetenzbereiche zuzuweisen, wenn nicht auf die §§ 90 ff. AktG verwiesen werden soll. Diese Bereiche sind sowohl satzungsmäßig als auch in der laufenden Geschäftstätigkeit hinreichend voneinander zu trennen.

Ganz allgemein gilt:

- Die Gesellschafter fällen Grundsatzentscheidungen, definieren die gemeinnützigen Ziele und legen die strategische Ausrichtung der Gesellschaft fest.
- Die Geschäftsführung führt die laufenden Geschäfte und das Personal und vertritt die Gesellschaft nach außen.
- Der Aufsichtsrat/Beirat nimmt Kontrollaufgaben wahrt und berät die Geschäftsführung fachlich.

3 Die Ausgestaltung der Aufgabenverteilung zwischen den drei Organen hängt maßgeblich von der Satzungsgestaltung ab. Es gibt allerdings ein Grundmodell, das die wesentlichen Aufgaben zuordnet und an dem sich bei der individuellen Ausgestaltung der Satzung orientiert werden kann.

Das Verhältnis der Organe untereinander in der laufenden Geschäftstätigkeit sollte im Rahmen einer gemeinsamen Geschäftsordnung geregelt werden(siehe dazu Rz. 26 ff.)

I. Die Gesellschafter und die Gesellschafterversammlung

4 Die Gesellschafter in ihrer Gesamtheit bilden das **Willensbildungsorgan** und damit das oberste Organ einer GmbH.[1] Oft wird hierbei untechnisch von der Gesellschafterversammlung gesprochen (obwohl die Gesellschafter auch außerhalb von Versammlungen ihre Beschlüsse treffen können, § 48 Abs. 2 GmbHG).

Die Gesellschafterversammlung nimmt die **Eigentümerfunktion** bei der gGmbH wahr und vertritt die Interessen der Anteilseigner. Trotz des Grundsatzes der Selbstlosigkeit und der Vermögensbin-

1 K. Schmidt, Gesellschaftsrecht, § 36 III 1.

dung für gemeinnützige Zwecke halten die Gesellschafter – im Gegensatz vor allem zur Stiftung – selbst die vermögensrechtlichen Anteile an der Gesellschaft.

In vielen Fällen werden die Anteile an einer gGmbH dabei nicht von Privatpersonen, sondern von 5
anderen (steuerbegünstigten) Körperschaften bzw. Körperschaften des öffentlichen Rechts gehalten. Aus diesem Grunde eignet sich die gGmbH im Gegensatz zu Stiftung und Verein in besonderer Weise als Untergesellschaft im Rahmen von **Holdingstrukturen**.

Bei der gemeinnützigen GmbH ergeben sich auch bezüglich der Aufgaben der Gesellschafter einige 6
Besonderheiten, die im Gesetz nicht geregelt sind. So ist vor allem anderen die Definition und die Gewährleistung der Umsetzung der ideellen Ziele die wichtigste Aufgabe der Gesellschafter einer gemeinnützigen GmbH.

Die Gesellschafter verfügen über eine sehr starke Position innerhalb der Gesellschaft. Ihre konkreten Rechte richten sich maßgeblich nach dem Gesellschaftsvertrag, § 45 GmbHG, auf dessen Ausgestaltung daher besonderes Augenmerk zu richten ist.

Die Besonderheit der GmbH im Vergleich zur Aktiengesellschaft liegt auch darin, dass die gesetzlichen Regelungen zu den Zuständigkeitsbereichen der Gesellschafter in §§ 46 ff. GmbHG weitgehend **dispositiv** sind und durch Gesellschaftsvertrag abbedungen oder anders ausgestaltet werden können.

Typische Aufgaben der Gesellschafter sind gemäß § 46 GmbHG: 7

- Feststellung des Jahresabschlusses und Verwendung des Ergebnisses
- Einforderung der Einlagen
- Rückzahlungen von Nachschüssen
- Teilung, Zusammenlegung sowie Einziehung von Geschäftsanteilen
- Bestellung, Abberufung und Entlastung von Geschäftsführern
- Maßregeln zur Prüfung und Überwachung der Geschäftsführung
- Bestellung von Prokuristen und Handlungsbevollmächtigten
- Geltendmachung von Ersatzansprüchen gegen Geschäftsführung oder Gesellschafter sowie Prozessführung gegen Geschäftsführer

Den Gesellschaftern **zwingend vorbehalten**[2] sind: 8

- Grundlagenentscheidungen, wie z. B. Beschlüsse über Satzungsänderungen oder Kapitaländerungsmaßnahmen
- Auflösung der Gesellschaft
- Umwandlung der Gesellschaft (in allen Varianten)
- Einforderung von Nachschüssen (§ 26 GmbHG)

In der Praxis stellt die Auswahl und Ernennung eines geeigneten Geschäftsführers einen wesent- 9
lichen Prozess dar. Diese Aufgabe ist den Gesellschaftern in der mitbestimmten GmbH allerdings zwingend entzogen (§§ 25, 31 MitbestG).

Hinweis:

Die freiwillige Erweiterung der gesetzlich angeordneten Mitbestimmung der Mitarbeiter (bei einer GmbH von mehr als 500 Arbeitnehmern) ist für die gGmbH nicht zu empfehlen.

Da die gGmbH vorrangig ideelle und nicht wirtschaftliche Ziele verfolgen muss, kann die Einräumung von zusätzlichen Mitarbeiterrechten zu Zielkonflikten führen, die die Tätigkeit der Gesellschaft beeinträchtigen können. Dies birgt auch steuerliche Gefahren, denn wenn eine gemeinnützige Körperschaft nicht ausschließlich ihre ideellen Zwecke verfolgt, sondern in nennens-

2 Vgl. K.Schmidt in Scholz GmbHG § 46 Rn. 3m 178 ff.

wertem Umfang auch den Interessen ihrer Mitarbeiter dient, ist sie nicht selbstlos i.S.d. § 55 AO tätig und kann damit ihren Status als steuerbegünstigt gefährden.

II. Geschäftsführung

1. Organschaftsverhältnis und Anstellungsverhältnis

10 Die Organstellung des Geschäftsführers wird durch die Bestellung begründet und ist gemäß § 38 GmbHG durch Beschluss der Gesellschafterversammlung (oder falls abweichend im Gesellschaftsvertrag geregelt ggf. durch den Beirat) jederzeit widerruflich. Die gesetzliche Vertretungsbefugnis des Geschäftsführers für die Gesellschaft nach § 35 GmbHG bildet den Kern der Organstellung.

Davon strikt zu trennen ist das Anstellungsverhältnis, das die Gesellschaft mit dem Geschäftsführer begründet. Der dazu abzuschießende Geschäftsführer(anstellungs)vertrag ist von seiner Rechtsnatur her kein Arbeitsvertrag, sondern ein Dienstvertrag. Der Anstellungsvertrag ist aber keine zwingende Voraussetzung für das Tätigwerden des Geschäftsführers als Vertretungsorgan der Gesellschaft.

2. Bestellung und Abberufung

11 Für die Bestellung ist gemäß § 46 Nr. 5 GmbHG grundsätzlich die Gesellschafterversammlung zuständig, sofern diese Kompetenz nicht in der Satzung auf den Beirat übertragen wurde.

Die Bestellung des Geschäftsführers ist konstutitiv und bedarf der Annahme durch den Geschäftsführer. Die beim Handelsregister im Anschluss daran vorzunehmende Eintragung wirkt hingegen nur noch deklaratorisch.

12 Wird eine Gesellschaft neu gegründet und erstmalig ein Geschäftsführer bestellt, ist die Geschäftsführerbestellung, einschließlich der jeweiligen Vertretungsregelung üblicherweise im notariellen Gründungsprotokoll enthalten (vgl.§ 3 Rz 102)

Die Bestellung und Abberufung eines Geschäftsführers ist im Handelsregister anzumelden, ebenso auch Änderungen in Bezug auf die Vertretungsbefugnis (z. B. Wechsel von Gesamt- zu Einzelvertretungsbefugnis), § 39 GmbHG. Die Anmeldung ist notariell zu beglaubigen und der entsprechende Gesellschaftsbeschluss der Anmeldung im Original oder beglaubigter Abschrift beizufügen, § 39 Abs. 2 GmbHG.

3. Vertretungsregelung und Selbstkontrahierungsverbot

13 Die Geschäftsführer vertreten die Gesellschaft nach außen gerichtlich und außergerichtlich. Kleine Gesellschaften verfügen meist über nur einen Geschäftsführer, der einzelvertretungsbefugt ist. Bei einer mehrgliedrigen Geschäftsführung gilt gemäß § 35 Abs. 2 GmbHG das Prinzip der Gesamtvertretung. Im Gesellschaftsvertrag kann eine abweichende Regelung vorgesehen werden, d. h. Einzelvertretungsbefugnis oder die gemeinsame Vertretung von zwei Geschäftsführern.

Vorteil der Vertretung durch zwei Geschäftsführer ist die größere Kontrolldichte. Verfügt die Gesellschaft allerdings nur über zwei Geschäftsführer, ist die Einzelvertretungsbefugnis vorzuziehen, um die Handlungsfähigkeit der Gesellschaft zu erhalten. In diesen Fällen ist eine stärkere Kontrolle durch den Beirat oder Gesellschafterversammlung, ggf. auch die Festlegung zustimmungsbedürftiger Geschäfte einer Gesamtvertretung vorzuziehen.

Von dem gesetzlich vorgesehenen Verbot des **Selbstkontrahierens nach § 181 BGB** sollte in der gemeinnützigen GmbHG grundsätzlich keine Befreiung erteilt werden. Die Möglichkeit, Geschäfte sowohl im eigenen Namen als auch gleichzeitig im Namen der Gesellschaft zu tätigen, ist dem Geschäftsführer einer gemeinnützigen GmbH nur in begründeten Ausnahmefällen zu eröffnen. 14

Zum einen birgt dies stets die Gefahr des Missbrauchs. Zum anderen stehen potentielle Zuwendungsgeber einer Befreiung von Selbstkontrahierungsverbot meist kritisch gegenüber, teilweise ist dies auch ein Ausschlusskriterium in den Vergaberichtlinien von fördernden Einrichtungen oder Verbänden.

4. Geschäftsführervertrag

Der Abschluss des Geschäftsführervertrags fällt in die Kompetenz des Organs, das auch für die Bestellung und Abberufung des Geschäftsführers zuständig ist, d. h. im Allgemeinen die **Gesellschafterversammlung**[3], sofern nicht durch Gesellschaftsvertrag oder zwingende gesetzliche Regelungen (§ 31 MitbestG/§ 12 MontanMitbestG) diese Kompetenz dem Aufsichtsrat / Beirat zugewiesen wird. Gleiches gilt für Vertragsänderungen. 15

Bei Vorliegen der allgemeinen Zuständigkeit der Gesellschafterversammlung ist Voraussetzung für den Abschluss oder die Änderung des Vertrags ein entsprechender **Gesellschafterbeschluss**.[4]

Ein Geschäftsführer-Gesellschafter (der bei der gGmbH eher selten vorkommt) kann mit abstimmen, denn das Stimmrechtsverbot des § 47 Abs. 4 GmbHG findet auf ihn keine Anwendung.[5]

Der Beschluss bildet die Grundlage für den **Abschluss des konkreten Vertrages**. Zwar kann der Beschluss selbst bereits den Vertragsabschluss beinhalten (jedenfalls dann, wenn der Geschäftsführer als Gesellschafter dem Beschluss zugestimmt hat[6]). Üblicherweise wird jedoch ein separater Geschäftsführervertrag geschlossen. 16

Vertragspartner des Geschäftsführers sind hierbei nicht die einzelnen Gesellschafter, sondern die gGmbH, vertreten durch die Gesellschafter. Gleichwohl können die Gesellschafter einzelne Gesellschafter oder Geschäftsführer (einschließlich den Betroffenen selbst) oder auch Dritte (z. B. Berater) zum Vertragsabschluss (formlos) bevollmächtigen.[7]

Abschluss und Änderung des Geschäftsführervertrags bedürfen grundsätzlich auch **keiner Form**, so dass mündlich getroffene Vereinbarungen grundsätzlich wirksam sind.[8] Enthält der Geschäftsführervertrag eine Schriftformklausel, werden Vertragsänderungen grundsätzlich nur dann (auch steuerlich) anerkannt, wenn sie in schriftlicher Form vereinbart wurden. Der BFH differenziert danach, ob sich in der tatsächlichen Handhabung der Vertragsänderung ein (zumindest konkludenter) Wille zur Aufhebung der Schriftformklausel manifestiert hat.[9] 17

Die schriftliche Ausarbeitung des Geschäftsführervertrages ist allerdings vor dem Hintergrund der strikten steuerlichen und sozialrechtlichen Nachweispflichten dringend zu empfehlen.

3 BGH vom 27.10.1986 II Z R 240/85, BB 1987, 503; vom 25.3.1991 II Z R 169/90, BB 1991, 927;
4 Hessisches FG vom 9.3.1992 4 K 4113/90, EFG 1992, 414; siehe auch BGH vom 8.12.1997 II Z R 236/96, WM 1998, 387, für eine Abfindungsvereinbarung.
5 K.Schmidt in Scholz, GmbHG, 9. Aufl., 2000, § 47 Rz. 118 und § 46 Rz. 74 ff.; ebenso BFH vom 11.12.1991 I R 49/90, BStBl. 1992 II, 434.
6 BFH vom 11.12.1991 I R 49/90, BStBl. 1992 II, 434.
7 OLG Köln vom 21.2.1990 13 U 195/89, GmbHR 1991, 156; BFH vom 31.5.1994 I R 64/94, DStR 1995, 1999.
8 BFH vom 13.3.1991 I R 117/88, BStBl. 1991 II, 645; vom 26.2.1992 I R 39/91, BFH/NV 1993, 38; Bei der Ein-Mann-GmbH sind § 35 Abs. 4 und § 48 Abs. 3 GmbHG zu beachten.
9 BFH vom 24.7.1996 I R 115/95, BStBl. 1997 II, 138.

Hinweis:

Eine steuerliche verdeckte Gewinnausschüttung kann vorliegen, wenn eine unentgeltliche (ehrenamtliche) Tätigkeit ausdrücklich vereinbart wurde und dennoch Zahlungen erfolgen.[10]

5. Vergütung

18 Üblich ist für die gemeinnützige GmbH entweder die Gewährung eines reinen Festgehalts, oder auch eine Kombination aus Festgehalt und Pensionszusage. Auch die Vereinbarung variabler Vergütungsbestandteile ist bei der gGmbH möglich. Auf rein am Gewinn orientierte Tantiemen sollte im Hinblick auf den Grundsatz der Selbstlosigkeit nach § 55 Abs. 1 AO jedoch unbedingt verzichtet werden.

19 Die Höhe der gesamten Vergütung, sog. Gesamtausstattung, muss angemessen sein. Bei „klassischen" GmbHs erfolgt diese Angemessenheitsprüfung bei Gesellschafter-Geschäftsführern vor dem Hintergrund einer sonst drohenden verdeckten Gewinnausschüttung, bei der gGmbH muss die Geschäftsführervergütung daneben im Hinblick auf die gemeinnützigkeitsrechtlichen Vorgaben angemessen sein. Gesamtausstattung ist die Summe des jährlichen Entgelts und der sonstigen Leistungen, wie private Pkw- und Telefonnutzung, Versicherungen, Pensionszusage und sonstige variable Vergütungsbestandteile.

Hinsichtlich der Höhe einer angemessenen Gesamtausstattung gibt es keine festen Regeln.[11] Was als angemessen anzusehen ist, kann daher nur durch Schätzung unter Berücksichtigung der Umstände des Einzelfalls ermittelt werden.

20 Der Bereich der Angemessenheit erstreckt sich dabei auf eine gewisse Bandbreite. Unangemessen dürften danach nur diejenigen Bezüge sein, die den oberen Rand dieser Bandbreite übersteigen. Indizien sind Art und Umfang der Tätigkeit, die künftigen Ertragsaussichten des Unternehmens, das Verhältnis des Geschäftsführergehalts zum Gesamtgewinn und zur verbleibenden Mittelverwendung sowie das Entgelt, das vergleichbare Unternehmen ihren Geschäftsführern für gleiche Leistungen zahlen.[12]

21 Die Vergütung der Geschäftsführer ist bei gemeinnützigen Körperschaften in der Regel Teil der Verwaltungskosten, die im Verhältnis zur konkreten Tätigkeit der Körperschaft angemessen sein müssen. Der prozentuale Anteil der Verwaltungskosten an den Gesamtmitteln muss deutlich geringer als 50 Prozent ausfallen. Jede einzelne Verwaltungsausgabe, d. h. auch das Geschäftsführergehalt muss angemessen sein und ist nur in zu begründenden Ausnahmefällen nicht den Verwaltungsausgaben, sondern der steuerbegünstigten Mittelverwendung zuzuordnen (wenn der Geschäftsführer unmittelbar an den steuerbegünstigten Projekten mitarbeitet).[13]

Zu den Verwaltungskosten allgemein vgl. § 4 Rz. 6

Im **Vertrag** sind die Höhe der Festvergütung und ihre Zahlungsweise festzulegen. **Abweichende Fälligkeitsregelungen** bergen die Gefahr, als unüblich angesehen zu werden.[14]

22 In diesem Zusammenhang ist auf die BMF-Schreiben vom 25.11.2008 und vom 22.4.2009 hinzuweisen, die eine Frist bis zum 31.12.2009 für die satzungsmäßige Verankerung der Bezahlung der Geschäftsleitung gesetzt haben. Ohne satzungsmäßige Regelung soll danach ein Verstoß gegen das Selbstlosigkeitsangebot vorliegen, wenn die Geschäftsleitung bezahlt wird. Hüttemann hat zutref-

10 BFH vom 13.10.1999 I B 21/99, BFH/NV 2000, 750.
11 Siehe zB FG Berlin-Brandenburg vom 16.1.2008, DStRE 2008 12 K 8312/04, 688.
12 z. B. BFH vom 16.10.1991 I B 227-228/90, BFH/NV 1992, 341 vom 11.12.1991 I R 152/90, BStBl. 1992 II, 690.
13 Hüttemann, Gemeinnützigkeits- und Spendenrecht, § 5 Rz. 42.
14 BFH vom 13.12.1989 I R 99/87, BStBl. 1990 II, 454; vom 6.12.1995 I R 88/94, BStBl. 1996 II, 383.

fend dargestellt, dass diese Verwaltungsregelung für die gGmbH keine Gültigkeit hat.[15] Während in den Vereins-und Stiftungssatzungen die Vergütungsthematik der Organe ausdrücklich geregelt sein muss, wenn der Grundsatz der Ehrenamtlichkeit durchbrochen werden soll, ist die Vergütung des Geschäftsführers einer gemeinnützigen GmbH der Rechtsform immanent. Einzelheiten regelt hier im Normalfall der Geschäftsführeranstellungsvertrag.

Muster Geschäftsführeranstellungsvertrag 23

Zwischen der XY gGmbH, geschäftsansässig……

vertreten durch die Gesellschafterversammlung

– nachfolgend die »Gesellschaft« –

und

Herr/Frau………..,

– im folgenden »Geschäftsführer« –

wird folgender **Geschäftsführeranstellungsvertrag** geschlossen:

§ 1 Geschäftsführerbestellung

(1) Herr /Frau [….] wurde mit Wirkung zum [Datum] zum Geschäftsführer der XY gGmbH bestellt.

(2) *Der Beirat, vertreten durch seinen Vorsitzenden, hat dieser Ernennung zugestimmt.*

(3) Der Geschäftsführer nimmt seine Tätigkeit zum [Datum] auf.

(4) Die Gesellschaft ist berechtigt, weitere Geschäftsführer zu bestellen.

(5) Die Bestellung zum Geschäftsführer kann durch Gesellschafterbeschluss jederzeit widerrufen werden, dies unbeschadet der Ansprüche aus diesem Vertrag. Der Widerruf gilt als Kündigung dieses Vertrages zum nächstzulässigen Zeitpunkt nach Zugang beim Geschäftsführer.

§ 2 Geschäftsführungs- und Vertretungsbefugnis

(1) Der Geschäftsführer führt die Geschäfte der Gesellschaft nach Maßgabe der Gesetze, des Gesellschaftsvertrags und der Beschlüsse der Gesellschafterversammlung. Er ist zur Vertretung der Gesellschaft in allen außergerichtlichen und gerichtlichen Angelegenheiten befugt, sofern sich nicht aus dem Gesetz oder Gesellschaftsvertrag etwas anderes ergibt.

(2) Entscheidungen von grundlegender Bedeutung dürfen nur in Abstimmung mit der Gesellschafterversammlung und/oder dem Beirat getroffen werden. Das gilt insbesondere für Geschäfte, die unter einem Zustimmungsvorbehalt stehen.

(3) Der Geschäftsführer hat sicherzustellen, dass er während der üblichen Geschäftszeiten anwesend und erreichbar ist, sofern er keine auswärtigen Termine wahrnimmt. Einer Arbeitszeitüberwachung unterliegt er nicht.

15 Hüttemann, DB 2009, 1205.

§ 3 Aufgabenbereiche / Rechte und Pflichten

(1) Der Geschäftsführer hat bei der Führung der Geschäfte stets die ideellen Zielvorgaben der Gesellschaft zu berücksichtigen und zu fördern.

(2) Er hat insbesondere die gemeinnützigkeitsrechtlichen Vorgaben in Bezug auf die Mittelverwendung zu beachten und alles zu unterlassen, was den Status der Gemeinnützigkeit der Gesellschaft gefährdet.

(3) Der Geschäftsführer ist dabei auch verantwortlich für die ordnungsgemäße Erstellung bzw. Einholung von Zuwendungsbescheinigungen.

(4) Der Geschäftsführer hat seine Arbeitskraft ausschließlich der Gesellschaft zu widmen. Die Übernahme einer entgeltlichen oder unentgeltlichen Nebentätigkeit bedarf der vorherigen Zustimmung der Gesellschafter.

§ 3a Wettbewerbsverbot

Dem Geschäftsführer ist es untersagt auf dem Gebiet der Tätigkeit der Gesellschaft auf eigene oder fremde Rechnung neben der Tätigkeit für diese Gesellschaft tätig zu sein. Im Falle der Zuwiderhandlung fällt alles, was der Geschäftsführer durch diese Tätigkeit erlangt, an die Gesellschaft. Schadensersatzansprüche sind damit ausgeschlossen.

§ 4 Vergütung

(1) Der Geschäftsführer erhält als Vergütung für seine Tätigkeit ein Jahresgehalt von brutto – .... –Euro, das in zwölf gleichen Raten am Ende eines Monats gezahlt wird.

(2) Weiterhin erhält der Geschäftsführer nach Maßgabe eines Beschlusses der Gesellschafterversammlung einen Firmenwagen, der auch zu privaten Zwecken benutzt werden kann. Die auf ihn entfallende Steuer trägt der Geschäftsführer.

(3) Der Geschäftsführer hat Anspruch auf Erstattung von Reisekosten und Auslagen für Geschäftsreisen *in einem angemessenem Umfang / nach einer von der Gesellschaft festzusetzenden Höhe.*

§ 5 Urlaub

Der Geschäftsführer hat Anspruch auf einen Jahresurlaub von *30* Arbeitstagen.

§ 6 Vertragsdauer und Kündigung

(1) Das Vertragsverhältnis wird zunächst auf die Dauer von [……] Jahren geschlossen und verlängert sich um jeweils die Dauer eines weiteren Jahres, wenn keiner der Vertragsbeteiligten ein viertel /ein halbes Jahr vor Ablauf den Vertrag in schriftlicher Form mittels eingeschriebenem Brief ordentlich kündigt.

(2) Das Recht zur außerordentlichen Kündigung bleibt unberührt. Das Vertragsverhältnis kann somit bei Vorliegen eines wichtigen Grundes schon vor Ablauf der vorgesehenen Vertragszeit gekündigt werden.

(3) Als wichtiger Grund ist auch anzusehen, wenn der Geschäftsführer länger als ein Jahr durch Krankheit oder andere unverschuldete Ursachen in der Ausübung seiner Tätigkeit verhindert ist. Als wichtige Gründe gelten desweiteren Verstöße des Geschäftsführers gegen die Weisungen der Gesellschafterversammlung und die Liquidation der Gesellschaft.

§ 7 Haftungbeschränkung (fakultativ für ehrenamtliche Geschäftsführer)

Der Geschäftsführer haftet gegenüber der Gesellschaft nur für vorsätzliche und grob fahrlässige Sorgfaltspflichtverletzungen. Die Gesellschaft hält den Geschäftsführer insofern von Ansprüchen Dritter frei. Eine Außenhaftung des Geschäftsführers gegenüber Dritten ist auf deliktisches Handeln beschränkt.

§ 8 Schlussbestimmungen

(1) Änderungen oder Ergänzungen dieses Vertrages bedürfen der Schriftform. Nebenabreden wurden nicht getroffen

(2) Die Unwirksamkeit einzelner Bestimmungen dieses Vertrages berührt nicht die Wirksamkeit der übrigen Bestimmungen. Die Parteien verpflichten sich, anstelle einer unwirksamen Bestimmung eine gültige Vereinbarung zu treffen, deren Inhalt der wirtschaftlichen Zielsetzung der unwirksamen Bestimmung so weit wie möglich entspricht.

Das folgende Muster einer Geschäftsordnung, die sich die Geschäftsführung gibt, ist ausgerichtet auf Gesellschaften, in denen der Beirat einen maßgeblichen Einfluss ausübt und die Gesellschafter eher im Hintergrund bleiben.

Muster Geschäftsordnung Geschäftsführung 24

Geschäftsordnung der Geschäftsführung der XY gGmbH

Präambel

Die Geschäftsführer führen die Geschäfte der Gesellschaft mit der Sorgfalt eines ordentlicher Kaufmanns und nach den Grundsätzen von Wirtschaftlichkeit, Sparsamkeit und Zweckmäßigkeit.

Zu den **Führungsgrundsätzen** gehören:

- gute Mitarbeiterführung, Stärkung eigenverantwortlichen Handelns durch gezielte Delegation von Aufgaben
- Transparenz in der Geschäftsführung und Weitergabe aller wichtigen Informationen an die anderen Organe
- Förderung der ideellen Ziele der Gesellschaft
- Sicherstellung und Ausbau der ökonomischen und personellen Ressourcen der Gesellschaft

Die Mitglieder der Geschäftsführung verpflichten sich zu einer konstruktiven und vertrauensvollen Zusammenarbeit innerhalb der Geschäftsführung und mit den anderen Organen der Gesellschaft, insbesondere der Gesellschafterversammlung und dem Beirat.

§ 1 Aufgaben der Geschäftsführung / Grundlagen für die Geschäftsführertätigkeit

Die Geschäftsführung erfüllt die ihr in §.... des Gesellschaftsvertrages zugewiesenen Aufgaben.

Dazu gehören insbesondere:

- die laufende Geschäftsführung und operative Leitung des Betriebes
- die Erstellung des Finanzplans für das laufende Geschäftsjahr
- die Sicherstellung der satzungsmäßigen Mittelverwendung

....

Grundlage für die Tätigkeit der Geschäftsführung bilden:

- der Gesellschaftsvertrag
- der Geschäftsführeranstellungsvertrag
- diese Geschäftsordnung
- die gesetzlichen Regelungen, insbesondere die des GmbHG, der InsO und der AO.

Für Geschäftsführung gelten grundsätzlich die Prinzipen der Wirtschaftlichkeit. Bei der Mittelverwendung stehen die ideellen Ziele im Vordergrund und sind mit den wirtschaftlichen Belangen der Gesellschaft abzuwägen und in einen Ausgleich zu bringen. Hierbei ist das Gebot der Transparenz zu beachten. Der Status der Gemeinnützigkeit der Gesellschaft darf unter keinen Umständen gefährdet werden.

Die Geschäftsführung entwickelt in Zusammenarbeit mit dem Beirat das operative Unternehmenskonzept.

Am Ende eines Wirtschaftsjahres legt die Geschäftsführung einen Finanzplan für das folgende Geschäftsjahr vor, aus dem sich insbesondere auch die geplante Mittelverwendung für die ideellen Zwecke ergibt.

§ 2 Zusammenarbeit innerhalb der Geschäftsführung

Die Geschäftsführer haben sich wechselseitig über die laufenden Geschäftsvorfälle zu unterrichten.

Innerhalb der Geschäftsführung ist jeder Geschäftsführer für das ihm zugewiesene Ressort / den ihm zugewiesenen Geschäftsbereich verantwortlich und trifft die Entscheidungen nach Maßgabe der Unternehmensgrundsätze.

Es ist sicherzustellen, dass stets ein Geschäftsführer erreichbar ist und die Gesellschaft vertreten kann (Vertretungsregelung).

Die Geschäftsführung trägt die Gesamtverantwortung für das Unternehmen.

Auf die mit dem Gemeinnützigkeitsrecht konforme Mittelverwendung hat jeder Geschäftsführer besonderes Augenmerk zu richten.

Die Geschäftsführung fasst ihre Beschlüsse mit einfacher Mehrheit. Bei Stimmengleichheit entscheidet der Beirat/der Vorsitzende der Geschäftsführung.

§ 3 Zustimmungsbedürftige Geschäfte

Die Geschäftsführung ist an die Beschlüsse des Beirats gebunden und hat diese auszuführen.

Die in § ... des Gesellschaftsvertrags festgelegten Geschäfte dürfen nur mit Zustimmung des Beirats vorgenommen werden.

Bei dringenden Geschäften soll die Geschäftsführung die Zustimmung unmittelbar beim Vorsitzenden des Beirats einholen.

§ 4 Zusammenarbeit mit den Organen und Gremien

Die Geschäftsführung ist zur konstruktiven und vertrauensvollen Zusammenarbeit mit den anderen Organen der Gesellschaft, insbesondere dem Beirat und der Gesellschafterversammlung verpflichtet.

Die Organe und Gremien sind über die laufende Geschäftstätigkeit in regelmäßigen Abständen zu informieren, mindestens einmal im Quartal ist ein entsprechender Bericht zu erstellen.

III. Aufsichtsrat/Beirat

Der Aufsichtsrat hat vor allem seine Beratungs- und Kontrollfunktion wahrzunehmen. Im Gegensatz zu den Gesellschaftern, die je nach Ausgestaltung der Geschäftsführung auch Einzelweisungen erteilen können, hat sich der Aufsichtsrat aus den Geschäftsführungsaufgaben vollständig herauszuhalten. 25

Streng zu unterscheiden ist zwischen dem Aufsichtsrat nach §§ 95 ff. AktG, der auch bei der GmbH möglich ist und einem freiwilligen Kontrollgremium, dem Beirat, der nur die ihm qua Satzung zugewiesenen Aufgaben hat.

In diesem Zusammenhang ist wichtig, dass der Beirat einer gGmbH, dem Kompetenzen eingeräumt werden, wie sie bei der AG dem Aufsichtsrat zustehen, gegebenenfalls mitbestimmungsrechtlich gebunden ist. Um eine Mitbestimmung der Arbeitnehmer zu vermeiden, müssen die Kompetenzen des Beirats deutlich hinter denen des Aufsichtsrates nach §§ 95 ff. AktG zurückbleiben, insbesondere sollte ein Verweis auf die §§ 95 ff. AktG unterbleiben.

Um Art und Durchführung der Kontrollaufgaben verbindlich festzulegen, sollte sich der Beirat eine entsprechende Geschäftsordnung geben. In der Geschäftsordnung sind die Abläufe innerhalb des Beirats und die Zusammenarbeit mit den anderen Organen und Gremien festzuhalten.

Muster Geschäftsordnung Beirat 26

Geschäftsordnung des Beirates der XY gGmbH

Präambel

Die XY gGmbH hat sich zum Ziel gesetzt,

- die Förderung von wissenschaftlichem Nachwuchs;
- die Stärkung des Wissenschaftsstandorts ... durch Kooperation mit Hochschulen, Forschungsinstituten und sonstigen Institutionen, aber auch Unternehmen aus dem Bereich ......

Dieses Ziel soll umgesetzt werden durch:

- die Bereitstellung von Praktika und Unterstützung von Diplom- bzw. Masterarbeiten
- die finanzielle Unterstützung von Forschungsarbeiten und Veröffentlichungen auf dem Gebiet....

Die Beiratsmitglieder verpflichten sich zu einer konstruktiven und vertrauensvollen Zusammenarbeit innerhalb des Beirats und mit den anderen Organen der Gesellschaft, insbesondere der Geschäftsführung und der Gesellschafterversammlung. Der Beirat hat die Funktion der Einbringung besonderen Sachverstands in die Unternehmensprozesse der XY gGmbH.

§ 1 Zusammensetzung und Berufung

Beispiel 1:

1. Der Beirat besteht aus Vertretern der Landesregierung und der Hochschulen des Landes (oder bestimmten wissenschaftlichen Gremien).

Beispiel 2:

1. Der Beirat besteht aus den Vorstandsmitgliedern des XY-Vereins. Zusammensetzung, Ein- und Austritt sowie Dauer der Beiratsfunktion richten sich nach der Vereinssatzung.
2. Die Mitglieder des Beirats werden von den Gesellschaftern der XY gGmbH (ggf. und auf Vorschlag der Geschäftsführung) für einen Zeitraum von *vier/fünf* Jahren (ein kürzerer Berufungszeitraum ist eher unüblich) gewählt.
3. Der Beirat besteht aus maximal ....Mitgliedern (je nach Größe der Gesellschaft).
4. Die Mitglieder *bzw. mindestens ... [Anzahl] Mitglieder* des Beirats sollen folgende fachliche Qualifikationen aufweisen:
   - Hochschulstudium in einer bestimmten Fachrichtung
   - besondere berufliche Qualifikation (z. B. Wirtschaftsprüfer)
5. Die Tätigkeit im Beirat ist ehrenamtlich. Die Beiratsmitglieder erhalten keinen Aufwendungsersatz/ggf. eine Aufwandspauschale von max. 500 € p. a. (steuerfrei).
6. Die Ausübung der Beiratstätigkeit erfolgt ausschließlich persönlich. Eine Vertretung, insbesondere bei den Sitzungen, ist ausgeschlossen.
7. Die Beiratsmitglieder wählen aus ihrer Mitte einen Vorsitzenden und *einen Stellvertreter*. Die Wahl erfolgt mit einer *einfachen/dreiviertel* Stimmenmehrheit der anwendenden Mitglieder.
8. Die Amtsdauer des Vorsitzenden und des Stellvertreters entspricht der Berufungszeitraum von *vier/fünf* Jahren.

§ 2 Aufgaben des Beirates

1. Der Beirat soll die Geschäftsführung und Gesellschafterversammlung bei der strategischen Ausrichtung der Gesellschaft unterstützen.
2. Aufgabe des Beirats ist es insbesondere
   a) die Geschäftsführung zu überwachen;
   b) die Geschäftsführung in fachlichen Fragen, insbesondere zur Erfüllung der Satzungszwecke zu beraten;
   c) bei Meinungsverschiedenheiten zwischen den Gesellschaftern und bei Meinungsverschiedenheiten zwischen Gesellschaftern und der Geschäftsführung sowie bei Meinungsverschiedenheiten unter den Geschäftsführern zu vermitteln;
   d) den für jeweils ein Geschäftsjahr aufzustellenden Investitions- und Finanzierungsplan zu beschließen;
   e) über die gemäß § ... des Gesellschaftsvertrages zustimmungsbedürftigen Geschäftsführungsmaßnahmen zu beschließen;
   f) den Jahresabschlussprüfer für die Wahl durch die Gesellschafterversammlung vorzuschlagen.

§ 3 Zustimmungsbedürftige Geschäfte

Die in § ... des Gesellschaftsvertrags festgelegten Geschäfte dürfen nur mit Zustimmung des Beirats vorgenommen werden.

Über die Zustimmung ist in der nächsten ordentlichen Beiratssitzung zu entscheiden und das Ergebnis unverzüglich der Geschäftsführung zu übermitteln.

Auf Antrag der Geschäftsführung kann der Beiratsvorsitzende oder sein Stellvertreter der Vornahme dringender Geschäfte zustimmen. Der Beirat ist hierüber spätestens in der nächsten Sitzung zu unterrichten.

§ 4 Sitzungsordnung

1. Der Beirat wird [Anzahl] *zweimal* im Jahr einberufen, darüber hinaus, wenn es der Beiratsvorsitzende für erforderlich hält.
2. Die Beiratssitzungen finden am Sitz der Gesellschaft statt.
3. Die Geschäftsführung ist berechtigt, in beratender Funktion an den Beiratssitzungen teilzunehmen, sofern der Beirat aufgrund bestimmter Gründe im Einzelfall nichts Gegenteiliges beschließt.
4. Bei der Aufstellung der Tagesordnung ist den Anregungen der Beiratsmitglieder Rechnung zu tragen.
5. Der Vorsitzende oder sein Stellvertreter leitet die Sitzungen.
6. Die Beiratssitzungen sind nicht öffentlich.
7. Über die in den Sitzungen gefassten Beschlüsse ist ein Protokoll zu fertigen, das vom Beiratsvorsitzenden und dem Protollführer zu unterzeichnen ist. Das Protokoll ist den Gesellschaftern der XY gGmbH durch den Beiratsvorsitzenden des Beirates innerhalb von 4 Wochen nach Beendigung der Sitzung zuzuleiten.

§ 5 Beschlussfassung

Der Beirat ist beschlussfähig, wenn die Mehrzahl seiner Mitglieder anwesend ist.

Alternativ:

Der Beirat ist beschlussfähig, wenn mindestens ... [Anzahl] Mitglieder anwesend sind, darunter der Vorsitzende oder sein Stellvertreter.

Der Beirat trifft seine Beschlüsse mit einfacher Mehrheit der anwesenden Mitglieder. Bei Stimmengleichheit entscheidet der Vorsitzende.

§ 6 Begünstigungsverbot

Mitglieder des Beirats – ebenso deren Ehegatten, Familienangehörige oder Lebenspartner (nahestehende Personen) – dürfen nicht durch materielle oder immaterielle Zuwendungen der Gesellschaft oder der Gesellschafter begünstigt werden.

Aufträge an Mitglieder oder nahestehende Personen dürfen erteilt werden nach vorheriger Beschlussfassung mit einer dreiviertel Mehrheit der anwesenden Beiratsmitglieder unter Ausschluss des betreffenden Beiratsmitgliedes.

§ 7 Vertraulichkeit /Geheimhaltung

Die Beiratsmitglieder sind verpflichtet, über die Beratungen, alle Angelegenheiten der Gesellschaft und Informationen, über die sie in ihrer Funktion im Beirat Kenntnis erlangt haben, Verschwiegenheit zu bewahren. Dies gilt auch nach Ausscheiden aus dem Beirat.

Die Pflicht zur Verschwiegenheit gilt auch für die vom Beirat hinzugezogenen Personen / Sachverständigen. Diese haben eine entsprechende Erklärung zu unterzeichnen.

§ 8 Änderung der Geschäftsordnung

Änderungen der Geschäftsordnung werden durch den Beirat mit einer Mehrheit von Dreiviertel der anwesenden Mitglieder beschlossen und bedürfen der Zustimmung der Gesellschafterversammlung der XY gGmbH.

Die Geschäftsordnung tritt mit Wirkung vom ....in Kraft.

---

27 Für kleinere gGmbHs ist es auch möglich, eine einheitliche Geschäftsordnung zu erstellen, die sowohl für die Gesellschafterversammlung als auch für den Beirat Regelungen enthält. Insbesondere sollte diese klären, welche Geschäfte zustimmungsbedürftig sind und welche nicht (Eine Regelung im Gesellschaftsvertrag selbst wäre dann entbehrlich – damit wären auch Änderungen diesbezüglich nicht beurkundungspflichtig).

Muster Einheits-Geschäftsordnung (für alle Organe)

Die Gesellschafterversammlung kann gemäß [§.........] der Satzung der XY GmbH eine Geschäftsordnung beschließen, nach der bestimmte Geschäftsführungsmaßnahmen der Zustimmung der Gesellschafterversammlung oder des Beirats bedürfen.

Die Gesellschafterversammlung hat in der Sitzung vom [Datum] mit der nach der Satzung erforderlichen Mehrheit von Dreiviertel der anwesenden Gesellschafter den Erlass der nachfolgenden Geschäftsordnung beschlossen:

§ 1 Aufgaben und Kompetenzen der Gesellschafterversammlung

Die Gesellschafter in ihrer Gesamtheit (Gesellschafterversammlung) entscheiden über alle ihnen nach dem Gesetz oder der Satzung zugewiesenen Bereiche.

Die Gesellschafterversammlung beschließt darüber hinaus über alle Grundsatzentscheidungen, insbesondere Maßnahmen, die in besonderer Weise in den Vermögensstand, die Organisation oder die ideelle Ausrichtung oder des Charakter der Gesellschaft eingreifen. Das betrifft insbesondere auch solche Maßnahmen, die infolge ihrer langen Laufzeit oder des ihnen anhaftenden großen Risikos von besonderer Bedeutung sind.

Zur Kompetenz der Gesellschafterversammlung gehören hiernach beispielsweise

- die Aufgaben nach § 46 GmbHG;
- die Änderung der vorliegenden Geschäftsordnung in Bezug auf die Geschäftsführung und den Beirat;

- die Erteilung und der Widerruf von Prokura auf Vorschlag der Geschäftsführung oder des Beirats;
- Entscheidungen über die nachfolgenden zustimmungsbedürftigen Geschäftsführungsmaßnahmen.

§ 2 Geschäftsführungsmaßnahmen mit Zustimmungsvorbehalt

Die Geschäftsführung bedarf der Zustimmung der Gesellschafterversammlung zu allen Maßnahmen, die über die laufende und gewöhnliche Geschäftstätigkeit hinausgehen.

Hierzu gehören insbesondere (*Auswahl*):
- Festlegung oder Änderung der strategischen Ausrichtung und der grundsätzlichen Geschäftspolitik der Gesellschaft;
- Veräußerung oder Verlegung des Unternehmens oder eines seiner Teile;
- Erwerb anderer Unternehmen oder Unternehmensbeteiligungen sowie deren Veräußerung oder Beendigung, Errichtung und Auflösung von Tochtergesellschaften, Errichtung und Aufhebung von Zweigniederlassungen;
- Aufnahme neuer und Aufgabe bestehender Geschäftszweige;
- Abschluss oder Beendigung von Betriebspacht- und Betriebsüberlassungsverträgen;
- Erteilung und Widerruf von Einzel- bzw. Gesamtprokuren sowie Abschluss und Beendigung von Anstellungsverträgen mit Prokuristen;
- Festlegung der Grundsätze über die betriebliche Altersversorgung;
- Ausübung von Gesellschafterrechten in Beteiligungsgesellschaften;
- alle Maßnahmen, die die Gesellschaft wirtschaftlich mit mehr als [Betrag in EUR] im Einzelfall belasten oder die Gesellschaft unabhängig von der Höhe der Belastung im Einzelfall bis zum nächsten ordentlichen Kündigungstermin der in Frage stehenden Maßnahme mit einem Betrag von mehr als [EUR] belasten.

§ 3 Aufgaben des Beirats

Aufgabe des Beirats ist es, die Geschäftsführung zu überwachen und sie in den an ihn herangetragenen Einzelfällen zu beraten.

Der Beirat soll bei Meinungsverschiedenheiten zwischen den Gesellschaftern und bei Meinungsverschiedenheiten zwischen Gesellschaftern und der Geschäftsführung sowie bei Meinungsverschiedenheiten innerhalb der Organe / *Gremien* vermitteln.

Folgende Geschäfte und Maßnahmen der Geschäftsführung bedürfen der Zustimmung des Beirats:
- Verträge mit Gesellschaftern, Ehegatten, Lebenspartnern und Verwandten (bis zum 3. Grad) oder Verschwägerten eines Gesellschafters, soweit es sich nicht um eine geringfügige Beschäftigung im Sinn des Sozial- und Steuerrechts handelt;
- Festlegung oder Änderung des von der Geschäftsführung vorgelegten Finanzplans;
- Übernahme von Bürgschaften; Beschluss von Sicherungsübereignungen oder Verpfändungen;
- Erteilung und Widerruf von Handlungsvollmachten;
- Beauftragung des Abschlussprüfers.

Diese Geschäftsordnung wird tritt mit sofortiger Wirkung / mit Wirkung zum [Datum] in Kraft. Eine Änderung der Geschäftsordnung bedarf des Beschlusses der Gesellschafterversammlung und der Zustimmung des Beirats, jeweils mit einer Mehrheit von Dreivierteln seiner anwesenden Mitglieder.

B. Satzungsgestaltung

I. Neue steuerliche Mustersatzung

28 In Anlage 1 zur Abgabenordnung gibt die Finanzverwaltung ein Muster vor, das die Mindestvoraussetzungen, die aus steuerlicher Sicht an die Satzung der gemeinnützigen Organisationen gestellt werden, präzisiert. Dieses Satzungsmuster ist nicht spezifisch auf eine bestimmte Form der gemeinnützigen Zweckerreichung ausgerichtet, sondern muss für Zwecke der konkreten Anwendung dem jeweils erforderlichen Kontext und der Rechtsform angepasst werden. In § 8 wird gleichwohl der Text des Satzungsmusters nach Anlage 1 zur AO wiedergegeben, um die insoweit erforderlichen Mindestvoraussetzungen zu verdeutlichen.

Da das Prinzip der Vertragsfreiheit gilt, besteht jedoch keinerlei Verpflichtung, die in der Mustersatzung verwendeten Formulierungen in ihrem genauen Wortlaut in die individuell zu erstellende Satzung zu übernehmen, auch wenn es diesbezüglich in einigen Finanzbehörden eine andere Auffassung geben mag. Es kann jedoch andererseits das Verfahren zur Anerkennung der Gemeinnützigkeit erleichtern, bzw. beschleunigen.

II. Individuelle Satzungsgestaltung

29 Die individuelle Satzungsgestaltung war – ungeachtet der vielen im Umlauf befindlichen Muster – bislang die übliche Vorgehensweise bei GmbH-Gründungen.

Durch das MoMiG wurde die Möglichkeit eines vereinfachten Gründungsverfahrens auf der Grundlage eines notariell zu beurkundenden Musterprotokolls geschaffen (§ 2 Abs. 1a GmbHG, Anlage 1). Für die gemeinnützige GmbH eignet sich dieses Verfahren jedoch nicht, da das Musterprotokoll die erforderlichen Bestimmungen zur Gemeinnützigkeit, dem Kapitalerhalt und der Mittelverwendung nicht enthält. Ein entsprechendes amtliches Musterprotokoll speziell für die gGmbH ist im MoMiG nicht vorgesehen worden.

30 Die individuellen Anforderungen an den Gesellschaftsvertrag einer gGmbH richten sich nicht nur danach, ob die Gesellschaft fördernd oder operativ tätig ist, sondern auch nach ihrer Eigentümerstruktur (Privatperson, Kapitalgesellschaft, Verein oder Stiftung). Die Satzungsregelungen zur Vertretung und Beschlussfassung bzgl. Auflösung und dem Vermögensanfall sind darauf abzustimmen.

Der Gesellschaftsvertrag ist gemäß § 2 Abs. 1 GmbHG beurkundungspflichtig. Der mit den Gründungsgesellschaftern abgestimmte Entwurf des Gesellschaftsvertrags wird in einer ersten Gesellschafterversammlung, die im Rahmen der notariellen Beurkundung abgehalten wird, beschlossen und ist von allen Gesellschaftern zu unterzeichnen. Vertretung ist zulässig, eine hierfür zu erteilende Vollmacht bedarf jedoch notarieller Beurkundung, § 2 Abs. 2 GmbHG.

Einige ausgewählte und für die gGmbH relevante Satzungsbestandteile werden nachfolgend erläutert.

1. Firma und Sitz

§ 1 Firma, Sitz

(1) Die Firma der Gesellschaft lautet	ABC gemeinnützige GmbH
(2) Die Gesellschaft hat ihren Sitz in	Hamburg
(3) Sie ist geschäftsansässig in	20100 Hamburg, ABC Straße 1

a) Firmenrechtliche Grundlagen

Die Firma ist der Name, unter dem der Kaufmann seine Geschäfte und Zivilprozesse betreibt, § 17 Abs. 1, 2 HGB. Sie ist damit weder Unternehmensträger noch ist sie das Unternehmen selbst – die Firma verbindet lediglich beides zu einer Einheit. Die GmbH ist – auch wenn es an dem Betrieb eines Unternehmens im Einzelfall fehlt – stets eine Handelsgesellschaft und damit Formkaufmann nach § 6 Abs. 1 HGB i.V.m. § 13 Abs. 3 GmbHG. Die GmbH führt damit unabhängig davon, ob sie unternehmerisch tätig ist, eine Firma und unterliegt damit den firmenrechtlichen Anforderungen. 31

Charakteristisch für eine Handelsgesellschaft ist, dass der „Eigenname" und die Firma identisch sind.[16] Die Firma hängt am Unternehmen und kann mit diesem zusammen übertragen werden. Es ist aber auch die bloße Gestattung der Firmenverwendung möglich.

Desweiteren zu unterscheiden ist zwischen dem Firmenkern, auf den sich in erster Linie das Erfordernis der Unterscheidungs- und Kennzeichnungskraft bezieht (§ 18 I HGB) und dem Firmenzusatz. Der Firmenzusatz kann eine zusätzliche Beschreibung des Unternehmensgegenstandes beinhalten. Der in § 19 HGB geregelte Rechtsformzusatz ist dabei stets nur Firmenzusatz. 32

Nach der Handelsrechtsreform im Jahr 1998 besteht bezüglich der Bezeichnung des „Firmenkerns" eine weitreichende Wahlfreiheit, die auch Fantasienamen zulässt. Weder der Firmeninhaber, noch der Unternehmensgegenstand müssen demnach in der Firma aufgeführt sein.

b) Rechtsformzusatz

Die Firma der Gesellschaft muss nach § 4 GmbHG als Rechtsformzusatz die Bezeichnung „Gesellschaft mit beschränkter Haftung" oder eine allgemein verständliche Abkürzung dieser Bezeichnung enthalten. Insbesondere darf die Bezeichnung nicht gegen das Verbot der Irreführung nach § 18 Abs. 2 S. 1 HGB verstoßen, d. h. „keine Angaben enthalten, die geeignet sind, über geschäftliche Verhältnisse, für die angesprochenen Verkehrskreise wesentlich sind, irrezuführen". 33

Anerkannt sind im geschäftlichen Verkehr die Abkürzungen GmbH oder Gesellschaft mbH.

Mit der Einführung der Rechtsformvariante der Unternehmergesellschaft hat sich ein weiteres Anwendungsgebiet aufgetan. 34

Für die Rechtsformvariante der Unternehmergesellschaft sind nach § 5a Abs. 1 GmbHG zwei Rechtsformzusätze möglich „Unternehmergesellschaft (haftungsbeschränkt)" oder UG (haftungsbeschränkt). Der Zusatz „haftungsbeschränkt" ist deshalb erforderlich, weil sich aus Begriff der Unternehmergesellschaft die Haftungsbeschränkung nicht ergibt.

16 Karsten Schmidt, Handelsrecht, § 12 I 3 a).

c) Besonderheiten bei der Firmenbezeichnung von gemeinnütziger GmbH und gemeinnütziger Unternehmergesellschaft

35 Für die gemeinnützige GmbH ist die Bezeichnung als gGmbH weit verbreitet. Die firmenrechtliche Zulässigkeit dieser Abkürzung ist jedoch umstritten und war bereits Gegenstand mehrerer Entscheidungen.

Das Oberlandesgericht München kommt in seiner Entscheidung vom 13.12.2006, Az. 31 Wx 84/06 zu dem Ergebnis, dass der Rechtsformzusatz „gGmbH" unzulässig und daher nicht eintragungsfähig sei.

Dieser Entscheidung liegt die Einschätzung zugrunde, dass die Abkürzung „gGmbH" nicht dem Erfordernis der Allgemeinverständlichkeit i.S.d. § 18 Abs. 2 S. 1 HGB genüge. Das OLG München vertritt die Auffassung, die Hinzufügung weiterer Bestandteile zu der allgemein verständlichen Abkürzung „GmbH" berge die Gefahr, dass die mit gGmbH bezeichnete Gesellschaft als Sonderform der GmbH angesehen werde könnte und dies eine Unsicherheit bezüglich der Anwendbarkeit des GmbH-Rechts, insbesondere der Haftungsregeln, hervorrufen würde.

Als weiteres Argument führt das OLG München die mittlerweile geltende Wahlfreiheit in Bezug auf die Gestaltung des Firmenkerns an. Dies bedinge, dass als Regulativ für das Defizit an Informationskraft der Firma wenigsten die Anforderungen an den Firmenzusatz streng zu handhaben seien.[17]

Bestätigt hat das OLG München seine Auffassung im Beschluss vom 26.02.2008, Az. 34-Wx-5/08.

36 Ausdrücklich offen gelassen hat das OLG, ob die ausgeschriebene Form „gemeinnützige Gesellschaft mit beschränkter Haftung" als Bestandteil der Firma zulässig wäre. Ebenfalls nicht abschließend geklärt ist die Zulässigkeit der Bezeichnung „gemeinnützige GmbH" – obgleich die isolierte Verwendung der Abkürzung GmbH dafür spricht, die vom OLG München bemängelte Irreführung zu vermeiden. Auch die vielfache und bislang nicht aufgegriffene Verwendung dieser Bezeichnung als „gemeinnützige GmbH" dürfte hinreichendes Indiz für ihre Akzeptanz auch durch die Gerichte sein.

37 Als Konsequenz für neu zu gründende Gesellschaften kann festgehalten werden:

Die Bezeichnung „gGmbH" sollte vermieden und stattdessen die Bezeichnung „gemeinnützige GmbH" als Firmenzusatz aufgenommen werden.

d) Sitz der Gesellschaft

38 Die Festlegung des Sitzes, d.h. des Ortes, an dem die Gesellschaft einen Betrieb unterhält oder an dem sich die Geschäftsleitung oder der Verwaltungssitz befindet, ist eine zwingende Mindestanforderung an die Satzung.

Um als Sitz der Gesellschaft qualifiziert zu werden, reicht es nach deutschem Gesellschaftsrecht nicht aus, lediglich eine Postadresse für die Gesellschaft einzurichten (Briefkastenfirma).

Nach geltendem Recht genügt für die **Eintragung** der Gesellschaft nicht mehr allein die Angabe des Sitzes – darüber hinaus ist anzugeben, wo die Gesellschaft geschäftsansässig ist. Ausreichend ist allerdings, die **Angabe der Geschäftsadresse** lediglich in der Anmeldung zum Handelsregister. Die Geschäftsadresse aufzunehmen ist damit kein zwingender Bestandteil des Gesellschaftsvertrages.

17 So auch Lutter/Hommelhoff, GmbHG 16. Aufl. § 4 Rn. 25; Roth/Altmeppen, GmbHG 5. Aufl. § 4 Rn. 46)

2. Gesellschaftszweck und Unternehmensgegenstand

§ 2 Zweck der Gesellschaft und Gegenstand des Unternehmens

(1) Die Gesellschaft verfolgt ausschließlich und unmittelbar gemeinnützige Zwecke im Sinne des Abschnitts „Steuerbegünstigte Zwecke" der Abgabenordnung (§§ 51ff. AO).

(2) Zweck der Gesellschaft ist die Förderung von..........[Zwecke aus dem Katalog des § 52 AO]

(3) Gegenstand des Unternehmens ist der Betrieb von ...

a) ...

b) ...

als Zweckbetriebe im Sinne des Abschnitts „steuerbegünstigte Zwecke" der Abgabenordnung.

(4) Die Gesellschaft darf alle Geschäfte und Handlungen vornehmen, die dem Gesellschaftszweck unmittelbar oder mittelbar zu dienen geeignet sind. Sie darf hierzu im Rahmen des Abschnitts „steuerbegünstigte Zwecke" der Abgabenordnung weitere Zweckbetriebe und wirtschaftliche Geschäftsbetriebe betreiben.

(5) Die Gesellschaft darf – im Rahmen des Abschnitts „steuerbegünstigte Zwecke" der Abgabenordnung – ihre Geschäfte im In- und Ausland betreiben, insbesondere Zweigniederlassungen errichten und gleichartige oder ähnliche Unternehmen gründen, erwerben oder sich an ihnen beteiligen.

(6) Der Zweck der Gesellschaft wird insbesondere verwirklicht durch die folgenden Tätigkeiten:

[Beschreibung der Fördertätigkeiten]

[bei Trägerschaft von Zweckbetrieben durch den Unternehmensgegenstand an sich]

Der Zweck der Gesellschaft ist das zentrale Element im Gesellschaftsvertrag einer gemeinnützigen GmbH. Hierin unterscheidet sich die Satzung inhaltlich von der einer klassischen GmbH, bei der sich die Angabe auf den Unternehmensgegenstand beschränken kann. 39

Bei der gemeinnützigen GmbH sind Gesellschaftszweck und Unternehmensgegenstand gesondert in die Satzung aufzunehmen.

Trotz möglicher Überschneidungen kann man vereinfacht feststellen:

Zweck der Gesellschaft = ideelle Ausrichtung / Grundlage der Steuerbegünstigung

Gegenstand des Unternehmens = wirtschaftliche Basis für die Verwirklichung der Zwecke

Der möglichst genauen Beschreibung des Gesellschaftszweckes ist bei der gGmbH große Aufmerksamkeit zu widmen.

a) Bestimmung des steuerbegünstigten Zweckes

Der Begriff der Gemeinnützigkeit bzw. der gemeinnützigen Zwecke hat sich – und nicht nur umgangssprachlich – als Oberbegriff für alle steuerbegünstigten Zwecke eingebürgert. 40

Steuerbegünstigt sind nach der Abgabenordnung **gemeinnützige, mildtätige oder kirchliche Zwecke**.

aa) Gemeinnützige Zwecke

41 Die gemeinnützigen Zwecke müssen in der Satzung der gGmbH angegeben werden. Die Angabe der steuerbegünstigten Zwecke in der Satzung ist hierbei abschließend. Die Körperschaft gefährdet ihre Gemeinnützigkeit, wenn sie daneben noch andere Zwecke verfolgt.

Hinweis:

*Es ist grundsätzlich zulässig, **Vorratszwecke** in der Satzung vorsehen. Dies wird von der Finanzverwaltung im Einzelfall aber unterschiedlich streng behandelt[18], so dass die Satzung entsprechend mit der Finanzverwaltung abgestimmt werden sollte.*

Die Erstellung einer Prioritätsskala bezüglich der jeweiligen Zwecke ist zulässig. Die Gefahr bei Vorratszwecken ist, dass sich die Gesellschaft mit einer entsprechenden Satzungsregelung in Widerspruch zu dem Grundsatz der gegenwärtigen Zweckerfüllung bringt.

42 Da die gGmbH sich vorwiegend zur Verwirklichung der mit dem Betrieb größerer Zweckbetriebe im Sinne der §§ 65 bis 68 AO verbundenen gemeinnützigen Ziele eignet, sollte in diesen Fällen auch die Zweckbetriebseigenschaft entsprechen mit in der Satzung aufgeführt werden.

43 Die gemeinnützigen Zwecke einer Körperschaft werden in § 52 Abs. 1 AO definiert. Abs. 2 der Norm enthält einen Katalog der steuerlich anerkannten gemeinnützigen Zwecke, der grundsätzlich abschließend ist. Allerdings enthält Abs. 2 auch eine Öffnungsklausel für die Finanzverwaltung der Länder, wonach diese bestimmen können, ob und inwieweit weitere Zwecke als gemeinnützig anerkannt werden. Es ist davon auszugehen, dass im Falle der Anerkennung in einem Bundesland auch die anderen Bundesländer eine entsprechende Anerkennung nicht verweigern können. § 52 AO lautet:

(1) Eine Körperschaft verfolgt gemeinnützige Zwecke, wenn ihre Tätigkeit darauf gerichtet ist, die Allgemeinheit auf materiellem, geistigem oder sittlichem Gebiet selbstlos zu fördern. Eine Förderung der Allgemeinheit ist nicht gegeben, wenn der Kreis der Personen, dem die Förderung zugute kommt, fest abgeschlossen ist, zum Beispiel Zugehörigkeit zu einer Familie oder zur Belegschaft eines Unternehmens, oder infolge seiner Abgrenzung, insbesondere nach räumlichen oder beruflichen Merkmalen, dauernd nur klein sein kann. Eine Förderung der Allgemeinheit liegt nicht allein deswegen vor, weil eine Körperschaft ihre Mittel einer Körperschaft des öffentlichen Rechts zuführt.

(2) Unter den Voraussetzungen des Absatzes 1 sind als Förderung der Allgemeinheit anzuerkennen:

1. die Förderung von Wissenschaft und Forschung;
2. die Förderung der Religion;
3. die Förderung des öffentlichen Gesundheitswesens und der öffentlichen Gesundheitspflege, insbesondere die Verhütung und Bekämpfung von übertragbaren Krankheiten, auch durch Krankenhäuser im Sinne des § 67, und von Tierseuchen;
4. die Förderung der Jugend- und Altenhilfe;
5. die Förderung von Kunst und Kultur;
6. die Förderung des Denkmalschutzes und der Denkmalpflege;
7. die Förderung der Erziehung, Volks- und Berufsbildung einschließlich der Studentenhilfe;
8. die Förderung des Naturschutzes und der Landschaftspflege im Sinne des Bundesnaturschutzgesetzes und der Naturschutzgesetze der Länder, des Umweltschutzes, des Küstenschutzes und des Hochwasserschutzes;

18 Vgl. FinMin.Bay, DB 1997, 1746

9. die Förderung des Wohlfahrtswesens, insbesondere der Zwecke der amtlich anerkannten Verbände der freien Wohlfahrtspflege (§ 23 der Umsatzsteuer-Durchführungsverordnung), ihrer Unterverbände und ihrer angeschlossenen Einrichtungen und Anstalten;
10. die Förderung der Hilfe für politisch, rassisch oder religiös Verfolgte, für Flüchtlinge, Vertriebene, Aussiedler, Spätaussiedler, Kriegsopfer, Kriegshinterbliebene, Kriegsbeschädigte und Kriegsgefangene, Zivilbeschädigte und Behinderte sowie Hilfe für Opfer von Straftaten; Förderung des Andenkens an Verfolgte, Kriegs- und Katastrophenopfer; Förderung des Suchdienstes für Vermisste;
11. die Förderung der Rettung aus Lebensgefahr;
12. die Förderung des Feuer-, Arbeits-, Katastrophen- und Zivilschutzes sowie der Unfallverhütung;
13. die Förderung internationaler Gesinnung, der Toleranz auf allen Gebieten der Kultur und des Völkerverständigungsgedankens;
14. die Förderung des Tierschutzes;
15. die Förderung der Entwicklungszusammenarbeit;
16. die Förderung von Verbraucherberatung und Verbraucherschutz;
17. die Förderung der Fürsorge für Strafgefangene und ehemalige Strafgefangene;
18. die Förderung der Gleichberechtigung von Frauen und Männern;
19. die Förderung des Schutzes von Ehe und Familie;
20. die Förderung der Kriminalprävention;
21. die Förderung des Sports (Schach gilt als Sport);
22. die Förderung der Heimatpflege und Heimatkunde;
23. die Förderung der Tierzucht, der Pflanzenzucht, der Kleingärtnerei, des traditionellen Brauchtums einschließlich des Karnevals, der Fastnacht und des Faschings, der Soldaten- und Reservistenbetreuung, des Amateurfunkens, des Modellflugs und des Hundesports;
24. die allgemeine Förderung des demokratischen Staatswesens im Geltungsbereich dieses Gesetzes; hierzu gehören nicht Bestrebungen, die nur bestimmte Einzelinteressen staatsbürgerlicher Art verfolgen oder die auf den kommunalpolitischen Bereich beschränkt sind;
25. die Förderung des bürgerschaftlichen Engagements zugunsten gemeinnütziger, mildtätiger und kirchlicher Zwecke.

Sofern der von der Körperschaft verfolgte Zweck nicht unter Satz 1 fällt, aber die Allgemeinheit auf materiellem, geistigem oder sittlichem Gebiet entsprechend selbstlos gefördert wird, kann dieser Zweck für gemeinnützig erklärt werden. Die obersten Finanzbehörden der Länder haben jeweils eine Finanzbehörde im Sinne des Finanzverwaltungsgesetzes zu bestimmen, die für Entscheidungen nach Satz 2 zuständig ist.

Die Anerkennung der gemeinnützigen Zwecke setzt in jedem Fall voraus, dass sämtliche Bedingungen des § 52 Abs. 1 AO erfüllt sind. 44

(1) Förderung auf materiellem, geistigem oder sittlichem Gebiet

Die Tätigkeit der Körperschaft muss darauf gerichtet sein, die Allgemeinheit auf materiellem, geistigem oder sittlichem Gebiet zu fördern, § 52 Abs. 1 S. 1 AO.

Der Gesetzgeber stellt damit inhaltliche Anforderungen an die Förderung auf: Es genügt nicht irgendeine Förderung des Gemeinwohls, sondern erforderlich ist eine qualitative Mehrung des Gemeinwohls. Der BFH bringt dies auf die Formel, dass etwas ***„vorangebracht, vervollkommnet oder verbessert wird"***[19]. Die bloße Absicht hierzu genügt nicht, d. h. es ist eine konkrete Betätigung erforderlich, die geeignet ist, die steuerbegünstigten Zwecke zu „fördern". Allerdings greift die Steuerbegünstigung auch schon in der Anlaufphase der Betätigung.[20]

45 Der Begriff der Gemeinnützigkeit ist ein unbestimmter Rechtsbegriff und verlangt daher eine wertende Konkretisierung. Das hierfür zu treffende **Werturteil** bewegt sich dabei im Rahmen unserer verfassungsmäßigen Ordnung und ist damit – bei allem Bemühen um sachliche Kriterien – stets dem jeweiligen Zeitgeist unterworfen. Als **Auslegungsmaßstab** wird daher von Finanzverwaltung und Rechtsprechung der **Zweckkatalog des § 52 Abs. 2 AO** herangezogen.

„Gemeinnützig" ist aber nicht nur das, was die Mehrheit als förderungswürdig ansieht, denn gerade in der Förderung von „Nischen" liegt die große Bedeutung des Non-Profit-Sektors.

46 **(2) Negativdefinition: Keine Förderung von Einzel- oder Gruppeninteressen**

Nach § 52 Abs. 1 S. 2 AO liegt keine Förderung der Allgemeinheit vor, wenn der Kreis der Personen, dem die Förderung zugute kommt, fest abgeschlossen ist. Ein solcher fest abgeschlossener Personenkreis liegt z. B. vor bei Zugehörigkeit der Begünstigten zu

- einer Familie
- einem Verband
- einem Unternehmen

Unerheblich ist dabei, ob die Anzahl der zu dieser Gruppe gehörenden Personen groß oder klein ist.[21] Unschädlich ist etwa die Orientierung an bestimmten Gruppen nur, wenn dies in Zusammenhang mit dem Zweck steht.[22] Da die individuelle Wirtschaftskraft einer gGmbH der Förderung natürliche Grenzen setzt, sieht auch der BFH die Förderung der Allgemeinheit auch bei Begünstigung eines kleinen Kreises dann als gegeben an, wenn der Kreis der Geförderten einen „Ausschnitt aus der Allgemeinheit" darstellt.[23]

47 Desweiteren darf der Kreis der Geförderten **nicht dauernd klein** sein (aufgrund besonderer räumlicher oder beruflicher Merkmale). Das bedeutet im Umkehrschluss, dass räumliche oder berufliche Beschränkungen nicht per se schädlich sind, es jedoch werden können, wenn aufgrund der Größe der Gruppe kein Allgemeininteresse an der Förderung mehr anzuerkennen ist (Bsp. Sportvereine). Die **Förderung eines kleinen Kreises** kann gleichwohl dem Gemeinwohl dienen, denn viele Organisationen verfügen nicht über die Mittel, um eine große Anzahl von Projekten zu fördern.

48 Im Zusammenhang mit der **Förderung** von **begünstigten Zwecken im Ausland** beinhaltet § 51 Abs. 2 AO in der Fassung des JStG 2009 eine Einschränkung dahingehend, dass eine positive Rückwirkung auf die Bundesrepublik Deutschland mit der Förderung verbunden sein muss. Die Vorschrift ist europarechtlich problematisch und muss einschränkend dahingehend ausgelegt werden, dass auch eine Förderung von gemeinnützigen Zwecken im EU-Ausland dem Ansehen der Bundesrepublik Deutschland „per se" zugutekommt. Die Einschränkung wird aber im Verhältnis zu Drittstaaten tatsächlich Bedeutung erlangen, so dass in der Satzung Vorsorge getroffen werden sollte, wenn die gGmbH auch Zwecke im Ausland verwirklicht. In diesem Fall sollte die positive Rückwirkung auf die Bundesrepublik Deutschland eindeutig artikuliert werden. Ist eine solche Rückwirkung nicht denkbar und werden gleichwohl Zwecke im Ausland gefördert, so fehlt es an einer Förderung der Allgemeinheit im Sinne des § 52 AO.

---

19 BFH v. 23.11.1988, BStBl. 1989, 391, 392; Hüttemann, Gemeinnützigkeits- und Spendenrecht, § 3 Rz. 14; Tipke in Tipke/Kruse, AO § 52 Rn. 7.
20 BFH vom 23.07.2003, BStBl. II 2003, 930
21 BFH v. 5.8.1992, BStBl. 1992, 1048.
22 BFH Urteil vom 23.6.1988, BStBl. II 1988, 890.
23 Tipke in Tipke/Kruse § 52 Rz. 9 mwN.

Schädlich ist in diesem Zusammenhang auch die Förderung gewerblicher Unternehmen, da diese Leistung nicht der Allgemeinheit, sondern den jeweiligen Gewerbebetrieben zugute kommt. 49

Die einzelnen Zwecke sind nicht in jedem Fall geeignet, Gegenstand der Tätigkeit einer gGmbH zu sein. Daher wird auf eine umfassende Kommentierung sämtlicher gemeinnütziger Zwecke i. S. d. § 52 AO zugunsten einer kompakten Darstellung verzichtet. Nachfolgend sollen einige Leitlinien zu bestimmten gemeinnützigen Zwecken gegeben werden, die für gGmbHs besonders relevant sind: 50

Förderung von Wissenschaft und Forschung (Nr. 1) 51

Forschung ist die planmäßige (systematisch-methodische) Suche nach neuen Erkenntnissen.[24] Sie kann gemeinnützig sein, wenn etwa die Forschungsergebnisse der Allgemeinheit durch Veröffentlichungen zur Verfügung gestellt werden.[25] Das gilt aber dann nicht, wenn eine Trennung der Forschungstätigkeiten zugunsten der Allgemeinheit bzw. zugunsten der Gesellschafter nicht möglich ist.[26] Insofern dient Auftragsforschung im Allgemeinen nicht (bzw. nicht unmittelbar) der Allgemeinheit. Das soll nach Ansicht *Tipkes*[27] anders sein, wenn der Auftrag von einer Behörde erteilt wird. Diese Differenzierung ist fragwürdig, denn die Allgemeinheit partizipiert an dieser Auftragsforschung nur, wenn die Ergebnisse seitens der Behörde dann der Allgemeinheit zur Verfügung gestellt werden. Die Allgemeinheit partizipiert jedenfalls dann nicht, wenn z. B. Erhebungen für reine behördeninterne oder statistische Zwecke geführt werden, ohne dass ein Nutzen / Interesse für die Öffentlichkeit hieran bestehen kann.

Förderung des öffentlichen Gesundheitswesens (Nr. 3) 52

Der Betrieb eines Krankenhauses ist ein Zweckbetrieb und als solcher nicht per se steuerbegünstigt. Aber aufgrund der ausdrücklichen Nennung in § 52 Abs. 2 Nr. 3 AO ist der Krankenhausbetrieb selbst förderungswürdig im Sinne des Gemeinnützigkeitsrechts. Die Förderung des Gesundheitswesens als gemeinnützige Tätigkeit liegt darüber hinaus in der Förderung der Gesundheit der Bürger durch Verhütung und Bekämpfung übertragbarer Krankheiten, Seuchenbekämpfung, Unfallverhütung, etc.

Förderung der Jugend- und Altenhilfe (Nr. 4) 53

Altenhilfe sind alle Tätigkeiten, die dazu beitragen, Schwierigkeiten, die durch das Alter entstehen, zu verhüten, zu überwinden oder zu mildern und alten Menschen die Möglichkeiten zu erhalten, am Leben der Gemeinschaft teilzunehmen (§ 71 Abs. 1 SGB XII). Dazu zählen die in § 71 Abs. 2 SGB XII aufgezählten Leistungen:

1. Leistungen zu einer Betätigung und zum gesellschaftlichen Engagement, wenn sie vom alten Menschen gewünscht wird,
2. Leistungen bei der Beschaffung und zur Erhaltung einer Wohnung, die den Bedürfnissen des alten Menschen entspricht,
3. Beratung und Unterstützung in allen Fragen der Aufnahme in eine Einrichtung, die der Betreuung alter Menschen dient, insbesondere bei der Beschaffung eines geeigneten Heimplatzes,
4. Beratung und Unterstützung in allen Fragen der Inanspruchnahme altersgerechter Dienste,
5. Leistungen zum Besuch von Veranstaltungen oder Einrichtungen, die der Geselligkeit, der Unterhaltung, der Bildung oder den kulturellen Bedürfnissen alter Menschen dienen,

24 Tipke in Tipke/Kruse § 52 Rz. 14.
25 Buchna S. 82.
26 BFH Urteil vom 7.3.2007 – I R 90/04,
27 § 52 Rz. 14.

6. Leistungen, die alten Menschen die Verbindung mit nahe stehenden Personen ermöglichen.

Die Aufgaben der Jugendhilfe werden in § 2 SGB VIII konkretisiert. Sie sind:

1. Angebote der Jugendarbeit, der Jugendsozialarbeit und des erzieherischen Kinder- und Jugendschutzes
2. Angebote zur Förderung der Erziehung in der Familie
3. Angebote zur Förderung von Kindern in Tageseinrichtungen und in Tagespflege
4. Hilfe zur Erziehung und ergänzende Leistungen
5. Hilfe für seelisch behinderte Kinder und Jugendliche und ergänzende Leistungen
6. Hilfe für junge Volljährige und Nachbetreuung

Die sogenannten „anderen Aufgaben der Jugendhilfe“ in § 2 Abs. 3 SGB VIII sind nur partiell geeignet, die Zwecke des Gemeinnützigkeitsrechts zu erfüllen. Es sind dies insbesondere:

1. die Inobhutnahme von Kindern und Jugendlichen
2. die Mitwirkung in Verfahren vor den Vormundschafts- und den Familiengerichten
3. die Beratung und Belehrung in Verfahren zur Annahme als Kind
4. die Mitwirkung in Verfahren nach dem Jugendgerichtsgesetz
9. die Beratung und Unterstützung von Müttern bei Vaterschaftsfeststellung und Geltendmachung von Unterhaltsansprüchen sowie von Pflegern und Vormündern
10. die Erteilung, der Widerruf und die Zurücknahme der Erlaubnis zur Übernahme von Vereinsvormundschaften
11. Beistandschaft, Amtspflegschaft, Amtsvormundschaft und Gegenvormundschaft des Jugendamts

Zu berücksichtigen ist hierbei, das die Tätigkeiten teilweise unter das Rechtsberatungsgesetz fallen und deren Ausübung daher an weitere Voraussetzungen geknüpft ist.

54 Förderung des Denkmalschutzes und der Denkmalpflege (Nr. 6)

Der Denkmalschutz betrifft den Schutz historisch bedeutender Boden-, Bau- und Kulturdenkmäler an deren Erhaltung ein öffentliches Interesse besteht. Dabei müssen die Objekte nicht im Eigentum der gGmbH stehen. Die Objekte sollten aber von der Denkmalschutzbehörde anerkannt sein bzw. ein entsprechendes Verfahren sollte bereits eingeleitet worden sein. Befinden sich die denkmalgeschützten Objekte im Eigentum der gGmbH und werden (zum Teil) nicht selbst genutzt, sondern vermietet, kann steuerlich die Abgrenzung zwischen Zweckerfüllung (Erhaltung des Denkmals) und Vermögensverwaltung mit Gewinnerzielungsabsicht nicht unproblematisch sein (vgl. § 7).

55 Förderung der Erziehung, Volks- und Berufsbildung (Nr. 7)

Hierunter fällt die Förderung von Schülern, Studenten sowie die Erwachsenenbildung. Teilweise kann für eine Konkretisierung auf die einzelnen Landesverfassungen Bezug genommen werden. Wird Nachhilfe gegen Entgelt angeboten, ist abzugrenzen, ob hierin noch ein Zweckbetrieb oder schon ein (nicht steuerbegünstigter) wirtschaftlicher Geschäftsbetrieb zu sehen ist (vgl. § 7).

56 Förderung des Wohlfahrtswesens (Nr. 9)

Zum Wohlfahrtswesen gehört insbesondere die Familienhilfe, die Kranken- und Behindertenhilfe, die Gefährdeten- und Suchtkrankenhilfe und Asylantenhilfe.[28] Mit der Bezugnahme auf § 23 UStDV (siehe hierzu unten § 7) sind die amtlich anerkannten Wohlfahrtsverbände angeschlossen. Die Er-

28 Vgl. Tipke in Tipke/Lang § 52 Rz. 29.

füllung des § 52 Abs. 2 Nr. 9 AO führt unmittelbar zu einer Umsatzsteuerbefreiung der Ausgangsleistungen und ist daher umfassender als alle übrigen Befreiungen, da diese dem Grundsatz nach nur für den Ertragsteuerbereich eingreifen.

bb) Mildtätige und kirchliche Zwecke

Mildtätige Unterstützung im Sinne des § 53 AO bedeutet selbstlose Unterstützung für Kranke 57
und Hilfsbedürftige oder wirtschaftlich Bedürftige. Diese Zwecke kommen daher hauptsächlich bei Wohltätigkeitsvereinen und sog. milden Stiftungen, aber auch bei Verbänden der freien Wohlfahrtspflege (die auch gemeinnützige Zwecke verfolgen) vor.

Wenn mildtätige Zwecke im Sinne des § 53 Nr. 2 AO verfolgt werden, muss die gGmbH anhand ihrer Unterlagen nachweisen können, dass die Höhe der Einkünfte und Bezüge der unterstützten Personen sowie deren Vermögen unter den hier in Bezug genommenen Grenzen liegt.[29]

Kirchliche Zwecke werden verfolgt, wenn die Tätigkeit auf die selbstlose Förderung einer Religions- 58
gemeinschaft, die als Körperschaft des öffentlichen Rechts anerkannt ist[30], ausgerichtet ist. Auch im Rahmen des § 54 AO ist ein Zweckkatalog enthalten.

Die kirchlichen Zwecke können für die gGmbH relevant werden, wenn die Kirche den Betrieb einzelner Bereiche (z. B. eine kirchliche Bildungseinrichtung) in eine gGmbH ausgliedert. In diesen Fällen kann es Überschneidungen mit den gemeinnützigen oder mildtätigen Zwecken geben.

Im Gegensatz zu den gemeinnützigen Zwecken muss die Förderung im Rahmen des § 54 AO nicht der Allgemeinheit zugute kommen – gleichwohl muss sie selbstlos, ausschließlich und unmittelbar geschehen.

b) Anforderungen an die Formulierung und Bestimmtheit des Zweckes

Die Satzungszwecke und ihre Verwirklichung müssen nach § 60 Abs. 1 AO hinreichend bestimmt 59
sein. Die Regelung des § 60 Abs. 1 AO dient in erster Linie dazu, den Finanzbehörden die Prüfung der Gemeinnützigkeit zu erleichtern. Die Finanzbehörde soll bereits anhand der Satzung die Voraussetzungen der Steuervergünstigung prüfen können (**formelle Satzungsmäßigkeit**[31]). Dies kann nur dadurch gelingen, indem bereits in der Satzung auch die Art und Weise der Zweckverwirklichung niedergelegt sein muss.[32] Auch reicht eine Bezugnahme auf die Satzung oder den Gesellschaftsvertrag einer Obergesellschaft oder einer in sonstiger Weise assoziierten Einrichtung nicht aus.

Die Bestimmtheit bezieht sich daher auf zwei Bereiche:

- den zu verfolgenden Zweck
- die Art der Verwirklichung

Die übrigen Satzungsinhalte unterliegen nicht diesem Bestimmtheitsgebot.

Beide Aspekte sind daher möglichst detailgenau zu konkretisieren. Steckt man den Rahmen hierbei allerdings zu eng, beraubt sich die Körperschaft damit der Möglichkeit, auf verändernde Umstände zu reagieren, ohne gleich eine (aufwendige) Satzungsänderung einleiten zu müssen.

29 OFD Chemnitz, Verfügung vom 16.10.2006, vgl. § 8 Rz. 11

30 Zu den in Deutschland anerkannten Religionsgemeinschaften zählen u.a.:
- die römisch-katholische und die alt-katholische Kirche
- die evangelisch-lutherische und die evangelisch-reformierte Kirche sowie diverse kleinere christliche Religionsgemeinschaften
- die jüdische Kultusgemeinde
- die orthodoxe Kirche

31 Zur materiellen Satzungsmäßigkeit vgl. § 4 Rz. 15

32 Vgl. Hüttenmann, in Gemeinnützigkeits- und Spendenrecht § 4 Rn. 134 m.w.N.

60 **Bestimmtheit des Zweckes** bedeutet nicht lediglich die Angabe in der Satzung, dass gemeinnützige, mildtätige oder kirchliche Zwecke verfolgt werden sollen. Auch der pauschale Verweis auf sämtliche in § 51 AO aufgeführte Zwecke ist unzureichend.[33] Die Satzung muss einen konkreten Zweck benennen – sie kann und sollte sich dabei auf einen im Katalog der § 52 AO aufgeführten Zwecke beziehen und diesen wenn möglich konkret ausformulieren. Pauschalisierte Angaben sind zu vermeiden, so z. B. die „Unterstützung der Armen“ oder die „Förderung des Gemeinwohls“. Ein hinreichend konkret bezeichneter Zweck wäre jedoch z. B. die Förderung des Wohlfahrtswesens (§ 52 Abs. 2 Nr. 9 AO).

Bei gemeinnützigen Körperschaften, die andere gemeinnützige Einrichtungen fördern, genügt nicht die Bezugnahme auf deren Satzung. Jede Körperschaft muss zur Erlangung der Steuervergünstigung die verfolgten Zwecke in ihrer eigenen Satzung benennen.

61 Hinsichtlich der **Art der Verwirklichung** des steuerbegünstigten Zweckes muss für die Anforderungen der Gemeinnützigkeit angegeben werden, durch welche Maßnahmen der Zweck konkret verwirklicht werden soll, z. B.

- durch die Veranstaltung von Konzerten
- Vergabe von Stipendien an junge Musiker
- Erwerb und Zurverfügungstellung von Musikinstrumenten

Diese aus Sicht des Gemeinnützigkeitsrechts erforderlichen Angaben decken sich weitgehend mit dem gesellschaftsrechtlichen Unternehmensgegenstand[34].

3. Gemeinnützigkeit und Vermögensbindung

62 Auf die Gründungsphase gemeinnütziger Körperschaften ist besonderes Augenmerk zu richten. Nicht nur die gemeinnützigkeitsrechtlichen Anforderungen sind zu beachten, sondern damit verbunden auch die steuerlichen Wirkungen. Im Gegensatz zur rechtfähigen Stiftung[35], bei der keine steuerliche Rückwirkung stattfindet, da es nach h.M.[36] auch keine Vorstiftung gibt, unterliegt die Vor-GmbH bereits der Körperschaftsteuer nach § 1 Abs. 1 Nr. 1 KStG und damit muss auch die Satzung der Vorgesellschaft bereits in der Gründung den Voraussetzungen der §§ 59 ff. AO genügen.[37]

Die Satzung der gemeinnützigen GmbH muss bestimmte Mindestangaben enthalten.

Zu den wesentlichen Satzungsbestimmungen gehören danach:

- hinreichend bestimmte Angaben über den zu verfolgenden Zweck, § 60 AO
- die Vereinbarkeit des Zweckes mit den §§ 52-55 AO und den Grundsätzen der Unmittelbarkeit und Ausschließlichkeit, §§ 56, 57 AO
- Regelungen zur Vermögensbindung, §§ 61, 62 AO

a) Selbstlosigkeit, Uneigennützigkeit und Vermögensbindung

63 In der Satzung ist die **selbstlose** und **uneigennützige Zweckverfolgung** explizit aufzunehmen. Dieses Erfordernis wird aus § 55 AO gelesen. Diese Norm verbietet es der gGmbH, eigenwirtschaftliche,

33 Hüttemann, in Gemeinnützigkeits- und Spendenrecht § 4 Rn. 134; FG Rheinland-Pfalz v. 11.10.1993, EFG/NV 1992, 695
34 Hüttemann in Gemeinnützigkeits- und Spendenrecht § 4 Rz. 135 f.
35 Die Rückwirkung des § 84 BGB bei Stiftungen von Todes wegen beschränkt sich ebenfalls nur auf die Vermögenswidmung. (vgl. Weidmann S. 25 f.) Es kommt daher nach Ansicht des BFH darauf an, ob das Stiftungsgeschäft (hier in Form der letztwilligen Verfügung) den Anforderungen der §§ 59ff AO genügt, vgl. BFH v. 17.098.2003, BStBl. II 2005, 149.
36 Zur h.M. vgl. Rawert in Staudinger § 80 Rz. 41 m.w.N. die Existenz einer Vorschrift bejahend: Wachter ZEV 2003, 445.
37 Vgl. Hüttemann, in Gemeinnützigkeits- und Spendenrecht § 4, Rn. 128.

d. h. erwerbswirtschaftliche Zwecke zu verfolgen. Gewinne aus wirtschaftlichen Geschäftsbetrieben dienen aber dann nicht Erwerbszwecken im Sinne dieser Vorschrift, wenn das Erworbene von vornherein dazu bestimmt ist, für gemeinnützige Zwecke verwendet zu werden.[38]

In diesem Zusammenhang spielt auch der **Grundsatz der Vermögensbindung** eine zentrale Rolle. 64
Er betrifft die Bindung des Gesellschaftsvermögens an die gemeinnützige Zweckverfolgung und verbietet den Rückfluss der Mittel an eine natürliche Person als Anteilseigner oder eine nichtgemeinnützige Muttergesellschaft. Die Vermögensbindung wird daher auch bei Beendigung der gemeinnützigen Tätigkeit der gGmbH oder bei der Abfindung von Gesellschaftern relevant.

Die Vermögensbindung ist an zwei Stellen in der in § 8 vorgeschlagenen Mustersatzung geregelt. Einerseits in § 3 bei den allgemeinen Regelungen zur Gemeinnützigkeit, andererseits in § 21 hinsichtlich der Auflösung und dem Vermögensanfall.

Grundsätzlich **unzulässig** sind **Gewinnausschüttungen** an die Gesellschafter. Eine **Ausnahme** besteht nur für jene Gesellschafter, die **ihrerseits steuerbegünstigte Zwecke** verfolgen, also wenn z. B. ein gemeinnütziger Verein oder eine gemeinnützige Stiftung Gesellschafter der gGmbH ist.

Formulierungsvorschlag (Zu § 3 Gemeinnützigkeit) 65

(1) Die Gesellschaft ist selbstlos tätig und verfolgt nicht in erster Linie eigenwirtschaftliche Zwecke.

(2) Die Gesellschafter dürfen keine Gewinnanteile und in ihrer Eigenschaft als Gesellschafter auch keine sonstigen Zuwendungen aus den Mitteln der Gesellschaft erhalten. Wird den Gesellschaftern ein Vorteil zugewandt, der steuerlich als verdeckte Gewinnausschüttung zu werten ist, haben die Gesellschafter der Gesellschaft diesen Vorteil unmittelbar zurückzugewähren. Die Gesellschaft erfasst diesen Rückforderungsanspruch als Forderung gegen den Gesellschafter im Zeitpunkt der Auszahlung des Vorteils an den Gesellschafter (Entstehen der Forderung). Die Forderung ist ab Ihrem Entstehen mit 5 % über dem jeweiligen Basiszinssatz zu verzinsen und ist nach Kenntnis des Gesellschafters von dem Anspruch binnen 10 Tagen zur Zahlung fällig.

(3) Gesellschafter erhalten bei ihrem Ausscheiden oder bei Auflösung der Gesellschaft oder bei Wegfall der steuerbegünstigten Zwecke nicht mehr als ihre eingezahlten Kapitalanteile und den gemeinen Wert ihrer geleisteten Sacheinlagen zurück.

(4) Die Gesellschaft darf keine Person durch Ausgaben, die dem Zweck der Gesellschaft fremd sind, oder durch unverhältnismäßig hohe Vergütungen begünstigen.

(5) Die Gesellschaft kann ihre Zwecke selbst, durch Hilfspersonen oder dadurch verwirklichen, dass sie ihre Mittel teilweise einer anderen, ebenfalls steuerbegünstigten Körperschaft oder einer Körperschaft des öffentlichen Rechts zur Verwendung zu steuerbegünstigten Zwecken zuwendet oder Mittel für die Verwirklichung der steuerbegünstigten Zwecke einer anderen steuerbegünstigten Körperschaft oder für die Verwirklichung steuerbegünstigter Zwecke durch eine Körperschaft des öffentlichen Rechts beschafft.

Die Besonderheit der gGmbH gegenüber eigennützigen Kapitalgesellschaften liegt darin, dass ein 66
überwiegender Teil des Vermögens den steuerbegünstigten, satzungsmäßigen Zwecken gewidmet ist. Im Gegensatz zur Stiftung, bei der die Bindung des Vermögens endgültig bereits durch die Wahl der Rechtsform erfolgt, ist sie bei der gGmbH durch entsprechende Satzungsgestaltung herzustellen.

Die Selbstlosigkeit und Vermögensbindung ist in die folgenden Einzelaspekte aufzugliedern:

- Keine schädlichen Zuwendungen an Mitglieder

38 Tipke in Tipke/Lang § 55 Rz. 2.

- Verbot unverhältnismäßiger Vergütungen
- Verbot der Parteienförderung
- Vermögensbindung bei Ausscheiden und Auflösung
- Gebot zeitnaher Mittelverwendung

b) Ausschließlichkeit

67 Die Ausschließlichkeit in § 56 AO verlangt, dass die gemeinnützigen Zwecke ausschließlich verfolgt werden. Das bedeutet zunächst, dass nur die satzungsmäßigen Zwecke verfolgt werden dürfen. Hier dürfen allerdings mehrere Zwecke nebeneinander treten. Will die gGmbH aber neue, ebenfalls gemeinnützige Zwecke verfolgen, so muss zunächst die Satzung geändert werden. Die Ausschließlichkeit verbietet auch die Aufspaltung in einen gemeinnützigen und einen nicht gemeinnützigen Bereich (Aufspaltungsverbot).

Allerdings bezieht sich § 56 AO nur auf die ideelle Sphäre der gGmbH, d. h. auf den Bereich der Mittelverwendung, so dass wirtschaftliche Geschäftsbetriebe d. h. Betätigung im Bereich der Mittelerzielung, grundsätzlich nicht zu einem Verstoß gegen § 56 AO führen.

c) Unmittelbarkeit[39]

68 § 57 AO verlangt, dass die gGmbH ihre Zwecke selbst, also durch eigene Organe oder Hilfspersonen erfüllt. Wesentlicher Inhalt der Vorschrift ist, dass die gGmbH die eigene Zweckerfüllung in den Händen halten muss, d. h. sie muss in der Lage sein, Entscheidungen zu fällen und Verhaltensweisen von Organen und Hilfspersonen in satzungskonformer Weise zu lenken. Dabei durchbricht § 57 Abs. 2 AO diesen Grundsatz für Dach- bzw. Spitzenorganisationen.

Das Finanzministerium Hessen hat diesen Grundsatz auch unter Berücksichtigung der Neufassung des § 52 Abs. 2 AO bestätigt, der in der Nr. 25 die Förderung des bürgerschaftlichen Engagements zugunsten gemeinnütziger Zwecke seinerseits als gemeinnützigen Zweck anerkennt. Diese Reglung ändert aber nichts daran, dass auch die im Sinne des Nr. 25 ausgeführte Tätigkeit zu einer unmittelbaren Förderung gemeinnütziger Zwecke führen muss.[40]

Beispiel:

Keine unmittelbar gemeinnützige Tätigkeit liegt vor, wenn lediglich Leistungen gegenüber gemeinnützigen Körperschaften erbracht werden, zB Reinigungsarbeiten bei einem gemeinnützigen Sportverband (BFH BStBl. 81, 478), Verpachtung von Gebäuden an gemeinnützigen Verein.

d) Grundsätze der Vermögensbindung und des Vermögenserhalts

69 Der Grundsatz der Vermögensbindung ist zu trennen vom **Grundsatz des Vermögenserhalts**. Dieser betrifft den Umgang mit dem gewidmeten Vermögen während der laufenden Geschäftstätigkeit. Der Vergleich zur Stiftung zeigt hier wiederum, dass bei der gGmbH nur satzungsmäßig zu erreichen ist, was im Stiftungsrecht durch Regelungen in den Landesstiftungsgesetzen zumindest in groben Zügen vorgegeben ist: Das Vermögen ist in seinem Bestand zu erhalten, möglichst ertragbringend anzulegen und aus den Erträgen sind die satzungsmäßigen Zwecke zu erfüllen.

39 siehe auch § 7 Rz. 26.
40 siehe § 9 Erlass des FinMin Hessen vom 7.8.2008.

Eine entsprechende Regelung kann für die gGmbH in die Satzung aufgenommen werden – dies bietet sich vor allem für die Stiftungs-GmbH an (vgl. hierzu § 1 Rz. 25). Nur in Ausnahmefällen sollte eine Erhaltungspflicht für ganz bestimmte Vermögensgegenstände angeordnet werden (z. B. die zur Zweckerfüllung selbst genutzte Immobilie), im Übrigen sollte eher ein wertmäßiger Vermögenserhalt (mind. nominal) angeordnet werden. 70

Formulierungsvorschlag:

Das zur Erfüllung der Satzungswecke gewidmete Vermögen der Gesellschaft, ist auf Dauer in seinem wertmäßigen Bestand zu erhalten und nicht durch überhöhte Verwaltungsaufwendungen zu schmälern. Vermögensumschichtungen sind gestattet, sofern sie nach den Grundsätzen des ordentlichen und gewissenhaften Geschäftsleiters erfolgen.

e) Vermögensbindung bei Auflösung

Eine dauerhafte Vermögensbindung lässt sich bei der gGmbH dennoch kaum erreichen[41], da einer solchen Verewigung im Gegensatz zur Stiftung die Satzungsautonomie der Gesellschafterversammlung entgegensteht. Diese kann die im Gesellschaftsvertrag enthaltende Regelung zur Vermögensbindung jederzeit mit bestimmten Mehrheiten aufheben, sofern die Gesellschafter als Konsequenz den Verlust der Gemeinnützigkeit in Kauf nehmen. 71

Hierin liegt für Privatpersonen oder Unternehmer unter Umständen der größte **Vorteil der gGmbH**: Ungeachtet der steuerlichen Konsequenzen (dazu sogleich) lässt sich die Vermögenswidmung bei der gGmbH nachträglich revidieren – bei der Stiftung ist das gestiftete Vermögen für immer dem Zugriff des Stifters oder seiner Nachkommen entzogen.

Allerdings dürfen nur die **eingezahlten Kapitalanteile** in Höhe des Nennbetrags an die Gesellschafter **zurückfließen**. Die im Laufe der Geschäftstätigkeit gebildete stillen Reserven, Rücklagen oder sonstige vorhandene Mittel sind gemeinnützigen bzw. steuerbegünstigten Zwecken zuzuführen. 72

Für Letzteres muss bereits im Gesellschaftsvertrag eine entsprechende Regelung enthalten sein, wonach das über die Kapitalanteile der Gesellschafter hinausgehende Liquidiationsvermögen einer anderen steuerbegünstigten privatrechtlichen Körperschaft oder Körperschaft des öffentlichen Rechts zur Verwendung für steuerbegünstigte Zwecke übertragen wird.

Die satzungsmäßige Vermögensbindung (§ 55 Abs. 1 Nr. 4 AO) im Falle der Auflösung der Gesellschaft muss aus der Satzung mit hinreichender Bestimmtheit hervorgehen (§ 5 der steuerlichen Mustersatzung). Die Regelung im Gesellschaftsvertrag muss so bestimmt sein, dass eine anderweitige Verwendung des restlichen Vermögens ausgeschlossen ist.[42] 73

Zur Regelung im Gesellschaftvertrag gibt es nach geltendem Recht zwei Alternativen:

1. die Angabe des Namens der Körperschaft, die das Vermögen bei Auflösung erhalten soll
2. die Angabe eines bestimmten, d. h. genau bezeichneten steuerbegünstigten Zweckes im Sinne der §§ 51 ff. AO

Hinweis:

Die in vielen Satzungen noch enthaltene Bestimmung, dass der künftige Vermögensanfall erst durch Beschluss der Gesellschafter und mit Zustimmung des Finanzamtes erfolgen kann, ist nicht mehr zulässig.

Die entsprechende Rechtsgrundlage in § 61 Abs. 2 AO wurde aufgehoben.

41 a.A. Wochner, in Stiftung & Sponsoring, 2/1999, S. 6
42 Tipke, § 61 Rz. 1

74 Für künftige Satzungsformulierungen ist daher die Bestimmung des **Anfallsberechtigten** in der Satzung vorzunehmen.

Bestehende Satzungen oder Gesellschaftsverträge sind nach dem Anwendungserlass zur Abgabenordnung (AEAO Nr. 2) nicht zwingend erforderlich abzuändern, eine Anpassung an die neue Rechtslage wird aber ausdrücklich angeraten.

3

Formulierungsvorschlag:

Auflösung der Gesellschaft und Vermögensanfall

(1) Zur Auflösung der Gesellschaft bedarf es des Beschlusses der Gesellschafterversammlung mit einer Mehrheit von Drei-Viertel der abgegebenen Stimmen.

(2) Bei Auflösung der Gesellschaft oder bei Wegfall ihrer steuerbegünstigten Zwecke haben die Gesellschafter Anspruch auf ihre eingezahlten Kapitalanteile zum Nennwert und den gemeinen Wert ihrer geleisteten Sacheinlage.

(3) Das die Kapitalanteile und Sacheinlagen der Gesellschafter übersteigende Gesellschaftsvermögen fällt an die ....(eine bestimmte steuerbegünstigte Körperschaft), ersatzweise, falls diese Körperschaft nicht mehr existiert oder die Zuwendung nicht annimmt, an die..................mit der Maßgabe, es ausschließlich und unmittelbar zu steuerbegünstigten Zwecken zu verwenden.

---

75 Die in Abs. 1 enthaltene einfache Drei-Viertelmehrheit bildet das gesetzlich vorgeschriebene Mindestquorum gem. § 60 Abs. 1 Nr. 2 GmbHG.

Für die gGmbH kann eine Anhebung der Mehrheitsquote für den Auflösungsbeschluss sinnvoll sein, entweder auf eine qualifizierte Drei-Viertelmehrheit (d. h. aller Gesellschafter, nicht nur der abgegebenen Stimmen) oder sogar Einstimmigkeit. Auf diese Weise kann eine der rechtsfähigen Stiftung angenäherte Kontinuität erreicht werden. Die Gründer einer gGmbH müssen sich dabei aber auch bewusst sein, dass damit die Beendigung der Gesellschaft sehr erschwert wird.

Alternative zu Abs. 1.

(1) Die Gesellschaft kann durch einstimmigen Beschluss der Gesellschafterversammlung aufgelöst werden. Für die Beschlussfassung gilt § .... dieses Vertrages.

Alternative zu Abs. 3.

(3) Das die an die Gesellschafter zurückzuführenden Kapitalanteile und Sacheinlagen übersteigende Gesellschaftsvermögen ist ausschließlich und unmittelbar für gemeinnützige Zwecke im Sinne des § 2 dieses Gesellschaftsvertrages zu verwenden.

4. Stammkapital und Geschäftsanteile

a) Stammkapital

76 Das **Stammkapital** der GmbH bildet das im Gesellschaftsvertrag festgelegte und zu erhaltende Gesellschaftsvermögen. Es muss bei Neugründung auf Euro lauten. Die Höhe des Stammkapitals wird im Handelsregister eingetragen.

Die Mindesthöhe beträgt 25.000 Euro, § 5 Abs. 1 GmbHG n.F.

Das Stammkapital bildet das Haftungskapital der Gesellschaft. Haben die Gesellschafter das Stammkapital nicht vollständig eingezahlt, entsteht eine Differenzhaftung bis zur Höhe des eingetragenen Stammkapitals.

Hinweis:

Im Gegensatz zur Stiftung ist es bei der gGmbH keine formelle Errichtungsvoraussetzung, dass das Stammkapital angemessen im Verhältnis zum Gesellschaftszweck und Umfang der Unternehmenstätigkeit ist. Gleichwohl ist aufgrund der beschränkten Thesaurierungsmöglichkeiten eine von vornherein angemessene Kapitalausstattung Grundlage für eine nachhaltige Erfüllung der gemeinnützigen Zwecke.

Die Höhe der Kapitalausstattung einer Gesellschaft ist auch ein Signal nach außen bezüglich ihrer Bonität und Kreditwürdigkeit und hat Einfluss auf ihre Öffentlichkeitswirkung. Eine Gesellschaft mit einem angemessenen Stammkapital verfügt über eine größere Anziehungskraft für potentielle Unterstützer und schafft bei den Mitarbeitern Vertrauen.

Das Stammkapital entspricht dem gezeichneten Kapital in der Bilanz, § 266 Abs. 3 HGB. Bilanziell ist 77
es vom Eigenkapital zu unterscheiden. Bei der gGmbH ist die bilanzielle Abgrenzung vor allem vor dem Gebot der Vermögensbindung von Bedeutung (vgl. in § 4).

Aufzubringen ist bei Gründung der GmbH mindestens die Hälfte des Stammkapitals, d. h. mindestens 12.500 €. Die gilt mittlerweile auch für eine Ein-Mann-GmbH. De lege ferenda wird allerdings verschiedentlich ein Volleinzahlungsgebot für gGmbH gefordert.[43]

b) Geschäftsanteile

Der Begriff des Geschäftsanteils tritt an die Stelle der alten Bezeichnung *Stammeinlage*. Der Ge- 78
schäftsanteil bezeichnet den Beitrag, den jeder Gesellschafter auf das Stammkapital erbringen muss.

Neben dem Erfordernis der mindestens hälftigen Aufbringung des Stammkapitals gibt es auch Vorgaben für Mindesteinlagen (§ 7 Abs. 2 und 3 GmbHG):

- bei Geldeinlagen jeweils ein Viertel bezogen auf die zu leistende Einlage;
- bei Sacheinlagen vollständig;
- bei gemischten Geld- und Sacheinlagen entsprechend die Geldeinlage zu einem Viertel und die Sacheinlage vollständig.

Ist nur ein Gesellschafter an der gGmbH beteiligt, war nach der alten Regelung der Geschäftsanteil entweder vollständig zu leisten oder für die ausstehende Einlage von maximal der Hälfte des Stammkapitals Sicherheit zu leisten, § 7 Abs. 2 S. 3 GmbHG a.F. Diese Unterscheidung ist weggefallen. Es gelten einheitliche Voraussetzungen auch für die Ein-Mann-GmbH.

Die Summe der Geschäftsanteile muss mit dem Stammkapital übereinstimmen. Die Gesellschafter 79
können auch mehrere Geschäftsanteile übernehmen (sinnvoll für spätere Abtretung oder Nachfolge).

aa) Bareinlage

Grundsätzlich hat der Geschäftsanteil in Form einer Geldeinlage zu erfolgen, soweit in der Satzung 80
keine anders lautende Regelung enthalten ist.

Formulierungsvorschlag Stammkapital und Geschäftsanteil

(1) Das Stammkapital der Gesellschaft beträgt 25.000,- Euro (in Worten: fünfundzwanzigtausend Euro).

(2) Von dem Stammkapital übernehmen

a) [Gesellschafter A] einhundert Geschäftsanteile im Nennbetrag zu jeweils 100,- Euro (insgesamt 10.000,-Euro)

b) [Gesellschafter B] einhundert Geschäftsanteile im Nennbetrag zu jeweils 100,- Euro (insgesamt 10.000,-Euro)

c) [Gesellschafter C] fünfzig Geschäftsanteile im Nennbetrag zu jeweils 100,- Euro (insgesamt 5.000,-Euro)

43 Vgl. Mecking 8.5.3.

(3) Die Einlagen sind in bar zu erbringen. Sie sind jeweils zur Hälfte sofort einzuzahlen. Die Resteinlagen werden mit Anforderung durch die Geschäftsführung fällig. Der Geschäftsführung steht abweichend von § 46 Nr. 2 GmbHG die Befugnis zur Einforderung zu.

(4) Zusätzliche Einlagen werden in die Kapitalrücklage eingestellt und im Auseinandersetzungsfalle zu den Einlagebuchwerten abgerechnet.

bb) Sacheinlage

81 Der Geschäftsanteil kann durch eine Sacheinlage aufgebracht werden (§ 5 Abs. 4 GmbHG), d. h. in Form von Sachen, Rechten oder sonstigen Vermögensgegenständen, die geeignet sind, das Stammkapital zu bilden. Zulässig ist auch die Mischung von Geld- und Sacheinlagen.

Die Sachgründung ist aufwendiger und birgt stets das Risiko einer fehlerhaften Kapitalaufbringung mit der möglichen Folge einer Nachforderung der gesamten Einlage im Insolvenzfall (vgl. unten Rz. 95 f.)

82 **Muster: Sacheinlage**

(1) und (2) wie oben

(3) Der Geschäftsanteil kann in bar oder als Sacheinlage erfolgen. Sacheinlagen sind vollständig aufzubringen und ihre Werthaltigkeit durch ein Testat eines Steuerberaters oder Wirtschaftsprüfers nachzuweisen.

(4) Bleibt der festgestellte Wert zum Zeitpunkt der Anmeldung der Gesellschaft beim Handelsregister hinter der übernommenen Geschäftsanteil zurück, ist der übernehmende Gesellschafter verpflichtet, unverzüglich in Höhe des Fehlbetrages eine Einlage in Geld zu leisten.

----

5. Einziehung und Abfindung

83 Regelungen zur Einziehung (auch Amortisation) von Geschäftsanteilen enthält § 34 GmbHG – es gibt jedoch (im Gegensatz zur Auflösung) **keine gesetzlichen Einziehungsgründe**. Daran hat sich auch durch das MoMiG nichts geändert.

Als Grundvoraussetzung muss die Einziehung **im Gesellschaftsvertrag** zugelassen sein. Die Einziehung bedarf dann im konkreten Fall eines Geschafterbeschlusses. Der betroffene Gesellschafter hat hierbei kein Stimmrecht, § 46 Nr. 4 GmbHG. Die Entscheidung muss ihm durch den Geschäftsführer bekannt gegeben werden.

Nachdem der Einziehungsbeschluss gefasst wurde, bedarf die Einziehung grundsätzlich noch der **Zustimmung** des betroffenen Gesellschafters.

Hinweis:

Die Zustimmung macht den Gesellschafterbeschluss nicht entbehrlich.

84 Eine **Einziehung gegen den Willen des Gesellschafters**, d. h. ohne seine wirksam erteilte Zustimmung zur Einziehung, ist nur dann zulässig, wenn die Einziehungsregelung schon bei seinem Eintritt in die Gesellschaft Bestandteil der Satzung war, § 34 Abs. 2 GmbHG.

Die Einziehungsklausel im Gesellschaftsvertrag muss, um als wirksame Ermächtigungsgrundlage dienen zu können, hinreichend bestimmt sein, d. h. vor allem die Einziehungsgründe nennen. Es genügt aber auch eine Art ***Generalklausel***, d. h. eine Einziehungsermächtigung bei **wichtigem Grund**.

Als Einziehungsgründe können z. B. aufgenommen werden:

- Tod des Gesellschafters
- Insolvenz der Gesellschafters
- Pfändung in seinen Geschäftsanteil
- Unerwünschte Nachfolge in den Geschäftsanteil aufgrund Erbfolge
- Gründe in der Person des Gesellschafters
- Für die gGmbH bietet sich als zusätzlicher Grund die Aberkennung oder der Verlust des Status der Gemeinnützigkeit auf Seiten des Gesellschafters an.

In der Regel erfolgt die Einziehung gegen Abfindung, d. h. gegen Entgelt. Eine Einziehung ohne Entgelt ist meist als Schenkungsvereinbarung zugunsten der anderen Gesellschafter anzusehen. Bei der gGmbH dürfte dies aber anders zu beurteilen sein, da es gemeinnützigkeitsrechtlich nicht zulässig ist, den Gesellschaftern mehr als den Wert ihrer jeweiligen Einlagen zukommen zu lassen. Eine Einziehung ohne Abfindung könnte daher ggf. als Sachspende ausgestaltet werden, so dass dem ausscheidenden Gesellschafter zumindest ein steuerlicher Vorteil verbliebe. 85

Die Durchführung der Einziehung gegen Abfindung darf nicht gegen die **Grundsätze der Kapitalerhaltung und Kapitalaufbringung** erfolgen. Dies ergibt sich aus dem Verweis von § 34 Abs. 3 auf § 30 Abs. 1 GmbHG. Das bedeutet, dass das Einziehungsentgelt, sofern es ausgezahlt werden soll, nicht aus dem zur **Erhaltung des Stammkapitals** erforderlichen Vermögen gezahlt werden darf. Darüber hinaus sind über den gemeinen Wert der Einlage hinausgehende Rückzahlungen an den Gesellschafter gemeinnützigkeitsrechtlich unzulässig.

Hinweis:

*Der eingezogene Geschäftsanteil muss gemäß § 19 Abs. 1 und 2 GmbHG **voll eingezahlt** sein, da ansonsten die Einziehung unwirksam ist.*[44]

Rechtsfolge der wirksamen Einziehung ist der Untergang des Geschäftsanteils. An die Stelle tritt der Abfindungsanspruch. Sämtliche Mitgliedschaftsrechte, insbesondere auch Informationsrechte enden. Da das Stammkapital unverändert bleibt, entsteht durch die Einziehung auf Gesellschaftsebene eine untypische Abweichung der Summe der Geschäftsanteile vom Stammkapital. Die Gesellschafter können jedoch durch einfachen Beschluss, ohne dass es einer satzungsändernden Kapitalerhöhung bedarf, die Nennbeträge der verbliebenen Gesellschafter im Verhältnis der Anteile aufstocken oder alternativ einen eigenen Geschäftsanteil der Gesellschaft bilden. 86

Im Gegensatz zur formbedürftigen Abtretung (notarielle Beurkundung) ist der Ausschluss eines Gesellschafters im Wege der Einziehung seiner Gesellschaftsanteile nicht beurkundungspflichtig.[45]

Formulierungsvorschlag 87

Einziehung von Geschäftsanteilen gegen Abfindung

(1) Geschäftsanteile können durch Beschluss der Gesellschafter mit Zustimmung des betroffenen Gesellschafters eingezogen werden.

44 K. Schmidt, GesR, § 35 III 2 c) m.w.N.
45 Jasper in Münchener Handbuch des Gesellschaftsrechts, 3. Aufl., Band 3 § 24 Rz. 146.

(2) Die Geschäftsanteile eines Gesellschafters können ohne seine Zustimmung eingezogen werden, wenn der Gesellschafter stirbt oder ein wichtiger Grund vorliegt. Als wichtiger Grund gilt insbesondere

- die grobe Verletzung von Gesellschafterpflichten oder ein in der Person des Gesellschafters liegender wichtiger Grund (entsprechend §§ 133, 140 HGB), der seine Ausschließung aus der Gesellschaft rechtfertigt;
- die Betreibung der Zwangsvollstreckung in den Geschäftsanteil, wenn diese nicht innerhalb von drei Monaten nach Zustellung des Pfändungs- und Überweisungsbeschlusses abgewandt wird, oder
- die Eröffnung des Insolvenzverfahrens über das Vermögen des Gesellschafters oder die Ablehnung der Eröffnung eines solchen Verfahrens mangels Masse.

(3) Statt der Einziehung kann die Gesellschaft von dem Gesellschafter oder seinen Erben die Abtretung des Geschäftsanteils an die Gesellschaft, einen Gesellschafter oder einen von der Gesellschaft bestimmten Dritten verlangen.

(4) Der Beschluss zur Einziehung des Geschäftsanteils oder das Abtretungsverlangen bedarf einer Mehrheit von drei Vierteln der Stimmen der Gesellschafter. Im Fall des Abs. 2 sind der Gesellschafter bzw. seine Erben nicht stimmberechtigt.

(5) Mit dem Beschluss über die Einziehung verliert der Gesellschafter seine Gesellschafterstellung, mit dem Beschluss über die Abtretungsverpflichtung ruhen die Gesellschafterrechte, jeweils mit sofortiger Wirkung und unabhängig von der Zahlung der Abfindung.

(6) Im Fall der Einziehung gem. Abs. 1 oder 2 sowie im Fall der Abtretung gem. Abs. 3 haben der ausscheidende Gesellschafter oder seine Erben Anspruch auf eine Entschädigung in Höhe des Nennwerts des Geschäftsanteils. In den Fällen der Abs. 1 und 2 ist Schuldnerin die Gesellschaft, im Fall des Abs. 3 haften der Erwerber und die Gesellschaft als Gesamtschuldner. Ein Einziehungsbeschluss kann nur dann wirksam gefasst werden, wenn auch nach der Einziehung die Summe der Nennbeträge der Geschäftsanteile dem Stammkapital der Gesellschaft entspricht. Zu diesem Zweck sind zusammen mit der Einziehung die Nennbeträge der anderen Geschäftsanteile anteilig aufzustocken, sofern die Gesellschafter nicht etwas anderes beschließen.

C. Neugründung – formale Anforderungen

I. Vorbereitung

88 Die Gründung der gGmbH erfordert einen erheblichen Vorlauf, da im Hinblick auf die gemeinnützigkeitsrechtlichen Anforderungen alle diesbezüglichen Fragen mit dem Finanzamt abgestimmt werden sollten. Während dieses Zeitraums, d. h. zwischen dem Entschluss der Gesellschafter, eine GmbH zu gründen und der Eintragung in das Handelsregister und Aufnahme der tatsächlichen Tätigkeit herrscht oftmals eine gewisse Unsicherheit über die rechtliche Lage der Gesellschaft und der Gesellschafter.

Je nach Art und Umfang des Zwecks der gGmbH variiert die Höhe der benötigten Mittel. Im Einzelfall kann auch das Mindestkapital von 25.000 Euro für die Mittelverwirklichung ausreichend sein, etwa wenn mit dem Gegenstand des Unternehmens ein Zweckbetrieb verbunden ist, der seinerseits zur Verwirklichung des gemeinnützigen Zwecks beiträgt.

89 Im Einzelnen sind die nachfolgend aufgeführten Schritte bei der Gründung einer gGmbH zu berücksichtigen.

- Bestimmung des gemeinnützigen Zweckes und der zur Zweckverwirklichung benötigten Mittel
- Prüfung des Zweckes auf Umsetzbarkeit
- Bei öffentlich-rechtlicher oder sonst gemeinnütziger Trägerschaft: Abstimmung mit Vorgaben der Verfassungen der Trägerorganisationen
- Sicherstellung der Finanzierung, Abstimmung mit den finanzierenden Banken

- Steuerliche Prüfung
- Abstimmung der Satzung mit dem Finanzamt
- Anberaumung eines Notartermins

II. Die gemeinnützige GmbH in Gründung

a) Vor-GmbH

Als Kapitalgesellschaft entsteht die gemeinnützige GmbH als juristische Person erst mit Eintragung in das Handelsregister, § 11 Abs. 1 GmbHG. In der Phase zwischen der Errichtung der Gesellschaft im Wege des formgerechten Abschlusses des Gesellschaftsvertrages (notarielle Beurkundung) und der Eintragung in das Handelsregister entsteht eine Vorgesellschaft. Diese sog. **Vor-GmbH** ist ein eigenständiges körperschaftlich strukturiertes Rechtsgebilde und als solches bereits Trägerin von Rechten und Pflichten.[46] 90

Die Vor-GmbH ist zwar noch keine juristische Person, sie ist jedoch mit der später eingetragenen GmbH **identisch.**[47] Im Rechtsverkehr muss die Vorgesellschaft den Zusatz „in Gründung" oder die Abkürzung **i.Gr.** verwenden. 91

Die Handelnden, d.h. die Gesellschafter und die Geschäftsführer haften persönlich und gesamtschuldnerisch. Die Geschäftsführer sind allerdings nur zur Vornahme von Geschäften, die zur Registereintragung der GmbH erforderlich sind, berechtigt und verpflichtet.

Die **Verlustdeckungshaftung** der Gesellschafter geht mit erfolgter Eintragung automatisch, ohne dass es einer Erklärung bedürfte, auf die Gesellschaft über.

b) Steuerliche Behandlung der Vor-GmbH

Aufgrund der Identität von Vor-GmbH und eingetragener GmbH beginnt die **Körperschaftsteuerpflicht** der Gesellschaft bereits mit der Entstehung der Vorgesellschaft.[48] Ob die Vorgesellschaft über eine eigenständige, von der späteren Eintragung der Gesellschaft unabhängige Körperschaftsteuerpflicht verfügt, ist allerdings nicht ganz unumstritten.[49] 92

Unabhängig von dieser dogmatischen Frage ist entscheidend, dass die Steuervergünstigungen aufgrund der Gemeinnützigkeit bereits von der Vorgesellschaft in Anspruch genommen werden können, sofern es später tatsächlich zur Eintragung der Gesellschaft kommt und ihre Satzung von Anfang an den Vorgaben der §§ 51ff. AO entspricht[50].

Bei der Vor-GmbH gibt es somit eine steuerliche **Rückwirkung der Körperschaftsteuerpflicht** auf den Moment der formwirksamen Errichtung der GmbH (Beurkundung des Gesellschaftsvertrages).

Scheitert die Gründung mangels Eintragung der GmbH, entfällt die steuerliche Rückwirkung der Körperschaftsteuerpflicht und damit auch das Privileg der Gemeinnützigkeit. Die von der Vor-GmbH erzielten Einkünfte werden den Gründungsgesellschaftern als Einkünfte aus Gewerbebetrieb, Mitunternehmerschaft (§ 15 EStG) zugerechnet. 93

46 BGH v. 16.2.1992, BGHZ 117, 323, 326.
47 so ganz h.M. vgl. K.Schmidt, GesR, § 11 II.
48 Vgl. BFH v. 13.12.1989, BStBl. II 1990, 90; BFH v. 14.12.1992, BStBl.II 1993, 352.
49 zum Meinungsstand vgl. Hüttemann, in Festschrift für Wassermeyer, S. 31ff.
50 Ebenso Hüttemann, Gemeinnützigkeits- und Spendenrecht, § 2 Rn. 19.

c) Vorgründungsgesellschaft

94 Die Vor-GmbH ist zu unterscheiden von der Vorgründungsgesellschaft. Dabei handelt es sich um eine BGB-Gesellschaft, die zwischen den Gesellschaftern entstehen kann und die einen Zusammenschluss zum Zwecke der Gründung einer GmbH bildet. Sie ist keine zwingende Voraussetzung auf dem Weg zur Errichtung der GmbH.

Die Vorgründungsgesellschaft beruht auf einem Vorvertrag, mit dem sich die Gründer verbindlich zur Errichtung einer GmbH verpflichten. Sie entsteht damit in der Phase vor der notariellen Beurkundung des Gesellschaftsvertrages und endet mit der Errichtung der Vor-GmbH. Sie ist weder mit der Vorgesellschaft, noch mit der künftigen GmbH identisch.[51]

Die Vorgründungsgesellschaft ist daher weder Körperschaftsteuersubjekt und kann als Personengesellschaft auch nicht steuerbegünstigt sein, § 51 S. 2 AO.

III. Anforderungen an eine Sachgründung

95 Sacheinlagen sind alle nicht durch Geld zu bewirkenden Einlagen. Sacheinlagen sind grundsätzlich von den Gesellschaftern zu bewerten, was zu Risiken im Hinblick auf die Werthaltigkeit führen kann. Im Hinblick auf diese Risiken sieht das Gesetz zunächst einige erhöhte Anforderungen und im Nachgang besondere Haftungskonsequenzen für Sachgründungen vor. Die Sachgründung ist daher grundsätzlich Risiko behaftet, wobei sich das Risiko durch das MoMiG vom Gesellschafter weitgehend auf den Geschäftsführer verlagert hat. Eine Sachgründung ist daher nur eingeschränkt zu empfehlen.

Gerade für die gGmbH besteht die Möglichkeit, eine **Bargründung** mit dem Mindestkapital vorzunehmen und im Folgenden **Sachspenden** vorzunehmen. Auch hier stellt sich zwar das Problem der Bewertung und die daran angeschlossenen Haftungsfolgen, doch verlagert sich hier die Problematik vom Gesellschaftsrecht in das Gemeinnützigkeitsrecht und insbesondere vollständig aus der Sphäre des Gesellschafters in die Sphäre der Gesellschaft. Wiederum alternativ kann nach der Bargründung mit dem Mindestkapital auch eine Einlage in die Kapitalrücklage erfolgen. Diese muss ebenfalls bewertet werden und führt bei unbeabsichtigter Überbewertung zu Fragen der Binnenhaftung, entwickelt aber keine überschießende Tendenz und ist gemeinnützigkeitsrechtlich nicht problematisch.

96 Einlagetauglich ist grundsätzlich jeder Vermögensgegenstand mit gegenwärtig erfassbarem wirtschaftlichem Wert, der der Gesellschaft zur freien Verfügung gestellt werden kann und wie Geld zur Bildung der Kapitalbasis führt.[52] Das sind etwa:

- Körperliche Gegenstände
- Rechte
- Forderungen

Nicht einlagefähig sind dagegen insbesondere Nutzungen und Leistungen oder Verpflichtungen zu eigenen oder fremden Leistungen.

97 Der Wert der Sacheinlage bestimmt sich nach dem objektiven Zeitwert. Die Bewertung ist durch die Gesellschafter abzugeben und in einem Sachgründungsbericht, der von allen Gesellschaftern zu zeichnen ist, zu bestimmen. Die Falschangabe im Sachgründungsbericht ist strafbewehrt (§ 82 GmbHG).

51 Vgl. Hüttemann, in Festschrift für Wassermeyer 2005, S. 28.
52 Schwaiger in Beck'sches Handbuch der GmbH 3. Aufl. § 2 Rz. 107.

Praxishinweis:

Es ist stets empfehlenswert, den Sachgründungsbericht von einem Steuerberater oder Wirtschaftsprüfer prüfen und testieren zu lassen, um das Risiko einer Überbewertung weitgehend auszuschließen.

Durch die Neuregelung des GmbHG mit dem MoMiG wurden die Rechtsfolgen einer Überbewertung im Rahmen einer Sachgründung verringert. Zwar wird der Gesellschafter durch die Leistung nicht frei, die Verträge über die Sacheinlage sind jedoch nicht unwirksam, so dass der tatsächliche Wert der Sacheinlage auf den geschuldeten Wert anzurechnen ist. Der Gesellschafter haftet nur in Höhe der Differenz. 98

Die strafrechtliche Sanktion bleibt für die Gesellschafter bestehen, aber insbesondere die Geschäftsführer sind aufgrund ihrer falschen Versicherung in der Anmeldung zum Handelsregister den strafrechtlichen Folgen der Überbewertung ausgesetzt. Insgesamt ist eine Sachgründung durchaus als taugliches und nach dem MoMiG deutlich entschärftes Gründungsverfahren möglich, allerdings setzt es eine gute Planung und eine genaue Bewertung der Einlagegegenstände voraus.

Die erhöhten Anforderungen für die Sachgründung lassen sich wie folgt zusammenfassen:

- Zusammenstellung von Bewertungsunterlagen zu den einzulegenden Gegenständen bzw. Rechten
- Erstellung eines Sachgründungsberichts
- Möglichst genaue Spezifizierung der Sacheinlage
- Differenzhaftung bei Geschäftsanteil und geringerem Wert der Sacheinlage
- Gefahr der verdeckten Sacheinlage bei Begründung und unmittelbarem Erwerb von Sachwerten von einem Gesellschafter.

IV. Beurkundungspflichtige Anträge, Geschäftsführerbestellung, Gründungskosten

Beurkundungspflichtig ist der gesamte Inhalt des Gesellschaftsvertrages bzw. der Satzung. Die notarielle Beurkundung setzt voraus, dass die künftigen Gesellschafter vor dem Notar ihren Willen bekunden, eine GmbH errichten zu wollen und der Notar hierüber eine Niederschrift aufnimmt. Das Gründungsprotokoll stellt dabei lediglich die Hülse dar, in der die Beitrittserklärung der Gesellschafter, die Bestellung des oder der Geschäftsführer, die Angabe deren Vertretungsbefugnis und einen Verweis auf den beigefügten Gesellschaftsvertrag enthält. Ebenfalls hierin enthalten ist die Übernahme der Geschäftsanteile. Der Notar erstellt bei Neugründung der gGmbH eine entsprechende Gesellschafterliste. 99

Das Gründungsprotokoll ist von jedem Gesellschafter eigenhändig zu unterzeichnen. Ist Gesellschafter wiederum eine Körperschaft, so ist das Gründungsprotokoll von dem gesetzlichen Vertreter dieser Körperschaft zu unterzeichnen.

Die Bestellung der Geschäftsführer erfolgt ebenfalls bei Gründung der gGmbH. Es ist, angesichts der Möglichkeit des Wechsels der Geschäftsführerstellung, nicht sinnvoll, den Geschäftsführer bereits namentlich im Gesellschaftsvertrag zu benennen. Es bietet sich an, hier lediglich eine abstrakte Vertretungsbefugnis und die konkrete Zahl der Geschäftsführer aufzuführen. Die Bestellung des oder der Geschäftsführer erfolgt dann bei Gründung der gGmbH durch Beschluss der Gesellschafter. Die Bestellung bedarf der Annahme durch den Geschäftsführer[53], die dieser ebenfalls durch Zeichnung mit seinem Namen erklärt. 100

53 Vgl. Schwaiger in Beck'sches Handbuch der GmbH 3. Aufl. § 2 Rz. 77.

101 Die GmbH darf die Gründungskosten nur maximal bis zu 10% ihres Stammkapitals übernehmen, d. h. bei einem Stammkapital von 25.000 Euro nur bis zur Höhe von 2.500 Euro. Alle darüber hinausgehenden Kosten tragen die Gesellschafter im Verhältnis ihrer Geschäftsanteile.

Gerade bei der gGmbH ist die Verankerung dieses Grundsatzes in der Satzung entscheidend, da eine abweichende Satzungsklausel steuerlich zu einer vGA[54] und damit zu einem Verstoß gegen Gemeinnützigkeitsrecht führt[55]

V. Anträge an das Handelsregister

102 **Musterschreiben an das Handelsregister**

I. Anlagen:

In der Anlage werden überreicht:
1. Protokoll vom heutigen Tage – UR-NR..... des Notars.... – mit dem Gesellschaftsvertrag und dem Beschluss über die Bestellung der Geschäftsführung
2. Gesellschafterliste

II. Anmeldung

Zur Eintragung in das Handelsregister wird angemeldet:
1. Obige Gesellschaft ist mit dem Sitz in … errichtet worden
2. Zum Geschäftsführer ist bestellt worden .....
3. Konkrete Vertretungsbefugnis: Der Geschäftsführer Herr … ist einzelvertretungsberechtigt.
4. Abstrakte Vertretungsreglung: Die Gesellschaft hat einen oder mehrere Geschäftsführer. Ist nur ein Geschäftsführer bestellt, so vertritt er die Gesellschaft stets allein. Sind mehrere Geschäftsführer bestellt, so wird die Gesellschaft entweder von zwei Geschäftsführern, von einem Geschäftsführer mit einem Prokuristen gemeinsam vertreten. Sind mehrere Prokuristen bestellt, vertreten diese die Gesellschaft ebenfalls gemeinsam. Jedem Geschäftsführer oder Prokuristen kann in diesem Fall von der Gesellschafterversammlung Einzelvertretungsbefugnis und Befreiung von den Beschränkungen des § 181 BGB erteilt werden. Der Geschäftsführer, der allein oder mit der Gesellschaft alle Geschäftsanteile hält, ist stets zur Alleinvertretung ermächtigt und von den Beschränkungen des § 181 BGB befreit.
5. Die Geschäftsanschrift lautet: …

III. Versicherung über die Bewirkung der Leistung auf die Geschäftsanteile

Es wird versichert, dass ..... auf die übernommenen Geschäftsanteile ..... bar eingezahlt hat und sich der eingezahlte Betrag in Höhe von 25.000 Euro für die Zwecke der Gesellschaft in der endgültigen freien Verfügung der Geschäftsführung befindet. Mit Ausnahme der Gründungskosten ist das Stammkapital auch nicht durch Verbindlichkeiten vorbelastet.

54 Vgl. Meyer in Münchener Handbuch des Gesellschaftsrechts, 3. Aufl., Band 3, GmbH, § 20 Rz. 95.
55 Ullrich S. 263.

IV. Geschäftsführerversicherung

Nach Belehrung durch den beglaubigenden Notar über die unbeschränkte Auskunftspflicht gegenüber dem Gericht nach § 53 des Gesetzes über das Zentralregister und das Erziehungsregister und die Strafbarkeit einer falschen Versicherung (§§ 82, 8 Abs. 2 GmbHG) versichert der Geschäftsführer: Es liegen keine Umstände vor, aufgrund derer ich nach § 6 Abs. 2 S. 2 GmbHG von dem Amt als Geschäftsführer ausgeschlossen wäre: (…)

V. Vollmacht (…)

Unterschrift des Geschäftsführers.

VI. Anträge an das Finanzamt

Nach der Gründung der gGmbH wird den gesetzlichen Vertretern ein Fragebogen zur steuerlichen 103
Erfassung der GmbH zugesandt, in dem Angaben zur Körperschaft- und Gewerbesteuer zu machen sind, die als Grundlage für die Festsetzung der Vorauszahlungen dienen (vgl. § 8 Rz. 1). Das Formular ist im Mai 2010 grundlegend überarbeitet worden.

Grundsätzlich sollte dem Finanzamt hier mit einem Begleitschreiben mitgeteilt werden, dass es sich bei der GmbH um eine gemeinnützige GmbH handelt, da ansonsten unnötige Rückfragen provoziert werden. Im Regelfall wurde aber bereits im Vorfeld mit dem Finanzamt abgestimmt, dass die Satzung den Anforderungen des Gemeinnützigkeitsrechts entspricht, so dass auf den entsprechenden Schriftwechsel Bezug genommen werden kann.

Der im Anhang abgedruckt Gründungsfragebogen enthält im wesentlichen Fragen zur Gründung (Bar- oder Sachgründung, Einzahlung von Stammkapital. Die Eröffnungsbilanz (Zeile 84) sollte beigefügt werden. In Zeile 200 ff. sind die Angaben zur Festsetzung der Vorauszahlungen zu machen. Hier werden vielfach falsche Angaben gemacht, was zu Korrekturbedarf führt. Anzugeben ist hier das prognostizierte zu versteuernde Einkommen, d. h. die Ergebnisse der ggf. steuerpflichtigen wirtschaftlichen Geschäftsbetriebe.

In Zeile 204 f. sind Angaben zur Lohnsteuer und in Zeile 211 ff. zur Umsatzsteuer zu machen. Bei der Umsatzsteuer sollte ebenfalls beachtet werden, dass hier zwischen steuerbaren Umsätzen, also Umsätzen für die die gGmbH Unternehmer ist, und steuerfreien Umsätzen zu differenzieren ist. Soweit mit steuerfreien Umsätzen gerechnet wird, ist bereits im Gründungsformular in Zeile 215 eine Angabe zur Art der steuerfreien Umsätze zu machen. Soweit Umsätze im Rahmen eines Zweckbetriebes erwirtschaftet werden, ist in Zeile 215 die Vorschrift des § 12 Abs. 2 Nr. 8a, UStG im Bezug zu nehmen.

Musterbegleitschreiben an das Finanzamt 104

….

anbei überreichen wir Ihnen den Fragebogen zur steuerlichen Erfassung der XYZ gemeinnützigen GmbH. Hinsichtlich der Gemeinnützigkeit verweisen wir auf den Schriftverkehr vom …. und die von Ihnen erteilte vorläufige Bescheinigung vom ….

Alternativ, d. h. wenn die Satzung inhaltlich nicht abgestimmt wurde:

Beigefügt erhalten Sie die Satzung der XYZ gemeinnützigen GmbH in notariell beglaubigter Abschrift. Wir bitten um Prüfung der Voraussetzungen der Gemeinnützigkeit und um Erteilung einer vorläufigen Bescheinigung des Inhalts, dass die XYZ gemeinnützige GmbH beim Finanzamt … unter der Steuernummer … steuerlich erfasst ist und die eingereichte Satzung die Voraussetzungen nach §§ 59 S. 1, 60 und 61 AO erfüllt.

D. Umwandlung und Umwidmung

I. Wechsel zwischen den Rechtsformen bei gemeinnützigen Organisationen

105 Ein Wechsel zwischen den Rechtsformen ist bei gemeinnützigen Organisationen nur unter engen Voraussetzungen möglich. Der gemeinnützigkeitsrechtliche Grundsatz der Vermögensbindung legt den Organisationen Beschränkungen auf, die einen Vermögenstransfer erheblich erschweren können[56]. Möglich sind aber echte Umwandlungen nach dem Umwandlungsgesetz.

Denkbar sind auch Umwidmungen bestehender Gesellschaften lediglich in Bezug auf die gemeinnützige Zielsetzung, ohne Änderungen im Hinblick auf die Rechtsform. Für die gGmbH bedeutet das einen Wechsel durch die Änderung der Satzung einer regulären GmbH unter Aufnahme gemeinnütziger Zwecke.

II. Umwandlung nach Umwandlungsgesetz

1. Zulässige Alternativen und Rechtsformvarianten

106 Mögliche Umwandlungen nach dem Umwandlungsgesetz

- **Verschmelzungen**
- **Spaltungen** (Aufspaltungen, Abspaltungen und Ausgliederungen)
- **Formwechsel**

Alle drei Umwandlungsvarianten sind denkbar unter Beteiligung von eingetragenen Vereinen und/oder Kapitalgesellschaften.

107 Stiftungen stehen aufgrund ihrer besonderen Gründungsvoraussetzungen nach dem Umwandlungsgesetz nicht für Verschmelzungen oder Formwechsel zur Verfügung. Hier ist lediglich die Alternative der Spaltung, z. B. in Gestalt von Ausgliederung wirtschaftlicher Geschäftsbetriebe oder Zweckbetriebe möglich. Aus der Rechtsform der Stiftung heraus gibt es abgesehen davon aufgrund der stiftungsrechtlichen „Ewigkeitsgarantie“ keine Umwandlungsmöglichkeiten.

Eine Umwandlung in die Rechtsform der Stiftung ist nicht nach dem Umwandlungsgesetz, sondern lediglich auf stiftungszivilrechtlichem Wege, d. h. durch Errichtung eines Stiftungsgeschäfts, Übertragung des Vermögens des alten Rechtsträgers im Rahmen der Vermögensausstattung auf die Stiftung und ggf. anschließender Auflösung des alten Rechtträgers möglich.

56 Vgl. Raupach, in Festschrift für Widmann, S. 475.

Der wesentliche Vorteil einer Umwandlung nach dem Umwandlungsgesetz – der Übergang im Wege der Gesamtrechtsnachfolge – besteht z. B. bei dem Wechsel zur Stiftung nicht. Vielmehr erfolgt die Übertragung von Rechtspositionen und Vermögen hier im Wege der Einzelrechtnachfolge.

Während im Gesellschaftsrecht eine Umwandlung von Kapitalgesellschaften in Personengesell- 108
schaften ohne weiteres möglich ist, schränkt das Gemeinnützigkeitsrecht diese Variante ein, da nur Körperschaften im Sinne des § 1 KStG, nicht aber Personengesellschaften den Status der Gemeinnützigkeit erlangen können. Sie sind daher für den ideellen Bereich und die Vermögensverwaltung nicht geeignet – lediglich die Führung eines Zweckbetriebes oder eines wirtschaftlichen Geschäftsbetriebes kann auf eine Personengesellschaft ausgegliedert werden.

2. Gemeinnützigkeitsrechtliche Probleme

Die Übertragung von Vermögen auf einen neuen Rechtsträger kann sich aus gemeinnützigkeits- 109
rechtlicher Sicht als problematisch darstellen.

Vermögensbindung

Wenn der Übertragung von Vermögen auf einen neuen Rechtsträger die Auflösung des alten Rechtsträgers folgt, kann darin ein Verstoß gegen das Gebot der satzungsmäßigen Vermögensbindung nach § 55 Abs. 1 Nr. 4 AO liegen. Steuerliche Konsequenz wäre unter Umständen der nachträgliche Wegfall der Gemeinnützigkeit bzw. erhebliche Nachversteuerungen für sämtliche Erträge und Zuwendungen, die während der letzten zehn Kalenderjahre vor dem Änderung der Vermögensbindung dem alten Rechtsträger zuzurechnen sind, § 61 Abs. 3 AO.

Weiterhin muss vertraglich sichergestellt sein, dass die Anteilseigner der übertragenden Gesellschaft keine Zuwendung erhalten, da hierin ein Verstoß gegen § 55 Abs. 1 Nr. 2 und Nr. 4 AO liegen würde. Dies kann aber durch Regelungen im Gesellschaftsvertrag der Übernehmerin vermieder werden.[57]

Unmittelbarkeit der Mittelverwendung 110

Durch die Vermögensübertragung auf einen neuen Rechtsträger kann es zu einem Verstoß gegen die Grundsatz führen, dass die Körperschaft prinzipiell selbst und unmittelbar ihre Mittel für die Verfolgung steuerbegünstigter Zwecke einsetzen muss. Es genügt daher nicht, dass sich ihre Tätigkeit in der Hingabe von Mitteln erschöpft. Die in § 58 Nr. 2 AO enthaltene Ausnahme, die eine ***teilweise*** Weitergabe von eigenen Mitteln an eine andere gemeinnützige Körperschaft zu deren Verwendung für steuerbegünstige Zwecke zulässt, hat ihre Grenzen jedenfalls dort, wo es zu einen vollständigen Vermögensübergang auf den neuen Rechtsträger kommt.

Die Einzelheiten richten sich nach der Art der Umwandlung:

Variante 1: Umwandlung von gemeinnützigen auf anderen gemeinnützigen Rechtsträger.

Die Umwandlung vollzieht sich nach den allgemeinen Regeln des Umwandlungsgesetzes und des Umwandlungssteuergesetzes. Soweit übertragender und übernehmender Rechtsträger im Gemeinnützigkeitsbereich tätig und als gemeinnützig anerkannt sind, hat die Umwandlung keine Folgen für die Gemeinnützigkeit.

57 Vgl. Jost in D/J/P/W KStG n.F. Anh. 4 zu § 5 Abs. 1 Nr. 9 Rz. 22.

Hinweis:

Grunderwerbsteuerpflicht bei Umwandlung

Bei der Übertragung von Grundvermögen von einer gemeinnützigen Körperschaft auf eine andere oder im Rahmen einer Umwandlung kann Grunderwerbsteuer ausgelöst werden. Das Grunderwerbsteuergesetz sieht für gemeinnützige Körperschaften keine Steuerbefreiung vor.

Bei Umwandlungen führen ohne Berücksichtigung des neugefassten § 5a GrEStG, der Umwandlungen in Konzern begünstigt, nur die Varianten der Verschmelzung oder Spaltung zu einer rechtlich und steuerlich relevanten Übertragung von Grundvermögen[58]. Bei einem Formwechsel kann bereits mangels Vermögensübertragung eine Grunderwerbsteuerpflicht nicht eintreten. Dies ist von der Rechtsprechung bestätigt und von der Finanzverwaltung anerkannt worden[59].

111 Variante 2: Umwandlung auf einen nicht-gemeinnützigen Rechtsträger

Beispiel:

Übertragung eines wirtschaftlichen Geschäftsbetriebes einer gemeinnützigen GmbH oder eines gemeinnützigen Vereins auf eine (steuerpflichtige) Kapitalgesellschaft.

Probleme ergeben sich hier bezüglich des Grundsatzes der Vermögensbindung nach § 55 Abs. 1 Nr. 4 AO und den Folgen der Nachversteuerung (vgl. bereits oben).

Dem Grundsatz der Vermögensbindung unterliegt nicht nur der ideelle Bereich, sondern das gesamte Vermögen der Körperschaft, einschließlich der im wirtschaftlichen Geschäftsbetrieb gebundenen Mittel. Mit deren Übertragung auf einen nicht-gemeinnützigen Rechtsträger werden diese Mittel nicht mehr für satzungsmäßige, sondern für gewerbliche Zwecke verwendet.[60]

112 **Lösungsansätze:**

Ausschluss einer Vermögensminderung beim übertragenden Rechtsträger, in dem sowohl Aktiva als auch Passiva in gleichem Umfang übertragen werden.

oder:

Umwandlung in der **Variante der Ausgliederung**, da hierbei kein bilanzieller Vermögensabfluss, sondern nur eine Vermögensumschichtung stattfindet (Tausch von Aktiva und Passiva gegen Einräumung einer Beteiligung).[61]

113 **Hinweis:**

Hält der gemeinnützige Rechtsträger nach Ausgliederung des wirtschaftlichen Geschäftsbetriebes eine Beteiligung, kann dieses Halten wiederum als wirtschaftlicher Geschäftsbetrieb anzusehen sein, wenn es dadurch zur einer ***Betriebsaufspaltung*** *kommt, oder der gemeinnützige Rechtsträger weiterhin auf die laufende Geschäftsführung des ausgegliederten Geschäftsbetriebes deutlichen Einfluss ausübt (vgl. Nr. 3 zu § 64 AEAO).*

III. Umwidmung einer GmbH in eine gGmbH

1. Motivation / Gründe

114 Eine Alternative zur Neugründung einer gGmbH ist die Umwidmung einer bestehenden GmbH in eine gemeinnützige GmbH. Dies bietet sich insbesondere in den Fällen an, in denen der Unterneh-

58 Vgl. hierzu und zu den Wertansätzen (bezogen auf Verschmelzung von Vereinen, Neymayer/Schulz, DStR 1996, 872, 877
59 BFH v. 4.12.1996, II B 116/97, DB 1997, 79; FinMin Bad.Württ. Erlass v. 18.9.1997, S 4520/2, DB 1997, 2002.
60 Raupach/Böckstiegel, FS Widmann, S. 479.
61 Vgl. Raupach/Böckstiegel in FS Widmann, S. 479 m.w.N.

menszweck dem Grunde nach beibehalten und auch der organisatorische und betriebliche Rahmen fortgeführt werden soll.

In praktischer Hinsicht kann es hierfür verschiedene Gründe geben. Beispielsweise jener Unternehmer, der entweder kinderlos ist oder der keinen geeigneten Nachfolger aufbauen konnte, der aber dennoch sein Lebenswerk fortsetzen möchte. Eine Umwidmung in eine gemeinnützige GmbH bietet sich vor allem auch dann an, wenn der Unternehmenszweck bereits dem Gemeinwohl nahesteht. Dies ist z. B. in den Bereichen der Bildung, Gesundheit oder Pflege der Fall.

Ein anderer Grund kann die Sicherung der Kontinuität und der Schutz vor Veränderung und Zersplitterung sein, was beispielsweise durch Erbauseinandersetzungen drohen kann. Da aus vermögensrechtlicher Hinsicht die Anteile an einer gemeinnützigen GmbH nur von sehr begrenztem Interesse für potentielle Erben sind, kann in der Umwidmung eine strategische Entscheidung im Rahmen der Nachfolgeregelung liegen.

2. Gesellschafterbeschluss und Satzungsänderung

Grundlage für die Abkehr von der eigennützigen GmbH und die Hinwendung zur fremdnützigen 115
Gesellschaft ist zunächst ein entsprechender Gesellschafterbeschluss und die damit verbundene Satzungsänderung.

Da mit einer solchen Umwidmung der Charakter der Gesellschaft vollständig geändert wird, muss ein solcher Beschluss mit Einstimmigkeit erfolgen, d. h. alle Gesellschafter müssen dieser Änderung zustimmen. Die für wesentliche Satzungsänderungen erforderliche qualifizierte Dreiviertelmehrheit reicht hierfür nicht aus, denn mit der Umwidmung in eine gemeinnützige GmbH verlieren die Gesellschafter einen wesentlichen Bestandteil ihrer Vermögensrechte, insbesondere das Gewinnbezugsrecht.

Dies korrespondiert mit den gesellschaftsrechtlichen Grundsätzen bei der **Einziehung** eines Geschäftsanteils. Eine Einziehung ohne Zustimmung darf nur erfolgen, wenn eine entsprechende satzungsmäßige Ermächtigung bereits bestand, als der betroffene Gesellschafter den Geschäftsanteil erwarb. Gleiches muss für die Umwidmung in eine gemeinnützige GmbH gelten.

Der betroffene Gesellschafter, der eine Fortsetzung als gGmbH nicht mittragen möchte, kann nicht ohne sein Einverständnis auf den Abfindungsanspruch verwiesen werden. Etwas anderes gilt nur, wenn in der Satzung der GmbH bereits von vornherein die Möglichkeit einer Umwidmung in eine gemeinnützige Gesellschaft an ein bestimmtes Mehrheitserfordernis geknüpft wurde.

Die Änderung des Gesellschaftsvertrages betrifft folgende Bereiche: 116

- Vermögensbindung für steuerbegünstigte Zwecke
- Keine Ausschüttung des Liquidationserlöses über den Nennbetrag der Geschäftsanteile hinaus
- Änderung der Gewinnverwendung zugunsten der gemeinnützigen Mittelverwendung
- Etablierung eines Kontrollgremiums (Beirat, fakultativ)
- Festlegung der steuerbegünstigten Zwecke
- Ggf. Anpassung des Unternehmensgegenstandes

Die steuerlichen Folgen der Umwidmung sind in § 7 dargestellt. 117

§ 4 Die laufende Geschäftstätigkeit der gGmbH

A. Geschäftsführung

1 Die Geschäftsführung ist für die operative Leitung der Gesellschaft verantwortlich. Sie unterliegt dabei den gesetzlichen Vorschriften des GmbHG und hat die gemeinnützigkeitsrechtlichen Anforderungen zu beachten.

Daneben haben sich für gemeinnützige Organisationen mit der Zeit spezielle ungeschriebene Standards entwickelt, die zur guten Führung einer Non-Profit-Organisation gehören und deren Einhaltung nicht nur der Verbesserung interner Abläufe dient, sondern erheblich zur Steigerung der Reputation in der öffentlichen Wahrnehmung beiträgt.

Zwei Bereiche sollen hier herausgestellt werden:

- die aktuelle Diskussion um die Etablierung einer Non-Profit-Governance
- der Umgang mit Verwaltungskosten, einschließlich Geschäftsführergehältern

Die im Zusammenhang mit der Mittelverwendung auftretenden Fragen werden aufgrund ihrer gemeinnützigkeitsrechtlichen Komponente separat im nachfolgenden Kap. B behandelt.

I. Corporate Governance und Non-Profit Governance

2 **Corporate Governance** stammt ursprünglich aus dem anglo-amerikanischen Rechtskreis und ist der Oberbegriff für die **Grundsätze guter Unternehmensführung**. Dazu zählen unter anderem die Etablierung interner Kontrollmechanismen zwischen Eigentümern (Aktionären) und Management sowie die Schaffung günstiger Rahmenbedingungen für eine konstruktive Zusammenarbeit der Leitungsorgane und dementsprechend einer produktiven Wertschöpfung.[1]

Der deutsche Corporate Governance Kodex, auf den § 161 AktG Bezug nimmt, behandelt im Wesentlichen die Ausgestaltung der Machtverhältnisse innerhalb der Aktiengesellschaft. Im Vordergrund steht dabei der Ausgleich der Interessenkonflikte im Sinne der Principal-Agent-Theorie, d. h. zwischen den Anteilseignern (Principal) und dem Management bzw. der Unternehmensleitung (Agent).[2]

3 Für die gemeinnützige GmbH sind diese auf die Aktiengesellschaft zugeschnittenen Grundsätze nur von geringfügiger Relevanz, da andere Interessenkonflikte bzw. Zielsetzungen bestehen. Von Bedeutung für die gGmbH ist allerdings die Diskussion um die Einführung eines Non-Profit Governance Kodex für den sog. Dritten Sektor.

Leitmotiv für die Einführung eines Non-Profit-Governance Kodex ist in erster Linie die Erzielung einer besseren Öffentlichkeitswirkung: Das Vertrauen von Zuwendungsgebern, Spendern und öffentlichen Stellen, die Zuschüsse vergeben, soll gestärkt werden durch mehr Transparenz und interne Kontrolle.

Die Ansätze zur Entwicklung eines Non-Profit-Governance-Kodex sind rechtsformneutral. Das bedeutet, dass bei Anwendung dieser Grundsätze die Besonderheiten der jeweiligen Rechtsform individuell zu berücksichtigen sind.

1 Vgl. hierzu v. Werder in: Hommelhoff/Hopt/v. Werder, Handbuch Corporate Governance, 2003, S. 11.
2 Saenger/Veltmann, ZSt 2005, 67 m.w.N.

Zwar gibt noch keine gesetzliche Verankerung eines Non-Profit Governance Kodex. Gleichwohl wurden die wesentlichen Aspekte bereits im Dritten Sektor ausführlich diskutiert und folgende Standards entwickelt: 4

- Gewährleistung der Kontinuität in der ideellen Ausrichtung der Gesellschaft und der Zweckverfolgung
- „Gewaltenteilung“: Trennung von Geschäftsführung und Kontrollorgan, keine personelle Verflechtung zwischen den Organen
- Etablierung von mindestens zwei Organen – bei der GmbH zusätzlich einen Beirat / Aufsichtsrat
- Ausgewogenheit in den Machtbefugnissen durch Verankerung von Zustimmungsvorbehalten und gegenseitigen Berichtspflichten im Gesellschaftsvertrag
- Klare Aufgabenzuweisung zwischen den Gremien und innerhalb der Organe
- Interne Rechnungslegung und Transparenz, insbesondere im Hinblick auf die Ertragslage und die Mittelverwendung
- Ausschluss von In-Sich-Geschäften: keine Befreiung vom Selbstkontrahierungsverbot im Gesellschaftsvertrag
- Etablierung eines operativen und strategischen Steuerungssystems; Zuordnung der strategischen Planung zu einem Organ (Gesellschafterversammlung oder Beirat), der operativen Umsetzung zu einem anderen Organ (Geschäftsführung)
- Zuweisung von konkreten Aufgaben an die Kontrollgremien und deren Ausstattung mit wirksamen Durchgriffsinstrumentarien
- Minderheitenschutz – keine zu hohen Hürden bei der Einberufung von Versammlungen oder übergeordneten Gremien
- Auswahl des Abschlussprüfers nicht durch die Geschäftsführung, sondern das Kontrollorgan (Beirat)

Die Beachtung dieser Grundsätze und eine entsprechende Verankerung in den Gesellschaftsverträgen und Geschäftsordnungen verschafft den gemeinnützigen Gesellschaften nach außen einen großen Vertrauensvorsprung und schützt intern vor Machtmissbrauch einzelner Gremien.

II. Verwaltungskosten

Die Geschäftsführung ist maßgeblich dafür verantwortlich, die Verwaltungskosten der Gesellschaft in einem angemessenen Rahmen zu halten. 5

Denn eine gemeinnützige Gesellschaft darf mit ihrer Tätigkeit nicht in erster Linie eigenwirtschaftliche Zwecke verfolgen (§ 55 Abs. 1 AO). Die Körperschaft muss daher grundsätzlich alle ihr zur Verfügung stehenden Mittel zeitnah für die Erfüllung ihrer satzungsmäßigen Zwecke einsetzen (§ 55 Abs. 1 Nr. 5 AO) und z. B. auch keine Personen durch Ausgaben, die dem Zweck der Stiftung fremd sind, oder durch unverhältnismäßig hohe Vergütungen begünstigen (§ 55 Abs. 1 Nr. 3 AO).

Hieraus und aus dem Gebot der satzungsmäßigen Mittelverwendung (§ 55 Abs. 1 Nr. 1 AO) wird abgeleitet, dass die Ausgaben für die allgemeine Verwaltung der Körperschaft einen angemessenen Rahmen nicht übersteigen dürfen (AEAO Nr. 18 zu § 55 AO). In diesem Zusammenhang ist allgemein anerkannt, dass ein unangemessen hoher Verwaltungsaufwand die Gemeinnützigkeit der Körperschaft gefährden kann.

6 Es gibt allerdings keine gesetzliche Regelung über die angemessene Höhe der Verwaltungskosten – auch in der Abgabenordnung sind **weder absolute noch prozentuale Obergrenzen** für Verwaltungsaufwendungen verankert. Dies wurde vom BFH ausdrücklich bestätigt (vgl. BFH Urteil v. 18.12.2002, I R 60/01).

Der BFH hat in einer früheren Entscheidung für die Verwaltungsausgaben eine auf den ersten Blick großzügige Höchstgrenze von 50% der Einnahmen aufgezeigt.[3] Diese kann aber nach ganz h.M. nicht als allgemeine Orientierungsmarke dienen. Die Angemessenheit richtet sich jeweils nach dem Einzelfall[4] und liegt meist deutlich unter dieser Grenze. So wurde bspw. bei einer operativ tätigen Entwicklungshilfeorganisation ein Verwaltungskostenanteil von 35% vom Finanzamt moniert (vgl. Bsp. bei Hüttemann, Gemeinnützigkeits- und Spendenrecht, § 5 Rn. 31). Und dies, obwohl bei operativ tätigen Einrichtungen regelmäßig höhere Verwaltungskosten akzeptiert werden als bei rein fördernden Organisationen.[5] Generell gilt, dass das Ausgabeverhalten der Körperschaft im Einzelfall angemessen, d. h. wirtschaftlich sinnvoll sein muss. Dass dies zutrifft, muss die Körperschaft nachweisen.[6]

7 **Praxistipp:**

Eine im Verhältnis zur gemeinnützigen Mittelverwendung zu hohe Verwaltungskostenquote kann den Status der Gemeinnützigkeit gefährden, darüber hinaus das Vertrauen der Zuwendungsgeber erschüttern. Eine Verwaltungskostenquote von über 50% ist unbedingt zu vermeiden; ist die gGmbH nur fördernd tätig, sollte die Quote 30% nicht überschreiten.

B. Gemeinnützige Mittelverwendung

I. Gemeinnützigkeits-Voraussetzungen

8 Die durch das Gemeinnützigkeitsrecht vermittelten Steuervergünstigungen knüpfen an die Erfüllung folgender Grundsätze in der laufenden Tätigkeit der gGmbH an:

- Selbstlosigkeit, d. h. dass die Körperschaft nicht in erster Linie eigenwirtschaftliche Zwecke verfolgt, § 55 Abs. 1 AO.
- Gebot der zeitnahen gemeinnützigen Mittelverwendung, § 55 Abs. 1 S. 1 Nr. 1-5, Abs. 2 und 3 AO.
- Ausschließlichkeit, d. h. dass die Körperschaft vollumfänglich ihre satzungsmäßigen, steuerbegünstigten Zwecke erfüllt. Keine partielle Gemeinnützigkeit,§ 56 AO.
- Unmittelbarkeit, d. h. dass die Körperschaft ihre Zwecke selbst erfüllt. Voraussetzung ist somit eigenes Handeln der Körperschaft, § 57 Abs. 1 S. 1 AO).

Es reicht nicht aus, zum Zwecke der Erlangung der Gemeinnützigkeit in der Satzung diese Grundsätze aufzunehmen – die Erfüllung dieser elementaren Voraussetzungen wird durch die Finanzbehörden laufend überwacht. Die damit verbundene Kontrollfunktion ist eine wichtige Grundlage, um die Basis gemeinnützigen Engagements zu erhalten und die Steuervergünstigungen zu rechtfertigen. Zu den Gründen zählen vor allem:

- das Vertrauen der Öffentlichkeit und der Spender in die Zuverlässigkeit der gemeinnützigen Körperschaften

3 BFH BStBl. 2000, 320, 324
4 Vgl. auch Mecking 8.6.1 mwN.
5 Vgl. Schauhoff/Schauhoff, Hdb. Gemeinnützigkeit, § 3 Rn. 104
6 Tipke/Kruse § 55 AO Rz. 8.

- der Erhalt der Leistungsfähigkeit gemeinnütziger Einrichtungen
- die langfristige Erfüllung der gemeinnützigen Zwecke
- die Stärkung des bürgerschaftlichen und ehrenamtlichen Engagements durch hohe Reputation

1. Ausschließlichkeit

Die Tätigkeit der Körperschaft muss ausschließlich auf die Verfolgung gemeinnütziger Zwecke gerichtet sein. Es ist daher nicht möglich, die Betätigung der Körperschaft im Rahmen der Mittelverwendung, d. h. im ideellen Bereich in einen gemeinnützigen und einen sonst fremdnützigen Bereich aufzuspalten. 9

Neben der steuerbegünstigten Tätigkeit darf die Körperschaft keine nicht-steuerbegünstigten Tätigkeiten verfolgen. Zulässig ist dies nur, sofern sich diese als Nebenzweck dem begünstigten Hauptzweck unterordnen.

Um die Gemeinnützigkeit für die Körperschaft nicht zu gefährden, ist bei der Verfolgung von Nebenzwecken hinsichtlich des Umfangs Vorsicht geboten, da bei Überschreiten des zulässigen Umfangs der Grundsatz der Ausschließlichkeit verletzt wird, (vgl. AEAO Nr. 12 zu § 52).

Ein typisches Beispiel für einen Nebenzweck ist die Pflege der Geselligkeit[7] (dies kommt vor allem bei Vereinen vor, ist aber auch bei der gGmbH in Gestalt von Betriebsfeiern denkbar). Die Durchführung geselliger Veranstaltungen ist in § 58 Nr. 8 AO explizit als Ausnahmetatbestand zu § 56 AO geregelt.

Schwierig ist hierbei grundsätzlich die Abgrenzung, wann eine Betätigung im Verhältnis zum begünstigten Hauptzweck von untergeordneter Bedeutung ist. Finanzverwaltung und Gesetzgeber schweigen hierzu. In der Literatur findet sich die Faustregel, dass nicht mehr als 10 v.H. der Aktivitäten[8] oder 10 v.H. des finanziellen Aufwands[9] auf solche Veranstaltungen entfallen dürfen.

Eine weitere Abgrenzung muss im Rahmen der Ausschließlichkeit getroffen werden, und zwar zwischen folgenden zwei Bereichen: 10

- dem steuerpflichtigen wirtschaftlichen Geschäftsbetrieb
- der per se zulässigen und damit steuerunschädlichen Vermögensverwaltung

Der BFH hat zur Vermögensverwaltung eindeutig Stellung genommen: Die Vermögensverwaltung bildet keinen selbständigen Zweck, sondern ist lediglich Mittel zur Erzielung von Erträgen, um die gemeinnützigen Zwecke zu erfüllen[10]. Der Grundsatz der Ausschließlichkeit wird durch eine im Einklang mit den Grundsätzen der Selbstlosigkeit ausgeübte Vermögensverwaltung nicht verletzt, denn diese bildet einen steuerunschädlichen Nebenzweck.[11]

Der wirtschaftliche Geschäftsbetrieb, dessen Voraussetzungen in § 14 AO geregelt sind, bildet in gewisser Weise eine Ausnahme zu dem Gebot der Ausschließlichkeit. Nach § 64 AO verliert die Körperschaft für jene Besteuerungsgrundlagen, die dem wirtschaftlichen Geschäftsbetrieb zuzuordnen sind, die Steuervergünstigung – sie verliert insoweit aber nicht den Status der Gemeinnützigkeit für ihre sonstige steuerbegünstigte Tätigkeit.

Zur steuerlichen Abgrenzung zwischen Vermögensverwaltung und wirtschaftlichen Geschäftsbetrieb vgl. im Einzelnen in § 7.

7 Vgl. BFH v. 11.03.1999, BStBl. 1999 II, S. 331.
8 So der Vorschlag von Hüttemann, Gemeinnützigkeits- und Spendenrecht § 4 Rn. 29.
9 So der Vorschlag von Schauhoff, Hab. Gemeinnützigkeit § 9 Rn. 4 und 16.
10 BFH Urteil vom 23.10.1991 - IR 19/91 Haufe-Index 63878, BStBI II 92, 62, BFHE 165, 484, BB 1992, 842, DB 1992, 186. DStR 92, 392 HFR 92, 161, StE 92,9.
11 Augsten, Steuerrecht in Nonprofit Organisationen, S. 22; BFH v. 23.10.1991, BStBl. 1992 II S. 62.

11 Ein Verstoß gegen das Ausschließlichkeitsgebot liegt aber vor, wenn Mittel aus dem ideellen Bereich genutzt werden sollen, um Verluste des wirtschaftlichen Geschäftsbetriebes zu kompensieren. Ein Verlust eines wirtschaftlichen Geschäftsbetriebes liegt wegen § 64 Abs. 2 AO ohnehin nur vor, wenn der Saldo aller wirtschaftlichen Geschäftsbetriebe einer gGmbH negativ ist. Verbleibt hiernach ein Verlust, soll aber dennoch kein Verstoß gegen das Gemeinnützigkeitsrecht vorliegen, wenn dem ideellen Bereich in den sechs vorangegangenen Jahren Gewinne in gleicher Höhe durch die wirtschaftlichen Geschäftsbetriebe zugeführt worden sind.[12]

Darüber hinaus soll ein Verlust für die Gemeinnützigkeit unschädlich sein, wenn er ausschließlich auf der anteiligen Berücksichtigung von Abschreibungen für Wirtschaftsgüter beruht, die sowohl für den ideellen als auch für den nicht steuerbegünstigten Bereich der gGmbH genutzt werden. Voraussetzung hierfür ist aber[13], dass

- die Wirtschaftsgüter nur zur besseren Kapazitätsausnutzung auch vom wirtschaftlichen Geschäftsbetrieb genutzt werden und grundsätzlich lediglich für den ideellen Bereich angeschafft wurden
- die gGmbH für die Leistungen des wirtschaftlichen Geschäftsbetriebes marktübliche Preise verlangt
- der steuerpflichtige Geschäftsbetrieb keinen eigenständigen Sektor eines Gebäudes bildet (z. B. Sporthalle mit Schankwirtschaft).

Schließlich sind Verluste dann unschädlich für die Gemeinnützigkeit, wenn sie innerhalb von 12 Monaten nach Ende des Wirtschaftsjahres, in dem sie entstanden sind, durch Einlagen der Gesellschafter in die gGmbH oder durch anderweitige Zuführung zum ideellen Bereich (insbesondere Gewinne des wirtschaftlichen Geschäftsbetriebes) wieder ausgeglichen werden.

2. Selbstlosigkeit

12 Die Körperschaft darf mit ihrer Tätigkeit nicht in erster Linie eigenwirtschaftliche Zwecke verfolgen, § 55 Abs. 1 AO. Als Konsequenz hieraus müssen die Organe sicherstellen, dass im Rahmen des laufenden Geschäftsbetriebes der gGmbH folgende Grundsätze beachtet werden:

- Mittel nur für die satzungsmäßigen Zwecke zu verwenden (Nr. 1)

  Für die gGmbH bedeutet dies, keine Gewinnanteile oder sonstige Zuwendungen an die Gesellschafter auszuschütten.
- bei Auflösung, Aufhebung oder Ausscheiden aus der Körperschaft erhalten die Gesellschafter nur die eingezahlten Kapitalanteile bzw. den gemeinen Wert ihrer Sacheinlage zurück (Nr. 2)

  Alle darüber hinausgehenden Vermögenswerte unterliegen der satzungsmäßigen Vermögensbindung, vgl. dazu Nr. 4
- keine Begünstigung von Personen durch unverhältnismäßig hohe Vergütungen (Nr. 3)

  Dies betrifft bei der gGmbH vor allem Geschäftsführergehälter und Aufwandsentschädigungen für Beiratsmitglieder und ist im Rahmen der Angemessenheit der Verwaltungskosten zu berücksichtigen
- Grundsatz der Vermögensbindung, d. h. das nach Nr. 2 übersteigende Vermögen der Gesellschaft muss nach Wegfall des Zwecks oder Beendigung der Körperschaft steuerbegünstigten Zwecken bzw. anderen steuerbegünstigten Körperschaften zufließen (Nr. 4)

12 BMF vom 19.10.1998, siehe Anhang.
13 BMF aaO.

- Grundsatz der zeitnahen Mittelverwendung für die satzungsmäßigen Zwecke, d. h. Verbot der längeren Ansammlung von Mitteln (Nr. 5)

Zu § 55 AO existieren ausführliche Regelungenin in der AEAO. Diese sind entsprechend zu berücksichtigen. Das Begünstigungsverbot für Gesellschafter ist auch bei vGA nicht berücksichtigt. Insoweit verweisen wir auf die Ausführung in § 7.

Ausschüttungen an gemeinnützige Träger sind nach § 58 Nr. 2 AO zulässig, wenn sie „zur Verwendung zu steuerbegünstigten Zwecken" zugewandt werden. Die Finanzverwaltung fordert bei ordentlichen Gewinnausschüttungen, die im Gesellschaftsvertrag vorgesehen sind, bereits in dem Vertrag eine „Verwendungsauflage".[14]

3. Zeitnahe Mittelverwendung

Der Grundsatz der zeitnahen Mittelverwendung ist in der laufenden Geschäftstätigkeit gemeinnütziger Organisationen von wesentlicher Bedeutung und daher näher zu definieren. 13

Die gesetzliche Regelung in § 55 Abs. 1 Nr. 5 AO enthält einige Anhaltpunkte dazu, was unter zeitnaher Mittelverwendung zu verstehen ist:

- Zeitnahe Verwendung ist gemäß S. 3 gegeben, „wenn die Mittel spätestens in dem **auf den Zufluss folgenden Kalender- oder Wirtschaftsjahr** für die steuerbegünstigten satzungsmäßigen Zwecke verwendet werden".
- „Verwendung der Mittel für die Anschaffung oder Herstellung von **Vermögensgegenständen,** die satzungsmäßigen Zwecke **dienen"** genügt nach S. 2 ebenfalls den Anforderungen.

Damit bleiben der Körperschaft im Ergebnis maximal zwei Jahre Zeit, um die ihr zugeflossenen Mittel zu verwenden, außer sie führt sie einer Rücklage zu (dazu unten). Die in dieser Zeitspanne vorrätigen Mittel sind im Rahmen der Rechnungslegung als **Mittelvortrag** auszuweisen.

Bezüglich der Verwendung von Mitteln einer gGmbH für die Kapitalausstattung einer Tochtergesellschaft oder einer Stiftung hat sich die OFD Chemnitz in einem Schreiben geäußert.[15] Danach stellt sich die Anschaffung einer Beteiligung grundsätzlich als Vermögensumschichtung dar. Ob diese gemeinnützigkeitsrechtlich unbedenklich ist, beurteilt sich beim Einsatz zeitnah zu verwendender Mittel nach dem konkreten Sachverhalt: 14

- Ist die Tochterkapitalgesellschaft selbst steuerbegünstigt, so liegt kein Verstoß gegen das Gebot der zeitnahen Mittelverwendung vor, wenn die Mittel für deren steuerbegünstigte Zwecke eingesetzt werden.
- Ist die Tochterkapitalgesellschaft nicht steuerbegünstigt, liegt ein Verstoß gegen das Gebot der zeitnahen Mittelverwendung vor.
- Bei Zuführung zu einer Stiftung verlassen die Mittel den Vermögensbereich der gGmbH. Daher soll dies nur zulässig sein, wenn die Stiftung
  - selbst gemeinnützig ist und
  - die Mittel ihrerseits zeitnah verwendet (§ 58 Nr. 1 und 2 AO).

14 Jost in D/J/P/W KStG § 5 Abs. 1 Nr. 9 Rz. 321.
15 OFD Chemnitz vom 11.3.2004; siehe auch Bayer. Landesamt f. Steuern Vfg. vom 2.11.2010, DStR 2010, 2518, siehe § 8 Rz. 12.

II. Anforderungen an die tatsächliche Geschäftsführung

1. Materielle Satzungsmäßigkeit

15 Grundlage der Gewährung der Steuervergünstigung ist (neben der satzungsmäßigen Verankerung dieser Prinzipien im Gesellschaftsvertrag der gGmbH), **dass die tatsächliche Geschäftsführung** diesen Anforderungen entspricht, d. h. **auf die ausschließliche und unmittelbare Erfüllung der steuerbegünstigten Zwecke ausgerichtet ist**.

Die Geschäftsführung muss gemäß § 63 AO die in der konkreten Satzung bestimmten Zwecke auch tatsächlich verfolgen, sog. **materielle Satzungsmäßigkeit**. Es genügt insbesondere nicht, wenn die Körperschaft einen anderen steuerbegünstigten Zweck im Sinne der §§ 52 ff. AO verfolgt, wenn dieser nicht der Satzung entspricht. Dieser Satzungsformalismus dient in erster Linie der besseren Kontrolle der gemeinnützigen Körperschaften durch die Finanzverwaltung.[16]

Praktische Konsequenz dessen ist, dass bei der Formulierung der Satzung die Zwecke nicht zu eng gefasst werden sollten[17], da dies die spätere Geschäftsführung in negativer Weise einschränken und auch die Gemeinnützigkeit gefährden kann.

2. Rechtsfolge von Verstößen gegen Satzungsbestimmungen

16 Ein Verstoß gegen die materielle Satzungsmäßigkeit bedeutet nicht zwangsläufig den endgültigen Entzug der Gemeinnützigkeit.

Wird im Rahmen der laufenden Geschäftsführung eine **an sich steuerbegünstigte Tätigkeit** ausgeübt, die aber nicht in der Satzung verankert ist, dann entfällt in der Konsequenz die Steuerbegünstigung der Gesellschaft für den Zeitraum, in dem von der materiellen Satzungsmäßigkeit abgewichen wird.

Die Körperschaft erlangt ihre Steuerbegünstigung wieder, sobald sie die nicht satzungskonforme Tätigkeit aufgegeben hat oder eine wirksame Änderung ihrer Satzung in Bezug auf die zu verfolgenden Zwecke herbeigeführt hat.

Um die Steuervergünstigungen zu erlangen oder zu behalten muss die Körperschaft während des **gesamten Veranlagungszeitraums** den Anforderungen der §§ 60, 63 AO genügen.[18]

Hinweis:

Von § 63 AO werden nur Verstöße gegen Satzungsbestimmungen erfasst, die Voraussetzung für die Erlangung von Steuervergünstigungen sind. Werden dagegen andere Regelungen im Gesellschaftsvertrag verletzt z. B. allgemeine Geschäftsführerpflichten oder wird gegen Zustimmungsvorbehalte verstoßen, hat dies keinen Einfluss auf die materielle Satzungsmäßigkeit und damit auch nicht auf die Gemeinnützigkeit der Gesellschaft.

Somit werden insbesondere Verstöße gegen den Grundsatz der ordentlichen und gewissenhaften Geschäftsführung vorrangig auf gesellschaftsrechtlicher Ebene sanktioniert.

16 So auch Tipke in Tipke/Kruse § 63 AO Rn. 1.
17 Vgl. auch Pöllath/Richter in Seifart/v. Camperhausen, Handbuch Stiftungsrecht, § 43 Rn. 87.
18 Relevanter Betrachtungszeitraum ist jeweils das Kalenderjahr, so dass bei einer unterjährigen Änderung der tatsächlichen Geschäftsführung die Steuervergünstigung erst wieder ab dem folgenden Veranlagungszeitraum gewährt wird, vgl. auch Buchna, Gemeinnützigkeit, S. 230.

3. Zuwendungsbestätigungen

Eine besondere Pflicht des Geschäftsführers einer gemeinnützigen GmbH ist die ordnungsgemäße Ausstellung von Zuwendungsbestätigungen. Dieser Teilbereich der Verantwortlichkeit im Rahmen der Geschäftsführung sollte nicht unterschätzt oder vernachlässigt werden, da Verstöße mit nicht unerheblichen Haftungsfolgen verbunden sind (siehe hierzu § 7 Rz. 30 ff.) 17

Neben der Haftung des Geschäftsführers und einer Nachversteuerung durch die Gesellschaft haben falsche Zuwendungsbestätigungen aber noch eine andere Dimension: Der Körperschaft wird gegebenenfalls insgesamt die Gemeinnützigkeit versagt.[19]

Im Einzelfall wird zu differenzieren sein: Ausstellen von falschen Zuwendungsbestätigungen in Gestalt von „Gefälligkeitsbescheinigungen" stellt einen Verstoß gegen Gemeinnützigkeitsrecht dar und führt zu einer Versagung der Steuervergünstigung der Körperschaft. Dagegen wäre eine Versagung der Steuervergünstigung bei geringeren, insbesondere nicht beabsichtigten Verstößen unverhältnismäßig. Man wird insoweit von einem Bagatellvorbehalt ausgehen müssen.

4. Aufzeichnungspflichten

Die gemeinnützige GmbH unterliegt als Kapitalgesellschaft den für alle GmbHs geltenden Rechnungslegungs- und Bilanzierungsgrundsätzen (vgl. hierzu in § 6). 18

Darüber hinaus ergeben sich Dokumentationspflichten aufgrund der Gemeinnützigkeit. Diese dienen dem Nachweis, dass die tatsächliche Geschäftsführung den Satzungsbestimmungen sowie den Regelungen der Abgabenordnung entspricht. Die gGmbH muss dokumentieren, dass sie die ihr zur Verfügung stehenden Mittel zeitnah für die satzungsmäßigen Zwecke verwendet hat.

Verwendet die gGmbH ihre Mittel nicht sofort im Jahr des Zuflusses, sondern stellt sie diese in eine Rücklage ein oder bildet sie einen Mittelvortrag, kann sie sich nicht auf die Erstellung eines Jahresabschlusses mit Bilanz und Gewinn- und Verlustrechnung (GuV) beschränken, sondern muss zusätzlich eine **Mittelverwendungsrechnung**, d. h. eine Nebenrechnung zur Bilanz, erstellen, vgl. AEAO Nr. 27 zu § 55 AO.

Mit der Mittelverwendungsrechnung soll zweifelsfrei dokumentiert werden, welche Mittel noch nicht verwendet wurden und damit in den folgenden Jahren für die Zweckverwirklichung zur Verfügung stehen. Zeitnahe Mittelverwendung setzt dabei voraus, dass die zugeflossenen Mittel spätestens im Laufe des auf die Vereinnahmung der Mittel folgenden Kalender- oder Wirtschaftsjahres für die satzungsmäßigen Zwecke verwendet werden (AEAO Nr. 27 zu § 55 AO).

Es gibt kein von der Finanzverwaltung vorgegebenes Schema oder Muster für eine solche Mittelverwendungsrechnung. Im Schrifttum haben sich zwei Grundschemata durchgesetzt. Ein auf dem Zu- und Abflussprinzip basierendes, aber bilanzielle Größen abbildendes[20] bzw. ein lediglich auf bilanziellen Größen basierendes Schema der Mittelverwendungsrechnung[21]. 19

Die von *Buchna* gewählte Mittelverwendungsrechnung ermittelt zunächst den Gesamtbetrag der zur Verfügung stehenden Mittel (als bilanzielle Größe) aus:

immateriellen Wirtschaftsgütern	(gesamt)	davon steuerbegünstigt gebunden
+ Sachanlagevermögen	(gesamt)	– „ –
+ Vorräte	(gesamt)	– „ –

19 AEAO Nr. 2 zu § 63 AO, Anhang 1; OFD Frankfurt v. 12.08.1992, DB 1992, 2009; BFH v. 3.12.1996, BStBl. II 1997, 474; Buchna, Gemeinnützigkeit, S. 230; a.A. Pöllath/Richter in Seifert, Hdb. Stiftungsrecht, § 43 Rn. 89.

20 Vgl. Thiel, DB 1992, 1900, 1907; Hoppen in Schauhoff Hab. Gemeinnützigkeit, § 18 Rn. 54.

21 Buchna, S. 149ff.

	= Summe I	= Zwischensumme 1
Finanzanlagen	(gesamt)	
+ Liquide Mittel	(gesamt)	
	= Summe II	
kurzfristige Forderungen	(soweit vergleichbare Verbindlichkeiten bestehen)	
+ übrige Forderungen	(soweit vergleichbare Verbindlichkeiten bestehen)	
	= Summe III	

Die insgesamt verfügbaren Mittel ergeben sich aus der Addition von Summe I, II und III. *Buchna* will nur Forderungen erfassen, soweit ihnen Verbindlichkeiten mit vergleichbarer Laufzeit gegenüberstehen. Damit versucht er dem Problem zu entgehen, das der bilanziellen Darstellung der Mittelverwendung anhaftet. Denn Forderungen stellen grundsätzlich noch keine Mittel dar, die verwendbar sind, da sie noch nicht zugeflossen sind.

Die eigentliche Mittelverwendungsrechnung bei Buchna stellt sich dann wie folgt dar:

Gesamtbetrag der Mittel
./. Zwischensumme I (=bereits für gemeinnützige Zwecke eingesetztes Vermögen)
./. Verbindlichkeiten
./. Rückstellungen
./. Wirtschaftsgüter der zulässigen Vermögensverwaltung (Buchwert)
./. Wirtschaftsgüter der stpfl. wirtschaftlichen Geschäftsbetriebe (Buchwert)
./. Zulässige Bildung von Rücklagen
= Verwendungsrückstand wenn >0
= Verwendungsüberhang wenn <0

Die Darstellung vermag den Kompromiss zwischen bilanzieller Darstellung und Zu- und Abflussprinzip zu vermitteln. Bilanzielle Größen sind für die Frage der zeitnahen Mittelverwendung alleine nicht tauglich und bedürfen daher der Anpassung. Zu beachten ist aber, dass sämtliche Vermögensgegenstände einer steuerbegünstigten Körperschaft vom Grundsatz her unter den Begriff der Mittel i.S. d. § 55 AO fallen und somit darzustellen sind, so dass eine rein auf Zu- und Abgängen basierende Mittelverwendungsrechnung für Gemeinnützigkeitszwecke nicht tauglich ist.

III. Bildung von Rücklagen

20 Die Bildung von Rücklagen ist ein zentrales Thema im Rahmen der laufenden Geschäftsführung. Der Begriff der Rücklagen ist dabei abweichend vom handelsrechtlichen Begriff nach § 266 Abs. 3 A II und III HGB zu verstehen. Er umschreibt hier Mittel, die dem Gebot der zeitnahen Mittelverwendung entzogen sind.[22]

Schon im Rahmen der Gründung kann es zur Bildung von Rücklagen kommen, etwa wenn das Stammkapital der Gesellschaft auf die Mindesthöhe von 25.000 Euro beschränkt bleibt, das übrige Vermögen in eine Rücklage eingestellt wird und damit künftig für Investitionen oder zur Mittelverwendung zur Verfügung stehen soll.

22 Ullrich S. 333.

Aus gemeinnützigkeitsrechtlicher Sicht bildet die Möglichkeit zur Bildung von Rücklagen eine gesetzlich verankerte Ausnahme zum Grundsatz der zeitnahen Mittelverwendung und dem Gebot der Ausschließlichkeit.

Werden Rücklagen gebildet, ist genau zu dokumentieren, aus welchem Anlass und für welche Zwecke dies erfolgt und es ist eine genaue Zuordnung in einer Nebenrechnung zur Bilanz oder in der Bilanz selbst vorzunehmen.

Keine Rücklage im eigentlichen Sinne ist die mit § 58 Nr. 11 AO eröffnete Möglichkeit, dass die Kör- 21
perschaft bestimmte Mittel ihrem **Vermögen zuführen** kann, da diese Mittel nicht der Pflicht zur zeitnahen Mittelverwendung nach § 55 Abs. 1 Nr. 5 AO unterliegen. Dazu zählen zum Beispiel Gewinne aus Vermögensumschichtungen.

Bei dem relevanten Vermögen handelt es sich um Vermögen, das zur Einkommenserzielung dient. Hiervon ist die Verwendung als nutzungsgebundenes Vermögen zu unterscheiden, das unmittelbar der Erfüllung der satzungsmäßigen Zwecke dient.[23]

Nachfolgend wird eine Auswahl der bei einer gGmbH relevantesten Rücklagen und ihrer Voraussetzungen dargestellt. Eine vollständige Übersicht über die gemeinnützigkeitsrechtlich möglichen Rücklagen enthält der Katalog des § 58 AO, der in der AEAO erläutert wird (vgl. § 8 Rz. 4).

1. Projekt- und Betriebsmittelrücklagen.

Steuerunschädlich gem. § 58 Nr. 6 AO ist es, wenn eine Gesellschaft ihre Mittel ganz oder teilweise 22
einer Rücklage zuführt, mit der Zielsetzung, ihre satzungsmäßigen Zwecke nachhaltig erfüllen zu können.

Die Regelung zielt damit auf eine künftige Mittelverwendung für satzungsmäßige Zwecke ab. Diese Mittel dürfen nachträglich nicht dem Vermögen der Gesellschaft zugeführt werden.

§ 58 Nr. 6 AO umfasst zwei Arten von Rücklagen:

- Zweckgebundene Projektrücklagen für bestimmte künftige Vorhaben
- Betriebsmittelrücklagen für periodisch wiederkehrende (Betriebs-) Ausgaben

Von größerer praktischer Bedeutung ist die **Projektrücklage**. Sie ist erforderlich, um auf Projekte mit 23
größerem Finanzierungsbedarf „ansparen" zu können. Die Vorhaben müssen jedoch im Zeitpunkt der Bildung der Rücklage bereits absehbar sein und in einem überschaubaren zeitlichen Rahmen (je nach Art und Umfang des Vorhabens innerhalb von 3-5 Jahren, bei größeren Projekten auch darüber hinaus) umgesetzt werden. Wird das Projekt nicht umgesetzt, ist die Rücklage aufzulösen und die darin angesammelten Mittel sind zeitnah zu verwenden, unter Gewährung einer Übergangsfrist.[24]

Die Bildung von Projektrücklagen ist auch zulässig für die Verwendung im Rahmen eines Zweckbetriebes.[25]

Betriebsmittelrücklagen für regelmäßig wiederkehrende Ausgaben, darunter z. B. auch für Löhne 24
und Mietzahlungen, dürfen nicht generell für sämtliche anfallenden Kosten eines Geschäftsjahres gebildet werden, zumal aufgrund der gesetzlichen Mittelverwendungsfrist bereits ein Mittelvortrag möglich ist. Relevant ist diese Rücklage daher vor allem für Körperschaften mit sehr schwankenden Erträgen, d. h. insbesondere solche, die auf Spenden angewiesen sind.

23 Vgl. hierzu Hüttemann, Gemeinnützigkeits- und Spendenrecht § 5 Rn. 143.
24 Vgl. Hüttemann, Gemeinnützigkeits- und Spendenrecht § 5 Rn. 112: Übergangsfrist analog § 63 Nr. 4 AO.
25 Tipke in Tipke/Kruse, § 58 Rn. 7.

2. Freie Rücklagen

25 Gemeinnützige Körperschaften können gemäß § 58 Nr. 7 a) AO bis zu **ein Drittel des Überschusses der Einnahmen über die Unkosten der Vermögensverwaltung** und darüber hinaus 10% ihrer sonstigen zeitnah zu verwendenden Mittel einer freien Rücklage zuzuführen. Diese **freien Rücklagen** sind die bedeutendste Variante der im Rahmen der Abgabenordnung geregelten steuerunschädlichen Rücklagen.

Zweck der freien Rücklage ist es in erster Linie, die Leistungsfähigkeit der Körperschaft zu erhalten, z. B. als Schutz vor inflationsbedingter Entwertung des Vermögens. Über Mittel, die der freien Rücklage zugeführt wurden, kann die steuerbegünstigte Körperschaft – im Rahmen ihrer satzungsmäßigen Zwecke – grundsätzlich frei verfügen. Die freie Rücklage ist dabei zeitlich unbegrenzt und muss nicht aufgelöst werden. Die Körperschaft kann die Rücklage jedoch auflösen und die Mittel auch ihrem Vermögen zuführen (AEAO Nr. 15 zu § 58 Nr. 7), d. h. beispielsweise auch Investitionen tätigen.

Die Regelung trifft folgende Unterscheidung bezüglich der Mittelherkunft:

- aus Überschüssen der Vermögensverwaltung (Alt. 1)
- 10 Prozent der sonstigen zeitnah zu verwendenden Mittel (Alt. 2)

26 **§ 58 Nr. 7 a) Alt. 1 AO** ist vor allem relevant für die **Stiftungs-GmbH**, die ihre Erträge maßgeblich aus der Verwaltung ihres Vermögensstocks generiert. Bei der Berechnung der hierfür zulässigen Mittel sind nur die zeitnah zu verwendenden Einnahmen aus der Vermögensverwaltung zu berücksichtigten, d. h. zuvor sind als Unkosten alle Werbungskosten abzuziehen, die durch die Vermögensverwaltung veranlasst sind. Der Begriff der „Unkosten“ korrespondiert mit dem Begriff der „Werbungskosten“ bei steuerpflichtigen Rechtssubjekten, d. h. zu den „Unkosten“ zählen grundsätzlich jene Aufwendungen, die in unmittelbarem wirtschaftlichen Zusammenhang mit der Vermögensverwaltung stehen. Unabhängig davon zählen zu den Unkosten aber auch die allgemeinen Verwaltungskosten, einschließlich der Bezüge des geschäftsführenden Organs.[26]

27 **§ 58 Nr. 7 a, Alt. 2 AO** bezieht sich dagegen auf solche Körperschaften, die nicht über genügend Mittel aus Vermögensverwaltung verfügen und damit die Drittel-Grenze nicht ausfüllen können. Dies sind z. B. Gesellschaften, die einen Zweckbetrieb unterhalten.

Zu den sonstigen Mitteln der Alt. 2 gehören Spenden und sonstige Zuwendungen, aber auch Gewinne aus wirtschaftlichem Geschäftsbetrieb sowie aus Zweckbetrieben. In praktischer Hinsicht sind die Überschüsse aus der Vermögensverwaltung im Sinne der Alt. 1 gesondert zu erfassen und damit nicht mit in die Bemessungsgrundlage für die 10-Prozent-Rücklage der Alt. 2 einzubeziehen.

28 Mittel aus der freien Rücklage unterliegen nicht dem Gebot der <u>zeitnahen</u> Mittelverwendung. Das unterscheidet sie insbesondere von der projektgebundenen Rücklage. Gleichwohl können auch die Mittel, die in einem Jahr in die freie Rücklage eingestellt wurden, bereits im Folgejahr für satzungsmäßige Zwecke verwendet werden.

Im Ergebnis können die in die freien Rücklage eingestellten Mittel:

- endgültig dem Vermögen der Körperschaft zugeführt werden,
- für satzungsmäßige Zwecke verwendet werden, oder
- zur Förderung anderer gemeinnütziger Einrichtungen dienen (sog. **Endowment**, d. h. anderen Körperschaften Mittel als Gründungskapital/Dotationskapital zur Verfügung stellen).

26 Seifart/Orth, Handbuch Stiftungsrecht, § 37 Rn. 423

Bilanziell wird die freie Rücklage zunächst unter dem Eigenkapital geführt. Nach erfolgter Kapitalerhöhung wird der aus der Rücklage entnommene Betrag nicht mehr gesondert ausgewiesen.[27] 29

Gestaltungstipp:

Zur Erhaltung größerer Flexibilität erfolgt die Gründung der gGmbH mit einem Stammkapital von 25.000 Euro. Das restliche vorhandene Vermögen wird in eine freie Rücklage eingestellt, aus der es je nach Bedarf für gemeinnützige Zwecke oder zur Stärkung der Kapitalbasis der Gesellschaft eingesetzt werden kann.

Besondere Probleme bereitet die Bildung von Rücklagen im steuerpflichtigen wirtschaftlichen Geschäftsbetrieb. Grundsätzlich sind solche Rücklagen zulässig, müssen aber bei vernünftiger wirtschaftlicher Beurteilung notwendig sein und stets begründet werden. Der BFH hatte der gemeinnützigen Körperschaft insoweit sogar zugestanden, gegen das Gebot der zeitnahen Mittelverwendung darüber hinaus zu verstoßen, wenn Mittel aus wirtschaftlichen Geschäftsbetrieben nicht zeitnah verwandt, aber alsbald mit „Überlegungen" zu deren Verwendung begonnen werde.[28] Dem ist das BMF entgegengetreten, indem es solche Thesaurierungen nur im Rahmen vernünftiger kaufmännischer Beurteilungen erlaubt.[29] 30

3. Rücklage zum Erwerb von Gesellschafterrechten

Die Regelung des § 58 Nr. 7 b) AO erlaubt die Bildung einer Rücklage zum Zwecke des Erwerbs von Gesellschafterrechten zur Erhaltung der prozentualen Beteiligung an Kapitalgesellschaften. Es kommt hierbei nicht darauf an, ob es sich um eine wesentliche Beteiligung handelt oder nicht. 31

Im Gegensatz zur freien Rücklage gibt es bei dieser Variante der Rücklagenbildung keine Begrenzung hinsichtlich des Mittelumfangs: Die Körperschaft kann auch über mehrere Jahre hinweg ihre sämtlichen Mittel zu diesem Zweck verwenden.

Privilegiert ist allerdings nur die Mittelansammlung für die Erhaltung, nicht hingegen für den Neuerwerb oder die Aufstockung einer Beteiligung.

Es gibt allerdings eine **Korrelation zwischen § 58 Nr. 7 a) und b):** Die in die Rücklage nach Nr. 7b) eingestellten Beträge sind auf die freie Rücklage nach Nr. 7a) anzurechnen. In der Mittelverwendungsrechnung sind diese Rücklagen dementsprechend auch getrennt auszuweisen.

4. Sonstige Rücklagen (außerhalb der AO)

Außerhalb der freien Rücklage des § 58 Nr. 7 a), AO kann die steuerbegünstigte Körperschaft auch Rücklagen bilden, die zwar aus Mitteln der Vermögensverwaltung resultieren, aber von der Pflicht zur zeitnahen Mittelverwendung ausgenommen sind. 32

Systematisch gehören diese sonstigen Rücklagen nicht zum Bereich der Mittelverwendung, sondern zum Bereich der ***Mittelerzielung***, da sie für Erhaltungsmaßnahmen oder Reinvestitionen benötigt werden und daher der langfristigen Sicherung der Erträge dienen.[30] Sie sind in der Abgabenordnung nicht geregelt, aber von der Finanzverwaltung anerkannt und haben systematisch eine Nähe zu den zweckgebundenen Rücklagen nach § 58 Nr. 6 AO, d. h. jenen Mitteln, die für die Erfüllung steuerbe-

27 Hüttemann, Gemeinnützigkeits- und Spendenrecht § 5 Rz. 126.

28 BFH Urteil vom 15.7.1998, I R 156/94, BFH/NV 99, 244, Haufe Index 67325, BStBI II 02, 162, BFHE 186, 546, BB 98, 2295, DB 98, 2304, DStR 98, 1710, DStRE 98, 817, DSTZ 99, 344, HFR 89, 6, StE 98, 692.

29 BMF vom 15.2.2002, Siehe § 8 Rz. 7.

30 Vgl. Hüttemann, Gemeinnützigkeits- und Spendenrecht § 5 Rn. 132.

günstigter Satzungszwecke (Projektrücklage) angespart wurden. Im Gegensatz zur freien Rücklage muss der sonstigen Rücklage daher ein konkreter Bezugspunkt zugrundeliegen.

Beispiel:

Instandhaltungsrücklage

Körperschaften, die vorwiegend vermögensverwaltend tätig sind und über Immobilienvermögen verfügen, können unabhängig von § 58 AO „Rücklagen zur Durchführung von konkreten Reparatur- und Erhaltungsmaßnahmen an Vermögensgegenständen im Sinne des § 21 EStG" bilden (AEAO Nr. 3 zu § 55 AO). Diese sonstige Rücklage zielt somit ausschließlich auf Vermietungs- und Verpachtungsobjekte der Körperschaft ab. Erforderlich ist jedoch, im Zeitpunkt der Rücklagenbildung eine **konkrete** und **zeitnahe** Instandhaltungsmaßnahme in Aussicht gestellt ist, auf die angespart wird. So heißt es im o.g. Anwendungserlass weiter: „Die Maßnahmen, für deren Durchführung die Rücklage gebildet wird, müssen notwendig sein, um den ordnungsgemäßen Zustand des Vermögensgegenstandes zu erhalten oder wiederherzustellen und in einem angemessenen Zeitraum durchgeführt werden können (z. B. die Erneuerung eines undichten Daches)".

33 **Hinweis:**

Keine Rücklage zur Versorgung naher Angehöriger bei der Stiftungs-GmbH

Der Katalog der zulässigen Rücklagen enthält in § 58 Nr. 5 AO eine besondere Regelung für rechtsfähige und unselbständige Stiftungen.

Bei Errichtung einer Stiftung kann der Stifter in der Satzung vorsehen, dass bis zu einem Drittel der Überschüsse aus der Vermögensverwaltung zum Unterhalt des Stifters selbst oder naher Angehöriger steuerunschädlich verwendet werden kann.

Dem liegt der Gedanke zugrunde, dass sich der Stifter mit der Stiftungsgründung endgültig und unwiderruflich von einem Großteil seines Vermögens trennt.

In der Praxis wird diese Regelung sehr restriktiv gehandhabt und nur eine tatsächlich angemessene und erforderliche Unterstützung zugelassen. Voraussetzung ist daher, dass der Zuwendungsempfänger selbst nicht über sonstiges Vermögen verfügt, aus dem er seinen Lebensunterhalt bestreiten kann.

§ 58 Nr. 5 AO beinhaltet eine **rechtsformabhängige Sonderregelung**, die nur für steuerbegünstigte (rechtsfähige und nicht rechtsfähige!) Stiftungen, **nicht** aber für die **gGmbH** und damit im Ergebnis auch **nicht** für die gemeinnützige **Stiftungs-GmbH** zur Anwendung gelangt, selbst wenn diese aufgrund der konkreten Satzungsgestaltung der Stiftung weitgehend angenähert wurde.

C. Haftung der Organmitglieder

I. Gesetzlicher Haftungstatbestand

34 Grundsätzlich sind alle Organmitglieder gegenüber der Gesellschaft verpflichtet, die ihnen kraft Gesetz oder Satzung obliegenden Aufgaben und Pflichten mit der Sorgfalt eines ordentlichen Sachwalters zu erfüllen.

Die zivilrechtliche Verantwortlichkeit des Geschäftsführers als gesetzlicher Vertreter der Gesellschaft resultiert aus § 43 Abs. 1 GmbHG. Darüber hinaus hat der Geschäftsführer die im Anstellungsvertrag vereinbarten Aufgaben pflichtgemäß zu erfüllen.

Entsteht der Gesellschaft infolge einer begangenen Pflichtverletzung des Geschäftsführers ein Schaden, dann haftet dieser der GmbH unmittelbar aus § 43 Abs. 2 GmbHG, aus positiver Vertragsverletzung des organschaftlichen Rechtsverhältnisses und zusätzlich aus der Verletzung des Anstellungsvertrages. Die Haftung ist grundsätzlich unbeschränkt und persönlich. Sie kann allerdings im Gesellschaftsvertrag oder auch im Anstellungsvertrag beschränkt werden.

Eine für die gGmbH relevante Pflichtverletzung ist z. B. die nicht satzungsmäßige Verwendung von Mitteln der Körperschaft, die zwingend gemeinnützigen Zwecken vorbehalten sind.

II. Unternehmerischer Ermessenspielraum

1. Business Judgement Rule

Ebenso wie den Geschäftsführern rein wirtschaftlich orientierter Unternehmen ist auch den Geschäftsführern gemeinnütziger Gesellschaften ein gerichtlich nicht überprüfbarer **Ermessensspielraum** im Rahmen ihrer Entscheidungen zur Verfolgung der Zwecke der Gesellschaft zuzubilligen. Diese sog. „**business judgement rule**" wird entsprechend § 93 Abs. 1 S. 2 AktG mittlerweile auch den Geschäftsleitern von Non-Profit-Organisationen eingeräumt.[31] 35

Unternehmerische Entscheidungen werden naturgemäß unter Unsicherheit getroffen und bergen damit stets ein gewisses **Risiko**. In der Konsequenz daraus ist das Verhalten der Geschäftsführung nicht aus einer ex post Betrachtung, d. h. wenn der Schaden bereits eingetreten ist, sondern aus der Perspektive ex ante zu beurteilen.

Eine Pflichtverletzung liegt damit nicht vor, wenn die Geschäftsleitung bei einer unternehmerischen Entscheidung auf der Grundlage angemessener Information vernünftigerweise annehmen durfte, zum Wohle der Gesellschaft zu handeln. Entscheidend ist somit, dass der Geschäftsführer für eine ausreichende **Informationsgrundlage** für seine Entscheidung gesorgt hat.

Ausgeschlossen ist ein Ermessensspielraum jedoch dann, wenn es um die Befolgung zwingender gesetzlicher Bestimmungen, der Vorgaben im Gesellschaftsvertrag oder der Beschlüsse der Gesellschafterversammlung bzw. des Beirats geht. Gleiches gilt auch für die Erfüllung organschaftlicher Treuepflichten. 36

Keine Haftung der Geschäftsführung begründet ein pflichtwidriges Handeln, das in **Ausübung einer Weisung oder eines Beschlusses der Gesellschafterversammlung** erfolgte.[32]

2. Haftungsmaßstab und Haftungsmilderung

Der Geschäftsführer einer gGmbH haftet grundsätzlich für jede Verletzung der Organpflichten, auch für leichteste Fahrlässigkeit. 37

Es gilt der aus § 276 BGB resultierende, objektive Haftungsmaßstab. Der Sorgfaltsmaßstab für den Geschäftsführer bemisst sich danach nach derjenigen Sorgfalt, die eine gewissenhafte und ihrer Aufgabe gewachsene Person bei der Ausübung der Organfunktion anzuwenden pflegt.

Der Umfang der Verantwortlichkeit richtet sich inhaltlich nach seinem Pflichtenkreis, der ihm gesetzlich und nach der Satzung auferlegt wurde. Sind mehrere Geschäftsführer wegen desselben Schadens haftbar, so stehen sie hierfür als Gesamtschuldner ein, § 43 Abs. 2 GmbHG.

---

31 Vgl. auch Ullrich S. 318.

32 BGH v. 29.3.1993, BGHZ 122, 333, 336.

38 Eine **Haftungsmilderung** in entsprechender Anwendung **arbeitsrechtlicher Grundsätze** kommt für Geschäftsführer einer gGmbH nicht in Betracht, da dies mit dem Sinn und Zweck der gesetzlichen Haftungsnorm des § 43 GmbHG in Widerspruch steht.

Die Bestellung und Anstellung eines Geschäftsführers erfolgt schließlich im Hinblick darauf, die mit der Leitung eines Unternehmens einhergehenden Anforderungen an eine Person zu übertragen, die die damit verbundenen Risiken beherrscht und Verantwortung für die zu treffenden Entscheidungen übernimmt.[33]

Aus denselben Erwägungen dürfte eine Haftungsmilderung wegen **ehrenamtlicher** Aufgabenwahrnehmung ausscheiden – zumal eine unentgeltliche Geschäftsführung bei der gGmbH eher die Ausnahme darstellen wird.

Die Rechtsprechung lehnte im Falle einer Genossenschaft eine Haftungsmilderung bei ehrenamtlicher Organtätigkeit ab, mit der zutreffenden Begründung, die ehrenamtliche Zugehörigkeit zum Vorstand entbinde nicht von der Verantwortung für Fehlentwicklungen bei der Wahrnehmung der Leitungsaufgabe.[34]

3. Durchsetzung von Regressansprüchen

Die **Durchsetzung von Haftungsansprüchen gegen den Geschäftsführer** bedarf bei der gGmbH des Beschlusses der Gesellschafterversammlung. Dieser Beschluss bildet die materiell-rechtliche Voraussetzung für die Geltendmachung der Ersatzansprüche, vgl. § 46 Nr. 8 GmbHG.

Lehnt die Gesellschafterversammlung die Geltendmachung der Ansprüche **treuwidrig** ab, können auch einzelne Gesellschafter den Regress gegen den Geschäftsführer im Wege der **actio pro socio** geltend machen.[35] Die actio pro socio ist eine Hilfszuständigkeit des Einzelgesellschafters, die nur in besonderen Konstellationen, d. h. insbesondere bei treuwidrigem Verhalten der Mehrheitsgesellschafter, zur Anwendung gelangt. Sie bildet jedoch keineswegs ein generell probates Mittel zur Durchbrechung von Mehrheitsbeschlüssen.

39 Wird dem Geschäftsführer von der Gesellschafterversammlung oder dem Beirat (je nach Satzungsregelung) **Entlastung** erteilt, dann führt dies bei der gGmbH zum Fortfall etwaiger Schadenersatzansprüche.

Der Entlastungsbeschluss ist von seiner Rechtsnatur eine einseitige organschaftliche Erklärung, durch die die Führung der Geschäfte gebilligt und auf Ersatzansprüche verzichtet wird.

Diese Verzichtswirkung entfaltet sich jedoch nur bezüglich solcher Ansprüche, die der Gesellschafterversammlung bzw. dem Beirat bekannt waren oder bei sorgfältiger Prüfung zumindest erkennbar gewesen wären.[36]

Regressansprüche gegen Geschäftsführer einer GmbH aus einer der vorgenannten Pflichtverletzungen **verjähren** gemäß der Sonderverjährungsfrist des § 43 Abs. 4 GmbHG in fünf Jahren nach Entstehung des Anspruchs.

III. Außenhaftung der Organe

40 Die Vertretungsorgane einer gGmbH haften nicht nur im Innenverhältnis gegenüber der Gesellschaft, sondern es existieren auch zahlreiche Außenhaftungstatbestände.

33 Vgl. auch BGH v. 5.12.1983, BGHZ 89, 153, 159 m.w.N.
34 BGH v. 1.12.2003, ZIP 2004, 407, 409.
35 str., vgl. K. Schmidt, Gesellschaftsrecht § 21 IV 6 m.w.N.
36 Vgl. BGH v. 1.12.2003, ZIP 2004, 407, 409 (zur Genossenschaft).

Dazu zählen vor allem:

- **Zivilrechtliche** Haftungstatbestände
  - z. B. nach § 179 BGB (Vertretung ohne Vertretungsmacht)
  - aus Deliktsrecht gem. § 823 Abs. 1 oder Abs. 2 BGB i.V. m. einem Schutzgesetz insbesondere wegen Nichtabführung von Beiträgen zur Sozialversicherung.
  - Haftung wegen Insolvenzverschleppung gem. § 15a Abs. 1, 4 InsO
- **Steuerliche** Haftungstatbestände
  - Haftung als gesetzlicher Vertreter nach § 69 AO
  - Spendenhaftung nach § 10 b Abs. 4 S. 2 EStG (verschuldensunabhängige Haftung für die Fehlverwendung von Spenden) – gehaftet wird für die entgangene Steuer, die unwiderlegbar mit 30% des zugewendeten Betrages angesetzt wird.

§ 5 Die gGmbH im Wandel

A. Satzungsänderungen

I. Grundsätze, allgemeine Satzungsänderungen

1 Bei der gGmbH sind Satzungsänderungen aufgrund von gesellschaftsinternen Beschlüssen grundsätzlich **zulässig** (anders als bei rechtsfähigen Stiftungen, bei denen Satzungsänderungen nur unter engen Voraussetzungen und mit Zustimmung der Stiftungsaufsicht erfolgen dürfen).

Satzungsänderungen bedürfen eines **Beschlusses der Gesellschafterversammlung** und – sofern sie als zustimmungspflichtige Geschäfte gemäß Gesellschaftsvertrag einem Vorbehalt unterliegen – auch der Zustimmung des fakultativen Beirats. Der Beschluss muss mit einer qualifizierten Mehrheit, d.h. mit Dreivierteln aller Gesellschafterstimmen, gefasst werden (§ 53 Abs. 2 S. 1 GmbH), wobei Vertretung zulässig ist. Die Verankerung eines Einstimmigkeitserfordernisses in der Satzung sollte nur in Ausnahmefällen erwogen werden.

Sofern die Änderung des Gesellschaftsvertrages keinen Einfluss auf den Status der Gemeinnützigkeit hat, insbesondere keine Änderung des Gesellschaftszweckes betrifft, erfolgt die Änderung ohne eine entsprechende Mitteilung an das zuständige Finanzamt.

Der Satzungsänderungsbeschluss bedarf der **notariellen Beurkundung**.

Die Satzungsänderung ist beim **Handelsregister** anzumelden und der Anmeldung ist der vollständige Wortlaut des **neuen Gesellschaftsvertrages beizufügen**. Die Eintragung hat konstitutive Wirkung (§ 54 Abs. 3 GmbHG), d.h. die neue Regelung wird erst mit Eintragung in das Handelsregister rechtswirksam.

Betrifft die Satzungsänderung die gemeinnützigen Zwecke oder andere Änderungen im Rahmen der Gemeinnützigkeit, ist vor Beschlussfassung eine **Unbedenklichkeitsbescheinigung des Finanzamtes** einzuholen.

Satzungsänderungen, die in Rechte der Gesellschafter eingreifen oder deren Pflichten ausweiten, bedürfen eines einstimmigen Beschlusses der Gesellschafterversammlung.

Formulierungsvorschlag

Satzungsänderungen

(1) Diese Satzung kann durch Beschluss der Gesellschafter mit einer Mehrheit von drei Vierteln aller Stimmen der Gesellschafter geändert werden.

(2) Beschlüsse über Satzungsänderungen können abweichend von §...... [Regelung über die Beschlussfassung im schriftlichen Umlaufverfahren] nur in der Gesellschafterversammlung gefasst werden. Die entsprechende Vorlage muss allen Gesellschaftern spätestens drei Wochen vor der Versammlung schriftlich zugegangen sein.

(3) Beschlüsse über Änderungen der §§ 2 und 3 (Zweck, Gemeinnützigkeit) dürfen erst ausgeführt werden, wenn das zuständige Finanzamt die gemeinnützigkeitsrechtliche Unbedenklichkeit bescheinigt hat.

II. Satzungsänderung zur Erlangung der Gemeinnützigkeit

Eine GmbH kann Ihre Satzung auch ändern, um den Status einer gemeinnützigen GmbH zu erlangen. Für diesen Fall ist nach unserer Auffassung ein einstimmiger Beschluss über die Satzungsänderung erforderlich. Der Grund hierfür liegt in dem mit dem Eintritt in die Gemeinnützigkeit verbundenen Entzug wesentlicher Mitgliedschaftsrechte der Gesellschafter. Die Gesellschafter sind ab dem Eintritt in die Gemeinnützigkeit nicht mehr an Wertsteigerungen der Anteile an der gGmbH beteiligt, da ihnen im Liquidationsfall nur der Wert der Einlage ersetzt werden darf. Weiterhin gehen sie mit Eintritt in die Gemeinnützigkeit ihrer Gewinnbezugsrechte verlustig, da die gemeinnützige GmbH keine Ausschüttungen an Gesellschafter vornehmen darf. 2

Satzungsänderungen, die einen Eintritt in die Gemeinnützigkeit bezwecken, sollten zum einen inhaltlich mit dem Finanzamt abgestimmt werden, zum anderen sollten sie zeitlich so ausgestaltet werden, dass der Eintritt in die Gemeinnützigkeit zum Beginn eines Geschäftsjahres erfolgt.

III. Satzungsänderungen zum Austritt aus der Gemeinnützigkeit

Satzungsänderungen im Hinblick auf Zweck und Gegenstand der gGmbH, die zu einem bewussten Verlust der Steuervergünstigung führen, dürften selten sein. Allerdings besteht der Vorteil der gGmbH gegenüber der Stiftung gerade darin, dass dieser Schritt grundsätzlich möglich ist. Allerdings sollte dies, da es quasi als „actus contrarius“ zum Eintritt in die Gemeinnützigkeit anzusehen ist, ebenfalls eines einstimmigen Beschlusses bedürfen. Diese Überlegung lässt sich aber nicht auf dieselben systemtragenden Grundsätze stützen wie die zum Eintritt in die Gemeinnützigkeit, da die Gesellschafter durch den Austritt grundsätzlich eher ein Mehr an Rechten erlangen. Das Problem liegt insoweit eher auf Ebene der Gesellschaft und dem Eingreifen etwaiger Nachversteuerungstatbestände. 3

Auch hier gilt, dass Satzungsänderungen im laufendem Geschäftsjahr zu einem Verlust der Gemeinnützigkeit für das gesamte Geschäftsjahr führen. Die zeitliche Planung dieses Schrittes ist daher wesentlich.

B. Verfügung über Geschäftsanteile

Die gesetzliche Grundlage für die Übertragung bzw. Abtretung von Geschäftsanteilen ist in § 15 GmbHG enthalten. Gesellschaftsanteile sind danach grundsätzlich veräußerlich. 4

Die Übertragung von Geschäftsanteilen erfolgt schuldrechtlich durch Kauf, Schenkung oder Treuhandvertrag; dinglich im Wege der Abtretung. Beides bedarf der notariellen Beurkundung, § 15 Abs. 3 und 4 GmbHG.

Einschränkungen hinsichtlich der Übertragung können der Gesellschaft bzw. den Gesellschaftern durch sog. Vinkulierungsklauseln im Gesellschaftsvertrag auferlegt werden. Die Abtretung der Geschäftsanteile kann z. B. an weitere Voraussetzungen, insbesondere gemäß § 15 Abs. 5 GmbHG an die Genehmigung der Gesellschaft, geknüpft werden. In der entsprechenden **Vinkulierungsklausel** sollte dann aber auch geregelt werden, ob der Geschäftsführer die Genehmigung erteilt oder hierfür ein Gesellschafterbeschluss erforderlich ist.

Bei gemeinnützigen GmbHs ist die Aufnahme einer Regelung bezüglich der Verfügung über Geschäftsanteile schon deshalb unverzichtbar, da nur so die Kontinuität der Gesellschaft und ihrer ideellen Prägung gewahrt werden kann. Insbesondere verhindern entsprechend ausgestaltete Vinkulierungsklauseln den unkontrollierten Eintritt Dritter in die Gesellschaft. 5

Der Zustimmung durch die Gesellschafterversammlung ist der Vorzug vor einer Genehmigung allein durch den Geschäftsführer zu geben. Hierbei sollte ein Mindestquorum einer Drei-Viertel-Mehrheit vorgesehen werden. Denkbar ist auch die Verankerung eines Einstimmigkeitserfordernisses. Dies birgt jedoch stets die Gefahr, dass auf notwendige und nicht vorhersehbare Veränderungen in der Gesellschaftsstruktur wegen fehlender Einigung unter den Gesellschaftern nicht angemessen reagiert werden kann.

Formulierungsvorschlag

Verfügungen über Geschäftsanteile

(1) Jede entgeltliche oder unentgeltliche Verfügung über Geschäftsanteile oder Ansprüche eines Gesellschafters gegen die Gesellschaft, insbesondere die Abtretung, Verpfändung oder Nießbrauchbestellung, bedarf zu ihrer Wirksamkeit der vorherigen Zustimmung der Gesellschaftsversammlung.

(2) Der Beschluss ist mit einer Mehrheit von 75% der abgegeben Stimmen zu fassen, wobei der betroffene Gesellschafter kein Stimmrecht hat.

Alternative zu (2): Der Beschluss muss einstimmig gefasst werden.

Für personalistisch geführte gGmbH ggf. zusätzlich:

Die vorstehende Regelung gilt nicht für Verfügungen zu Gunsten von Mitgesellschaftern, Ehegatten und leiblichen ehelichen Abkömmlingen von Gesellschaftern.

(3) Vor Abtretung von Geschäftsanteilen sind diese zunächst den übrigen Gesellschaftern schriftlich zum Kauf im Verhältnis zu ihrer Beteiligung anzubieten. Als Gegenleistung ist der Wert der Anteile zu zahlen, wie er sich aus der Abfindungsregelung dieser Satzung ergibt, Zug um Zug gegen Abtretung. Üben die Gesellschafter ihr Ankaufsrecht nicht aus, so haben sie der Anteilsveräußerung zuzustimmen, sofern nicht wichtige, in der Person des Käufers liegende Gründe entgegenstehen.

Hinweis

Sowohl ein Verkauf als auch die Abtretung von Gesellschaftsanteilen sollte für den scheidenden Gesellschafter nicht zu einem Zufluss führen, der höher ist als sein anteiliges Stammkapital. Andernfalls liegt unter Umständen ein Verstoß gegen Gemeinnützigkeitsrecht vor, der im Ernstfall zu einem rückwirkendem Wegfall der Steuervergünstigungen führen kann.[1]

6 Will ein Gesellschafter nur einen Teil seiner Beteiligung übertragen, ist zuvor die Teilung des Geschäftsanteils erforderlich.

Es ist möglich, in der Vinkulierungsklausel zur Übertragung des Geschäftsanteils bezüglich der Teilung und Zusammenlegung von einzelnen Geschäftsteilen auf die gesetzlichen Vorgaben in § 46 GmbHG zu verweisen. Vorzugswürdig ist es, eine entsprechende explizite Regelung bezüglich der erforderlichen Voraussetzungen in den Gesellschaftsvertrag mit aufzunehmen. Eine einfache Mehrheit reicht hierbei aus, da mit der Teilung und Zusammenlegung von Geschäftsanteilen an sich kein Wechsel der Gesellschafter einhergeht, sondern dies nur eine Vor- bzw. Nachbereitungsmaßnahme für die Übertragung von Geschäftsanteilen darstellt.

7 **Formulierungsvorschlag**

Teilung und Zusammenlegung von Geschäftsanteilen

(1) Über die Teilung von Geschäftsanteilen entscheidet die Gesellschafterversammlung mit einfacher Mehrheit der abgegebenen Stimmen.

1 BFH Beschluss v. 12.10.2010, I B 59/09, DB 2011, 92; vgl. dazu Weidmann/Kohlhepp DB 2011, 497.

(2) Für die Teilung von Geschäftsanteilen verstorbener Gesellschafter unter deren Erben ist eine Genehmigung der Gesellschaft nicht erforderlich.

(3) Über die Zusammenlegung von Geschäftsanteilen entscheidet die Gesellschafterversammlung mit einfacher Mehrheit der abgegebenen Stimmen. Sie ist nur zulässig, wenn der betroffene Gesellschafter schriftlich zustimmt, die Einlagen auf die Geschäftsanteile in voller Höhe geleistet sind, keine Nachschusspflicht besteht, die Geschäftsanteile die gleichen Rechte vermitteln und nicht unterschiedlich belastet sind.

(4) Die Geschäftsführung hat unverzüglich nach dem Wirksamwerden des Gesellschafterbeschlusses eine neue Gesellschafterliste zu erstellen und zum Handelsregister einzureichen.

Hinweis:

Es ist nach erfolgter Übertragung, aber auch bei Teilung oder Zusammenlegung unbedingt eine neue Gesellschafterliste beim Handelsregister einzureichen.

C. Erbfall und Nachfolge in die gGmbH

Im Gegensatz zur klassischen, d.h. eigennützig ausgerichteten GmbH liegt der Schwerpunkt bei der 8
Nachfolge in Geschäftsanteile der gGmbH weniger in vermögensrechtlichen Interessen als vielmehr in der Wahrung der Unternehmenskontinuität und der Fortführung der gemeinnützigen Zielsetzung.

Sofern eine juristische Person zu 100 % Anteile an der gGmbH hält, ist eine Nachfolgeregelung grundsätzlich nicht auf der Ebene der gGmbH, sondern auf Ebene der beteiligten juristischen Person zu treffen. Nicht selten werden Anteile an gGmbHs aber auch von natürlichen Personen gehalten. Hier sind Überlegungen in Bezug auf die Nachfolgesituation durchaus angebracht.

I. Rechtslage nach neuem GmbH-Recht

1. Vererblichkeit von GmbH-Anteilen

Der Grundsatz der freien Vererblichkeit von GmbH-Geschäftsanteilen ist in § 15 Abs. 1 GmbHG 9
verankert und dies ist im Rahmen der GmbH-Reform unverändert geblieben.

Die Vererblichkeit eines GmbH-Geschäftsanteils kann nicht durch eine Regelung im Gesellschaftsvertrag vollständig ausgeschlossen werden. Der Geschäftsanteil geht im Wege der Universalsukzession auf den gesetzlichen bzw. bei Vorhandensein einer letztwilligen Verfügung auf den oder die testamentarischen Erben des Gesellschafters über.

Eine Sondererbfolge wie bei Personengesellschaften gibt es bei der GmbH nicht. Gleiches gilt auch für die Unternehmergesellschaft. Anders als bei Anteilen von Personengesellschaften, die über Nachfolgeklauseln direkt einem bestimmten Nachfolger oder einem Kreis nachfolgeberechtigter Personen zugewiesen werden können, ist eine unmittelbare Steuerung der Nachfolge auf Ebene des Gesellschaftsvertrags bei der GmbH damit nicht möglich und daher der testamentarischen Regelung der Gesellschafter vorbehalten.

Lediglich indirekt über Einziehungs- und Abtretungsklauseln kann gesellschaftsvertraglich eine Steuerung in die von der Gesellschaft gewünschte Richtung erfolgen. Die Interessenlage der gGmbH ist hier vergleichbar mit der bei einer Veräußerung des Geschäftsanteils.

Hinweis:

Gemeinnützigkeitsrechtliche Auswirkungen hat die Vererbung der Geschäftsanteile einer gGmbH nicht. Die Vermögensbindung wird durch den Wechsel des Gesellschafters nicht berührt.

2. Testamentarische Regelung

10 Aufgrund der besonderen Interessenlage bei der gGmbH und der Tatsache, dass die Vererblichkeit der Geschäftsanteile nicht ausgeschlossen werden kann, ist eine flankierende testamentarische Regelung von besonderer Bedeutung.

Zum einen kann damit verhindert werden, dass ein gesetzlicher Erbe, der an den gemeinnützigen Aktivitäten der gGmbH kein Interesse hat, den Geschäftsanteil erbt. Zum anderen besteht die Möglichkeit, die Nachfolge durch mehrere natürliche Personen auszuschließen. Da bei der GmbH im Gegensatz zu den Personengesellschaften eine Sondererbfolge nicht stattfindet, können auch mehrere Erben einen GmbH-Geschäftsanteil in Erbengemeinschaft erben. Das ist besonders ungünstig, weil die Erben in der Erbengemeinschaft gebunden und ihre Gesellschafterrechte dementsprechend nur gemeinschaftlich ausüben können, vgl. § 18 Abs. 1 GmbHG.

Für diesen Fall sollte vorsorglich in den **Gesellschaftsvertrag** eine Regelung aufgenommen werden, wie die gemeinschaftliche Wahrnehmung der Gesellschafterrechte bei mehreren Erben erfolgen soll – sofern für diesen Fall kein generelles Einziehungsrecht der verbleibenden Gesellschafter gewollt ist oder diese das Recht nicht ausüben.

Formulierungsvorschlag:

Halten mehrere Erben oder Vermächtnisnehmer gemeinschaftlich einen Geschäftsanteil, sind sie verpflichtet, einen gemeinsamen Bevollmächtigten zu benennen und sich von diesem vertreten zu lassen. Die Gesellschafterrechte der Erben oder Vermächtnisnehmer ruhen, solange nicht durch schriftliche Erklärung gegenüber der Gesellschaft ein Bevollmächtigter benannt worden ist.

Gestaltungstipp:

Im Zweifelsfall ist es jedoch günstiger, in der letztwilligen Verfügung bereits eine konkrete Person zu benennen, die den Gesellschaftsanteil erbt oder die den Anteil im Wege des **Vermächtnisses** zugewandt bekommt. Auf diesem Wege ist es eher gewährleistet, dass ein geeigneter Nachfolger in die gGmbH eintritt, der möglichst ein Interesse an der Förderung der gemeinnützigen Tätigkeit der Gesellschaft hat. Eine vorausschauende Nachfolgeregelung vermeidet Konflikte mit den übrigen Gesellschaftern und auch die mit einer Erbengemeinschaft einhergehenden Streitanfälligkeit und mangelnden Flexibilität. Dies ist insbesondere dann zu empfehlen, wenn bei Ausscheiden eines Mehrheits- Gesellschafter-Geschäftsführers auch die Geschäftsführung durch den Erben besetzt werden soll. Die Zuwendung an einen Erben ist im Regelfall auch hinsichtlich eines Wertausgleichs der Erben untereinander unproblematisch, da aufgrund der Vermögensbindung in der gGmbH der Wert der Anteile auf den Einlagewert reduziert sein dürfte. Zur Sicherstellung sollte aber eine entsprechende Formulierung mit aufgenommen werden.

Formulierungsvorschlag für das Testament:

Mein Geschäftsanteil an der XY gGmbH geht auf meine Tochter A im Wege des Vermächtnisses [Alternativ, wenn keine Anrechnung auf den Erbanteil erfolgen soll: *im Wege des Vorausvermächtnisses*] über. Sollte sie das Vermächtnis nicht antreten können oder es ausschlagen, so soll der Geschäftsanteil als Vermächtnis auf die XY gemeinnützige Stiftung übergehen.

Ein Wertausgleich oder eine Anrechnung hinsichtlich der übertragenen Beteiligung soll zwischen meinen Abkömmlingen nicht stattfinden.

3. Bewertung von Geschäftsanteilen einer gGmbH im Nachlass

Da dem Erben aufgrund der gemeinnützigkeitsrechtlichen Vermögensbindung und dem Gebot der Mittelverwendung für gemeinnützige Zwecke aus der geerbten Gesellschaftsbeteiligung keine unmittelbaren Vermögensvorteile erwachsen, ist die Frage, wie ein solcher Geschäftsanteil im Rahmen der Auseinandersetzung zwischen Miterben und vor allem auch gegenüber pflichtteilsberechtigten Nichterben zu bewerten ist. Desweiteren kann auch von Bedeutung sein, wie dieser Anteil steuerlich im Rahmen der Bemessung der Erbschaftsteuer anzusetzen ist. 11

Enthält das Testament entweder eine Zuordnung des Geschäftsanteils im Rahmen einer Teilungsanordnung oder geht der Anteil im Wege des Vermächtnisses über, erfolgt unter den Miterben ein Wertausgleich entsprechend ihrer Erbquoten. Hierzu ist der Wert des Geschäftsanteils zu ermitteln.

Aufgrund der nur sehr eingeschränkten Verwertungsmöglichkeit der Geschäftsanteile ist maximal der Nennwert und nicht der Unternehmenswert (z. B. unter Berücksichtigung des Umsatzes) anzusetzen. Ganz zweifelsfrei ist diese Reduzierung nicht, da zumindest bei beherrschenden Gesellschaftern, unter Umgehung der Erbschaftsteuer und nur unter Belastung durch etwaige Nachversteuerungstatbestände, mit dem Vehikel der gGmbH Vermögenswerte in die nächste Generation transportiert werden können. Dem könnte aber im Rahmen der Missbrauchsbekämpfung nach § 42 AO beizukommen sein.

Grundlage für diesen Ansatz bilden die diesbezüglich im Erbschaft- und Schenkungsteuerrecht anzuwendenden Bewertungsgrundsätze. Die Bewertung von GmbH-Anteilen erfolgt nach der Reform des **Erbschaftsteuer- und Bewertungsrechts** gemäß § 11 Abs. 2 BewG n.F. grundsätzlich durch Ansatz des **gemeinen Wertes**.

Der gemeine Wert von Anteilen an gemeinnützige Gesellschaften ist im Rahmen der Bewertung jedoch abweichend zu ermitteln (vgl. R 108 ErbStR Abs. 1 S. 1 und 2): Geschäftsanteile einer gGmbH sind danach höchstens mit dem Nennwert anzusetzen. Von dem anzusetzenden Vermögenswert ist ein Abschlag von 30 v.H. zu machen. Ist die gGmbH auf Spenden und Zuschüsse angewiesen, kann sogar je nach Einzelfall ein höherer Abschlag gerechtfertigt sein.

Die Bewertung von Anteilen einer gGmbH außerhalb des Erbschaftsteuerrechts kann erhebliches Streitpotential beinhalten. So scheint der BFH den Wert nach dem Bewertungsrecht bemessen zu wollen, während das IDW den Substanzwert in Form eines Rekonstruktionswertes als maßgeblich ansieht.[2]

II. Gestaltungsempfehlungen

1. Vorweggenommene Erbfolge

Bei personenbezogenen gGmbHs ist die Nachfolge im Wege der vorweggenommene Erbfolge einer Vererbung erst mit dem Tode vorzuziehen. Die vorweggenommene Erbfolge erfolgt schuldrechtlich in der Regel durch Schenkung. Die schenkweise Übertragung bedarf bei GmbH-Anteilen zwingend der notariellen Beurkundung. 12

Dies führt zwar im Vergleich zur testamentarischen Nachfolge zu etwas höheren Kosten, bietet dafür aber den Vorteil, dass der ausscheidende Gesellschafter die Nachfolge in die gGmbH noch zu Lebzeiten begleiten und steuern kann.

2 siehe IDW S1 Rz. 152.

Erfolgte eine lebzeitige Übertragung des Anteils an einer gGmbH an einen Abkömmling, findet beim Erbfall des ausgeschiedenen Gesellschafters eine Ausgleichung unter Geschwistern nach § 2050 BGB nicht statt. Aufgrund des fehlenden Gewinnbezugsrechts ist der Anteil nicht als Ausstattung im Sinne des § 2050 Abs. 1 BGB und auch nicht als Zuschuss, der zur Erzielung von Einkünften im Sinne des § 2050 Abs. 2 BGB dient, zu behandeln.

2. Überführung in eine gemeinnützige Stiftung

a) Motivlage

13 Die Gründung einer gemeinnützigen Stiftung bedeutet, sich endgültig des einzubringenden Vermögens zu entäußern. Die dauerhafte Bindung resultiert dabei nicht in erster Linie aus dem gemeinnützigkeitsrechtlichen Grundsatz der Vermögensbindung, sondern aus dem stiftungsrechtlichen Grundsatz, dass der Stifter sich vollständig und dauerhaft von dem gestifteten Vermögen trennt.

Da der Stifter keine Vermögensrechte an der Stiftung zurückbehält, kann er die einmal getroffene Entscheidung der Stiftungsgründung nicht mehr revidieren. Dies gilt in dieser Absolutheit zumindest für die gemeinnützige Stiftung.Wegen dieser Endgültigkeit entscheiden sich viele potentielle Stifter zunächst für die Variante der gemeinnützigen GmbH. Im Vergleich zur Stiftung bietet sie folgende Vorteile:

- Beibehaltung einer für die Unternehmensführung geeigneten Rechtsform
- Möglichkeit der Auflösung der Vermögensbindung durch Gesellschaftsbeschluss (unter Inkaufnahme der steuerlichen Konsequenzen)
- Rückführung des Gesellschaftsvermögens an die Gesellschafter
- Änderung des Zweckes und dadurch Möglichkeit der Anpassung an veränderte Umstände
- Einflussnahme des Gesellschafters auf die laufende Geschäftstätigkeit (bei der Stiftung kann sich der Stifter aufgrund der strengen Satzungsbindung nur sehr eingeschränkt und nur über die Funktion als Vorstand gewissen Einfluss vorbehalten)
- Keine Pflicht zur Erhaltung des Gesellschaftsvermögens über das Stammkapital hinaus (vgl. zur Rücklagenbildung § 4 Rz. 20)

Nicht selten werden Satzungen dahingehend ausgestaltet, dass die vom Unternehmer zu seinen Lebzeiten für sich selbst beanspruchte Einflussmöglichkeit nach seinem Tod nicht auf die Nachfolger übergehen, sondern die eigenen Vorstellungen und Ziele sollen manifestiert werden. Teilweise steht auch ein geeigneter Nachfolger nicht zur Verfügung. In dieser Situation bietet es sich an, die Aktivitäten und Ziele der gGmbH in einer anderen Rechtsform fortzusetzen. Aufgrund ihrer Ewigkeitsgarantie bietet sich hierfür die rechtsfähige Stiftung an.

b) Lebzeitige Stiftungsgründung

14 Die Gründung einer rechtsfähigen Stiftung zu Lebzeiten hat viele Vorteile. Der Stifter kann sowohl den Gründungsprozess als auch die Entwicklung der Anlaufphase der Stiftung persönlich begleiten. Möchte der Stifter zu Lebzeiten nur die Stiftungserrichtung begleiten, ohne bereits wesentliches Vermögen einzubringen, besteht die Möglichkeit einer sog. **Anstiftung**. Die endgültige Vermögensausstattung erhält die dann schon bestehende Stiftung erst im Wege der Verfügung von Todes wegen.

Die lebzeitige Stiftungserrichtung erfolgt durch einseitige Willenserklärung, in der Praxis häufig durch notarielle Beurkundung. Der Stifter erklärt im Stiftungsgeschäft, eine rechtfähige Stiftung errichten zu wollen, die einen bestimmten Zweck verfolgt. Die Auswahl der Zwecke ist stiftungsrechtlich nicht begrenzt; alle Zwecke, die nicht das Gemeinwohl gefährden, sind zulässig. Die gemeinnützige Stiftung kann die in den §§ 52 ff. AO enumerativ aufgezählten Zwecke verfolgen.

Der Stifter kann sich im Stiftungsgeschäft eine Änderung des Stiftungszweckes zu seinen Lebzeiten vorbehalten, sollte hierbei möglichst schon Ersatzzwecke angeben.

Der Formulierung des Stiftungszweckes ist besondere Aufmerksamkeit zu widmen. Es ist dringend davon abzuraten, die in der Satzung der gemeinnützigen GmbH formulierten Zwecke einfach ungeprüft zu übernehmen. Denn die Änderung der satzungsmäßigen Zwecke ist bei der rechtsfähigen Stiftung nur unter sehr engen Voraussetzungen und mit Zustimmung der Stiftungsaufsichtsbehörden möglich. Viele Landesstiftungsgesetze enthalten Regelungen, wonach eine Zweckänderung nur bei wesentlicher Änderung der Verhältnisse statthaft ist.

Muster einer lebzeitigen Stiftungserrichtung aus dem Vermögen der gGmbH 15

1. Hiermit errichten wir, die Gesellschafter der ABC gGmbH mit Sitz in [Hamburg],

   (Namen, Anschriften der Gesellschafter),

die "XY- Stiftung " als rechtsfähige Stiftung bürgerlichen Rechts mit Sitz in [Hamburg].

2. Die Stiftung soll die Anerkennung als gemeinnützig beantragen.
3. **Zweck** der Stiftung sind die Förderung von… [der forstwissenschaftlichen Bildung und der Erhalt des heimischen Waldes, durch die Unterstützung von Forschung im Bereich des Forstwesen und Naturschutzes, die Vergabe von Studien- und Forschungsstipendien, die Renaturierung von Waldgebieten].
4. Die Stiftung hat ihren Sitz in [*Hamburg*].
5. Organe der Stiftung sind der **Vorstand** und der **Beirat**.
6. Wir wenden der Stiftung aus unserem Vermögen folgende Mittel als **Grundstockvermögen** zu:
   a) einen Kapitalbetrag von 100 000 Euro. Dieser Kapitalbetrag wird von Gesellschafter A …….(Name) erbracht.
   b) unsere Geschäftsanteile an der XY gGmbH zum Nennwert von insgesamt 25.000 Euro einschließlich der vorhandenen Rücklagen im Gesellschaftsvermögen.

Der Stiftung geben wir die nachstehende Satzung[3].

(Ort/Datum)

(Unterschriften aller Stifter)

Hinweis:

Das lebzeitige Stiftungsgeschäft ist eine einseitige, nicht empfangsbedürftige Willenserklärung und bedarf gem. § 81 Abs. 1 BGB nur der schriftlichen Form nach Maßgabe des § 126 BGB. Notarielle Beurkundung ist grundsätzlich nicht erforderlich.

Bei der Einbringung von Anteilen an einer gGmbH sollte das Stiftungsgeschäft allerdings wegen der Regelung des § 15 Abs. 3 GmbHG unbedingt notariell beurkundet werden. Gleiches gilt bei Ausstattung der Stiftung mit Immobilienvermögen wegen § 311b BGB.

3 Die steuerliche Mustersatzung der AO (vgl. § 9) gilt auch für gemeinnützige Stiftungen.

c) Errichtung einer Stiftung von Todes wegen

16 Die dargestellte Motivation einer Manifestierung der gemeinnützigen Zielsetzung nach dem Tode kann Anlass sein, erst im Wege einer letztwilligen Verfügung die Stiftungserrichtung anzuordnen. Die Möglichkeit einer Stiftungserrichtung von Todes wegen ist gesetzlich in § 83 BGB verankert. Das Stiftungsgeschäft kann danach Bestandteil des Testaments oder Erbvertrags sein und unterliegt somit den entsprechenden erbrechtlichen Formvorschriften, d.h. im Falle des Testaments die handschriftliche oder notarielle Errichtung, im Falle des Erbvertrags nur im Wege der notariellen Beurkundung.

Nachteil der letztwilligen Stiftungserrichtung ist die fehlende Einflussmöglichkeit des Stifters auf das Gelingen seiner Stiftungsgründung. Als flankierende Maßnahme ist hier unbedingt die Anordnung von **Testamentsvollstreckung** in Form einer Abwicklungsvollstreckung (d.h. keine Dauertestamentsvollstreckung) zu empfehlen.[4] Stellt die Beteiligung an der gGmbH das wesentliche Vermögen des Stifters dar, sollte auch über **Pflichtteilsverzichtsverträge** der erbberechtigten Familienmitglieder nachgedacht werden.

5

Der Übergang des Vermögens der gemeinnützigen GmbH auf eine gemeinnützige Stiftung muss nicht nur testamentarisch angeordnet werden, sondern auch im Gesellschaftsvertrag der gGmbH verankert werden.

17 **Muster einer letztwilligen Stiftungserrichtung mit Testamentsvollstreckung**

Ich, ...[Name] treffe folgende letztwillige Verfügung.

1. Zu meinen Erben setze ich meine Ehefrau und meine Kinder zu gleichen Teilen ein
2. Ich errichte durch Vermächtnis die gemeinnützige " XY Stiftung" mit Sitz in [Ort], die folgenden Zweck verfolgen soll:..................
3. Zur ihrer Vermögensausstattung wende ich der Stiftung im Wege des Vermächtnisses meine sämtlichen Geschäftsanteile an der ABC gGmbH zu.
4. Ich ordne für die Erfüllung des Vermächtnisses und Errichtung der Stiftung Testamentsvollstreckung an. Zum Testamentsvollstrecker und ersten Vorstand der Stiftung ernenne ich ....Zum Ersatztestamentsvollstrecker benenne ich..........

   Der Testamentsvollstrecker ist zur Ausgestaltung der Stiftungssatzung im Rahmen der o. g. Zweckbestimmung befugt und soll alle Voraussetzungen schaffen, die zur Anerkennung der Stiftung als gemeinnützig erforderlich oder / förderlich sind. Er ist insbesondere auch zur Übertragung des Vermögens auf die Stiftung befugt und von den Beschränkungen des § 181 BGB befreit.

   Der Testamentsvollstrecker ist befugt und verpflichtet, für die Stiftung die Anerkennung der Rechtsfähigkeit sowie der steuerlichen Gemeinnützigkeit zu beantragen. In diesem Zusammenhang ist er auch befugt, nachstehende Satzung zu ändern, soweit dies zur Anerkennung der Gemeinnützigkeit oder Erlangung der Rechtsfähigkeit erforderlich ist.
5. Die Stiftung soll die in der Anlage beigefügte Satzung erhalten.

[Ort, Datum]

[handschriftlich geschrieben und unterschrieben]

Hinweis:

Die letztwillige Stiftungserrichtung muss bei Einbringung von Anteilen an einer gGmbH nicht zwingend notariell beurkundet werden, es genügt hierfür ebenfalls die Testamentsform des § 2247 BGB, d.h. handschriftliche Erstellung und Unterzeichnung durch den Erblasser und Stifter. Die Satzung sollte jedoch ebenfalls der Testamentsform genügen, d.h. handschriftlich verfasst sein.

4 Vgl. hierzu ausführlich Weidmann, Stiftung und Testamentsvollstreckung, 2009.

D. Das Ende der gemeinnützigen GmbH

I. Auflösung, Liquidation und Beendigung

Die Tätigkeit und Existenz einer gGmbH endet nicht einfach durch Beschluss der Gesellschafter. Die Gesellschaft durchläuft vielmehr bis zu ihrer vollständigen Beendigung die drei Phasen: 18

- Auflösung
- Liquidation
- Beendigung

1. Auflösungstatbestände

Die Gründe, die zur Auflösung einer Gesellschaft führen, sind in § 60 Abs. 1 GmbHG geregelt. 19

- Gesellschaft auf Zeit
- Beschluss der Gesellschafter
- Gerichtliches Urteil oder Verwaltungsakt
- Eröffnung des Insolvenzverfahrens
- Ablehnung des Insolvenzverfahrens mangels Masse
- Verfügung des Registergerichts wegen festgestellten Mangels des Gesellschaftsvertrages
- Löschung wegen Vermögenslosigkeit

Weitere Auflösungsgründe können sich aus dem Gesellschaftsvertrag (§ 60 Abs. 2 GmbHG) ergeben.

Der praktisch wichtigste Tatbestand ist die Auflösung der Gesellschaft aufgrund eines Beschlusses der Gesellschafter. Die Voraussetzungen für den Auflösungsbeschluss ergeben sich idealerweise aus dem Gesellschaftsvertrag / der Satzung. 20

Der Auflösungsbeschluss stellt nur dann eine Satzungsänderung dar, wenn die Satzung eine Abweichende Dauer oder die Unauflösbarkeit vorsieht. Er bedarf aber gleichwohl einer qualifizierten Mehrheit.[5] Die Auflösung ist nach § 65 Abs. 1 GmbHG zur Eintragung in das Handelsregister anzumelden. Anmeldeverpflichtet sind die Liquidatoren. Die Auflösung ist in den Gesellschaftsblättern bekannt zu machen und mit einem Gläubigeraufruf zu verbinden.

Wenig praktische Bedeutung hat die Auflösung durch Verwaltungsbehörden gemäß § 62 GmbHG, relevant ist hingegen die Auflösung durch gerichtliches Urteil, meist im Zusammenhang mit einer **Auflösungsklage durch Minderheitengesellschafter**.

Können die Zwecke der Gesellschaft nicht mehr erreicht werden oder liegt ein anderer wichtiger Grund vor (der in den Verhältnissen der Gesellschaft liegt!), können Gesellschafter, deren Geschäftsanteile zusammen mindestens 10 Prozent des Stammkapitals entsprechen, **Auflösungsklage** vor dem **Landgericht** am Sitz der Gesellschaft erheben, § 61 GmbHG.

Hinweis:

Die Auflösungsklage kommt nur ***subsidiär*** *zur Anwendung, d.h. es wird zunächst geprüft, ob dem Minderheitsgesellschafter nicht der Austritt aus der Gesellschaft und entsprechende Abfindung zuzumuten wäre. Bei der gGmbH hat die Auflösungsklage wegen der gemeinnützigen Mittelbindung kaum Relevanz.*

5 K.Schmidt, GesR, § 38 IV 2 b).

Die Auflösung der gGmbH bedeutet nicht, dass die GmbH ihre Existenz beendet. Es handelt sich um eine Änderung des Gesellschaftszwecks.

2. Liquidation und Beendigung

21 Nach erfolgter Auflösung tritt die Gesellschaft in die Liquidationsphase ein. Das bedeutet, dass die Gesellschaft zunächst als Gesellschaft „in Liquidation" fortbesteht und dies durch den Zusatz [i.L.] zu kennzeichnen ist.

Gemäß § 66 GmbHG werden die Geschäftsführer automatisch zu Liquidatoren. Im Gesellschaftsvertrag oder durch Gesellschafterbeschluss kann auch eine andere Regelung vorgesehen werden. Idealerweise sollte der **Geschäftsführer** der gGmbH auch **als Liquidator** der Gesellschaft tätig werden, denn dies sorgt zum einem für personelle Kontinuität, andererseits kann dies in gemeinnützigkeitsrechtlicher Hinsicht möglichen Einwänden begegnen, dass die Mittelverwendung durch einen Liquidator nicht den satzungsmäßigen Zwecken entspräche und damit steuerschädlich erfolge.

Eine entsprechende Regelung ist daher vorsorglich in den Gesellschaftsvertrag mit aufzunehmen (vgl. Mustersatzung in § 9 dort § 21 Abs. 2).

22 Pflicht der Liquidatoren ist die Anmeldung der Auflösung beim Registergericht, § 65 GmbHG und die Abwicklung der Geschäftstätigkeit der Gesellschaft. Dazu gehört ggf. auch die Beendigung der laufenden gemeinnützigen Projekte, mit denen der Gesellschaftszweck verfolgt wird. Die sofortige Einstellung dieser gemeinnützigen Tätigkeit ist aus gemeinnützigkeitsrechtlicher Sicht weder erforderlich noch sinnvoll. Ein ***geordneter Rückzug*** ist hier unbedingt anzuraten.

Die **Auskehrung des restlichen Vermögens** an die Anfallberechtigten darf frühestens nach Ablauf der Sperrfrist von einem Jahr (§ 73 Abs. 1 GmbHG) erfolgen – sofern es das Nennkapital nicht übersteigt, kann das Restvermögen der aufgelösten gGmbH auch ihrerseits nicht steuerbegünstigten Gesellschaftern zufließen.

Nach Verteilung des Restvermögens wird die Liquidation durch Erstellung einer Schlussrechnung beendet und der **Abschluss der Liquidation** zum Handelsregister von den Liquidatoren angemeldet, § 74 GmbHG.

3. Besonderheiten aufgrund Gemeinnützigkeitsrechts

23 Entscheidend für die Anerkennung der Gemeinnützigkeit ist eine Satzungsregelung, die für den Fall der Auflösung oder Liquidation den Vermögensanfall an eine andere gemeinnützige Körperschaft regelt (Grundsatz der Vermögensbindung).

Eine Änderung einer solchen Satzungsregelung zugunsten der Gesellschafter ist bei der gGmbH grundsätzlich möglich, zieht aber negative steuerliche Konsequenzen nach sich (vgl. zu den steuerlichen Folgen eines Ausstiegs aus der Gemeinnützigkeit § 7 Rz. 90 ff.).

Der hierfür erforderliche Gesellschafterbeschluss sollte aufgrund der einschneidenden steuerlichen Sanktionen nur mit Einstimmigkeit erfolgen. Die Satzung kann aber je nach Umständen des Einzelfalls eine qualifizierte Mehrheit vorsehen (vgl. dazu § 9).

II. Die gGmbH in der Krise und in der Insolvenz

Auch gemeinnützige Organisationen können in wirtschaftliche Schwierigkeiten geraten – der Status als gemeinnützig schützt nicht vor einer Insolvenz. Im Gegenteil: Die Pflicht zur satzungsmäßigen Mittelverwendung und die nur beschränkten Möglichkeiten zur Rücklagenbildung für die Stärkung der Kapitalausstattung können gerade gemeinnützige Körperschaften in Bedrängnis bringen – dies gilt in schwierigen wirtschaftlichen Zeiten auch für vermögensverwaltende Gesellschaften, wenn sie erhebliche Vermögensverluste erzielt haben. 24

1. Insolvenzantragspflicht

Eine wesentliche Zielsetzung des MoMiG war die Bekämpfung von Missbräuchen durch Ausplünderung angeschlagener Gesellschaften. Dies betrifft Fälle, in denen statt wirksamer Sanierung die Verschleppung von Insolvenzen und die damit einhergehende Gläubigerschädigung betrieben wurde. Weiteres Ziel war außerdem die Verhinderung von sog. Firmenbestattungen, bei denen das ordnungsgemäße Insolvenzverfahren durch ersatzlose Abberufung der Geschäftsführung sowie Erschwerung der Erreichbarkeit durch Aufgabe des Geschäftssitzes umgangen wurde. Die insoweit geschaffenen Regelungen haben neue Verpflichtungen für Gesellschafter von GmbHs in der Krise geschaffen, die neben die bestehenden Pflichten für Geschäftsführer treten. Für jeden Verpflichteten gilt, dass der Insovenzantrag bis zu drei Wochen nach Feststellung des Insolvenzgrades zu stellen ist. 25

a) Insolvenzantragspflicht der Geschäftsführer

Die Insolvenzantragspflicht wurde durch das MoMiG in das Insolvenzrecht verlagert (§ 15a InsO). Die Insolvenzantragspflicht ist nunmehr einheitlich und rechtsformneutral für alle Gesellschaftsformen geregelt, bei denen die Haftung begrenzt ist.[6] 26

Die Verpflichtung trifft den Geschäftsführer oder den Liquidator. Die Verpflichtung besteht für den Fall der Insovenzreife, d. h. den Fall der Zahlungsunfähigkeit oder Überschuldung der Gesellschaft.

aa) **Zahlungsunfähigkeit** 27

Zahlungsunfähigkeit besteht, wenn die GmbH nicht mehr in der Lage ist, die fällige Zahlungsverpflichtung zu erfüllen.

bb) **Überschuldung** 28

Entsprechend der Regelung des § 19 Abs. 1 InsO liegt Überschuldung bei der gGmbH vor, wenn das Vermögen der Gesellschaft die bestehenden Verbindlichkeiten nicht deckt. Dies wird anhand einer Überschuldungsbilanz ermittelt.

Es hat hierfür eine zweistufige Überschuldungsprüfung zu erfolgen:

- Fortbestehensprognose – auf dieser ersten Stufe werden die Überlebenschancen des Unternehmens geprüft
- Vermögensstatus – stichstagsbezogen werden „Aktiva“, d.h. Vermögen und „Passiva“, d.h. Schulden des Unternehmens gegenübergestellt

6 Bisher für die Aktiengesellschaft § 92 Abs. 2 AktG, für die Genossenschaften § 99 Abs. 1 GenG, für die Personengesellschaften § 130a HGB a.F.

Die Fortbestehensprognose muss positiv ausfallen, d.h. es muss eine überwiegende Wahrscheinlichkeit bestehen, dass eine Unternehmensfortführung gelingt und dies für die Gesellschafter im Vergleich zur Unternehmensliquidation die bessere Option wäre.[7]

29 Die hier im insolvenzrechtlichen Zusammenhang verwendeten Begriffe der Aktiva und Passiva sind nicht deckungsgleich mit den bilanzrechtlichen Definitionen. Auch sind im Rahmen des Vermögensstatus nicht die fortgeschriebenen Wertansätze der Handelsbilanz zugrunde zu legen, sondern Bewertungsansätze heranzuziehen, die das Schuldendeckungspotential der Gesellschaft aufzeigen und damit als Grundlage für die Eröffnung des Insolvenzverfahrens geeignet sind.[8] Welche Werte (Fortführungs- oder Zerschlagungswerte) in der Überschuldungsbilanz anzusetzen sind, entscheidet sich seit 1.1.2011 nach Maßgabe der Fortführungsprognose.

Hinweis:

Mit dem MoMiG ist die Unterscheidung von kapitalersetzenden und regulären Gesellschafterdarlehen weggefallen. Wurde zwischen dem Gesellschafter oder sonstigen Schuldner und der Gesellschaft als Gläubigerin vereinbart, dass die Rückgewähr der gewährten Gesellschafterdarlehen oder wirtschaftlich entsprechende Leistungen nachrangig zu den in § 39 Abs. 1 Nr. 1 bis 5 InsO aufgeführten Forderungen sein soll, ist die Forderung nicht in der Überschuldungsbilanz zu berücksichtigen.

b) Insolvenzantragspflicht der Gesellschafter

Eine Neuerung liegt in der Ausdehnung sowohl der Berechtigung als auch der Verpflichtung zur Insolvenzantragsstellung auf die Gesellschafter gemäß § 15a Abs. 3 InsO, solange die Gesellschaft führungslos ist. Eine Definition der Führungslosigkeit ist in § 35 Abs. 1 S. 2 GmbHG aufgenommen worden. Danach ist eine GmbH führungslos, wenn sie entweder keinen Geschäftsführer hat oder nach § 10 Abs. 2 S. 2 InsO n.F. keinen organschaftlichen Vertreter, also insbesondere keinen Liquidator.

Hat die Gesellschaft aufgrund eines anfechtbaren, aber nicht rechtskräftig für nichtig erklärten Beschluss, einen organschaftlichen Vertreter oder Geschäftsführer bestellt, ist sie nicht führungslos, sofern dieser mit Duldung der Gesellschafter an der Geschäftsführung zumindest beteiligt war.[9]

Voraussetzung für die Pflicht zur Stellung des Insolvenzantrags ist die positive Kenntnis von der Zahlungsunfähigkeit oder der Überschuldung und der Führungslosigkeit. Die Antragspflicht und die Sanktionen entfallen somit, wenn der Gesellschafter eine dieser Voraussetzungen, d.h. Insolvenzgrund oder Führungslosigkeit, nicht kannte. Allerdings muss der Gesellschafter bei Kenntnis einer Voraussetzung nachforschen, warum entweder der Geschäftsführer keinen Insolvenzantrag gestellt hat bzw. er muss sich, wenn ihm die fehlenden Geschäftsführung bekannt ist, der Vermögensverhältnisse der Gesellschaft versichern.[10]

Hinweis:

Die Entlastungsmöglichkeit wegen fehlender Kenntnis wird Gesellschaftern mit Minderheitsbeteiligungen von 10% oder weniger leichter gelingen, da sie in der Regel über geringere Informations- und Einsichtsmöglichkeiten in die Geschäftsführung verfügen.[11]

7 MüKo-InsO/Drukarczyk, 2. Auflage 2008, § 19 Rn. 52f.
8 Vgl. BGH v. 18.12.2000, II ZR 191/99, NJW 2001, 1136; MüKo-InsO/Drukarczyk, 2. Auflage 2008, § 19 Rn. 52f.
9 Goette, DStR 2007, 452.
10 Begründung zum RegE, BT-Drucks. 16/6140, S. 135.
11 so auch in der Begründung zum RegE, BT-Drucks. 16/6140, S. 135.

c) Antragspflicht des fakultativen Aufsichtsrates

Diese erweiterte Insolvenzantragspflicht erstreckt sich gem. § 15 InsO darüber hinaus auch auf den Aufsichtsrat. 30

Bei der GmbH kann gemäß § 52 GmbHG fakultativ ein Aufsichtsrat gebildet werden. Umstritten ist im Schrifttum jedoch bislang, ob sich die Insolvenzantragspflicht auch auf einen fakultativen Aufsichtsrat erstreckt. Die ablehnenden Stimmen begründen dies damit, dass einem solchen Aufsichtsrat vorrangig Kontrollbefugnisse eingeräumt werden.[12]

In den Fällen, in denen bei der GmbH ein Aufsichtsrat gebildet wird – dies ist insbesondere bei vielen gemeinnützigen GmbHs der Fall – hat der Aufsichtsrat regelmäßig umfassenden Einblick in die Geschäftstätigkeit der GmbH. Denn ihm obliegt unter anderem die Prüfung des Jahresabschlusses der Gesellschaft.[13] Desweiteren vertritt der Aufsichtsrat die Interessen der Gesellschaft gegenüber der Geschäftsführung (§ 52 Abs. 2 GmbHG i.V.m. § 112 AktG) und ist zum Teil sogar für die Bestellung und Abberufung der Geschäftsführer zuständig (vgl.dazu bereits oben, § 3 Rz. 25). Gerade in dieser Funktion erlangt der Aufsichtsrat Kenntnis von einer Führungslosigkeit der Gesellschaft und ist dann verpflichtet, sich über die Vermögenssituation der Gesellschaft zu informieren.

2. Konsequenzen der Insolvenzverschleppung

a) Strafrechtliche Haftung

Die strafrechtlichen Sanktionen sind ebenfalls in der Insolvenzordnung, in § 15a Abs. 4 und 5 InsO geregelt. Die Haftung gilt nicht nur für die Geschäftsführer, sondern erstreckt sich – korrespondierend zur erweiterten Antragspflicht – auch auf Gesellschafter und Aufsichtsräte. 31

Die Sanktionen bewegen sich in folgendem Strafrahmen:

- vorsätzliche Insolvenzverschleppung (§ 15 a Abs. 4 InsO): Freiheitsstrafe bis zu drei Jahre oder Geldstrafe
- fahrlässige Insolvenzverschleppung (§ 15 a Abs. 5 InsO): Freiheitsstrafe bis zu einem Jahr oder Geldstrafe

Nicht nur die vollständige Unterlassung des Insolvenzantrags, auch eine unrichtige Antragstellung wird sanktioniert.

Letzteres wird vor allem falsche Angaben zur Vermögenssituation der Gesellschaft betreffen, obwohl der Gesetzeswortlaut hierzu schweigt.

b) Zivilrechtliche Haftung

Praktische Bedeutung hat hier vor allem der deliktische Schadenersatzanspruch, der sich auf §§ 823 Abs. 2 BGB i.V.m. § 15 a Abs. 1 InsO stützt.[14] Über die Verweisung in § 15 a Abs. 3 InsO trifft diese Haftung auch Gesellschafter und Aufsichtsräte. 32

---

12 gegen eine Antragspflicht z. B. Wälzholz, DStR 2007, 1914, 1915; befürtwortend: Passarge in Lurati/Passarge/Torwegge/Werthmann-Feldhues, Das neue GmbH-Recht, S. 199.

13 § 52 Abs. 2 GmbHG i.V.m. § 171 AktG.

14 Vgl. zuletzt BGH v. 8.1.2001, II ZR 88/99, DStR 2001, 175; vgl. hierzu auch Bayer/Lieder, WM 2006, 1ff.

3. Steuerliche Folgen der Insolvenz

Siehe hierzu unten § 7 Rz. 90 ff.

§ 6 Abschlusserstellung, Publizitäts- und Prüfungspflichten der gGmbH

Die gGmbH ist als Formkaufmann grundsätzlich verpflichtet Bücher zu führen, eine Inventur durchzuführen und einen Jahresabschluss aufzustellen. 1

Abschlusserstellung (eigentlich: Aufstellung, während Erstellung vorliegt, wenn die Tätigkeit fremdvergeben wird), Veröffentlichung und Prüfung des Jahresabschlusses sind in ihrer jeweiligen Ausgestaltung stark abhängig von der Größenklasse, der die jeweilige gGmbH zugehörig ist. Die Größenklassen werden durch § 267 HGB bestimmt. In der nachfolgenden Übersicht werden die Werte dargestellt.

An die Größenkriterien anknüpfende Rechtsfolgen ergeben sich nach § 267 Abs. 4 HGB erst, wenn die Größenkriterien an zwei aufeinander folgenden Bilanzstichtagen überschritten sind.

Erfüllung von mindestens zwei der drei Kriterien	ab 01.01.2008 (BilMoG)
Kleine Kapitalgesellschaft:	
Maximale Bilanzsumme in €	4.840.000
Maximale Umsatzerlöse in €	9.860.000
Maximale Anzahl Arbeitnehmer im Jahresdurchschnitt	50
Mittelgroße Kapitalgesellschaft:	
Maximale Bilanzsumme in €	19.250.000
Maximale Umsatzerlöse in €	38.500.000
Maximale Anzahl Arbeitnehmer im Jahresdurchschnitt	250

A. Aufstellung des Jahresabschlusses

Als Kapitalgesellschaft unterliegt die gGmbH in vollem Umfang den Buchführungspflichten der §§ 238 ff. HGB. Die gGmbH ist Kaufmann kraft Rechtsform und als solche verpflichtet, Bücher zu führen und dabei die Grundsätze ordnungsgemäßer Buchführung zu beachten. Auch die Pflicht zur Inventur am Ende eines jeden Geschäftsjahres obliegt der gGmbH. 2

Das Gemeinnützigkeitsrecht bringt hier zusätzliche Erfordernisse mit sich. So bedingt die Gemeinnützigkeit eine angemessene Erfassung der jeweiligen Aktivitäten in der Buchführung und mithin eine Trennung in die vier Bereiche (ideeller Bereich, Vermögensverwaltung, Zweckbetriebe, steuerpflichtige wirtschaftliche Geschäftsbetriebe).

Nach § 242 HGB ist auch die gGmbH zur Aufstellung einer Eröffnungsbilanz und eines Jahresabschlusses verpflichtet. Der Jahresabschluss besteht aus der Bilanz und der Gewinn- und Verlustrechnung (GuV) (§ 242 Abs. 3 HGB) und ist bei der gGmbH ebenso wie bei anderen Kapitalgesellschaften um einen Anhang zu erweitern (§ 264 Abs. 1 HGB). Ob auch die Pflicht zur Aufstellung eines Lageberichts besteht, ist von der Größenklasse abhängig, der die gGmbH zugehörig ist. Kleine Kapitalgesellschaften sind von der Pflicht zur Aufstellung eines Lageberichts befreit (§ 264 Abs. 1 S. 3). 3

Bei großen und mittelgroßen gGmbHs ist der Jahresabschluss samt Lagebericht innerhalb der ersten drei Monate des Geschäftsjahres aufzustellen. Kleine Kapitalgesellschaften müssen diese Verpflichtung innerhalb der ersten 6 Monate des Geschäftsjahres erfüllen.

Hinsichtlich der Gliederung von Bilanz und GuV bestehen ebenfalls größenabhängige Erleichterungen. Schließlich sind auch die Anhangangaben von der jeweiligen Größenklasse abhängig.

4 Ergänzend zu den für alle Kapitalgesellschaften geltenden Rechnungslegungsvorschriften ist bei der gGmbH grundsätzlich auch der Nachweis und die satzungsgemäße Verwendung der Erträge zu gewährleisten. Es liegt daher nahe, insoweit auf die für Stiftungen geltenden Regelungen zur Ergebnisverwendung abzustellen. Das IDW hat in IDW RS HFA 5 Tz. 61 eine Empfehlung für die in der Gewinn- und Verlustrechnung auszuweisenden Posten hinsichtlich der Ergebnisverwendung abgegeben. Demnach sollte nach dem Posten Jahresüberschuss/Jahresfehlbetrag die folgende Aufgliederung vorgenommen werden:

+ Mittelvortrag aus dem Vorjahr

+/- Änderung des Kapitals aus realisierten Vermögensumschichtungen

+ Entnahmen aus der Kapitalerhaltungsrücklage

- Einstellungen in die Kapitalerhaltungsrücklage

+ Entnahmen aus sonstigen Ergebnisrücklagen

- Einstellung in sonstige Ergebnisrücklagen

= Mittelvortrag

5 Besondere Buchführungsverpflichtungen bestehen für einzelne gGmbHs je nach ihrem Tätigkeitsbereich. Dies betrifft insbesondere Krankenhäuser und Pflegeeinrichtungen. Für Krankenhäuser sieht die Verordnung über die Rechnungs- und Buchführungspflichten von Krankenhäusern (KHBV) Besonderheiten vor, außer

- das Krankenhausfinanzierungsgesetz findet nach dessen § 3 S. 1 Nr. 1 bis 4 keine Anwendung
- es besteht keine Förderung nach § 5 Abs. 1 Nr. 2, 4 oder 7 des Krankenhausfinanzierungsgesetzes bzw. nach Landesrecht oder
- das Krankenhaus steht unter der Trägerschaft der gesetzlichen Unfallversicherung.

Die KHBV sieht Besonderheiten im Bereich der Kosten- und Leistungsrechnung, des Jahresabschlusses und der Buchführung vor, verkürzt unter anderem unabhängig von der Größenklasse die die Aufstellungsfrist auf 4 Monate (§ 4 Abs. 2 KHBV).

Nach § 9 KHBV besteht jedoch eine Befreiungsmöglichkeit für Krankenhäuser mit bis zu 100 Betten und nur einer bettenführenden Abteilung.

6 Für Pflegeeinrichtungen bestehen ähnliche Besonderheiten, wenn es sich um

- ambulante Pflegeeinrichtungen, teil- oder vollstationäre Einrichtungen handelt mit denen
- ein Versorgungsvertrag nach dem SGB XI besteht.

Für Pflegeeinrichtungen in der Rechtsform der gGmbH besteht ein Wahlrecht nach § 8 der Pflege-Buchführungsverordnung (PBV) die Gliederungsvorschriften nach HGB nicht, und dafür die Vorschriften der PBV anzuwenden.

Befreiung von der PBV bestehen Kraft Gesetzes für

- ambulante Pflegedienste mit bis zu 6 Vollzeitkräften
- teilstationäre Pflegeeinrichtungen mit bis zu 8 Pflegeplätzen und
- vollstationäre Pflegeeinrichtungen mit bis zu 20 Pflegeplätzen.

Weitere Befreiungen können bei darüber liegenden Grenzwerten erteilt werden. Die Nichteinhaltung der Sondervorschriften für Krankenhäuser und Pflegeeinrichtungen ist bußgeldbewehrt und stellt eine Ordnungswidrigkeit im Sinne des § 334 HGB dar. Beide Verordnungen sind aufgrund des Inkrafttretens des BilMoG redaktionell angepasst worden.

B. Publizitätspflichten

Als Kapitalgesellschaft ist die gGmbH auch verpflichtet, ihren Jahresabschluss gemäß § 325 HGB beim elektronischen Bundesanzeiger offenzulegen. Die Veröffentlichungspflicht trifft die gesetzlichen Vertreter der gGmbH. Der Jahresabschluss muss spätestens bei Ablauf des auf den Abschlussstichtag folgenden Wirtschaftsjahres offengelegt sein; bei Prüfungspflicht ist auch der Bestätigungsvermerk des Wirtschaftsprüfers zu veröffentlichen. 7

Ein Verstoß gegen die Offenlegungsverpflichtung ist durch das am 01.01.2007 in Kraft getretene Gesetz über elektronische Handelsregister und Genossenschaftsregister sowie das Unternehmensregister (EHUG) an Sanktionen geknüpft worden. So wird nunmehr von Amts wegen ein Ordnungsgeld zwischen 2.500 Euro und 25.000 Euro festgesetzt, wenn die Jahresabschlussunterlagen nicht veröffentlicht wurden.

Der Umfang der Offenlegungspflicht richtet sich ebenfalls nach den bereits erwähnten Größenklassen. So müssen kleine Kapitalgesellschaften lediglich Bilanz und Anhang einreichen und bekanntmachen, wobei der Anhang keine Angaben zur GuV enthalten muss (§ 326 HGB). Mittelgroße Kapitalgesellschaften müssen ebenfalls nur Bilanz und Anhang einreichen und bekanntmachen; die Bilanz oder der Anhang müssen jedoch gesonderte Angabepflichten erfüllen (vgl. § 327 HGB).

C. Jahresabschlussprüfung

Kleine Kapitalgesellschaften unterliegen nicht der Prüfungspflicht nach § 316 HGB, nichtsdestotrotz kann die jeweilige Satzung der kleinen gGmbH eine Prüfung vorsehen oder die Gesellschafterversammlung kann eine freiwillige Prüfung der Gesellschaft beschließen. Bei freiwilligen Prüfungen kann der Prüfungsumfang jeweils vertraglich beschränkt werden. 8

Liegt der Fall einer Pflichtprüfung vor, so ist Prüfungsgegenstand zunächst nach § 317 HGB der Jahresabschluss und der Lagebericht sowie die zugrundeliegende Buchführung. Besonderheiten aus der Stellung der gGmbH als gemeinnützige Körperschaft ergeben sich grundsätzlich nicht, allerdings wird die Prüfung im Rahmen der Prüfung der Einhaltung allgemeiner gesetzlicher Erfordernisse auch die Voraussetzungen des Gemeinnützigkeitrechts der Prüfung unterziehen, soweit diese Rechnungslegungsbezogen sind. Darunter fällt etwa die Einstellung von Mitteln in Rücklagen oder die zeitnahe Mittelverwendung. Der Prüfungsantrag sollte die Prüfung der Mittelverwendungsrechnung ausdrücklich mit umfassen.

§ 7 Die Besteuerung der gGmbH

1 Die Besteuerung der gGmbH entspricht der Besteuerung aller gemeinnützigen Körperschaften im deutschen Steuerrecht. Die nachfolgende Darstellung verfolgt daher das Ziel, die Besteuerung im Lebenszyklus der gGmbH nachzuzeichnen, um eine schnelle Orientierung in der jeweils zu beurteilenden Situation zu ermöglichen. Da die laufende Besteuerung die größte Bedeutung in diesem Themenspektrum hat, ist sie der Darstellung vorangestellt.

Die steuerliche Begünstigung ist ein wesentliches Motiv für die Wahl der gGmbH als Gestaltungsmittel. Dementsprechend erfordert jede seriöse Neugründung einer gGmbH ein umfassendes Steuerkonzept. Dem Irrglauben, man könne ohne altruistisches Motiv gemeinützigkeitsrechtliche Steuervergünstigungen dauerhaft nutzen, muss, auch im Interesse des guten Rufes der Gemeinnützigkeit in Deutschland, entschieden entgegengetreten werden.

Unterschieden werden muss zwischen der laufenden Besteuerung, den steuerlichen Konsequenzen des Eintritts in die Gemeinnützigkeit und der steuerlichen Behandlung bei einer Beendigung des gemeinnützigen Engagements.

A. Die laufende Besteuerung

2 Die laufende Besteuerung unterteilt sich in die laufende Ertragsbesteuerung (I.), d. h. die Besteuerung mit Gewerbe- und Körperschaftsteuer sowie Solidaritätszuschlag, die laufende Umsatzbesteuerung (II.) der gGmbH. Daneben sind auf Ebene der gGmbH diverse weitere Steuern zu beachten (IV.). Die laufende Besteuerung des Gesellschafters behandelt dessen Einkommen- oder Körperschaftsteuerliche Situation in Bezug auf die Beteiligung und etwaige Zuzahlungen an die gGmbH.

I. Die laufende Einkommensbesteuerung der gGmbH

1. Grundlagen

3 Die gGmbH ist keine eigenständige Rechtsform im Sinne der Steuergesetze. Ihre Besteuerung erfolgt daher nach den allgemeinen Grundsätzen der Besteuerung der GmbH bzw. der (Nicht- oder Teil-) Besteuerung gemeinnütziger Organisationen.

Grundsätzlich sind GmbHs, und damit auch die gGmbH, nach dem Körperschaftsteuergesetz und dem Gewerbesteuergesetz steuerbare juristische Personen. Allerdings sehen beide Gesetze eine Steuerbefreiung für Körperschaften vor, die nach ihrer Satzung, dem Stiftungsgeschäft oder der sonstigen Verfassung und nach der tatsächlichen Geschäftsführung ausschließlich und unmittelbar gemeinnützigen, mildtätigen oder kirchlichen Zwecken dienen. Die Regelung für die Körperschaftsteuer befindet sich in § 5 Abs. 1 Nr. 9 KStG, die gewerbesteuerrechtliche Parallelregelung in § 3 Nr. 6 GewStG. Daneben gibt es Spezialnormen wie § 3 Nr. 20 lit. b) GewStG, die nicht gemeinnützige Organisationen, mit gemeinnützigem Bezug – hier: Krankenhäuser – von der Gewerbesteuer befreien. Diese Normen kommen jedoch nur zur Anwendung, wenn die Voraussetzungen der Gemeinnützigkeit nicht eingreifen. Sie kommen daher für gGmbHs, für die § 5 Abs. 1 Nr. 9 KStG und § 3 Nr. 6 GewStG unmittelbar gilt, nicht zur Anwendung.

4 Beide Regelungen verweisen jeweils auf die allgemeinen Normierungen des Gemeinnützigkeitsrechts und damit auf die §§ 51-68 AO. Soweit eine GmbH deren Voraussetzungen erfüllt, unterliegt

sie insoweit nicht der Körperschaft- und Gewerbesteuer. Die allgemeinen Voraussetzungen der Gemeinnützigkeit wurden bereits oben unter § 3 Rz. 39 ff. ausführlich dargestellt. Ihre Bejahung ist die wesentlichste Grundlage der sonstigen steuerlichen Behandlung. Die Voraussetzungen für die Steuerbefreiung müssen für Zwecke der Körperschaft- und Gewerbesteuer während des gesamten Veranlagungszeitraums vorgelegen haben.[1]

Die Befreiung gilt körperschaftsteuerlich und gewerbesteuerlich nicht, soweit ein wirtschaftlicher Geschäftsbetrieb – mit Ausnahme der Land- und Forstwirtschaft – unterhalten wird. Nach § 65 ff. AO gilt die Befreiung aber auch für Zweckbetriebe der gGmbH. Der Zweckbetrieb ist somit ein besonderer, an der Steuerbefreiung der gemeinnützigen Tätigkeit teilhabender wirtschaftlicher Geschäftsbetrieb der gGmbH.

Die gGmbH ist letztlich für steuerliche Zwecke in mehrere Sphären zu zerlegen. In der Rechtspre- 5
chung und Literatur hat sich im Allgemeinen eine Aufteilung in 4 Sphären herausgebildet:

Die **gemeinnützige oder ideelle Sphäre (1)** der gGmbH ist von der Körperschaft- und Gewerbesteuer befreit. Die Sphäre der **Vermögensverwaltung (2)** wird von dieser Steuerbefreiung grundsätzlich erfasst. Der **Zweckbetrieb (3)**, der grundsätzlich der Steuerpflicht unterläge, jedoch wegen der Sonderregelung der §§ 65 ff. AO ebenfalls an der Steuerbefreiung teilhat, wird als dritte Sphäre angesehen, während der **wirtschaftliche Geschäftsbetrieb (4)**, also der Bereich der gGmbH, der nicht mehr als Zweckbetrieb anzusehen ist, in vollem Umfang der Steuerpflicht unterfällt und gegebenenfalls die Gemeinnützigkeit der gesamten Körperschaft gefährdet.

Die Besteuerung des wirtschaftlichen Geschäftsbetriebs der gGmbH wird maßgeblich mit Wettbe- 6
werbsgesichtspunkten begründet.[2] Die Besteuerung dieser Bereiche soll privatwirtschaftliche Betriebe, die mit gemeinnützigen Organisationen im Wettbewerb stehen, vor Wettbewerbsnachteilen durch die Steuerbefreiung schützen. Im Bereich der Zweckbetriebe sieht der Gesetzgeber hingegen die Notwenigkeit, privatwirtschaftliche Betriebe partiell dem Wettbewerbsdruck gemeinnütziger Organisationen auszusetzen, um deren wirtschaftliche Existenz zu sichern. Aus diesem Grunde ist die Grenzziehung zwischen wirtschaftlichem Geschäftsbetrieb und Zweckbetrieb in der jüngeren Vergangenheit in Bewegung geraten.

Die Steuerpflicht für Zwecke der Körperschaft- und Gewerbesteuer führt zu einer auf die steuerpflichtigen Bereiche beschränkten, aber insoweit vollumfänglichen Anwendung der Vorschriften des KStG und des GewStG. Sind dem steuerpflichtigen wirtschaftlichen Geschäftsbetrieb Darlehensverhältnisse (auch anteilig) zuzuordnen, gilt gewerbesteuerlich die Hinzurechnung der Dauerschuldzinsen, körperschaftsteuerlich kann bei großen Organisationen die Zinsschranke eingreifen. D.h. der Zinsaufwand ist, wenn er insgesamt eine (bzw. nach dem Bürgerentlastungsgesetz drei) Million(en) Euro übersteigt, nur in Höhe des Zinsertrages und darüber hinaus nur bis zur Höhe von 30% des EBITDA steuerlich abzugsfähig. Auf Einzelheiten der Körperschaft- und Gewerbesteuer ist hier nicht einzugehen, da insoweit keine Abweichungen zu der Besteuerung anderer GmbHs bestehen.

Grundsätzlich sind die Einkünfte jedes wirtschaftlichen Geschäftsbetriebes getrennt zu ermitteln. 7
Praktisch geschieht das am besten mit einer angemessenen Kostenstellen-Buchhaltung. Steuersubjekt ist aber die gGmbH insgesamt, daher werden für Angaben in der Steuererklärung die wirtschaftlichen Geschäftsbetriebe dem Ergebnis nach zusammengefasst. Das gilt auch für Zwecke des Gemeinnützigkeitsrechts (§ 64 Abs. 2 AO), so dass ein defizitärer wirtschaftlicher Geschäftsbetrieb nicht gemeinnützigkeitsschädlich ist, wenn der Saldo aller wirtschaftlichen Geschäftsbetriebe positiv ist.[3] Zu beachten ist allerdings auch die De-Minimis-Regel des § 64 Abs. 3 AO, wonach eine Körperschaft- und Gewerbesteuerpflicht bei Einkünften bis 35.000 Euro nicht eintritt.

1 Vgl. Buchna S. 449.
2 Vgl. Hüttemann in FS Walz, 269, 270ff.; ders. DB 2011, 319 ff.
3 zur Gesetzgebungsgeschichte vgl. Tipke in Tipke/Kruse AO § 64 Rz. 13.

8 Inländische Einkünfte der gGmbH, die dem Steuerabzug unterliegen sind mit Kapitalertragsteuer vorbelastet. Für diese Einkünfte gilt die Steuerbefreiung grundsätzlich nicht (§ 5 Abs. 2 KStG). Mit dem Steuerabzug ist die Körperschaftsteuer für diese Einkünfte nach § 32 Abs. 1 Nr. 1 KStG grundsätzlich abgegolten. Allerdings hat die gGmbH die Möglichkeit, sich die einbehaltene Kapitalertragsteuer erstatten zu lassen (§ 44b EStG) bzw. die Einbehaltung durch Vorlage einer Freistellungsbescheinigung zu vermeiden. Nach § 44a Abs. 4 EStG ist die Kapitalertragsteuer auf Zinserträge nicht vorzunehmen, wenn die gGmbh durch eine amtlich beglaubigte Ablichtung der letzten Freistellungsbescheinigung oder durch eine NV-Bescheinigung ihre Steuerbefreiung gegenüber dem Kreditinstitut nachweist. Soweit eine Abstandnahme von der Einbehaltung der Kapitalertragsteuer nicht vorgenommen wird oder nicht möglich ist, wird von den Kreditinstituten im Sammelantragsverfahren beim Bundeszentralamt für Steuern eine Erstattung der Kapitalertragsteuer beantragt. Hierfür muss zwingend eine NV-Bescheinigung vorliegen. Die NV-Bescheinigung wird auf Antrag der gGmbH von dem zuständigen Finanzamt ausgestellt Muster siehe § 8 Rz. 2.

2. Verfahrensrechtliche Fragen

9 Die Steuerbefreiung aufgrund bestehender Gemeinnützigkeit wird nicht in einem separaten Verfahren festgestellt. Im Rahmen der jeweiligen Veranlagung wird überprüft, ob die Voraussetzungen für die Steuerbefreiung vorliegen. Wird dies von der Finanzverwaltung bejaht, ergeht ein entsprechender Steuerbescheid bzw. Freistellungsbescheid.[4]

10 Auf Antrag kann eine neu gegründete GmbH, bei der die Voraussetzungen der Steuerbefreiung noch nicht im Veranlagungsverfahren festgestellt worden sind, eine **vorläufige Bescheinigung des Finanzamtes** erhalten, die den Inhalt hat, dass die GmbH bei dem betreffenden Finanzamt steuerlich erfasst ist und die eingereichte Satzung die Voraussetzungen nach §§ 59 S. 1, 60 und 61 AO erfüllt.[5] Voraussetzung der Erteilung einer solchen Bescheinigung ist das Vorliegen einer entsprechenden Satzung.[6] Die vorläufige Bescheinigung wird durch den Steuerbescheid ersetzt.

Naturgemäß kann diese vorläufige Bescheinigung, die frei widerruflich und befristet ist, und im Regelfall maximal für 18 Monate erteilt wird, nichts über die tatsächliche Geschäftsführung der GmbH aussagen und hat folglich auch keine Bindungswirkung für einen späteren Steuerbescheid. Die Ablehnung des Erlasses einer vorläufigen Bescheinigung kann im Wege des einstweiligen Rechtsschutzes angefochten werden.

11 Eine vorläufige Bescheinigung kann auch in anderen Fällen erteilt werden. Diese Fälle sind:

- Gemeinnützigkeit wurde versagt, die Gesellschaft erfüllt aber im gesamten, auf diesen Veranlagungszeitraum folgenden Veranlagungszeitraum die Kriterien für die Gemeinnützigkeit.
- Die Gemeinnützigkeit wurde versagt, es wurde gegen diese Entscheidung aber Einspruch erhoben, es sprechen ernstliche Gründe für die Gemeinnützigkeit und die Existenz der Gesellschaft ist in Folge der Nichterteilung der Bescheinigung gefährdet.[7]

12 Steuerbescheide und vorläufige Bescheinigungen dürfen nur ergehen, wenn die Satzung durch das Finanzamt gründlich geprüft wurde. Erkennt das Finanzamt später einen Prüfungsfehler, der zu einer Versagung der Gemeinnützigkeit führen müsste, gewährt die Nr. 8 des Anwendungserlasses zur AO (AEAO) **Vertrauensschutz** in die entsprechende Bescheinigung oder Anerkennung der Steuerbegünstigung.[8] Das Finanzamt muss der GmbH Gelegenheit zur Änderung der Satzung geben und

4 AEAO zu § 59 Nr. 3.
5 BMF vom 15.5.2000, s. § 8 Rz. 8.
6 AEAO zu § 59 Nr. 4.
7 Details in AEAO zu § 59 Nr. 6.2.
8 siehe auch BMF vom 17.11.2004, s. § 8 Rz. 6.

darf bei einer entsprechenden Änderung auch für die Übergangszeit die Gemeinnützigkeit nicht aberkennen. Vertrauensschutz besteht allerdings nicht bei

- Satzungsänderungen für die jeweilige Änderung
- Mängel in der tatsächlichen Geschäftsführung

In jedem Fall nehmen Freistellungsbescheide in selbem Maße an den Bestandskraftregelungen der Abgabenordnung teil wie sonstige Steuerbescheide (§ 155 Abs. 1 S. 3 AO). Änderungen können demnach hier nur erfolgen, wenn eine entsprechende Änderungsvorschrift der AO dies erlaubt.

Gegen einen Bescheid, der die Steuerpflicht bejaht, aber eine Steuer von 0 Euro festsetzt, kann gleichwohl Einspruch und Klage erhoben werden, da die steuerpflichtige GmbH durch die Bejahung der Steuerpflicht selbst beschwert ist.[9] 13

Wird eine Freistellungsbescheinigung erteilt, kann sie nicht nur durch eine Änderung seitens des Finanzamtes „widerrufen" werden, sondern auch durch eine Konkurrentenklage eines potentiellen Wettbewerbers angegriffen werden, da § 5 Abs. 1 Nr. 9 KStG und die entsprechende Vorschrift des Gewerbesteuerrechts drittschützenden Charakter haben.[10] Das selbe gilt für Konkurrentenklagen wegen umsatzsteuerlichen Begünstigungen, seien es Steuerbefreiungen oder die Anwendung des ermäßigten Umsatzsteuersatzes von derzeit 7 % nach § 12 Abs. 2 Nr. 8a UStG.[11]

Grundsätzlich gibt es keine Sondervorschriften für gemeinnützige Körperschaften hinsichtlich der **Verpflichtung zur Abgabe von Steuererklärungen**. Diese sind vielmehr ebenso wie bei nicht gemeinnützigen Körperschaften jährlich abzugeben. Die Finanzverwaltung kann aber von der jährlichen Aufforderung zur Abgabe einer Steuererklärung absehen.[12] Liegt aber ein steuerpflichtiger wirtschaftlicher Geschäftsbetrieb vor, so muss die gGmbH jährlich Steuererklärungen abgeben. 14

Das Finanzamt prüft das Vorliegen der Steuerbefreiungsvoraussetzungen regelmäßig im Abstand von 3 Jahren (AEAO Nr. 7 zu § 59 AO) anhand eines besonderen Erklärungs-Vordrucks (Vgl. Muster in § 8 Rz. 4).

3. Sphäre 1: Die Gefährdung der steuerlichen Anerkennung des ideellen Bereichs der gGmbH.

Einnahmen des ideellen Bereichs der gGmbH sind steuerfrei. Hierunter fallen insbesondere Spenden, Aufnahmegelder, öffentliche Zuschüsse und sonstige Zuflüsse ohne Gegenleistung. Auch Zuflüsse von Sponsoren, bei denen lediglich geduldet wird, dass der Sponsor mit dem Ansehen der gGmbH in der Öffentlichkeit wirbt, sind dem ideellen Bereich zuzuordnen. Wird jedoch eine Gegenleistung durch die gGmbH erbracht, so liegt ein wirtschaftlicher Geschäftsbetrieb vor. 15

Beispiel:

Wirbt ein Getränkehersteller mit dem Logo einer gGmbH unter Hinzufügung des Zusatzes „Sponsor der XY gGmbH", so ist dies Teil des ideellen Bereichs. Vermietet die gGmbH dagegen Werbefläche an den Getränkehersteller, liegt ein wirtschaftlicher Geschäftsbetrieb vor.

Die steuerliche Anerkennung des ideellen Bereichs ist naturgemäß zu versagen, wenn bereits die

9 BFH I R 5/93, BStBl. II 1995, 134, Haufe-Index 65207, BFHE 175, 484, BB 1995, 498, BB 1995, 498, DB 1995, 557, DStR 1995, 254, HFR 1995, 148, StE 1995, 36; BFH I R 153/93, BStBl. II 1995, 499, Haufe-Index 65089, BFHE 176, 229, BB 1995, 613, DB 1995, 756, DStZ 1995, 377, HFR 1995, 304, StE 1995, 204.

10 BFH I R 10/92, BStBl. II 1998, 63, BFH/NV 1998, 396, Haufe-Index 66284, BFHE 184, 212, BB 1998, 255, DB 1998, 347, DStRE 1998, 110, HFR 1998, 200, StE 1998, 40

11 Vgl. zur Konkurrentenklage im Umsatzsteuerrecht auch Kohlhepp, DStR 2011, 145 ff.

12 Buchna S. 451

Anforderungen an die Satzung oder an die tatsächliche Geschäftsführung nicht eingehalten werden. Darüber hinaus können bestimmte Konstellationen zu einer Versagung oder Aberkennung der Gemeinnützigkeit führen.

Zu nennen ist hier insbesondere der **dauerhaft defizitäre wirtschaftliche Geschäftsbetrieb** der gGmbH. Die dauerhafte Subventionierung eines solchen Bereichs, der keinen Zweckbetrieb darstellt, stellt einen Verstoß gegen das Mittelverwendungsgebot dar.[13] Der BFH lässt hierzu nur die Ausnahme zu, dass das Defizit auf einer Fehlkalkulation beruht und die Körperschaft bis zum Ende des auf das Defizit folgenden Geschäftsjahrs dem wirtschaftlichen Geschäftsbetrieb entsprechende Mittel zuführt, die nicht aus dem ideellen Bereich stammen.

Beispiel:

Die Philharmonie gGmbH unterhält eine „Piano-Bar" die jährlich Verluste in Höhe von 5.000 Euro generiert. Die Verluste beruhen auf einer Fehlplanung. Die Gesellschafter tätigen im auf die Verluste folgenden Wirtschaftsjahr keine Einlagen zur Deckung der Verluste. Auch andere wirtschaftliche Geschäftsbetriebe mit einem positiven Saldo der Einnahmen über den Ausgaben existieren nicht.

16 Zu einer Aberkennung der Gemeinnützigkeit kann auch ein Verstoß gegen § 55 Abs. 1 Nr. 1 S. 2 AO führen, dem Gebot der Selbstlosigkeit. Dieses erfordert, dass die Gesellschafter – sofern diese nicht selbst gemeinnützig sind[14] – weder Gewinnanteile noch sonstige Zuwendungen von der gGmbH erhalten. Ein Verstoß gegen das Gebot der Selbstlosigkeit liegt damit nicht nur vor, wenn die GmbH Gewinnausschüttungen vornimmt, sondern auch, wenn sie ihren Gesellschaftern Zuwendungen zukommen lässt, die als verdeckte Gewinnausschüttungen (vGA) zu klassifizieren sind.[15]

17 Dabei kennt das Gemeinnützigkeitsrecht einen Bagatellvorbehalt. Eine Aberkennung der Gemeinnützigkeit kann nicht auf einen einmaligen und geringfügigen Verstoß gegen das Gebot der Selbstlosigkeit gestützt werden. Umstritten ist die Frage, ob bei formalen Verstößen gegen die Grundsätze des Abschlusses einer vorherigen schriftlichen Vereinbarung (formelle vGA) ein Verstoß gegen Gemeinnützigkeitsrecht vorliegt. Die h. M. bejaht dies;[16] u. E. muß jeder Einzelfall unter den Prämissen des Gemeinnützigkeitsrechts gewürdigt werden.

Beispiel:

Die Pflege gGmbH bezahlt Ihrem Geschäftsführer ein Gehalt, das zu 50% gewinnabhängig ist. Die Mutter des Geschäftsführers wohnt unentgeltlich in einem der Gesellschaft gehörenden Gebäude. Der Bruder des Geschäftsführers ist als Hausmeister angestellt und bezieht ein Gehalt, obgleich er derzeit ein Praktikum in Australien absolviert. In allen drei Fällen liegt eine vGA und damit ein Verstoß gegen das Gebot der Selbstlosigkeit vor. Im Ergebnis ist die Gemeinnützigkeit zu versagen.

Praxishinweis:

Aufgrund der großen Relevanz von vGA bei GmbHs empfiehlt es sich, bei Verträgen mit Gesellschaftern oder deren nahen Angehörigen eine verbindliche Auskunft des Finanzamtes zur Drittüblichkeit der Vereinbarung einzuholen, bevor diese Vereinbarung abgeschlossen bzw. durchgeführt wird.

18 Unabhängig davon ist bei allen Rechtsbeziehungen mit Gesellschaftern oder deren Angehörigen anzuraten, dass in den zugrundeliegenden Verträgen ein Rückforderungsrecht der Gesellschaft für den Fall vorgesehen wird, dass der Leistungsaustausch steuerlich als vGA gewertet wird. Dieser Rückfor-

13 BFH I R 152/93 BStBl II 1998, 711; Thüringer FG Urteil vom 15.11.2007 – III 657/05, bestätigt durchBFH Beschluss vom 01.07.2009 - I R 6/08, BFH/NV 2009, 1837, Haufe-Index 2219410.
14 und die Gewinnanteile zur Erfüllung dieser Zwecke erhalten (§ 58 Nr. 2 AO).
15 Vgl. Kohlhepp, vGA 2008 § 5 Rz. 32.
16 Ullrich S. 281 mwN.

derungsanspruch führt zwar steuerlich nicht zu einem Wegfall der verdeckten Gewinnausschüttung als solcher, kann aber gegebenenfalls gemeinnützigkeitsrechtlich im Rahmen der Gesamtabwägung eine Aberkennung der Gemeinnützigkeit verhindern.[17] Ein Formulierungsvorschlag befindet sich in der im Buch abgedruckten Mustersatzung für gGmbH.[18]

In diesem Zusammenhang ist auch der Fall der Verstöße gegen die Vermögensbindung zu nennen. Auch ein solcher Verstoß kann in einer vGA gesehen werden, wenn das Volumen der Mittelfehlverwendung entsprechend groß genug ist. Dieser Fall lag dem BFH Urteil vom 12. Oktober 2010[19] zugrunde, das hohe Wellen im Gemeinnützigkeitsrecht geschlagen hat,[20] da es nicht nur eine punktuelle Versagung der gemeinnützigkeitsrechtlichen Vergünstigungen, sondern eine rückwirkende Versagung der Steuerbegünstigung nach § 61 Abs.3 AO als Rechtsfolge eines solchen Verstoßes angesehen hat (im Einzelnen dazu unter § 7 Rz. 92 ff.)

Eine GmbH verfolgt ebenfalls eigenwirtschaftliche Zwecke und ist damit nicht selbstlos tätig, wenn 19
ihre Tätigkeit darauf gerichtet ist, ihr Vermögen und ihre Einkünfte zu vermehren. Nicht jede auf Verbesserung der Einkünfte oder des Vermögens gerichtete Tätigkeit ist dabei als Verstoß gegen das Gebot der Selbstlosigkeit anzusehen. Die gGmbH darf die im Rahmen eines wirtschaftlichen Geschäftsbetriebs verfolgten eigenwirtschaftlichen Zwecke nur nicht „in erster Linie" verfolgen. Selbstloses Handeln liegt nicht mehr vor, wenn die „Opferwilligkeit" zugunsten anderer wegfällt oder in den Hintergrund gedrängt wird und an deren Stelle in erster Linie Eigennutz tritt.[21] Es muss daher darauf geachtet werden, dass die wirtschaftlichen Geschäftsbetriebe den gemeinnützigen Bereich auch hinsichtlich des Umsatzes – auf einen etwaigen Gewinn kommt es nicht an – nicht überwiegen.

4. Sphäre 2: Der Nebenzweck der Vermögensverwaltung in Abgrenzung zum wirtschaftlichen Geschäftsbetrieb

Ein wirtschaftlicher Geschäftsbetrieb darf die Tätigkeit der gemeinnützigen GmbH finanziell unter- 20
stützen. Im Gegensatz dazu steht der Zweckbetrieb, der nicht nur dazu dienen muss, die steuerbegünstigten satzungsmäßigen Zwecke zu verwirklichen, sondern dafür auch **erforderlich** sein muss (§ 65 AO). Der wirtschaftliche Geschäftsbetrieb darf nicht solche Ausmaße in qualitativer und quantitativer Hinsicht annehmen, dass er bei einer Gesamtbetrachtung der gGmbH das **Gepräge** gibt.

Die Abgrenzung zwischen wirtschaftlichem Geschäftsbetrieb und Vermögensverwaltung ist dabei oftmals schwierig.

Das betrifft weniger den Bereich der professionellen Vermögensverwaltung im Anlagebereich. Soweit zulässigerweise Rücklagen gebildet werden und die Mittel aus den Rücklagen auf dem Kapitalmarkt investiert werden, ist ein Konflikt zwischen wirtschaftlichem Geschäftsbetrieb regelmäßig zu verneinen, denn das Volumen der Vermögensverwaltung im Bereich der Zinseinkünfte und Kursgewinne müsste, um in den Bereich der Gewerblichkeit hineinzuwachsen, das Ausmaß eines Wertpapierhandelsunternehmens i.S. des § 1 Abs. 3 d S. 2 KredWG bzw. eines Finanzunternehmens i.S. des § 1 Abs. 3 KredWG erreichen.[22]

17 Vgl. auch Weidmann/Kohlhepp DB 2011, 497 ff; a. A. Ullrich S. 263, wohl auch Jost in Dötsch/Jost/Pung/Witt KStG § 5 Abs. 1 Nr. 9 Rz. 343.

18 Vgl. unten § 9, dort bei §3 Abs.2

19 I R 59/09 BFH/NV 2011, 329, BFHE 231, 28; BB 2011, 85; DB 2011, 92; DStR 2011, 20.

20 Hierzu insbesondere Weidmann/Kohlhepp DB 2011, 497 ff und auch Wallenhorst DStR 2011, 698 ff.

21 BFH-Urteil vom 26. April 1989 I R 209/85, BFHE 157, 132, BStBl II 1989, 670, BFH/NV 1999, 244, FG des Landes Sachsen-Anhalt Urteil vom 22.01.2004 – 3 K 731/99 .

22 So der BFH in Urteil vom 30.7.2003 – X R 7/99, BStBl. II 2004, 408, BFH/NV 2004, 690, Haufe-Index 1125247, BFHE 204, 419, BB 2004, 751, DB 2004, 852, DStR 2004, 598, DStRE 2004, 543, DStZ 2004, 306, HFR 2004, 530 für die Abgrenzung zwischen privater Vermögensverwaltung und gewerblichem Wertpapierhandel.

21 Im Bereich der Einkünfte aus Vermietung und Verpachtung (§ 21 EStG) liegt grundsätzlich ebenfalls bloße Vermögensverwaltung vor, so dass diese Einkünfte an der Steuerbefreiung des ideellen Bereiches teilhaben. Hiervon müssen aber die folgenden gewichtigen Ausnahmen gemacht werden:

- Betriebsaufspaltung

  Vermietungstätigkeit, die sich zunächst als Vermögensverwaltung darstellt, kann in Wirklichkeit eine als wirtschaftlicher Geschäftsbetrieb steuerbare Betriebsaufspaltung sein. Vermietet eine gGmbH etwa ein Grundstück an eine gewerblich tätige Schwester- oder Tochtergesellschaft, so liegt ein Fall der Betriebsaufspaltung vor. Voraussetzung für das Vorliegen einer Betriebsaufspaltung ist eine sachliche und personelle Verflechtung zwischen der überlassenden und der gewerblich tätigen Gesellschaft. Eine personelle Verflechtung besteht dabei bereits, wenn die Besitzgesellschaft oder die sie beherrschende Person in der Lage ist, auch in der Betriebsgesellschaft ihren Willen durchzusetzen. Das ist der Fall bei Anteilseigneridentität, aber auch, wenn etwa ein wirtschaftlicher Geschäftsbetrieb auf eine Tochtergesellschaft ausgegliedert wird.[23] Die sachliche Verflechtung liegt vor, wenn die verpachteten Gegenstände bei der Betriebsgesellschaft eine wesentliche Betriebsgrundlage darstellen. Die Grundsätze der Betriebsaufspaltung werden dann nicht angewandt, wenn Besitzunternehmen und Betriebsunternehmen steuerbegünstigt sind. Das setzt bei Ausgliederungen voraus, dass das Besitzunternehmen auch nach der Ausgliederung noch eine eigene steuerbegünstigte Tätigkeit entfaltet.

- Gewerblicher Grundstückshandel

  Die Rechtsprechung und die Verwaltungspraxis nehmen einen Übergang von der privaten Vermögensverwaltung zum gewerblichen Grundstückshandel an, wenn innerhalb eines Fünfjahreszeitraums mehr als drei Objekte veräußert werden. Dabei zählen als Objekte im Sinne der Drei-Objekt-Grenze Grundstücke jeder Art. Auch jedes zivilrechtliche Wohnungseigentum, das selbständig nutzbar und veräußerbar ist, stellt ein solches Objekt dar.[24]

  Wird diese Grenze überschritten, so liegt gewerblicher Grundstückshandel und damit ein wirtschaftlicher Geschäftsbetrieb vor. Außerhalb dieser Grenze kommt eine Besteuerung nicht, auch nicht unter Hinweis auf die Spekulationsfristen des § 23 EStG, in Betracht, denn die Vermögensverwaltung hat grundsätzlich Teil an der Steuerbefreiung des ideellen Bereichs.

- Beteiligung an Kapitalgesellschaften oder Personengesellschaften

  Die Beteiligung an gewerblichen Personengesellschaften führt bei der gGmbH immer selbst zu gewerblichen Einkünften, so dass sie hier den Bereich der bloßen Vermögensverwaltung verlässt. Insoweit gilt aber eine lediglich gewerblich geprägte Personengesellschaft nicht als gewerblich (im Sinne des § 14 AO).[25] Entscheident ist daher die originär gewerbliche Tätigkeit der Personengesellschaft.

  Grundsätzlich anders ist das im Bereich der Beteiligung an Kapitalgesellschaften. Diese Einkünfte wären immer, d.h. auch bei einer 100%igen Beteiligung und unmittelbarem Einfluss auf die Geschäftsleitung, den Einkünften aus Kapitalvermögen und damit dem Bereich der Vermögensverwaltung zuzuordnen.

  Der BFH hat in einem Nichtannahmebeschluss[26] aus dem Jahre 2002 deutlich gemacht, dass er seine Differenzierung aus dem Jahre 1971[27] aufrechterhält, wonach bei entscheidendem Einfluss der gemeinnützigen Organisation auf die Geschäftsführung der Kapitalgesellschaft, ein „Durch-

23 Vgl. OFD Koblenz vom 7.10.2003, siehe § 8 Rz. 13; ebenso Bayer. Landesamt f. Steuern Vfg. Vom 2.11.2010, S2729.2.1-5/2 St31, DStR 2010, 2518.
24 Vgl. BMF vom 26. März 2004, BStBl. I 2004, 434.
25 BFH Urteil vom 25.5.2011, I R 60/10, DStR 2011, 1460.
26 BFH Beschluss vom 19.08.2002 – II B 122/01, BFH/NV 2003, 64, Haufe-Index 848068-
27 BFH Urteil vom 30.06. 1971 - I R 57/70 , BFHE 103, 56, BStBl II 1971, 753, Haufe-Index 69573.

griff“ in der Form zulässig ist, dass die Beteiligung bzw. die hieraus generierten Einkünfte dem wirtschaftlichen Geschäftsbetrieb der gemeinnützigen Organisation zuzuordnen sind.

Abgesehen hiervon erfolgt die Grenzziehung zwischen Vermögensverwaltung und wirtschaftlichem Geschäftsbetrieb an den Einkunftsarten des EStG. So ist jegliche Vermietung und Verpachtung sowie Einkünfte aus Kapitalvermögen der (steuerfreien) Vermögensverwaltung zuzuordnen. Bei Einkünften aus Vermietung und Verpachtung sind bislang auch noch keine Stimmen laut geworden, wonach ein übermäßiger Wettbewerb zu privaten (und steuerpflichtigen) Anbietern schädlich für die Einordnung als vermögensverwaltend sei. 22

5. Sphäre 3 und 4: Der körperschaft- und gewerbesteuerpflichtige wirtschaftliche Geschäftsbetrieb der gGmbH in Abgrenzung vom Zweckbetrieb

Ein Zweckbetrieb liegt nach § 65 AO vor, wenn der wirtschaftliche Geschäftsbetrieb in seiner Gesamtrichtung dazu dient, die steuerbegünstigten Zwecke der gGmbH zu verwirklichen (1), diese Zwecke nur durch einen solchen Geschäftsbetrieb erreicht werden können (2) und er nicht vermeidbar in größerem Umfang in Wettbewerb zu nicht begünstigten Betrieben derselben oder ähnlicher Art steht (3). 23

Die gGmbH ist mit ihren Einkünften aus Zweckbetrieben ebenfalls von der Steuer befreit. Allerdings liegt im Grundsatz ein wirtschaftlicher Geschäftsbetrieb vor, so dass insbesondere in Wettbewerbssituationen ein erhebliches Gefahrenpotential für Konkurrentenklagen droht. Die Befreiung des Zweckbetriebes von der Steuer widerspricht grundsätzlich der Wettbewerbsneutralität des Steuerrechts. Auch die steuerliche Begünstigung des Zweckbetriebes im Rahmen der Umsatzsteuer, d.h. die Anwendung des ermäßigten Mehrwertsteuersatzes stellt eine Beeinträchtigung etwaiger Wettbewerber dar und kann zu Konkurrentenklagen führen.[28] Daher sind die Voraussetzungen für eine Anerkennung des Zweckbetriebs als solcher denkbar eng. 24

Zwischenzeitlich ist aus Kreisen des BFH zu vernehmen, dass der Wettbewerbsgedanke stärker in den Vordergrund gerückt werden soll, da „ der Geschäftsbetrieb eine bloße und beliebige Dienstleistung; er ist deswegen auch steuerlich wie jeder andere Dienstleister zu behandeln.“[29]

(1) So ist es erforderlich, dass der steuerbegünstigte Zweck und der wirtschaftliche Zweckbetrieb sich nicht voneinander trennen lassen, gleichsam eine wirtschaftliche Einheit bilden, so dass die steuerbegünstigten Zwecke der gGmbH unmittelbar durch den Zweckbetrieb miterfüllt werden.[30]

(2) Weiter wird verlangt, dass der wirtschaftliche Geschäftsbetrieb das einzige Mittel ist, um die steuerbegünstigten Zwecke zu erreichen.[31] So darf der Zweck nicht auch ohne weiteres durch die Inanspruchnahme anderer Unternehmer erreichbar sein.

(3) Schließlich muss der entstehende Wettbewerb auf das zur Erfüllung der steuerbegünstigten Zwecke unvermeidbare Maß begrenzt sein.

Die §§ 66 bis 68 AO bestimmen für einzelne Bereiche (Wohlfahrtspflege, Krankenhäuser, sportliche 25

28 Zu den damit aufgeworfenen prozessualen und verfahrensrechtlichen Fragen siehe auch Kohlhepp, DStR 2011, 145.
29 So Gosch, HaufeIndex 2309620, 2338801 und Martin, HaufeIndex 2144468; beide zitiert nach Hüttemann, DB 2011,319 ff..
30 Tipke in Tipke/Kruse § 65 Rz. 2 mwN.
31 BFH Urteil vom 09.04.1987 – V R 150/78, BStBl II 1987, 659, Haufe-Index 61696, BFHE 149, 319, BB 1987, 1588, DB 1987, 2132, HFR 1987, 420.

Veranstaltungen und weitere Einzelfälle), wann ein Zweckbetrieb im Einzelnen vorliegt, ohne dass die Voraussetzungen des § 65 AO nochmals explizit zu prüfen sind. Insbesondere § 68 Abs. 1 AO enthält in Nr. 2 b) eine Regelung über Einrichtungen zur Selbstversorgung, die von gemeinnützigen Organisationen teilweise als „Freifahrschein" für die gemeinsame Nutzung von „Dienstleistungszentren" für mehrere gemeinnützige Organisationen bzw. für die Bündelung von Verwaltungsaufwand. Der BFH hat dieser Praxis mit Urteil vom 29.1.2009 klare Grenzen aufgezeigt.[32] In diesem Fall hatte ein gemeinnütziger Verein Verwaltungsleistungen gegenüber seinen Mitgliedsvereinen erbracht und sich hierbei auf § 68 Abs. 1 Nr. 2 b) AO und damit auf das Bestehen eines Zweckbetriebs berufen. Der BFH wies dies zurück, zum einen, weil die Selbstversorgungseinrichtungen den in § 68 Abs. 1 Nr. 2b) AO genannten Handwerksleistungen vergleichbar sein müsse und zum anderen, weil hier nur ein Zweckbetrieb vorliegen könne, wenn die Leistungen nur gelegentlich an andere Erbracht würden, nicht aber, wenn die Einrichtung zur dauerhaften Erbringung der Leistungen an Dritte ausgestaltet sei. Das Urteil ist berechtigterweise auf Kritik gestoßen[33], es schränkt aber rein faktisch den Handlungsspielraum gemeinnütziger Körperschaften erheblich ein.

7

Für die Arbeitnehmerüberlassung, d.h. den entgeltlichen Verleih von Arbeitskräften, ist aufgrund der Erfordernisse der Arbeitsverwaltung ein besonderer Anhang zum Freistellungsbescheid entwikkelt worden, in dem der gemeinnützigen Körperschaft vom Finanzamt bescheinigt wird, wenn die Arbeitnehmerüberlassung als Maßnahme zur Verwirklichung der gemeinnützigen Satzungszwecke einen begünstigten Zweckbetrieb begründet.[34]

26 Der BFH hat mit Beschluss vom 18.09.2007 in einem obiter dictum die Tätigkeit der Krankentransporte und Rettungsfahrzeuge gemeinnütziger Organisationen (im Urteilsfall Körperschaft des öffentlichen Rechts) als körperschaft- und gewerbesteuerpflichtigen Betrieb angesehen. Das BMF hat hierzu einen Nichtanwendungserlass erlassen, nach dem regelmäßig davon auszugehen ist, dass Rettungsdienst und Krankentransport nicht aus Erwerbszwecken, sondern zur Erfüllung der satzungsmäßigen steuerbegünstigten Zwecke ausgeführt werden.[35]

Schließlich hat der BFH in einem jüngeren Urteil[36] verstärkten Wert auf die „Unmittelbarkeit" der Leistungserbringung gelegt und einen Zweckbetrieb insbesondere dann abgelehnt, wenn Leistungen nicht gegenüber den in § 53 AO genannten Personen, sondern gegenüber anderen gemeinnützigen Organisationen erbracht wurden. [37]

Der Grundsatz der Unmittelbarkeit kann im Grundsatz auch durch Hilfspersonen erfüllt werden, die die gemeinnützige Körperschaft zur Erfüllung ihrer Zwecke einsetzt (§ 57 Abs. 1 S. 2 AO). Allerdings soll der Grundsatz der Unmittelbarkeit für eine Körperschaft dann nicht erfüllt sein, wenn deren Zweck nicht selbst auf eine gemeinnützige Tätigkeit, sondern nur auf die Unterstützung einer gemeinnützig tätigen Körperschaft ausgerichtet ist. Mit anderen Worten: eine von einem Krankenhaus in Form einer GmbH betriebene Zentralwäscherei ist nicht gemeinnützig tätig[38], das selbe gilt für andere untergeordnete Dienstleister[39].

Die Körperschaft muss daher, um das Kriterium der Unmittelbarkeit zu erfüllen, Ihre Leistungen direkt in gemeinnützigkeitsrechtlich erwünschter Form erbringen, d.h. gegenüber dem richtigen „Adressaten". Im obigen Beispiel müsste die Zentralwäscherei einen eigenen gemeinnützigkeitsrechtlich anerkannten Zweck verfolgen, der den Betrieb der Wäscherei als Zweckbetrieb rechtfertigt.

---

32 BFH Urteil vom 29.1.2009 – V R 46/06, BFH/NV 2009, 867, Haufe-Index 2141778, BStBl II 2009, 560, BFHE 224, 176, BB 2009, 803, DB 2009, 828, DStR 2009, 690, DStRE 2009, 512, DStZ 2009, 337, HFR 2009, 694, UR 2009, 385

33 Hüttemann, DB 2011, 319, 320.

34 OFD Rheinland Erlass vom 16.4.2009, s. § 8 Rz. 10.

35 BMF vom 20.1.2009, s. § 8 Rz. 5.

36 BFH Urteil vom 7.3.2007, I R 90/04, FR 2007, 931; dazu Hüttemann/Schauhoff FR 2007, 1133.

37 siehe hierzu weiterführend unter Rz. 101 ff.

38 FG Düsseldorf, 7 K 89/86, EFG 1992, 99.

39 Vgl. Tipke/Kruse § 57 Rz. 4 mwN.

Dies ist (wie in diesem Beispiel) manchmal schwer konstruierbar. In anderen Fällen fällt dies leichter. Hier ist eine eingehende Analyse der Geschäftsprozesse und eine entsprechende Ausgestaltung der Satzung erforderlich. Das Kriterium der Unmittelbarkeit darf jedoch nicht unterschätzt werden. Es führt in vielen Ausgliederungsfällen dazu, dass der (aus einer gemeinnützigen Trägerschaft) ausgegliederte Geschäftsbetrieb, der in der gemeinnützigen Struktur ein Zweckbetrieb war (zB unselbständige Wäscherei in einem Krankenhaus mit eigener Kostenrechnung) plötzlich zu einem steuerpflichtigen Unternehmen wird und gegebenenfalls die Gemeinnützigkeit des Trägerunternehmens gefährdet.

6. Zuteilungen von Erträgen und Aufwendungen

Die Unterscheidung der einzelnen Sphären der gGmbH führt zu einer klaren Zuordnung von Erträgen zu einzelnen Sphären. Für die Aufwendungen gilt diese Eindeutigkeit nicht zwingend. Zwar entstehen in jeder Sphäre der gGmbH auch dieser Sphäre unmittelbar zuzuordnende Kosten, doch gibt es auch übergeordnete Verwaltungskosten oder sonstige Aufwendungen, die nicht direkt einer der Sphären zugeteilt werden können. 27

In diesem Fall sähe das objektive Nettoprinzip im Steuerrecht grundsätzlich eine schätzweise Aufteilung der Aufwendungen in solche, die durch den wirtschaftlichen Geschäftsbetrieb veranlasst wurden und solche, die durch die ideelle Tätigkeit veranlasst wurden vor.[40] Allerdings geht der BFH in ständiger Rechtsprechung davon aus, dass solche Aufwendungen alleine durch die ideelle Sphäre der Körperschaft veranlasst sind, so dass ein – auch partieller – Betriebsausgabenabzug unterbleiben muss.[41] Eine Aufteilung soll demnach nur möglich sein, wenn die Aufwendungen ohne den steuerpflichtigen wirtschaftlichen Geschäftsbetrieb nicht in der selben Höhe entstanden wären. Andernfalls geht der BFH von einer vollständigen Veranlassung durch die steuerfreie Tätigkeit aus.

Praxishinweis:

Für Personalaufwand lohnt sich daher eine ursachengerechte Zeiterfassung, um gegebenenfalls die Kosten teilweise dem wirtschaftlichen Geschäftsbetrieb zuordnen zu können. Für viele Kostenbereiche wird der Nachweis einer teilweisen Kostenerhöhung durch den wirtschaftlichen Geschäftsbetrieb aber nicht gelingen. So ist beispielsweise eine Buchhaltungssoftware auch ohne einen wirtschaftlichen Geschäftsbetrieb zu erwerben und zu installieren. Derartige Kosten können daher nicht partiell umgelegt werden.

Aufgrund der Existenz mehrerer Sphären – steuerpflichtiger und steuerfreier – innerhalb einer Körperschaft, ist es auch von Bedeutung, wie die Überführung von Wirtschaftsgütern zwischen den verschiedenen Sphären gehandhabt werden muss. Auszugehen ist hier von den allgemeinen Regelungen des Einkommensteuerrechts über Einlagen und Entnahmen. Beide Vorgänge erfolgen zum Teilwert. Bei der Gewinnermittlung des wirtschaftlichen Geschäftsbetriebes sind daher Entnahmen für den ideellen Bereich gewinnerhöhend, Einlagen aus dem ideellen Bereich gewinnmindernd zu berücksichtigen (vgl. § 4 Abs. 1 EStG).

7. Spendenrecht

Die gGmbH kann zur Finanzierung ihrer Tätigkeit nicht auf Mitgliedsbeiträge zurückgreifen, da die gGmbH insoweit von der Sphäre ihrer Gesellschafter getrennt ist. Die Gesellschafter können zwar 28

40 Vgl. auch Hüttemann in FS Waltz, 269, 284.
41 BFH Urteil vom 27.03.1991 – I R 31/89, BStBl II 1992, 103, Haufe-Index 63547, BFHE 164, 508, BB 1991, 2140, DB 1991, 2117, DStR 1991, 1279, HFR 1991, 718, StE 1991, 332.

Einlagen leisten, Mitgliedsbeiträge sieht das Gesellschaftsstatut der GmbH jedoch nicht vor.

Damit ist die gGmbH im Rahmen ihrer Außenfinanzierung wesentlich auf das Mittel der Spenden (auch durch ihre Gesellschafter) angewiesen. Die Spende an eine gGmbH ist für den Zuwendenden im Rahmen des § 10b EStG (dazu unten) steuerlich abzugsfähig. Daher besteht ein staatlich gewünschter Finanzierungsvorteil der gemeinnützigen Körperschaften über den Weg der Spendenmittel.

a) Kleinbetragsspenden

29 Für Spenden bis zu 200 Euro ermöglicht § 50 Abs. 2 S. 2 lit b EStDV einen Spendenabzug auch dann, wenn der Bareinzahlungsbeleg oder die Buchungsbestätigung des Kreditinstitutes dem Finanzamt vorgelegt wird. Dies entbindet die gGmbH nicht von der ordnungsgemäßen Verbuchung und Verwendung der Spende, wohl aber von der Ausstellung einer separaten Spendenbescheinigung für Kleinbetragsspenden.

b) Ausstellung von Spendenbescheinigungen

30 Alle nach § 5 Abs. 1 Nr. 9 KStG steuerbefreiten Körperschaften und damit auch die gGmbH sind automatisch berechtigt, steuerbegünstigte Zuwendungen zu erhalten und entsprechende Bestätigungen zu erteilen. Das zuständige Körperschaftsteuerfinanzamt unterrichtet die gGmbH im Rahmen des Freistellungsbescheides bzw. der vorläufigen Bescheinigung, ob und inwieweit sie zur Ausstellung von steuerwirksamen Zuwendungsbestätigungen berechtigt ist. Dies kann Gegenstand einer Feststellungsklage sein.[42]

31 Unverzichtbare Voraussetzung des Spendenabzugs auf Ebene des Spendenden ist das Vorliegen eines Spendenbescheinigung zu deren Ausstellen die gGmbH verpflichtet ist (§ 50 Abs. 1 EStDV). Die Zuwendungsbestätigung muss dem amtlich vorgeschriebenen verbindlichen Muster entsprechen, das in § 8 Rz. 17 f. abgedruckt ist. Abweichungen vom amtlichen Muster sind lediglich insoweit zulässig, als graphisch oder farblich bestimmte Passagen oder Worte hervorgehoben sein dürfen. Reihenfolge und Wortlaut der Bestätigung sind zwingend dem amtlichen Vordruck zu entnehmen. Zusätze, Werbeaussagen oder Danksagungen dürfen auf beigefügten Schreiben oder auf der Rückseite der Spendenbescheinigung aufgedruckt sein.

Die gGmbH muss in der Bestätigung unter Verweis auf den letzten vorliegenden Freistellungsbescheid oder einen Steuerbescheid oder eine vorläufige Bescheinigung des Finanzamtes bestätigen, dass sie nach § 5 Abs. 1 Nr. 9 KStG von der Körperschaftsteuer befreit ist und die Spende (Geldbetrag oder Sachspende) für steuerbegünstigte satzungsmäßige Zwecke verwendet. Der Verwendungszweck ist so genau anzugeben, dass eine Überprüfung möglich ist, ob die gGmbH für diesen Zweck eine Zuwendungsbescheinigung ausstellen darf.[43]

32 Nicht anerkannt werden regelmäßig Zuwendungsbescheinigungen, bei denen auf eine vorläufige Bescheinigung Bezug genommen wird, deren Ausstellung länger als 3 Jahre zurückliegt, bzw. bei denen auf einen Steuerbescheid / Freistellungsbescheid Bezug genommen wird, dessen Ausstellung länger als 5 Jahre zurückliegt.[44]

33 Die Zuwendungsbescheinigung muss grundsätzlich mindestens von einer durch Satzung oder ein

42 BFH Urteil vom 23.09.1999 –XI R 66/98, BStBl II 2000, 533, BFH /NV 2000, 782, Haufe-Index 424890, BFHE 190, 278, BB 2000, 762, DB 2000, 1159, DStRE 2000, 461, HFR 2000, 428, StE 2000, 211.

43 BFH Urteil vom 29.11.1989 – X R 154/88, BStBl. II 1990, 570, Haufe-Index 62942, BFHE 159, 327, BB 1990, 764, BB 1990, 764, DB 1990, 815, DStR 1990, 246, HFR 1990, 294, StE 1990, 122.

44 BMF vom 15.12.1994, BStBl. I 1994, 884.

Auftragsverhältnis zur Entgegennahme der Zahlungen berechtigte Person eigenhändig unterzeichnet sein. Von diesem Erfordernis kann nur abgewichen werden, wenn die Spendenbescheinigung maschinell nach einem zuvor der Finanzverwaltung angezeigten Verfahren erstellt werden. Mit der Anzeige bei dem zuständigen Finanzamt sind insbesondere folgende Voraussetzungen zu erfüllen und anzuzeigen:

- Die Zuwendungsbestätigungen müssen dem amtlichen Vordruck entsprechen.
- Die Zuwendungsbestätigungen müssen Abgaben über die Anzeige an das Finanzamt enthalten.
- Die rechtsverbindliche Unterschrift ist beim Druckvorgang als Faksimile einzublenden oder in gescannter Form zu verwenden.
- Das Verfahren muss gegen unbefugten Eingriff gesichert sein.
- Die Buchung der Einzahlungen in der Finanzbuchhaltung und die Erstellung der maschinellen Zuwendungsbestätigungen müssen systemtechnisch verknüpft und miteinander abstimmbar sein.
- Aufbau und Ablauf des Verfahrens müssen für die Finanzverwaltung prüfbar sein, d.h. eine angemessene Dokumentation muss verfügbar sein und die Grundsätze ordnungsgemäßer DV-gestützter Buchführungssysteme müssen erfüllt sein.

Die Automatisierung gilt nur für Geldspenden und ist auch Sach- und Aufwandsspenden nicht anwendbar.

Grundsätzlich sind für jede Spende Einzelbestätigungen auszustellen. Das BMF-Schreiben vom 34
2.6.2000 regelt jedoch, dass im Einzelfall eine Sammelbestätigung unter folgenden Voraussetzungen möglich ist:

Gegen die Erstellung von Sammelbestätigungen für Geldzuwendungen (Mitgliedsbeiträge, Geldspenden), d. h. die Bestätigung mehrerer Zuwendungen in einer förmlichen Zuwendungsbestätigung, bestehen unter folgenden Voraussetzungen keine Bedenken:

- Anstelle des Wortes „Bestätigung“ ist das Wort „Sammelbestätigung“ zu verwenden.
- Bei „Art der Zuwendung“ und „Tag der Zuwendung“ ist auf die Rückseite oder die beigefügte Anlage (s. u.) zu verweisen.
- In der Zuwendungsbestätigung ist die Gesamtsumme zu nennen.
- Nach der Bestätigung, dass die Zuwendungen zur Förderung steuerbegünstigter Zwecke verwendet werden, ist folgende Bestätigung zu ergänzen: „Es wird bestätigt, dass über die in der Gesamtsumme enthaltenen Zuwendungen keine weiteren Bestätigungen, weder formelle Zuwendungsbestätigungen noch Beitragsquittungen o. ä., ausgestellt wurden und werden.“
- Auf der Rückseite der Zuwendungsbestätigung oder in der Anlage ist jede einzelne Zuwendung mit Datum, Betrag und Art (Mitgliedsbeitrag, Geldspende) und nur im Falle unterschiedlich hoch begünstigter Zwecke auch der begünstigte Zweck aufzulisten. Diese Auflistung muss ebenfalls eine Gesamtsumme enthalten und als „Anlage zur Zuwendungsbestätigung vom ....“ gekennzeichnet sein.
- Zu den in der Sammelbestätigung enthaltenen Geldspenden ist anzugeben, ob es sich hierbei um den Verzicht auf Erstattung von Aufwendungen handelt oder nicht (vgl. auch Rdnr. 10 des Schreibens). Handelt es sich sowohl um direkte Geldspenden als auch um Geldspenden im Wege des Verzichts auf Erstattung von Aufwendungen, sind die entsprechenden Angaben dazu entweder auf der Rückseite der Zuwendungsbestätigung oder in der Anlage zu machen.
- In der Sammelbestätigung ist anzugeben, auf welchen Zeitraum sich die Sammelbestätigung erstreckt. Die Sammelbestätigung kann auch für nur einen Teil des Kalenderjahrs ausgestellt werden.

- Werden im Rahmen einer Sammelbestätigung Zuwendungen zu steuerlich unterschiedlich hoch begünstigte Zwecke bestätigt, dann ist unter der in der Zuwendungsbestätigung genannten Gesamtsumme ein Klammerzusatz aufzunehmen (...)

Die Ausführungen im letzten Spiegelstrich des zitierten BMF-Schreibens haben auf Spendenbescheinigungen, die für Spenden nach dem 1.1.2007 ausgestellt werden keine Bedeutung mehr, da eine unterschiedliche Begünstigung je nach Art der verfolgten begünstigten Zwecke entfallen ist.

35 Die Zuwendungsbestätigung muss eine Aussage dazu enthalten, ob (auch ggf.) ein Zweck im Ausland verwirklicht wird. Steht dies noch nicht fest, muss die Möglichkeit Erwähnung finden.[45] Die Spende ist grundsätzlich unabhängig davon steuerlich abzugsfähig und die Spendenbescheinigung zulässig.[46] Allerdings hat das Jahressteuergesetz 2009 für die Verwirklichung steuerbegünstigter Zwecke im Ausland das Erfordernis eines sogenannten „strukturellen Inlandsbezugs“ festgesetzt. Diese Regelung in § 51 Abs. 2 AO erfordert, dass bei der **Förderung steuerbegünstigter Zwecke im Ausland** entweder

- natürliche Personen mit Wohnsitz oder gewöhnlichem Aufenthaltsort im Inland gefördert werden oder
- die Tätigkeit auch dem Ansehen der Bundesrepublik Deutschland im Ausland dienlich ist.

Die praktischen Auswirkungen dieser Gesetzesänderung sind noch nicht abschätzbar. Jedenfalls sollte die Spendenbescheinigung aber deutlich machen, dass das Erfordernis des strukturellen Inlandsbezuges erfüllt wurde. Es ist zwar abzusehen, dass die Vorschrift bei extensiver Auslegung europarechtswidrig wäre.[47] Nur bei wohlwollender Betrachtung ist die Norm europarechtlich aufrechtzuerhalten. Sie setzt dann aber ein Verständnis voraus, wonach jede Spende aus Deutschland in das Ausland zu einer Steigerung des Ansehens des Bundesrepublik Deutschland führt. So will wohl auch der Bundestag die Norm verstanden wissen, denn nach seiner Lesart soll die Voraussetzung bei in Deutschland ansässigen Organisationen – und damit auch bei gGmbHs – bereits durch die Beteiligung an gemeinnützigen, mildtätigen oder kirchlichen Zwecken im Ausland im Wege der personellen, finanziellen, planenden, schöpferischen oder anderweitigen Förderung erfüllt sein.[48]

Nach § 50 Abs. 4 EStDV ist die gGmbH dazu verpflichtet, ein Doppel der Zuwendungsbescheinigung (ggf. in elektronischer Form) im Rahmen der allgemeinen steuerlichen Aufbewahrungspflichten aufzubewahren.

c) Zweckbestimmung

36 Die Zuwendung muss dahingehen, dass damit der ideelle Bereich der gGmbH gefördert wird. Das ist nicht der Fall, wenn die Spende für die Tätigkeit eines wirtschaftlichen Geschäftsbetriebes erfolgt. Insoweit müssen die Gesellschafter ohne die Möglichkeit eines steuerbegünstigten Abzugs Einlagen erbringen, wenn hierfür eine Zuwendung erfolgen soll. Anderes gilt im Bereich der Förderung eines Zweckbetriebes. Da dieser geeignet und bestimmt ist, die ideelle Tätigkeit der gGmbH unmittelbar zu fördern, kann die gGmbH hierfür auch Spenden empfangen und Spendenbescheinigungen ausstellen.

Es besteht ein **Aufteilungsverbot**, d.h. eine Spende darf nicht sowohl für den steuerbegünstigten Bereich als auch für den wirtschaftlichen Geschäftsbetrieb der gGmbH verwandt werden. Im Fall

45 Buchna, S. 435.

46 EStR Abschnitt 10b.1 Abs. 5 S. 2.

47 Ebenso Thömmes in Arbeitsbuch zur 60. Steuerrechtlichen Jahresarbeitstagung der Fachanwälte für Steuerrecht S. 8.

48 BT-Drs. 16/11108, 56.

einer solchen Verwendung, ist sie insgesamt nicht abzugsfähig.[49] Davon zu unterscheiden ist eine aufteilbare Leistung, die sowohl für den steuerbefreiten als auch für den nicht steuerbefreiten Bereich der gGmbH erfolgt. In diesem Fall ist eine Spendenbescheinigung nur für den erstgenannten Bereich auszustellen. Insoweit kann nicht von einem Aufteilungsverbot gesprochen werden.[50]

d) Gegenstand der Spende

Als Gegenstand einer Spende kommen Geldspenden, Sachspenden und Verzicht auf einen Aufwendungsersatzanspruch in Betracht. 37

Im Fall von Sachspenden muss die Zuwendungsbescheinigung genaue Angaben über den zugewandten Gegenstand machen. Bei Zuwendungen aus einem Betriebsvermögen ist die Sachspende mit dem Entnahmewert anzusetzen.[51] Dies ist nach § 6 Abs. 1 Nr. 4 EStG der Teilwert. In diesem Fall verlangt die Finanzverwaltung keine Vorlage weiterer Unterlagen zur Wertermittlung. Dagegen muss die gGmbH bei Sachspenden aus dem Privatvermögen geeignete Unterlagen zur Wertermittlung der eigenen Buchführung beifügen und in der Bescheinigung bestätigen, dass solche Unterlagen vorgelegen haben.

Nutzungen und Leistungen können nicht Gegenstand einer Spende sein. Das betrifft auch Beratungsaufwand. Dagegen kann der Verzicht auf Aufwandsersatz Gegenstand einer Spende sein, wenn nicht von vorneherein der Verzicht auf den Aufwandsersatz vereinbart war. Dies regelt § 10b Abs. 3 S. 5 und 6 EStG. 38

Gegenstand einer Spende in Form der Sachspende kann auch der **Verzicht** auf eine **Forderung** sein. In diesem Fall wendet der Verzichtende den gemeinen Wert der Forderung zu. Auch hier muss man, ähnlich wie bei der Aufwandsspende verlangen, dass der Verzicht auf die Forderung nicht bereits im Zeitpunkt deren Begründung feststand, denn andernfalls könnten Leistungen und Nutzungen über den Umweg des Forderungsverzichtes doch zum Gegenstand einer Spende werden. 39

Praxishinweis:

Laufende Beratungsleistungen sind somit grundsätzlich nicht abzugsfähig. Sie können aber als Verzicht auf Forderungen abzugsfähig sein, wenn der Berater und die gGmbH nachträglich übereinkommen, dass der Berater die Forderung abschreibt und gegenüber der gGmbH verzichtet. Dies kann jedoch nur im Einzelfall akzeptiert werden, d.h. eine systematische „Pro-Bono"-Beratung wird hierdurch nicht zum Steuerspar-Modell für den Berater.

e) Spenden aus dem Ausland

Bei Spenden aus dem Ausland ist zu differenzieren. Der Europäische Gerichtshof (EuGH) hat am 27. Januar 2009 entschieden, dass es gegen EU-Recht verstößt, die Absetzbarkeit nur auf inländische Einrichtungen zu beschränken. Der Heimatstaat eines Spenders muss überprüfen, ob der Empfänger in einem anderen EU-Staat auch nach seinen Regeln gemeinnützig wäre.[52] 40

Wie diese Entscheidung im Inland umgesetzt werden kann, ist noch nicht geklärt. Insbesondere wird die gGmbH bei Spenden aus dem Ausland gegebenenfalls bei dem Nachweis mitwirken müssen, dass

49 BFH Urteil vom 7.11.1990, X R 203/87, BStBl II 1991, 547, Haufe-Index 63478, BFHE 164, 14, BB 1991, 1313, BB 1991, 1313, DB 1991, 1604, DStR 1991, 812, HFR 1991, 526, StE 1991, 224 (K) und vom 12.8.1999 – XI R 65/98, BStBl II 2000, 65, BFH /NV 2000, 503, Haufe-Index 422552, BFHE 190, 144, BB 2000, 190, DB 2000, 305, DStR 2000, 149, DStRE 2000, 119, DStZ 2000, 226, HFR 2000, 262, StE 2000, 34.

50 anders Buchna, aaO S. 439.

51 BMF vom 2.6.2000, Rz. 9. Siehe auch § 8 Rz. 16.

52 EuGH vom 27.01.2009, Rs C-318/07 „Persche", DStR 2009, 207.

ihre Betätigung auch nach den Regeln des Spenderstaates gemeinnützig wäre. In welcher Form dies geschehen kann, ob gegebenenfalls die Finanzverwaltungen der einzelnen EU-Staaten hierzu Hinweise geben, ist noch offen. Ebenso offen ist, ob gegebenenfalls besondere Spendenbescheinigungen zu erteilen sein werden. Vorläufig wird man sich ggf. zumindest an den Gegenseitigkeitserklärungen nach dem Erbschaft- und Schenkungsteuerrecht orientieren können. Diese sind in Abschnitt 48 der Hinweise zu den Erbschaftsteuerrichtlinen der Finanzverwaltung abgedruckt.

f) Betätigung der gGmbH im Ausland

41 Wird die gGmbH selbst im Ausland tätig, gründet sie etwa eine ausländische Betriebsstätte, so ist sie insoweit nach dem ausländischen Gemeinnützigkeitsrecht zu behandeln. In der Rechtssache Stauffer hat der EuGH entschieden, dass sich auch die in einem anderen EU-Staat gegründeten Körperschaften für ihre Betätigungen im Inland auf das jeweils nationale Gemeinnützigkeitsrecht berufen können.[53]

g) Haftung

42 Empfänger von Spendenbescheinigungen können auf die Richtigkeit der Spendenbescheinigung vertrauen (§ 10b Abs. 4 S. 1 EStG), soweit ihm nicht die Unrichtigkeit bekannt oder infolge grober Fahrlässigkeit unbekannt war oder er die Bestätigung durch falsche Angaben und unlautere Mittel erwirkt hat. Die Steuerbegünstigung bleibt für den Spender daher auch in den Fällen erhalten, in denen die Bescheinigung unzutreffend war.

43 Als Pendent der Vertrauensschutzregelung haftet die gGmbH für die Richtigkeit der ausgestellten Spendenbescheinigungen. Sind die Bescheinigungen unrichtig, muss die gGmbH pauschaliert die entgangene Steuer des Staates in Höhe von 30% der Zuwendungen an den Staat begleichen. Diese Regelung ist für Spenden von Privatpersonen in § 10b Abs. 4 S. 2 ff. EStG geregelt, für zuwendende Kapitalgesellschaften in § 9 Abs. 3 KStG und ist bei einem Abzug bei Einkünften aus Gewerbebetrieb noch zusätzlich nach § 9 Nr. 4 GewStG um 15% zu erhöhen. Haftungsgläubiger ist insoweit die Gemeinde in der der spendende Gewerbetreibende seinen Sitz hat.

Zuständig für den Erlass der Haftungsbescheide ist das Finanzamt, das auch für die Besteuerung der gGmbH zuständig ist.[54] Im Rahmen des Haftungsverfahrens sind sämtliche Voraussetzungen der Haftung erneut zu prüfen. Eine Bindung an die Bescheide der Zuwendenden ist nicht gegeben.

44 Wesentliche Haftungsmomente sind:

- Bescheinigung eines falschen Wertes bei Sachspenden oder Forderungsverzichten
- Bescheinigung der Verwendung der Spende für einen anderen als den tatsächlichen Verwendungszweck. Jede steuerschädliche Verwendung führt zur Haftung.

Der Haftungsschuldner ist durch das Gesetz nicht eindeutig bestimmt. So kann sowohl die gGmbH selbst, als auch der verantwortliche Geschäftsführer zur Haftung herangezogen werden. Der Geschäftsführer kann auch, wenn die gGmbH primär zur Haftung herangezogen wird, im Rahmen des Innenausgleichs in Regress genommen werden. Da das Verschulden ein subjektives Tatbestandsmerkmal ist, das im Regelfall einer Person zuzuordnen ist, wird durch das der gGmbH zuzurechnende Verschulden des Geschäftsführers auch dessen schuldhaftes Verhalten gegenüber der Gesellschaft offenbar.

53 EuGH Urteil vom 14.09.2006, Rs C386/04, Slg 2006 S. I-8203.

54 Buchna aaO S. 419.

II. Die umsatzsteuerliche Behandlung der gGmbH

Die Umsatzsteuer wird gemeinhin als durchlaufender Posten behandelt. So berechtigt diese Auffassung bei Unternehmen der Privatwirtschaft auch sein mag, für die Unternehmen des sogenannten dritten Sektors, zu denen auch die gGmbH zählt, ist diese Auffassung verfehlt. Die Umsatzsteuer kann hier im Gegenteil zu einer erheblichen Belastung der Unternehmung führen. 45

Insbesondere für den Fortfall der Gemeinnützigkeit gilt, dass aus dem Bereich der Umsatzsteuer das wesentlichste Bedrohungspotential kommt. Fällt die Gemeinnützigkeit weg, sind regelmäßig nur unwesentliche Überschüsse erwirtschaftet worden und infolgedessen der Körperschaft- und Gewerbesteuer zu unterwerfen. Umsatzsteuerlich fällt damit rückwirkend auch die Steuersatz-Begünstigung weg, so dass alle Ausgangsumsätze statt mit dem ermäßigten Steuersatz mit dem vollen Steuersatz zu belegen sind. Dies führt bei entsprechenden Volumina der Zweckbetriebe oder der Vermögensverwaltung regelmäßig zur Insolvenz der Gesellschaft.

Grundsätzlich gilt für den umsatzsteuerlichen unternehmerischen Bereich, d.h. für den Bereich der wirtschaftlichen Geschäftsbetriebe, dass Ausgangsumsätze der Umsatzsteuer (Regelsatz 19%) unterliegen, die mit Umsatzsteuer belasteten Eingangsumsätze für diesen Bereich aber zu einem Anspruch auf Vorsteuervergütung gegen den Staat führen. Für die gGmbH gilt dieser Grundsatz ebenfalls, führt aber in vielen Fällen zu Verwerfungen. Die gGmbH ist grundsätzlich in den Bereichen nicht zum Vorsteuerabzug berechtigt, in denen ihre Ausgangsleistungen nicht als steuerpflichtige Leistungen eines umsatzsteuerlichen Unternehmers zu qualifizieren sind. Die auf diesen Umsätzen lastende Umsatzsteuer ist ein reiner Kostenfaktor. Die gGmbH muss also bemüht sein, mit Umsatzsteuer belastete Eingangsumsätze nach Möglichkeit ihren steuerpflichtigen Ausgangsumsätzen zuzuordnen.

Die umsatzsteuerliche Behandlung der verschiedenen Tätigkeitsbereiche der gGmbH folgt dabei nicht automatisch den körperschaft- und gewerbesteuerlichen Regeln. Das Umsatzsteuerrecht knüpft nämlich die Steuerpflicht im Grundsatz nicht an die Frage, ob eine wirtschaftliche Betätigung von einer Organisation durch- oder ausgeführt wird, die als gemeinnützig anerkannt ist, sondern es wird die Art der jeweiligen Leistung selbst beurteilt. Freilich bedeutet das im Ergebnis zumeist eine weitgehende Deckung der steuerfreien Bereiche, kann aber auch zu einem erheblichen Auseinanderklaffen der ertragsteuerlich und umsatzsteuerlich steuerfreien Bereiche führen. Zumeist sind es ertragsteuerliche Nebenleistungen, die entweder Zweckbetriebseigenschaft aufweisen, oder (aufgrund ihres geringen Volumens) noch nicht als wirtschaftlicher Geschäftsbetrieb qualifizieren, die aber umsatzsteuerlich zu steuerbaren Umsätzen führen. Diskrepanzen ergeben sich gegebenenfalls auch im Bereich der Vermögensverwaltung. 46

Praxishinweis:

Hier ist besondere Vorsicht geboten. Der Bereich des Umsatzsteuerrechts ist für gemeinnützige Organisationen derjenige, der im Einzelfall mit den meisten Fragezeichen besetzt ist. Die nachfolgenden Ausführungen vermögen eine auf den Einzelfall bezogene steuerliche Beratung auf keinen Fall zu ersetzen.

Zahlreiche gGmbHs unterhalten neben ihrem umsatzsteuerbefreiten oder nichtunternehmerischen Bereich auch einen unternehmerischen und der Umsatzsteuer unterliegenden Bereich. Die Trennung beider Bereiche fällt vielfach schwer. Diese Tatsache bedeutet nicht nur für die eigene Rechnungsstellung der gGmbH, sondern insbesondere für den Vorsteuerabzug bei der Anschaffung von Vermögensgegenständen eine erhebliche Erschwernis. Dabei ist das nach § 32a UStG mögliche Wahlrecht, die abzugsfähige Vorsteuer mit einem Durchschnittssatz der steuerpflichtigen Umsätze zu ermitteln, wegen der Voraussetzungen für die Inanspruchnahme dieses Wahlrechts für zahlreiche gGmbHs nicht zu erreichen (im Einzelnen später). 47

48 § 19 UStG ermöglicht kleineren gGmbHs die Inanspruchnahme der sogenannten Kleinunternehmerregelung, wenn die vereinnahmten (steuerpflichtigen) Bruttoumsätze im laufenden Jahr (voraussichtlich) unter 50.000 Euro liegen werden und im Vorjahr unter 17.500 Euro lagen. Die Regelung ist so konzipiert, dass Unternehmer die unter den genannten Grenzen liegen, bereits kraft Gesetzes keine Umsatzsteuer schulden, aber damit auch vom Vorsteuerabzug ausgeschlossen sind. Der Unternehmer kann aber auf die Anwendung der Kleinunternehmerregelung verzichten. Der Verzicht wird im Normalfall dadurch erklärt, dass eine Umsatzsteuererklärung für das betreffende Jahr eingereicht wird. Im Regelfall werden die Vorteile des Vorsteuerabzugs durch den administrativen Aufwand der Erfassung und Zuteilung von Umsatz- und Vorsteuer kompensiert, so dass sich ein Verzicht auf die Kleinunternehmerregelung nur lohnen dürfte, wenn mittelfristig die Schwellenwerte überschritten werden und daher ohnehin die entsprechenden Zuteilungen und Meldungen vorzunehmen sein werden. Insoweit ist misslich, dass die Kleinunternehmerregelung mit ihrer Umsatzschwelle von 17.500 Euro noch erheblich von der Umsatzschwelle von 35.000 Euro für wirtschaftliche Geschäftsbetriebe entfernt ist.

1. Grundlagen

49 Umsatzsteuerlich ist grundsätzlich zu fragen, ob die gGmbH überhaupt als Unternehmer im Sinne des Umsatzsteuergesetzes anzusehen ist. Denn nach § 1 Abs. 1 Nr. 1 UStG unterliegen nur die Lieferungen und sonstigen Leistungen eines Unternehmers im Rahmen seines Unternehmens im Inland gegen Entgelt der Umsatzsteuer. Die Unternehmereigenschaft definiert § 2 Abs. 1 UStG so, dass Unternehmer ist, wer

- selbständig,
- eine gewerbliche oder berufliche Tätigkeit

ausübt. Gewerblich oder beruflich ist jede nachhaltige Tätigkeit zur Erzielung von Einnahmen, auch wenn die Absicht, Gewinn zu erzielen fehlt. Damit ist jede Tätigkeit erfasst, die gegen Entgelt erfolgt und von einer gewissen Beständigkeit, d.h. Nachhaltigkeit ist. Ohne Bedeutung ist, wem gegenüber diese Leistung erbracht wird. Es kann daher sowohl eine Leistung gegenüber fremden Dritten als auch gegenüber den eigenen Mitgliedern (Gesellschaftern) für die Begründung eines steuerpflichtigen Bereiches genügen.

a) Entgeltlichkeit

50 Da das Gemeinnützigkeitsrecht ein unentgeltliches Tätigwerden der gGmbH zugunsten der Gesellschafter weitgehend untersagt, kann in der Einforderung einer Gegenleistung bereits die Begründung eines umsatzsteuerlich relevanten Bereichs der gGmbH liegen.

In diesem Zusammenhang ist auch die Frage der Entgeltlichkeit nach § 1 UStG zu sehen. Die Entgeltlichkeit hängt sowohl mit der Unternehmereigenschaft zusammen, denn auch hier wird eine Tätigkeit zur Erzielung von Einnahmen gefordert, als auch mit der Frage, ob überhaupt ein umsatzsteuerbarer Vorgang vorliegt. Beides erfordert, dass die Leistung der gGmbH auf einen Leistungsaustausch gerichtet sein muss.[55]

Ein Kriterium für die Frage des Vorliegens der Unternehmereigenschaft, aber auch für die Frage, ob ein umsatzsteuerbarer Leistungsaustausch vorliegt, ist daher das Entgelt. Erbringt eine gGmbH keine Leistungen gegen Entgelt, etwa weil ihre einzige Einnahmequelle Spenden von dritter Seite sind, so besteht kein umsatzsteuerlich beachtlicher Bereich. Bei gemeinnützigen Tätigkeiten liegt eine auch

55 Klenk in Solch/Ringleb UStG § 1 Rz. 36.

die für die Unternehmereigenschaft geforderte wirtschaftliche Tätigkeit nicht immer zwingend vor, denn soweit schon mit der Tätigkeit im gemeinnützigen Bereich keine Einkünfte erzielt werden sollen, fehlt es an einer Tatbestandsvoraussetzung für die Unternehmereigenschaft. Sobald die gGmbH aber für eine Tätigkeit gegenüber ihren Gesellschaftern oder gegenüber Dritten eine Gegenleistung erhält, ist die Entgeltlichkeit gegeben. Soweit die gGmbH in einzelnen Bereichen oder insgesamt Einnahmen erzielt bzw. Leistungen gegen Entgelt erbringt, liegt eine unternehmerische und damit im Grundsatz steuerbare Leistung nahe.

b) Nachhaltigkeit

Als zweites Kriterium für die Unternehmereigenschaft sollte das Kriterium der Nachhaltigkeit geprüft werden. 51

Ob dieses Kriterium erfüllt ist, ist nach dem Gesamtbild der jeweils vorliegenden Verhältnisse zu entscheiden.[56] Kriterien, die für die Nachhaltigkeit sprechen, sind etwa eine mehrjährige Tätigkeit, planmäßiges Handeln, auf Wiederholung angelegte Tätigkeit, Ausführung mehr als nur eines Umsatzes, Vornahme mehrerer gleichartiger Handlungen und die Beteiligung am Markt. Insoweit sind sowohl der Zweckbetrieb im Rahmen der Gemeinnützigkeitsvorschriften als auch der wirtschaftliche Geschäftsbetrieb in aller Regel als umsatzsteuerbarer Bereich der gGmbH einzuordnen. Allerdings fallen hierunter auch Bereiche der Vermögensverwaltung, da auch diese der nachhaltigen Erzielung von Einnahmen dienen.

Damit agiert die gGmbH als umsatzsteuerlicher Unternehmer etwa bei 52

- Vermietung und Verpachtung
- Eintrittsgeldern
- Sponsoring
- Verkauf von Werbeartikeln / Zeitschriften
- Verkauf von Produkten an Gesellschafter und Dritte
- Veranstaltung von Messen u.ä.
- Gestellung von Mitarbeitern an andere Organisationen
- Erbringung von Pflegeleistungen oder medizinischen Leistungen
- Vortragsveranstaltungen

Derartige oder ähnliche Leistungen der gGmbH gegen Entgelt sind damit grundsätzlich umsatzsteuerbar. Ob sie der Steuer tatsächlich unterliegen, erschließt sich nach einem Blick auf die Steuerbefreiungstatbestände.

c) Selbständigkeit

Das Kriterium der Selbständigkeit hat für die gGmbH als juristische Person keine eigenständige Bedeutung. Da das Umsatzsteuerrecht allerdings für das Vorliegen einer umsatzsteuerlichen Organschaft auf einen Gewinnabführungsvertrag verzichtet (der je nach Ausgestaltung gegebenenfalls gemeinnützigkeitsrechtlich problematisch wäre), kann die Selbständigkeit der gGmbH dann in Frage stehen, wenn die gGmbH als Organgesellschaft im Sinne des § 2 Abs. 2 Nr. 2 UStG anzusehen ist. In diesem Fall ist umsatzsteuerlicher Unternehmer nur die Muttergesellschaft als Organträger, nicht die Organgesellschaft. Umgekehrt kann auch die gGmbH Organträger sein. Beide Konstellationen sind 53

56 Im Einzelnen ausführlicher Klenk in Sölch/Ringleb UStG § 2 Rz. 158.

gemeinnützigkeitsrechtlich im Grundsatz nicht bedenklich.[57]

Organträger kann grundsätzlich jeder Unternehmer im Sinne des Umsatzsteuerrechts sein. Auch eine natürliche Person kann daher Organträger sein. Als Organgesellschaften kommen insbesondere GmbHs in Betracht, denn Voraussetzung ist das Bestehen einer juristischen Person des privaten Rechts. Die gGmbH kann somit Organgesellschaft und Organträger sein.

54 Umsatzsteuerliche Organschaft liegt vor, wenn die von § 2 Abs. 2 Nr. 2 UStG erforderten Voraussetzungen gegeben sind. Dies verlangt eine nach dem Gesamtbild der tatsächlichen Verhältnisse finanzielle, wirtschaftliche und organisatorische Eingliederung.

- Eine **finanzielle Eingliederung** liegt vor, wenn die Beteiligung an der Organgesellschaft mehr als 50% beträgt. Maßgeblich ist die Möglichkeit, Beschlüsse in der Organgesellschaft durchzusetzen.
- **Organisatorische Eingliederung** wird meist angenommen, wenn die Geschäftsführungsorgane beider Rechtsträger personenidentisch sind. Auch hier kommt es darauf an, dass der Organträger seinen Willen bei der Organgesellschaft durchsetzen kann, wobei es nicht lediglich auf das Weisungsrecht des Gesellschafters ankommen soll. Allerdings kann auch ein Angestellter des Organträgers als Geschäftsführer der Organgesellschaft tätig sein und so für die Durchsetzung des Willens des Organträgers sorgen. Maßgeblich ist nach der Rechtsprechung des BFH, dass eine vom Willen des Organträgers abweichende Willensbildung auf Ebene der Organgesellschaft nicht möglich ist.[58]
- Schließlich ist **wirtschaftliche Eingliederung** dann gegeben, wenn zwischen beiden Unternehmen mehr als nur unerhebliche wirtschaftliche Beziehungen bestehen. Zwischen beiden muss ein vernünftiger wirtschaftlicher Zusammenhang im Sinne einer wirtschaftlichen Einheit, Kooperation oder Verflechtung – auch in verschiedenen Wirtschaftszweigen – vorliegen. Die Tätigkeiten müssen aufeinander abgestimmt sein, sich fördern und ergänzen.[59]

Liegen die Voraussetzungen der umsatzsteuerlichen Organschaft vor, so ist der Leistungsaustausch zwischen beiden „Unternehmen" nicht steuerbar, die Organgesellschaft muss keine eigene Umsatzsteuererklärung abgeben, sondern ihre Umsätze werden von der Organträgerin als eigene Umsätze ausgeführt. Auf die Prüfung der Voraussetzungen sollte größtmögliche Sorgfalt verwandt werden, da im Falle einer nachträglichen Aufdeckung einer „verunglückten" Organschaft, sämtliche Innenumsätze der Besteuerung unterliegen und insbesondere bei bestehender Gemeinnützigkeit zu erheblichen Kostenbelastungen führen können.

2. Von der Steuer befreite Tätigkeitsbereiche

55 Umsatzsteuerliche Befreiungen greifen in überschaubarem Maße dort ein, wo auch gewerbesteuerliche und körperschaftsteuerliche Befreiungen ansetzen. Insbesondere fallen hierunter die folgenden Steuerbefreiungen. Abgesehen von diesen, sind auch Leistungen von der Umsatzsteuer befreit, die nicht typischerweise, wohl aber gelegentlich von gemeinnützigen Organisationen ausgeführt werden. Hierunter fallen etwa Vermietungsumsätze (§ 4 Nr. 12), die Umsätze der Blinden (§ 4 Nr. 19) und andere Tätigkeiten.

§ 4 Nr. 14 UStG:

57 Vgl. Rasche in Schauhoff, Handbuch Gemeinnützigkeit 2. Auflage § 11 Rz. 16.

58 BFH Urteile vom 5.12.2007 – V R 26/06, BStBl. II 2008, 251, BFH/NV 2008, 711, Haufe-Index 1929250, BFHE 219, 463, BB 2008, 931, DB 2008, 505, DStR 2008, 453, DStRE 2008, 392, HFR 2008, 476, UR 2008, 259; und vom 3.4.2008 – V R 76/05, BStBl. II 2008, 905, BFH/NV 2008, 1410, Haufe-Index 2008389, BFHE 221, 443, BB 2008, 1479, BB 2008, 2109, DB 2008, 1544, DStRE 2008, 949, DStZ 2008, 503, HFR 2008, 1053, UR 2008, 549

59 BFH Urteil vom 3. April 2003, V R 63/01, BStBl. II 2004, 434 BFH/NV 2003, 1131, Haufe-Index 943724, BFHE 111, 79, BFHE 202, 79, BB 2003, 1421, DB 2003, 1661, DStR 2003, 1166, DStRE 2003, 896, HFR 2003, 893.

a) Heilbehandlungen im Bereich der Humanmedizin, die im Rahmen der Ausübung der Tätigkeit als Arzt, Zahnarzt, Heilpraktiker, Physiotherapeut, Hebamme oder einer ähnlichen heilberuflichen Tätigkeit durchgeführt werden. Satz 1 gilt nicht für die Lieferung oder Wiederherstellung von Zahnprothesen (aus Unterpositionen 9021 21 und 9021 29 00 des Zolltarifs) und kieferorthopädischen Apparaten (aus Unterposition 9021 10 des Zolltarifs), soweit sie der Unternehmer in seinem Unternehmen hergestellt oder wiederhergestellt hat;

b) Krankenhausbehandlungen und ärztliche Heilbehandlungen einschließlich der Diagnostik, Befunderhebung, Vorsorge, Rehabilitation, Geburtshilfe und Hospizleistungen sowie damit eng verbundene Umsätze, die von Einrichtungen des öffentlichen Rechts erbracht werden. Die in Satz 1 bezeichneten Leistungen sind auch steuerfrei, wenn sie von

   aa) zugelassenen Krankenhäusern nach § 108 des Fünften Buches Sozialgesetzbuch,

   bb) Zentren für ärztliche Heilbehandlung und Diagnostik oder Befunderhebung, die an der vertragsärztlichen Versorgung nach § 95 des Fünften Buches Sozialgesetzbuch teilnehmen oder für die Regelungen nach § 115 des Fünften Buches Sozialgesetzbuch gelten,

   cc) Einrichtungen, die von den Trägern der gesetzlichen Unfallversicherung nach § 34 des Siebten Buches Sozialgesetzbuch an der Versorgung beteiligt worden sind,

   dd) Einrichtungen, mit denen Versorgungsverträge nach den §§ 111 und 111a des Fünften Buches Sozialgesetzbuch bestehen,

   ee) Rehabilitationseinrichtungen, mit denen Verträge nach § 21 des Neunten Buches Sozialgesetzbuch bestehen,

   ff) Einrichtungen zur Geburtshilfe, für die Verträge nach § 134a des Fünften Buches Sozialgesetzbuch gelten, oder

   gg) Hospizen, mit denen Verträge nach § 39a Abs. 1 des Fünften Buches Sozialgesetzbuch bestehen, erbracht werden und es sich ihrer Art nach um Leistungen handelt, auf die sich die Zulassung, der Vertrag oder die Regelung nach dem Sozialgesetzbuch jeweils bezieht, oder

   hh) von Einrichtungen nach § 138 Abs. 1 Satz 1 des Strafvollzugsgesetzes erbracht werden;

c) Leistungen nach den Buchstaben a und b, die von Einrichtungen nach § 140b Abs. 1 des Fünften Buches Sozialgesetzbuch erbracht werden, mit denen Verträge zur integrierten Versorgung nach § 140a des Fünften Buches Sozialgesetzbuch bestehen;

d) sonstige Leistungen von Gemeinschaften, deren Mitglieder Angehörige der in Buchstabe a bezeichneten Berufe oder Einrichtungen im Sinne des Buchstaben b sind, gegenüber ihren Mitgliedern, soweit diese Leistungen für unmittelbare Zwecke der Ausübung der Tätigkeiten nach Buchstabe a oder Buchstabe b verwendet werden und die Gemeinschaft von ihren Mitgliedern lediglich die genaue Erstattung des jeweiligen Anteils an den gemeinsamen Kosten fordert;

§ 4 Nr. 16 UStG

die mit dem Betrieb von Einrichtungen zur Betreuung oder Pflege körperlich, geistig oder seelisch hilfsbedürftiger Personen eng verbundenen Leistungen, die von

a) (…)

b) Einrichtungen, mit denen ein Vertrag nach § 132 des Fünften Buches Sozialgesetzbuch besteht,

c) Einrichtungen, mit denen ein Vertrag nach § 132a des Fünften Buches Sozialgesetzbuch, § 72 oder § 77 des Elften Buches Sozialgesetzbuch besteht oder die Leistungen zur häuslichen Pflege oder zur Heimpflege erbringen und die hierzu nach § 26 Abs. 5 in Verbindung mit § 44 des Siebten Buches Sozialgesetzbuch bestimmt sind,

d) Einrichtungen, die Leistungen der häuslichen Krankenpflege oder Haushaltshilfe erbringen und die hierzu nach § 26 Abs. 5 in Verbindung mit den §§ 32 und 42 des Siebten Buches

Sozialgesetzbuch bestimmt sind,

e) Einrichtungen, mit denen eine Vereinbarung nach § 111 des Neunten Buches Sozialgesetzbuch besteht,

f) Einrichtungen, die nach § 142 des Neunten Buches Sozialgesetzbuch anerkannt sind,

g) Einrichtungen, soweit sie Leistungen erbringen, die landesrechtlich als niedrigschwellige Betreuungsangebote nach § 45b des Elften Buches Sozialgesetzbuch anerkannt sind,

h) Einrichtungen, mit denen eine Vereinbarung nach § 75 des Zwölften Buches Sozialgesetzbuch besteht,

i) Einrichtungen, mit denen ein Vertrag nach § 16 des Zweiten Gesetzes über die Krankenversicherung der Landwirte, nach § 53 Abs. 2 Nr. 1 in Verbindung mit § 10 des Gesetzes über die Alterssicherung der Landwirte oder nach § 143e Abs. 4 Nr. 2 in Verbindung mit § 54 Abs. 2 des Siebten Buches Sozialgesetzbuch über die Gewährung von häuslicher Krankenpflege oder Haushaltshilfe, besteht,

j) Einrichtungen, die aufgrund einer Landesrahmenempfehlung nach § 2 der Frühförderungsverordnung als fachlich geeignete interdisziplinäre Frühförderstellen anerkannt sind, oder

k) Einrichtungen, bei denen im vorangegangenen Kalenderjahr die Betreuungs- oder Pflegekosten in mindestens 40 Prozent der Fälle von den gesetzlichen Trägern der Sozialversicherung oder der Sozialhilfe oder der für die Durchführung der Kriegopferversorgung zuständigen Versorgungsverwaltung einschließlich der Träger der Kriegsopferfürsorge ganz oder zum überwiegenden Teil vergütet worden sind,

erbracht werden. Leistungen im Sinne des Satzes 1, die von Einrichtungen nach den Buchstaben b bis k erbracht werden, sind befreit, soweit es sich ihrer Art nach um Leistungen handelt, auf die sich die Anerkennung, der Vertrag oder die Vereinbarung nach Sozialrecht oder die Vergütung jeweils bezieht;

§ 4 Nr. 17 UStG

a) die Lieferungen von menschlichen Organen, menschlichem Blut und Frauenmilch,

b) die Beförderungen von kranken und verletzten Personen mit Fahrzeugen, die hierfür besonders eingerichtet sind;

§ 4 Nr. 18 UStG

die Leistungen (...) der der freien Wohlfahrtspflege dienenden Körperschaften, (...), die einem Wohlfahrtsverband als Mitglied angeschlossen sind, wenn

a) diese Unternehmer ausschließlich und unmittelbar gemeinnützigen, mildtätigen oder kirchlichen Zwecken dienen,

b) die Leistungen unmittelbar dem nach der Satzung, Stiftung oder sonstigen Verfassung begünstigten Personenkreis zugute kommen und

c) die Entgelte für die in Betracht kommenden Leistungen hinter den durchschnittlich für gleichartige Leistungen von Erwerbsunternehmen verlangten Entgelten zurückbleiben.

Steuerfrei sind auch die Beherbergung, Beköstigung und die üblichen Naturalleistungen, die diese Unternehmer den Personen, die bei den Leistungen nach Satz 1 tätig sind, als Vergütung für die geleisteten Dienste gewähren;

§ 4 Nr. 21 UStG

a) die unmittelbar dem Schul- und Bildungszweck dienenden Leistungen privater Schulen und anderer allgemein bildender oder berufsbildender Einrichtungen, aa) wenn sie als Ersatzschulen gemäß Artikel 7 Abs. 4 des Grundgesetzes staatlich genehmigt oder nach Landesrecht erlaubt sind oder

bb) wenn die zuständige Landesbehörde bescheinigt, dass sie auf einen Beruf oder eine vor einer juristischen Person des öffentlichen Rechts abzulegende Prüfung ordnungsgemäß vorbereiten,

b) (...)

§ 4 Nr. 23 UStG

die Gewährung von Beherbergung, Beköstigung und der üblichen Naturalleistungen durch Einrichtungen, wenn sie überwiegend Jugendliche für Erziehungs-, Ausbildungs- oder Fortbildungszwecke oder für Zwecke der Säuglingspflege bei sich aufnehmen, soweit die Leistungen an die Jugendlichen oder an die bei ihrer Erziehung, Ausbildung, Fortbildung oder Pflege tätigen Personen ausgeführt werden. Jugendliche im Sinne dieser Vorschrift sind alle Personen vor Vollendung des 27. Lebensjahres. Steuerfrei sind auch die Beherbergung, Beköstigung und die üblichen Naturalleistungen, die diese Unternehmer den Personen, die bei den Leistungen nach Satz 1 tätig sind, als Vergütung für die geleisteten Dienste gewähren. Die Sätze 1 bis 3 gelten nicht, soweit eine Leistung der Jugendhilfe des Achten Buches Sozialgesetzbuch erbracht wird;

§ 4 Nr. 25 UStG

Leistungen der Jugendhilfe nach § 2 Abs. 2 des Achten Buches Sozialgesetzbuch und die Inobhutnahme nach § 42 des Achten Buches Sozialgesetzbuch, wenn diese Leistungen von (...) anderen Einrichtungen mit sozialem Charakter erbracht werden. Andere Einrichtungen mit sozialem Charakter im Sinne dieser Vorschrift sind

a) (...)

b) Einrichtungen, soweit sie

aa) für ihre Leistungen eine im Achten Buch Sozialgesetzbuch geforderte Erlaubnis besitzen oder nach § 44 oder § 45 Abs. 1 Nr. 1 und 2 des Achten Buches Sozialgesetzbuch einer Erlaubnis nicht bedürfen,

bb) Leistungen erbringen, die im vorangegangenen Kalenderjahr ganz oder zum überwiegenden Teil durch Träger der öffentlichen Jugendhilfe oder Einrichtungen nach Buchstabe a vergütet wurden oder

cc) Leistungen der Kindertagespflege erbringen, für die sie nach § 24 Abs. 5 des Achten Buches Sozialgesetzbuch vermittelt werden können.

Steuerfrei sind auch

a) die Durchführung von kulturellen und sportlichen Veranstaltungen, wenn die Darbietungen von den von der Jugendhilfe begünstigten Personen selbst erbracht oder die Einnahmen überwiegend zur Deckung der Kosten verwendet werden und diese Leistungen in engem Zusammenhang mit den in Satz 1 bezeichneten Leistungen stehen,

b) die Beherbergung, Beköstigung und die üblichen Naturalleistungen, die diese Einrichtungen den Empfängern der Jugendhilfeleistungen und Mitarbeitern in der Jugendhilfe sowie den bei den Leistungen nach Satz 1 tätigen Personen als Vergütung für die geleisteten Dienste gewähren;

In einigen Bereichen stellt das Gewerbe- oder Körperschaftsteuergesetz eine Korrespondenz zwischen ertragsteuerlicher und umsatzsteuerlicher Behandlung her. So sieht die gewerbesteuerliche (§ 3 Nr. 13 GewStG) Befreiung für Schul- und Bildungseinrichtungen vor, dass die ertragsteuerliche Befreiung sich an Umfang und Reichweite der umsatzsteuerlichen Befreiung orientiert. Die generellen gewerbe- und körperschaftsteuerlichen Befreiungen für gemeinnützige Betätigungen sehen eine solche Korrespondenz jedoch grundsätzlich nicht vor. Gleichwohl ist in der Praxis zu beobachten, 56 dass die Finanzämter die gewerbesteuerliche Steuerbefreiung etwa der Krankenhausumsätze nach § 3 Nr. 20 lit. b) GewStG von dem Eingreifen der umsatzsteuerlichen Steuerbefreiung abhängig machen.

In allen anderen Bereichen fallen Umsatzsteuern unabhängig davon an, ob hier eine gewerbe- oder körperschaftsteuerliche Befreiung existiert.

Beispiel:

Eine gGmbH sieht als Satzungszweck den Tierschutz vor und ist als gemeinnützig anerkannt. Hierfür besteht folglich eine Steuerbefreiung für gewerbe- und körperschaftsteuerliche Zwecke. Die gGmbH erbringt gegen kostendeckendes Sonderentgelt gegenüber ihren Mitgliedern Transportdienstleistungen, um die Mitglieder zu Veranstaltungen und Demonstrationen zu befördern. Obgleich diese Leistungen gemeinnützigkeitsrechtlich als Zweckbetrieb einzustufen sind, und damit an der Steuerbefreiung des gemeinnützigen Bereichs teilhaben, sind die Leistungen umsatzsteuerpflichtig. Es kommt jedoch der ermäßigte Steuersatz zur Anwendung.

57 Eine besondere, gerade auf gemeinnützige Körperschaften zugeschnittene Steuerbefreiung ist § 4 Nr. 18 UStG. Voraussetzung hierfür ist eine Mitgliedschaft in einem amtlich anerkannten **Verband der freien Wohlfahrtspflege**. Diese sind in § 23 UStDV abschließend aufgezählt:

1. Diakonisches Werk der Evangelischen Kirche in Deutschland e.V.;
2. Deutscher Caritasverband e.V.;
3. Deutscher Paritätischer Wohlfahrtsverband – Gesamtverband e.V.;
4. Deutsches Rotes Kreuz e.V.;
5. Arbeiterwohlfahrt Bundesverband e.V.;
6. Zentralwohlfahrtsstelle der Juden in Deutschland e.V.;
7. Deutscher Blinden- und Sehbehindertenverband e.V.;
8. Bund der Kriegsblinden Deutschlands e.V.;
9. Verband deutscher Wohltätigkeitsstiftungen e.V.;
10. Bundesarbeitsgemeinschaft Selbsthilfe von Menschen mit Behinderung und chronischer Erkrankung und ihren Angehörigen e.V.;
11. Sozialverband VdK Deutschland e.V.

Die Finanzverwaltung lässt eine mittelbare Mitgliedschaft genügen, d.h. die Mitgliedschaft bei einer der freien Wohlfahrtspflege dienenden Körperschaft oder Personenvereinigung, die ihrerseits einem amtlich anerkannten Wohlfahrtsverband als Mitglied angeschlossen ist.

3. Umsatzsteuerpflichtige Bereiche

58 Soweit die Leistungen der gGmbH steuerpflichtig sind, unterliegen sie im Grundsatz den Regelungen des Umsatzsteuergesetzes wie bei Organisationen der Privatwirtschaft. Allerdings existiert eine gewichtige Besonderheit im Umsatzsteuerrecht, die hier Beachtung finden muss.

Nach § 12 Abs. 2 Nr. 8 lit. a UStG gilt für gemeinnützige Körperschaften ein ermäßigter Steuersatz von 7% für alle Leistungen, die nicht im Rahmen eines wirtschaftlichen Geschäftsbetriebs ausgeführt werden. Für Leistungen, die im Rahmen eines Zweckbetriebs ausgeführt werden, gilt die Befreiung nur, wenn der Zweckbetrieb nicht in erster Linie der Erzielung zusätzlicher Einnahmen durch die Ausführung von Umsätzen dient, die in unmittelbarem Wettbewerb mit dem allgemeinen Steuersatz unterliegenden Leistungen anderer Unternehmer ausgeführt werden, oder wenn die Körperschaft mit diesen Leistungen ihrer in den §§ 66 bis 68 der Abgabenordnung bezeichneten Zweckbetriebe ihre steuerbegünstigten satzungsgemäßen Zwecke selbst verwirklicht.

Gemeint ist damit, dass zum einen alle Umsätze aus der Vermögensverwaltung – soweit sie steuerbar sind – und alle Umsätze aus Zweckbetrieben im Sinne der §§ 65 bis 68 AO lediglich mit 7% versteuert werden. Eine Schmälerung des Vorsteuerabzugs ist mit dieser Regelung nicht verbunden.

Die Ermäßigung auf 7% nach § 12 Abs. 2 Nr. 8 lit b UStG betrifft solche Leistungen, die von der gGmbH nicht selbst, sondern etwa von einer Personengesellschaft ausgeführt werden, an der auch andere gemeinnützige Körperschaften beteiligt sind. Diese Norm kann die gGmbH also niemals selbst betreffen, wohl aber „Arbeitsgemeinschaften", die gGmbHs mit anderen steuerbegünstigten Körperschaften unterhalten (dazu sogleich).

4. Kritische Abgrenzungsfragen

a) Zusammenschlüsse gemeinnütziger Körperschaften

Vielfach werden Tätigkeiten von gemeinnützigen Körperschaften auf sogenannte „Arbeitsgemeinschaften" ausgelagert. Dabei handelt es sich um einen Zusammenschluss mehrerer gemeinnütziger Körperschaften zur gemeinsamen Erbringung von Hilfsleistungen, an die an ihnen beteiligten Körperschaften. Zivilrechtlich liegt bei solchen Tätigkeiten regelmäßig eine Gesellschaft bürgerlichen Rechts vor. 59 7

Würden die gGmbHs und anderen gemeinnützigen Körperschaften die Tätigkeit selbst ausüben, so würde keine Umsatzsteuer entstehen können, da kein Auftreten nach außen, also keine Tätigkeit gegen Entgelt vorliegt. Sobald aber eine Tätigkeit auf eine eigenständige Organisationsform – hier eine Arbeitsgemeinschaft bzw. GbR – verlagert wird, und hierfür ein (zumeist lediglich kostendekkendes) Entgelt an die angeschlossenen Körperschaften berechnet wird, liegt ein steuerbarer Umsatz im Sinne des UStG vor.

Eine Steuerbefreiung für diese Tätigkeiten sah das deutsche Umsatzsteuerrecht bis zum Inkrafttreten des Jahressteuergesetzes 2009 nicht vor. Dagegen bestimmt Art. 132 der Mehrwertsteuersystemrichtlinie: „Die Mitgliedstaaten befreien folgende Umsätze von der Steuer (…) f) Dienstleistungen, die selbstständige Zusammenschlüsse von Personen, die eine Tätigkeit ausüben, die von der Steuer befreit ist oder für die sie nicht Steuerpflichtige sind, an ihre Mitglieder für unmittelbare Zwecke der Ausübung dieser Tätigkeit erbringen, soweit diese Zusammenschlüsse von ihren Mitgliedern lediglich die genaue Erstattung des jeweiligen Anteils an den gemeinsamen Kosten fordern, vorausgesetzt, dass diese Befreiung nicht zu einer Wettbewerbsverzerrung führt."

Diese eigenständige Steuerbefreiung ist im deutschen Umsatzsteuerrecht nur sehr unvollständig umgesetzt worden. Das Jahresssteuergesetz 2009 hat § 4 Nr. 14, also die Befreiung für Heilbehandlungen im Bereich der Humanmedizin und der Krankenhausbehandlungen um Ziffer d) erweitert, und insoweit Leistungen selbständiger Zusammenschlüsse für die Zwecke nach § 4 Nr. 14 UStG von der Steuer befreit. Das Europarecht fordert hier aber mehr, nämlich eine Steuerbefreiung aller Zusammenschlüsse von anderweitig steuerbefreit tätigen gemeinnützigen Körperschaften soweit die übrigen Voraussetzungen erfüllt sind.

Steuerpflichtige müssen sich hier nach wie vor auf das Gemeinschaftsrecht berufen und gegebenenfalls unmittelbar die Steuerbefreiung einfordern.

b) Mit der gemeinnützigen Tätigkeit eng verbundene Umsätze

60 Einige Steuerbefreiungen, etwa die für Krankenhausbehandlungen (§ 4 Nr. 14 b) oder Pflegeleistungen (§ 4 Nr. 16) sehen die Steuerbefreiung nicht nur für die Leistung als solche, sondern auch für die mit der Leistungserbringung eng verbundenen Umsätze vor. Dabei kann schnell fraglich werden, ob noch ein eng mit der Hauptleistung verbundener Umsatz vorliegt.

Die Finanzverwaltung vertritt ein sehr enges Verständnis der „eng mit der Hauptleistung zusammenhängenden Umsätze". Sie beruft sich dabei zwar auf die Rechtsprechung des BFH, nach dem solche Umsätze als „eng verbundene Umsätze" gelten, die nach der Verkehrsauffassung für diese Einrichtungen typisch und unerlässlich sind und allgemein bei laufenden Betrieb vorkommen und damit mittelbar oder unmittelbar zusammenhängen.[60] Der BFH rekurriert damit jedoch insbesondere auf das Element des Wettbewerbsschutzes. Die umsatzsteuerliche Steuerbefreiung soll keine Bereiche begünstigen, bei denen die gemeinnützige Organisation in unmittelbarem Wettbewerb zu privaten Anbietern steht.

Die in Abschnitt 100 UStR aufgezählten „eng verbundenen Umsätze" greifen oft zu kurz, so dass sich im Einzelfall ein Beschreiten des Rechtsweges lohnen kann, auch wenn man konstatieren muss, dass der EuGH unter Wettbewerbsgesichtspunkten ebenfalls ein enges Begriffsverständnis fordert.

c) Sponsoring

61 Der Bereich des Sponsoring wird von der Finanzverwaltung definiert als „Gewährung von Geld oder geldwerten Vorteilen durch Unternehmen zur Förderung von Personen, Gruppen und/oder Organisationen in sportlichen, kulturellen, kirchlichen, wissenschaftlichen, sozialen, ökologischen oder ähnlich bedeutsamen gesellschaftspolitischen Bereichen, mit der regelmäßig auch eigene unternehmensbezogene Ziele der Werbung oder Öffentlichkeitsarbeit verfolgt werden."[61]

Unternehmen legen aus naheliegenden Gründen Wert darauf, dass die Unterstützung nicht als Spende, sondern als Betriebsausgabe Berücksichtigung findet. Wesentliches Abgrenzungskriterium ist insoweit die Gegenleistung. Dabei gilt aber umgekehrt, dass eine ertragsteuerlich als Spende zu qualifizierende Leistung im Regelfall nicht zu einem Leistungsaustausch führt.[62]

- Aktive Gegenleistungen, etwa Anzeigen, Lautsprecherdurchsagen oder passive Leistungen wie Werbebanner und ähnliches stellen umsatzsteuerliche eindeutig einen Leistungsaustausch dar, zumal sie auch im Rahmen eines körperschaft- und gewerbesteuerpflichtigen wirtschaftlichen Geschäftsbetriebes erbracht werden.
- Duldungsleistungen, insbesondere die Aufnahme des Logos des Sponsors in Kataloge, Veranstaltungshinweise, Berichte u.ä. stellen nach Auffassung der Finanzverwaltung ebenfalls eine Leistung dar. Allerdings handelt es sich hier nicht um eine Leistung im Rahmen eines wirtschaftlichen Geschäftsbetriebes[63]. Daher liegt eine Einnahme aus Vermögensverwaltung vor, die zu lediglich 7 % der Umsatzsteuer unterliegt (s.o.).
- Dasselbe gilt bei bloßen dankenden Hinweisen auf die Unterstützung durch den Sponsor auf Plakaten, Veranstaltungshinweisen etc. Auch hier liegen Einkünfte aus dem ermäßigt besteuerten Bereich der Vermögensverwaltung vor.

60 BFH Urteil v 1.12.1977 – V R 37/75, BStBl II 1978, 173, Haufe-Index 72657.
61 AEAO Nr. 7 zu § 64.
62 Vgl. im einzelnen auch OFD Frankfurt vom 18.3.2009, S 7100 A – 203 St 110.
63 AEAO Nr. 9 zu § 64.

5. Vorsteuerabzugsberechtigung

Mit der partiellen Umsatzsteuerpflicht der gGmbH korrespondiert ihr Vorsteuerabzugsrecht. Hiernach kann die gGmbH sich die Vorsteuern auf solche Leistungen, die für ihren unternehmerischen Bereich erbracht worden sind (§ 15 UStG), im Rahmen der Umsatzsteuerveranlagung erstatten lassen. Das bedeutet, dass die gGmbH auch für Zwecke der Umsatzsteuer drei Sphären trennen muss: Eine umsatzsteuerpflichtige, eine von der Umsatzsteuer befreite und eine nichtunternehmerische[64] Sphäre. 62

Für den **Bereich der Umsatzsteuerpflicht** gilt folgendes: werden Leistungen, die diesem Bereich direkt zuzuordnen sind, gegenüber der gGmbH erbracht und erhält die gGmbH hierfür eine Rechnung, in der Umsatzsteuer ausgewiesen ist, so können diese Umsatzsteuern in der Voranmeldung bzw. in der Umsatzsteuererklärung als Vorsteuern abgezogen werden.

Für den Bereich der Umsatzsteuerbefreiung gilt hingegen, dass hierfür erbrachte Leistungen nicht zu einer Vorsteuerabzugsberechtigung für die gGmbH führen.

Werden Leistungen gegenüber der gGmbH erbracht und in Rechnung gestellt, die nicht eindeutig einem der beiden Bereiche zuzuordnen sind, sondern für beide Bereiche erbracht werden, so ist zu unterscheiden. Im Fall von Leistungen an die gGmbH können Vorsteuern anteilig gezogen werden. Hinsichtlich des Aufteilungsmaßstabs enthält § 15 Abs. 4 S. 3 UStG eine Leitlinie. So soll eine umsatzbezogene Aufteilung nur zulässig sein, wenn eine andere wirtschaftliche Zurechnung nicht möglich ist. 63

Allerdings ermöglichen die Umsatzsteuerrichtlinien insoweit eine Zuordnung im Verhältnis der Einnahmen aus dem unternehmerischen Bereich (abzüglich Einnahmen aus Hilfsgeschäften dieses Bereichs) zu den Einnahmen aus dem nichtunternehmerischen Bereich (abzüglich der Einnahmen aus Hilfsgeschäften aus diesem Bereich).[65]

Wird ein Gegenstand erworben, ist wiederum zu differenzieren. Der gGmbH steht grundsätzlich ein **Wahlrecht** zu. Nutzt sie den Gegenstand zu mehr als 10% unternehmerisch, kann sie 64

- Den Gegenstand vollständig dem Unternehmen zuordnen, 100% der Vorsteuer aus der Anschaffung ziehen und die nichtunternehmerische Nutzung in den Folgejahren nach § 3 Abs. 9a Nr. 1 UStG versteuern. Eine Veräußerung des Gegenstandes ist dann vollständig steuerpflichtig.
- Den Gegenstand entsprechend der unternehmerischen Nutzung anteilig dem Unternehmen zuordnen. Dies führt zu einer anteiligen Vorsteuerabzugsberechtigung. Die Verwendung eines Gegenstandes, bei dessen Anschaffung die Vorsteuern entsprechend diesem Schlüssel aufgeteilt worden sind, für den nichtunternehmerischen Bereich muss nicht als unentgeltliche Wertabgabe versteuert werden. Zu Versteuern ist lediglich eine spätere vollständige Überführung des Wirtschaftsgutes in den nichtunternehmerischen Bereich. Eine Veräußerung ist nur anteilig der Umsatzsteuer zu unterwerfen.[66]
- Den Gegenstand vollständig dem nichtunternehmerischen Bereich zuordnen. Vorsteuer kann dann nicht gezogen werden. Weder die Nutzung noch die spätere Veräußerung führen aber zu Umsatzsteuer.
- Verkompliziert wird dieses Schema, wenn der Gegenstand (auch) einem steuerbefreiten Bereich der gGmbH dient. In diesem Fall kann die auf diesen Bereich entfallende Vorsteuer nicht gezogen werden; die spätere Veräußerung ist, wenn der Gegenstand ausschließlich dem steuerfreien Bereich dient, nach § 4 Nr. 28 UStG ebenfalls steuerbefreit.

64 Vgl. hierzu Sächsisches FG Urteil vom 21.10.2009 – 8 K 1174/08, DStRE 2011, 447.
65 UStR Abschnitt 22 Abs. 7.
66 Vogel/Schwarz UStG § 15 Rz. 108.

65 Nach § 23a UStG haben gemeinnützige Körperschaften im Sinne des § 5 Abs. 1 Nr. 9 KStG darüber hinaus ein Wahlrecht, die abziehbaren Vorsteuerbeträge mit einem Durchschnittssatz von 7 % des steuerpflichtigen Ausgangsumsatzes in Anspruch zu nehmen. Daneben ist ein weiterer Vorsteuerabzug ausgeschlossen. Durch die Inanspruchnahme dieser Regelung entfällt die Ermittlung und Zuordnung der Vorsteuerbeträge für den steuerpflichtigen Bereich im Einzelnen. Allerdings ist die Inanspruchnahme des Wahlrechtes an gewisse Voraussetzungen geknüpft:

- Keine Buchführungspflicht nach § 141 AO, d.h. Gewinn unter 50.000 Euro und Umsatz unter 500.000 Euro
- Steuerpflichtiger Vorjahresumsatz bis maximal 35.000 Euro.
- Antrag auf Inanspruchnahme der Begünstigung bis zum zehnten Tag nach Ablauf des ersten Voranmeldungszeitraums des betreffenden Kalenderjahres, bei monatlicher Abgabe also bis zum 10. Februar, bei vierteljährlicher Abgabe bis zum 10. April.

Durch Inanspruchnahme des Wahlrechts ist der Steuerpflichtige 5 Jahre gebunden, bei einem Überschreiten der jeweiligen Grenzen kann die Begünstigung aber auch innerhalb der 5 Jahre nicht beansprucht werden.

6. Verfahrensrechtliche Fragen

66 Verfahrensrechtlich bestehen für gemeinnützige Körperschaften – abgesehen von dem Antrag zur Pauschalierung der Vorsteuer keine Besonderheiten gegenüber sonstigen Körperschaften. Die gGmbH hat je nach dem für sie geltenden Voranmeldungszeitraum monatlich (jedenfalls im Jahr nach der Gründung) oder vierteljährlich Umsatzsteuervoranmeldungen einzureichen. Für die Voranmeldungen kann eine Dauerfristverlängerung beantragt werden, die bei monatlicher Abgabe im Falle eines Umsatzsteuerüberhanges zu einer Sondervorauszahlung in Höhe von 1/11 der Umsatzsteuerzahllast des Vorjahres führt.

Für das Kalenderjahr ist regelmäßig bis zum 31.5. des Folgejahres eine Umsatzsteuerjahreserklärung abzugeben; bei steuerlicher Beratung verlängert sich diese Frist bis zum 31.12. des Folgejahres und darüber hinaus nur auf begründeten Einzelantrag.

III. Besteuerung der Gesellschafter der gGmbH

1. Laufende Besteuerung

67 Die Besteuerung der Gesellschafter einer gGmbH weicht nicht wesentlich von der Besteuerung der Gesellschafter einer normalen GmbH ab. Allerdings besteht die Besonderheit, dass gGmbHs wegen der Vorschriften des Gemeinnützigkeitsrechts keine Gewinnausschüttungen tätigen dürfen. Insoweit entfällt für den Gesellschafter die Besteuerung nach § 20 Abs. 1 EStG, der Einkünfte aus Kapitalvermögen. Solche Einkünfte kann der Gesellschafter noch erzielen, wenn in einer Zuwendung der gGmbH an ihn eine verdeckte Gewinnausschüttung zu sehen ist.

Einkommensteuerrechtlich führen verdeckte Gewinnausschüttungen zu Einkünften aus Kapitalvermögen bei dem Gesellschafter. Nach der hier empfohlenen Satzungsbestimmung zur Vermeidung negativer Folgen durch die Feststellung einer verdeckten Gewinnausschüttung wird der Gesellschafter unmittelbar zur Rückgewähr der vGA gezwungen sein. Diese Regelung führt aber nicht dazu, dass die zunächst zugeflossenen Einkünfte im Sinne des § 20 Abs. 1 EStG durch negative Einkünfte in diesem Bereich oder durch Betriebsausgaben kompensiert werden. Vielmehr liegt steuerrechtlich eine (verdeckte) Einlage in die gGmbH vor (dazu sogleich).

Aufgrund des Trennungsprinzips kann der Gesellschafter gleichzeitig Arbeitnehmer der gGmbH sein und hierfür ein angemessenes Gehalt erzielen. Dessen Besteuerung weicht nicht von der Besteuerung des Arbeitnehmers bei anderen Arbeitgebern ab.

2. Besteuerung der Gründung und Grundsatz der Besteuerung bei der Beendigung

Das Gründungskapital und spätere (offene und verdeckte) Einlagen der Gesellschafter in die gGmbH 68
führen zur Erhöhung des Einlagekontos bei der gGmbH.

Diese Einzahlungen sowohl bei der Gründung als auch im Laufe der Existenz der gGmbH haben für den Gesellschafter in der Regel keine steuerliche Auswirkung. Allerdings wird häufig in der Satzung die Rückgewähr der Einlageleistung ausgeschlossen, um auch diese steuerlich als Zuwendung geltend machen zu können. Dies erfordert einen Ausschluss jeglicher Abfindungsansprüche.[67] Ein solcher Verzicht kann auch nachträglich noch erklärt werden.[68]

Da die gGmbH im Falle ihrer Liquidation nur den Wert der Einlagen zurückgewähren darf, wird der Gesellschafter regelmäßig im Falle der Beendigung der gGmbH keine negativen Steuerwirkungen gewärtigen müssen. Kann die gGmbH aber, wegen eines (teilweisen) Verbrauchs des Grundstockvermögens nicht den vollen Wert der Einlagen wieder zurückgewähren, entsteht bei dem Gesellschafter im Zeitpunkt der Liquidation oder sonstigen Beendigung der gGmbH ein Veräußerungsverlust nach § 17 EStG.

Der Fall der Beendigung der Mitgliedschaft durch Veräußerung der GmbH-Anteile wird einer gesonderten Betrachtung unterzogen (siehe unten Rz….).

3. Spenden

Der Gesellschafter – ebenso wie jeder Dritte – kann der gGmbH Spenden zukommen lassen und 69
diese steuerlich geltend machen. Das gilt auch, wenn Gesellschafter der gGmbH ihrerseits eine (nicht steuerbefreite) Kapitalgesellschaft ist. In beiden Fällen muss aber wieder beachtet werden, dass bei überproportionalen Spenden an die „eigene" gGmbH durch eine „Muttergesellschaft mbH" eine vGA an den Obergesellschafter angenommen werden könnte, mit entsprechenden Folgen für die Obergesellschaft und deren Gesellschafter.

Steuerlich abzugsfähig sind Spenden nach Maßgabe des § 10b EStG. Mitgliedsbeiträge kommen bei gGmbHs aus statuarischen Gründen nicht in Betracht, so dass ausschließlich Spenden steuerlich beachtlich sein können. Steuerlich abzugsfähig sind Spenden bis zur Höhe von 20% des Gesamtbetrags der Einkünfte oder bis zur Höhe von 4 Promille der Lohnsumme und der Umsätze des Kalenderjahres.

Die für Mitgliedsbeiträge geltenden Abzugsbeschränkungen bestehen bei Spendenleistungen nicht. Spenden, die den jährlichen Spendenhöchstbetrag übersteigen, sind vortragsfähig und können in den kommenden Veranlagungszeiträumen steuerlich geltend gemacht werden.

67 Mecking 8.3; BFH Urteil v. 5.2.1992, IR 63/91, BStBI II 1992, 748.
68 Ullrich S. 306 mwN.

IV. Sonstige Steuern auf Ebene der gGmbH

1. Grunderwerbsteuer

70 Die gGmbH unterliegt mit ihren Grundstücksgeschäften uneingeschränkt der Grunderwerbsteuer als besonderer Verbrauchssteuer. D.h. als Erwerber oder Veräußerer (§ 13 GrEStG) eines Grundstücks oder eines 95%igen Anteils an einer Personengesellschaft, in deren Vermögen ein Grundstück eingelegt ist (§ 1 Abs. 2a GrEStG), schuldet die gGmbH die je nach Bundesland in unterschiedlicher Höhe anfallende Grunderwerbsteuer. Maßstab für die Höhe der GrESt ist immer die jeweilige Gegenleistung. Im Einzelnen bestehen für die GrESt keine wesentlichen Besonderheiten für die gGmbH, so dass von einer ausführlicheren Darstellung abgesehen werden kann.

71 Einzig erwähnenswerte Besonderheit für gemeinnützige Körperschaften ist die grundsätzlich auch für nicht gemeinnützige Erwerber bestehende Steuerbefreiung nach § 3 Nr. 2 S. 1 GrEStG, nach der von der Besteuerung die Grundstückserwerbe von Todes wegen und Grundstücksschenkungen unter Lebenden ausgenommen sind. Hierbei ist zu beachten, dass Zuwendungen durch Erbfall und als Schenkung unter Lebenden an gemeinnützige Körperschaften, also auch an die gGmbH, gemäß § 13 Abs. 1 Nr. 16 lit. b ErbStG ihrerseits von der Erbschaftsteuer befreit sind. Diese Befreiung hat aber nicht zur Folge, dass der Vorgang wieder unter die runderwerbsteuer fällt. Grundstücke, die die gGmbH durch Erbfall oder durch Schenkung unter Lebenden erwirbt, sind grunderwerbsteuerfrei.

Erfolgt eine Schenkung unter einer Auflage, so ist in Höhe des Wertes der Auflage, soweit sie bei der Erbschaftsteuer dem Grunde nach abzugsfähig ist (§ 3 Nr. 2 S. 2 GrEStG), von einem entgeltlichen und damit der GrESt unterliegenden Vorgang auszugehen.[69]

2. Grundsteuer

72 Grundstücke unterliegen mit der Grundsteuer einer besonderen Art der Substanzbesteuerung. Für gemeinnützige Körperschaften wie die gGmbH sieht jedoch § 3 Abs. 1 Nr. 3 GrStG eine Steuerbefreiung vor, wenn außer den Grundvoraussetzungen der Gemeinnützigkeit der gGmbH auch das Grundstück selbst für gemeinnützige oder mildtätige Zwecke genutzt wird.

Das schließt eine Steuerbefreiung aus, soweit das Grundstück lediglich dem Bereich der Vermögensverwaltung der gGmbH oder gar einem wirtschaftlichen Geschäftsbetrieb dient. Allerdings greift die Steuerbefreiung auch dann ein, wenn das Grundstück zwar der Vermögensverwaltung zuzuordnen ist, aber an einen anderen Träger vermietet ist, der das Grundstück seinerseits unmittelbar für gemeinnützige Zwecke benutzt. Für die Steuerbefreiung ist es nicht erforderlich, dass die gGmbH das Grundstück selbst für gemeinnützige Zwecke nutzt.

Grundstücke auf denen Zweckbetriebe unterhalten werden sind nach Auffassung der Finanzverwaltung, an die diese wegen der bundeseinheitlichen Regelung in Abschnitt 12 Abs. 4 GrStR intern gebunden ist, von der Steuerbefreiung für gemeinnützige Körperschaften mit umfasst.

Für Wohnraum, auch wenn dieser einen Zweckbetrieb der gGmbH darstellt, sieht § 5 GrStG Besonderheiten vor. Dabei ist streng zwischen Wohnraum und Wohnungen zu unterscheiden. Als Wohnung gilt nach Abschnitt 24 Abs. 2 GrStR ein einzelner oder mehrere in der Regel abgeschlossene Räume, die zur Führung eines Haushalts geeignet und zu diesem Zweck jeweils mit Küche oder Kochgelegenheit, Wasserversorgung und Toilette ausgestattet sind. Wohnungen sind nach § 5 Abs. 2 auch dann steuerpflichtig, wenn sie ansonsten die Voraussetzung einer Steuerbefreiung erfüllen

69 Vgl. Rasche in Schauhoff, Handbuch der Gemeinnützigkeit, 2. Auflage § 12 Rz. 20.

würden. Wohnraum, der keine Wohnung ist, aber einen Zweckbetrieb der gGmbH darstellt, ist im Regelfall von der Grundsteuer befreit (§ 5 Abs. 1 Nr. 3 GrStG).

Die nach § 7 GrStG für die Steuerbefreiung erforderliche Unmittelbarkeit der Nutzung für den steuerbegünstigten Zweck liegt auch dann vor, wenn das Grundstück für Hilfstätigkeiten, insbesondere für erforderliche Verwaltungstätigkeiten genutzt wird.

Wird Grundbesitz nur teilweise für gemeinnützige und mildtätige Zwecke verwandt, und haben die 73
Grundstücke daneben noch andere Zwecke, die nicht der steuerbefreiten Tätigkeit, sondern etwa einem wirtschaftlichen Geschäftsbetrieb dienen, so kann der Grundbesitz nur unter zwei Voraussetzungen von der Steuer befreit werden:

- § 8 Abs. 1 GrStG: Ein räumlich abgegrenzter Teil wird für steuerbegünstigte Zwecke benutzt. In diesem Fall ist nur dieser Teil des Grundstücks von der Steuer befreit.
- § 8 Abs. 2 GrStG: Eine räumliche Abgrenzung ist nicht möglich. In diesem Fall wird das gesamte Grundstück von der Steuer befreit, wenn die steuerbegünstigten Zwecke überwiegen. Für die Frage, ob die steuerbegünstigten Zwecke überwiegen, kann bei zeitlich abweichenden Nutzungen durch die jeweilige Nutzungsdauer nachgewiesen werden. Bei einem Nebeneinander von steuerbegünstigter und nicht begünstigter Tätigkeit muss ein anderes Abgrenzungskriterium gefunden werden, wobei etwa die Einnahmen, die generelle Widmung anhand der baulichen Besonderheiten oder andere Kriterien herangezogen werden können.

Maßgebend für die zutreffende Steuerfestsetzung ist bereits die Festlegung im Grundlagenbescheid, 74
d.h. im Einheitswertbescheid bzw. im Grundsteuermessbescheid. Anders als beim Grundsteuererlass, für den ein Antrag bei der zuständigen Gemeinde erforderlich ist, gilt für die Steuerbefreiung der Grundlagenbescheid als maßgeblich, so dass hier ein Einspruch gegen die Steuerfestsetzung durch die Gemeinde keinen Erfolg haben kann.

Ein Grundsteuererlass, den eine gGmbH ebenso wie andere Grundeigentümer etwa wegen der besonderen Bedeutung von Grundstücken für Kunst, Geschichte, Wissenschaft oder Naturschutz beantragen kann (§ 32 GrStG), kommt in Betracht, wenn die erzielten Einnahmen und sonstigen Vorteile unter den (grundstücksbezogenen) Kosten liegen.

3. Schenkungsteuer

Das Schenkungsteuerrecht regelt in § 13 ErbStG: 75

> (1) Steuerfrei bleiben (…)
>
> 16. Zuwendungen
>
> a) (…)
>
> b) an inländische Körperschaften, Personenvereinigungen und Vermögensmassen, die nach der Satzung, dem Stiftungsgeschäft oder der sonstigen Verfassung und nach ihrer tatsächlichen Geschäftsführung ausschließlich und unmittelbar kirchlichen, gemeinnützigen oder mildtätigen Zwecken dienen. Die Befreiung fällt mit Wirkung für die Vergangenheit weg, wenn die Voraussetzungen für die Anerkennung der Körperschaft, Personenvereinigung oder Vermögensmasse als kirchliche, gemeinnützige oder mildtätige Institution innerhalb von zehn Jahren nach der Zuwendung entfallen und das Vermögen nicht begünstigten Zwecken zugeführt wird,

Das Schenkung- und Erbschaftsteuerrecht (fortan vereinfacht Schenkungsteuerrecht) knüpft die grundsätzliche Steuerbefreiung für Zuwendungen an steuerbefreite Körperschaften an die ertragsteuerliche Grundsatzentscheidung an. Die Reichweite der Befreiung für Schenkungsteuerzwecke betrifft alle Zuwendungen, die eine gGmbH für ihren ideellen Bereich empfängt. Dies umfasst alle

Zuwendungen an Zweckbetriebe, nicht aber Zuwendungen an steuerpflichtige wirtschaftliche Geschäftsbetriebe.[70]

76 Die Schenkung eines wirtschaftlichen Geschäftsbetriebes selbst ist aber von der Steuerbefreiung umfasst, wenn die Überschüsse des fortgeführten wirtschaftlichen Geschäftsbetriebes nur dem ideellen Bereich zugute kommen dürfen.[71]

Voraussetzung der Steuerfreiheit ist, dass die gGmbH im Zeitpunkt der Zuwendung gemeinnützigen Zwecken dient und dass dies nicht nur in der Satzung verankert ist, sondern auch der tatsächlichen Geschäftsführung entspricht. Insoweit besteht ein direkter Bezug zum Ertragsteuerrecht.

77 Die Sanktion des Schenkungsteuerrechts bei späterem Wegfall der Gemeinnützigkeit ist ungleich härter als die Sanktion des Ertragsteuerrechts. Während das Ertragsteuerrecht für den laufenden Veranlagungszeitraum eine Steuerbefreiung versagt, bereits veranlagte Veranlagungszeiträume jedoch weitgehend unangetastet lässt, sieht das Schenkungsteuerrecht grundsätzlich eine Nachversteuerung vor, wenn die Anerkennung der gGmbH als steuerbegünstigt innerhalb von 10 Jahren seit dem Zeitpunkt der Zuwendung entfällt.

In der Praxis wird jedoch die Nachversteuerung nur selten eingreifen, denn die weitere Voraussetzung des Nachversteuerungstatbestandes ist, dass das zugewandte Vermögen nicht steuerbegünstigten Zwecken zugeführt wird bzw. wurde. Ist die Zuwendung bereits verbraucht, ist dem Zweck der Norm Genüge getan. Entfällt die Steuerbefreiung nur für kurze Zeit, so führt die darauffolgende Widmung für steuerbegünstigte Zwecke wieder zum Eingreifen der Steuerbefreiung.

Schließlich ist auch auf § 13 Abs. 1 Nr. 17 ErbStG hinzuweisen, der eine Steuerbefreiung von Zuwendungen vorsieht, die gemeinnützigen Zwecken gewidmet sind, wenn eine entsprechende Verwendung gesichert ist. Diese Norm greift zwar im Grundsatz nur bei der Bildung von Zweckvermögen, kann aber bei nachträglichem Wegfall der Steuerbegünstigung der Körperschaft auch bei Aufrechterhalten der Widmung für steuerbegünstigte Zwecke als Auffangnorm dienen.

4. Kraftfahrzeugsteuer

78 Die Kfz-Steuer kennt keine besondere Steuerbefreiung für gemeinnützige Körperschaften, weshalb auch hier von einer vollumfänglichen Darstellung abgesehen werden kann. Erwähnenswert sind bestimmte Steuerbefreiungen, die für gGmbHs in Betracht kommen, nämlich

- § 3 Nr. 5 KraftStG: Steuerbefreiung für Rettungsdienst bei Unglücksfällen und Krankenbeförderung. Hier ist die Befreiung für gGmbHs je nach Geschäftstätigkeit naheliegend. Die Fahrzeuge müssen, damit die Befreiung eingreift, äußerlich als für diese Zwecke bestimmt erkennbar sein. Weiterhin müssen sie nach ihrer Bauart und ihrer Einrichtung dem Verwendungszweck angepasst sein. Die Fahrzeuge dürfen lediglich („ausschließlich") für die benannten Zwecke verwandt werden.
- § 3 Nr. 5a KraftStG: zeitliche Befreiung, solange Fahrzeuge für humanitäre Hilfsgütertransporte in das Ausland und Vorbereitungsfahrten im zeitlichen Zusammenhang mit diesen Fahrten eingesetzt werden. Eine äußerliche Erkennbarkeit der entsprechenden Widmung der Fahrzeuge ist nicht vorausgesetzt. Ein humanitärer Hilfsgütertransport liegt vor, wenn die Unterstützung hilfsbedürftiger Menschen in einer Notlage bezweckt ist. Befreit sind auch Begleitfahrzeuge und Fahrzeuge, die ausschließlich Vorbereitungsfahrten durchführen. Die Befreiung betrifft jeweils nur die Zeit der entsprechenden Nutzung, wobei auch hier eine ausschließlich Nutzung zu den benannten Zwecken erforderlich ist.

70 Missverständlich Buchna, aaO S. 560.
71 ErbStR Abschnitt 47 Abs. 2 S. 5 und 6; FG Nürnberg, Urteil vom 30.9.1997, EFG 1998, 121.

Weitere Befreiungen können je nach Betätigungsbereich der gGmbH ebenfalls zu einer Steuerbefreiung führen. Die Befreiungen sind in § 3 KraftStG abschließend aufgezählt. Die Befreiungen sind antragsgebunden. Der Antrag ist bei dem zuständigen Finanzamt unter Angabe der Gründe einzureichen und gilt als Steuererklärung.

B. Die Besteuerung des Eintritts in die Gemeinnützigkeit

Der Eintritt in die Gemeinnützigkeit kann auf verschiedenen Wegen erfolgen, die jeweils besonderen steuerrechtlichen Regeln gehorchen. Jeder Einzelfall bedarf einer genauen und intensiven Betrachtung, um steuerliche Risiken zu minimieren. Dabei ist die Neugründung einer gGmbH den geringsten steuerlichen Risiken ausgesetzt, da die Satzung insoweit im Vorfeld mit dem Finanzamt abgestimmt werden kann, um die gemeinnützigkeitsrechtlichen Erfordernisse zu erfüllen. 79

Vom Eintritt in die Gemeinnützigkeit zu unterscheiden ist die Umwandlung eines bereits gemeinnützigen Rechtsträgers in eine gGmbH. In Betracht kommen zahlreiche Varianten, wobei die praktische Bedeutung einiger Umwandlungsformen eher gering ist. Steuerlich ergeben sich keine maßgeblichen Unterschiede zu Umwandlungen nicht gemeinnütziger Rechtsträger.

I. Die Gründung einer gGmbH

Die Gründung einer gGmbH selbst führt auf Ebene der GmbH zu keiner Steuer. Der Gründungsvorgang, der bereits oben §§ 3 C. ausführlich beschrieben wurde, hat für die Besteuerung der gGmbH selbst keine Relevanz. 80

Anders verhält es sich mit der Besteuerung des Anteilseigners. Der Gesellschafter der gGmbH hat Gründungskosten in Höhe des Stammkapitals sowie in Höhe etwaiger weiterer Einlagen, die er in das Eigenkapital der gGmbH erbringt. Diese Kosten haben aber, wie bereits oben dargelegt, ebenfalls keine direkte steuerliche Wirkung, da der Gesellschafter sich der Geldmittel nicht endgültig entledigt. Vielmehr sind wie bei der Gründung einer nicht-steuerbegünstigten Körperschaft Anschaffungskosten im Sinne des § 17 EStG gegeben.

II. Die Umwidmung einer nicht gemeinnützigen juristischen Person in eine gGmbH

Ein interessanter und in der Praxis seltener Gründungsakt ist die „Umwidmung" einer bereits bestehenden juristischen Person in eine gGmbH. Um hier nicht Probleme des Gemeinnützigkeitsrechts mit Problemen des Umwandlungs- und Umwandlungssteuerrechts zu vermischen ist zu empfehlen, zunächst die Rechtsform einer GmbH im Wege der Umwandlung zu erreichen. Sodann kann die GmbH in eine gemeinnützige GmbH „umgewidmet" werden. 81

Für Zwecke des Ertragsteuerrechts ist hierfür eine **Satzungsänderung** erforderlich. Da die Gemeinnützigkeitsbestimmungen jeweils veranlagungszeitraumbezogen eingreifen, empfiehlt es sich, die Satzungsänderung zum Wechsel des jeweiligen Veranlagungszeitraumes eintreten zu lassen, idealer Weise zum 1.1. eines neuen Jahres. Zu diesem Zeitpunkt muss gewährleistet sein, dass nicht nur die Satzung entsprechend geändert ist, sondern insbesondere die tatsächliche Geschäftsführung den Anforderungen des Gemeinnützigkeitsrechts genügt.

Mit dem Eintritt in die Steuerfreiheit stellt sich die Frage der Bewertung der Wirtschaftsgüter und der etwaigen Schlussbesteuerung der GmbH zum 31.12. Hierfür sieht § 13 Abs. 1 KStG vor, dass 82 die GmbH auf den Zeitpunkt, zu dem die Körperschaftsteuerpflicht endet, eine Schlussbilanz aufzustellen hat. In der Schlussbilanz sind nach § 13 Abs. 3 KStG alle Wirtschaftsgüter mit den Teilwerten anzusetzen. § 13 Abs. 4 KStG sieht jedoch eine Begünstigung für Körperschaften vor, die aufgrund ihrer Gemeinnützigkeit steuerfrei werden. So sind die Wirtschaftsgüter, die nach dem Eintritt in die Gemeinnützigkeit den steuerbegünstigten Zwecken dienen, in der Schlussbilanz mit den Buchwerten anzusetzen. Das bedeutet, dass eine Besteuerung der stillen Reserven lediglich für die Wirtschaftsgüter vorzunehmen ist, die einen wirtschaftlichen Geschäftsbetrieb bei der gGmbH begründen. Auch Wirtschaftsgüter, die künftig der Vermögensverwaltung dienen, müssen mit den Buchwerten angesetzt werden, so dass auch hier eine Besteuerung der stillen Reserven ausscheidet.[72]

Weiter könnte sich die Frage stellen, ob der Übergang der GmbH von der Vollbesteuerung in die steuerbefreite Sphäre zu einer Entstrickungsbesteuerung im Sinne des § 12 Abs. 1 KStG führt. Tatsächlich ist auf den ersten Blick der Tatbestand des § 12 Abs. 1 KStG erfüllt, denn der Eintritt in die Gemeinnützigkeit führt zu einer Beschränkung der Besteuerung bei Veräußerung oder Nutzung der bereits im Vermögen der GmbH befindlichen Wirtschaftsgüter. Dieses Ergebnis widerspräche aber dem Sinn und Zweck des § 12 KStG und dem Vorrang des § 13 KStG und würde den Eintritt in die Gemeinnützigkeit unnötig erschweren. Denn die Schlussbesteuerung würde der Gesellschaft die Substanz rauben, die sie für die Verwirklichung der gemeinnützigen Zwecke verwenden könnte. Bei genauerem Hinsehen ist auch eine Grundvoraussetzung des § 12 Abs. 1 KStG nicht gegeben. So wird das Besteuerungsrecht der Bundesrepublik Deutschland an den Wirtschaftsgütern der gGmbH nicht beschränkt. Nach wie vor gelten ausschließlich die Regelungen des deutschen Körperschaftsteuerrechts. Dieses sieht zwar eine Steuerbefreiung vor, steuerbar sind die Erträge aus der Veräußerung von Vermögensgegenständen der gGmbH aber nach wie vor, so dass auch eine Anwendung des § 12 KStG scheitert und die stillen Reserven des ideellen Bereichs nicht der Besteuerung unterliegen.

III. Die Umwandlung einer gemeinnützigen Vereinigung in eine gGmbH

83 Grundsätzlich kann auch eine andere gemeinnützige Vereinigung, etwa ein gemeinnütziger Verein, eine Körperschaft des öffentlichen Rechts, eine gemeinnützige Aktiengesellschaft in eine gGmbH umgewandelt werden, soweit dies nach dem allgemeinen Umwandlungsrecht zulässig ist. Besonderheiten der Besteuerung sollten sich hier grundsätzlich nicht ergeben. Zu den gemeinnützigkeitsrechtlichen Fragestellungen siehe unter § 3 Rz. 109 f.

C. Die Beendigung der gGmbH

84 Die gGmbH kann auf unterschiedliche Arten enden. Möglich ist ein Verlust der Gemeinnützigkeit, womit die gGmbH wieder in das normale Besteuerungsregime des KStG überwechselt. Ebenso kann die gGmbH in die Insolvenz gehen, weil sie überschuldet oder zahlungsunfähig geworden ist. Schließlich kann die Gesellschaft auch durch Beschluss der Gesellschafter enden und in die reguläre Liquidation gehen. Alle drei Möglichkeiten ziehen gegebenenfalls im Detail unterschiedliche Besteuerungsfolgen nach sich, wobei die Besteuerung der Gesellschafter bei Beendigung der gGmbH im Grundsatz bereits unter Rz. 71 angesprochen wurde. Besonderheiten sollen hier aber nochmals kurz beleuchtet werden.

72 ebenso Heger in Gosch KStG § 13 Rz. 56.

I. Verlust der Gemeinnützigkeit

Ein Verstoß gegen Vorschriften des Gemeinnützigkeitsrechts kann zum Verlust der Privilegien der Gemeinnützigkeit führen. In der Regel erhält die gGmbH bei einem Verstoß gegen die Vorschriften zur Rücklagenbildung oder anderen kleinen Verstößen aber die Möglichkeit der Heilung innerhalb einer Frist, z. B. durch Einlagen der Gesellschafter (ohne Spendenabzug) bei Mittelfehlverwendungen.[73] Verliert die gGmbH ihre Gemeinnützigkeit, so verwandelt sie sich quasi automatisch in eine klassische GmbH, die den normalen steuerlichen Regelungen des KStG und des GewStG unterworfen ist. Da die Steuerbefreiung veranlagungszeitraumbezogen ist, endet die Steuerbefreiung im Regelfall am 31.12. des Vorjahres, in dem ein Verstoß gegen die Gemeinnützigkeitsvoraussetzungen eintritt. Das hat zur Folge, dass ab dem 1.1. ein steuerpflichtiges Geschäftsjahr beginnt. 85

Nach § 13 Abs. 2 KStG hat die gGmbH auf den Beginn dieses Geschäftsjahres eine Anfangsbilanz zu erstellen. Darin sind die Wirtschaftsgüter mit dem Teilwert zu bewerten. Die stillen Reserven sollen durch diese Norm endgültig dem steuerfreien Bereich zugeordnet werden. Die Regelung ist nur anzuwenden, wenn die gGmbH bilanziert und ihren Gewinn somit durch Vermögensvergleich ermittelt. Ermittelt die gGmbH ihren Gewinn durch eine Überschussrechnung nach § 4 Abs. 3 EStG, soll der Teilwert nach bestrittener Ansicht in einem Anlageverzeichnis anzusetzen sein. Jedenfalls besteht die Möglichkeit, in diesem Zeitpunkt zur Bilanzierung überzugehen und insoweit die Teilwerte anzusetzen. Durch den Teilwertansatz werden die stillen Reserven dem steuerfreien Bereich zugeordnet. Tritt die gGmbH nach Ablauf eines weiteren Jahres wieder in die Steuerfreiheit ein, können die entsprechend höher bewerteten Wirtschaftsgüter nach § 13 Abs. 4 KStG mit dem (neuen, erhöhten) Buchwert fortgeführt werden. Dies vermeidet einen erneuten Teilwertansatz und mithin eine Versteuerung der in dem „steuerpflichtigen" Jahr gebildeten stillen Reserven.

Wirtschaftsgüter, die aus einer steuerpflichtigen GmbH nach § 13 Abs. 4 KStG mit dem Buchwert fortgeführt worden sind, sind in der Anfangsbilanz mit dem Wert anzusetzen, der sich ergeben würde, wenn die gGmbH gleichfalls steuerpflichtig gewesen wäre. Damit werden diese Wirtschaftsgüter schlechter gestellt als Wirtschaftsgüter, die die gGmbH selbst angeschafft hatte, da insoweit die stillen Reserven auch aus der Zeit der Steuerfreiheit zu versteuern sind.

Die im Regelfall größte Steuerfolge kommt aus dem Umsatzsteuerrecht. Für den Zeitraum, für den die Steuerfreiheit entfällt, kann die Steuerbegünstigung des § 12 Abs. 2 Nr. 8a UStG nicht in Anspruch genommen werden. Die daraus resultierende Steuerverbindlichkeit stellt im Rahmen der Ertragsteuerveranlagung eine abzugsfähige Betriebsausgabe dar und mindert daher einen gegebenenfalls zu versteuernden Überschuss. Da jedoch gemeinnützige Organisationen ohnehin im Regelfall nur geringe Überschüsse aufweisen, kann die erhöhte Umsatzsteuerzahllast zu großen Verwerfungen führen.

Eine Ausnahme hinsichtlich des Umfangs des Fortfalls von Steuerbegünstigungen regelt § 63 Abs. 2 i.V. mit § 61 Abs. 3 AO bei Verstößen gegen den Grundsatz der Vermögensbindung, auch wenn dieser durch die tatsächliche Geschäftsführung beeinträchtigt wird. In diesem Fall sieht das Gesetz die Möglichkeit einer Nachversteuerung über 10 Jahre vor, d.h. die gGmbH wird – bei entsprechender Anwendung der verfahrensrechtlichen Änderungsbefugnisse durch das Finanzamt - für die letzten 10 Jahre vor dieser Mittelfehlverwendung wie eine steuerpflichtige GmbH behandelt.[74] 86

Auch hier gilt, dass das Umsatzsteuerrecht die gößte finanzielle bedrohung für gemeinnützige Körperschaften hervorbringt. Dagegen erwächst im Regelfall aus den im fraglichen Zeitraum ausgestellten Spendenquittungen kein Bedrohungspotential. Denn zwar wurde der gGmbH der Status der Gemeinnützigkeit aberkannt. Wenn die Geschäftsleitung, d.h. die Personen, die die Spendenquittun-

73 Vgl. Ullrich S. 37.
74 Eversberg in Non Profit Law Yearbook 2003, 59, 78.

gen zu unterzeichnen haben, jedoch nicht von einer Aberkennung der Gemeinnützigkeit ausgehen mussten, liegt keine „Mittelfehlverwendung" im Sinne des § 10b Abs. 4 S. 2 Alt. 2 EStG vor, der zu einer Veranlasserhaftung führen würde.[75]

II. Beendigung durch Insolvenz oder Liquidation

1. Allgemeine Vorgaben des Körperschaftsteuerrechts

87 Das Körperschaftsteuerrecht regelt in § 11 KStG mit dem Ziel einer vollständigen und zugleich kostengünstigen Gewinnerfassung die Liquidationsbesteuerung der Kapitalgesellschaft. Die Liquidationsbesteuerung setzt dabei nach der Auflösung der gGmbH an. Die Auflösung bedarf im Falle der gGmbH eines diesbezüglichen Gesellschafterbeschlusses. Die GmbH geht damit in die Phase der sogenannten Abwicklung über, d.h. sie tritt aus der werbenden Tätigkeit in eine Phase, in der die unternehmerische Tätigkeit eingestellt wird und das vorhandene Vermögen verflüssigt und verteilt wird.[76]

Die Besteuerung im Abwicklungszeitraum erfolgt, indem das Abwicklungs-Endvermögen dem Abwicklungs-Anfangsvermögen gegenübergestellt wird. Für die Frage der Besteuerung ist daher wesentlich, welche Folgen der Eintritt in das Insolvenzverfahren bzw. in das Abwicklungsverfahren für die Gemeinnützigkeit haben, denn je nachdem, ob die Gemeinnützigkeit endet oder fortbesteht, sind die Vermögenswerte nach § 13 KStG in unterschiedlicher Höhe in den jeweiligen Zeitpunkten festzustellen und gegebenenfalls der Besteuerung zu unterwerfen.

2. Rechtsprechung und Finanzverwaltung: Wegfall der Gemeinnützigkeit

88 Für die gemeinnützige GmbH und ihre Gesellschafter sind bei der Eröffnung des Insolvenz- bzw. Liquidationsverfahrens neben den gesellschafts- und insolvenzrechtlichen Aspekten auch mögliche gemeinnützigkeitsrechtliche Auswirkungen und damit steuerliche Auswirkungen zu berücksichtigen.

Mit Eintritt in die Insolvenz- bzw. Liquidationsphase stehen der gemeinnützigen Körperschaft regelmäßig keine oder nur wenige Mittel zur Verfolgung ihrer gemeinnützigen Zwecke zur Verfügung. Die entscheidende Frage ist, ob in dieser Abwicklungsphase damit auch die gemeinnützige Zweckverfolgung und in der Konsequenz dessen auch ihre Steuerbefreiung wegfällt.

Diese Frage des Wegfalls der Gemeinnützigkeitsvoraussetzungen wurde höchstrichterlich vom Bundesfinanzhof zulasten der gemeinnützigen Körperschaft entschieden. Der Leitsatz des Urteils des BFH vom 16.05.2007[77] lautet: „Die Körperschaftsteuerbefreiung einer Körperschaft, die nach ihrer Satzung steuerbegünstigte Zwecke verfolgt, endet, wenn die eigentliche steuerbegünstigte Tätigkeit eingestellt ist und über das Vermögen der Körperschaft das Konkurs- oder Insolvenzverfahren eröffnet wird."

Das Urteil betraf eine als gemeinnützig anerkannte rechtsfähige Stiftung. Es ist auf andere steuerbegünstigte Körperschaften allerdings übertragbar. Die Vorinstanz (FG Niedersachsen v. 15.09.2006, 6 K 609/00) hatte dagegen entschieden, dass in der Tätigkeit der Körperschaft in der Auslaufphase,

75 BFH Urteil vom 10.09.2003 – XI R 58/01, BFH/NV 2004, 285, Haufe-Index 1084028, BStBl II 2004, 352, BFHE 203, 445, BB 2004, 92, DB 2004, 169, DStRE 2004, 170, HFR 2004, 236.

76 Lambrecht in Gosch KStG § 11 Rz. 29.

77 BFH Urteil vom 16.05.2007, I R 14/06, DStR 2007, 1438 BFH/NV 2007, 1793, Haufe-Index 1777085, BStBl II 2007, 808, BFHE 217, 381, BB 2007, 1774, DB 2007, 1734, DStRE 2007, 1141, DStZ 2007, 612, HFR 2007, 1012

d.h. nach Insolvenzeröffnung, trotz Einstellung der ideellen / gemeinnützigen Tätigkeit weiterhin der steuerbegünstigten Tätigkeit zuzurechnen sei.

Die Finanzverwaltung hat den Leitsatz des BFH-Urteils in den Anwendungserlass zur Abgabenordnung übernommen (AEAO Nr. 6 zu § 51). Das bedeutet zunächst, dass sich die Beratungspraxis an diesem Grundsatz orientieren muss.

3. Steuerunschädliche Abwicklungsphase – neue Ansätze im Schrifttum

Es gibt einige bedeutende Stimmen im gemeinnützigkeitsrechtlichen Schrifttum, die sich gegen die Ansicht von BFH und Finanzverwaltung und damit einen Wegfall der Gemeinnützigkeit in der Abwicklungsphase aussprechen. 89

Das Gemeinnützigkeitsrecht enthält keine ausdrückliche Regelung zur steuerrechtlichen Behandlung einer An-und Auslaufphase einer ideellen Betätigung. Eine solche gesetzliche Regelung ist aber z. B. nach Ansicht von *Becker*[78] unabdinglich. Auch andere Stimmen im Schrifttum sprechen sich für eine gesetzliche Verankerung einer steuerunschädlichen Abwicklungsphase aus.[79]

7

Zutreffend stellt *Hüttemann*[80] fest, dass sowohl die Anlaufphase, als auch die Auslaufphase zwingend zur Existenz einer Körperschaft gehören und sich damit auch eine unterschiedliche steuerliche Behandlung verbietet. Diese Argumentation legt es nahe, sowohl die Insolvenz einer gemeinnützigen Körperschaft als auch ihre anschließende Abwicklung gemeinnützigkeitsrechtlich als steuerfrei zu behandeln. Für eine Gleichbehandlung dieser beiden Szenarien spricht sich demzufolge *Hüttemann* aus.[81]

Diese Ansätze aus der Literatur stellen eine Anregung an den Gesetzgeber dar, steuerbegünstigten Körperschaften eine größere Sicherheit in Bezug auf vorbereitende und abwickelnde Tätigkeiten zu geben, indem die gesetzlichen Vorschriften in Bezug auf Insolvenz und Abwicklungsverfahren für gemeinnützige Körperschaften präzisiert werden. 90

Allerdings kann man auch mit guten Gründen die Insolvenz- von der Abwicklungsphase unterscheiden: im Rahmen der Sanierungsphase im laufenden Insolvenzverfahren wird die satzungsmäßige Tätigkeit in der Regel weitergeführt, wenn auch nur in vermindertem Umfang. Hingegen erfolgt in der Liquidationsphase, d.h. wenn eine Sanierung entweder von vornherein ausgeschlossen war oder diese gescheitert ist, keine Mittelverwendung mehr für die gemeinnützigen Zwecke.

Soweit der Begriff des Vermögens i.S.d. § 1 InsO mit dem der „verfügbaren Mittel" im Sinne der AO deckungsgleich ist, stehen die Mittel aber gegebenenfalls nicht mehr zur Verwendung für die gemeinnützigen Zwecke, sondern ausschließlich zur Gläubigerbefriedigung zur Verfügung[82]. Wenn aber die Gläubiger zugleich vom Zweck der Körperschaft umfasste, ihrerseits begünstigte Mittelempfänger sind, liegt jedenfalls weiterhin eine Erfüllung der satzungsmäßigen Mittelverwendung vor. Anderenfalls bedeutet die Gläubigerbefriedigung in Rahmen der Insolvenz der gemeinnützigen Körperschaft gegebenenfalls eine Abkehr von der steuerbegünstigten Tätigkeit. Allerdings hat die gGmbH im Regelfall ihre Verbindlichkeiten im Rahmen ihrer gemeinnützigen Geschäftstätigkeit angehäuft. Die Bedienung dieser Schulden kann daher, soweit die sonstige werbende Tätigkeit nicht beendet wird, nicht zu einem Entzug der Gemeinnützigkeit in der Insolvenz führen.

78 Becker, FR 2008, 909,910
79 Schauhoff/Kirchhain, DStR 2007, 1985,
80 Hüttemann, Gemeinnützigkeits- und Spendenrecht 2008,§ 2 Rz. 19ff.; vgl. Hüttemann, DB 2007, 127.
81 Hüttemann, Gemeinnützigkeits- und Spendenrecht 2008,§ 2 II 6
82 Dehesselles, DStR 2008, 2050.

Praxishinweis:

Wenn die ideelle Tätigkeit eingestellt wird, kann unabhängig von der Insolvenzthematik die Gemeinnützigkeit entzogen werden. Die entscheidende Frage ist, ob sich durch die Eröffnung des Insolvenz- bzw. Liquidationsverfahrens der satzungsmäßige Zweck der Gesellschaft ändert, indem sie nunmehr keine gemeinnützigen Zwecke nach §§ 52 ff. AO verfolgt.

4. Verstoß gegen Gemeinnützigkeit durch Tilgung von Schulden

91 Ein weiteres Problem in diesem Zusammenhang kann die Frage sein, ob die Tilgung von Schulden, die die Körperschaft in Vorbereitung ihrer Tätigkeit begründet hat, unter die Ausübung einer ideellen Tätigkeit i.S.d. §§ 55, 58 AO fällt, insbesondere wenn die Körperschaft aufgrund einer Überschuldung in die Insolvenz- oder Liquidationsphase eintritt.

Dem liegt der Ansatz der im Vorwege für gemeinnützige Zwecke „verausgabten" Mittel zugrunde. Systematisch gehören diese Verbindlichkeiten zur ideellen Tätigkeit einer Körperschaft (entsprechend der Behandlung der vorgenommenen Werbungskosten im Einkommensteuerrecht).

Für eine steuerunschädliche Abwicklungsphase spricht auch der Grundsatz der Vermögensbindung des § 55 Abs. 4 AO. Nach Abschluss der Liquidation fließen die noch zur Verfügung stehenden Mittel nicht an die Gesellschafter, sondern an eine gemeinnützige Empfängerkörperschaft oder an eine Körperschaft des öffentlichen Rechts zur Erfüllung ebenfalls steuerbegünstigter Zwecke.

III. Veräußerung der Beteiligung an der gGmbH

92 Die Anteile an der gGmbH sind fungibel, d. h. sie können ohne weiteres vom Träger oder Inhaber veräußert werden. Auf die gGmbH hat dieses im Regelfall keinerlei Auswirkungen. Abweichendes kann sich lediglich aus einer Vertragsgestaltung ergeben, die mittelbar auf die Gemeinnützigkeit zurückwirkt.

1. Veräußerung zum Buchwert der eingezahlten Kapitalanteile

93 Hier ergeben sich weder gemeinnützigkeitsrechtlich für die gGmbH, noch gemäß § 17 EStG für den Gesellschafter bzw. Träger, irgendwelche Konsequenzen. Der Vorgang ist steuerneutral.

2. Veräußerung zum Buchwert, aber anschließende Vergütung von der gGmbH

94 Hier besteht ein elementares Risiko für die Gemeinnützigkeit der gGmbH. Nach einem Urteil des BFH vom 12.10.2010[83] kann aufgrund einer in dieser Vergütung liegenden vGA ein so elementarer Verstoß gegen die Vermögensbindung gegeben sein, dass die Gemeinnützigkeit umgehend abzuerkennen ist. Die Vermeidung dieser Folge erfordert eine sorgfältige Vertragsplanung, die vGA in diesem Fall ausschließt.

83 I R 59/69, DSIR 2011, 20, dazu ausführlich Weidmann/Kohlhepp in DB 2011, 497; Wallenhorst DStR 2011, 698.

3. Veräußerung über dem Buchwert

Gemäß § 55 Abs. 1 Nr. 1 und 2 AO dürfen Gesellschafter der gGmbH nicht nur keine sonstigen Zuwendungen aus Mitteln der Körperschaft erhalten, sie dürfen insbesondere bei ihrem Ausscheiden nicht mehr als ihre eingezahlten Kapitalanteile und den gemeinen Wert ihrer geleisteten Sacheinlagen zurückerhalten. Das schließt auf den ersten Blick eine Veräußerung der Beteiligung über dem Buchwert aus. Denn die Regelung des § 55 Abs. 1 Nr. 2 AO beschränkt sich ihrem Wortlaut nach nicht darauf, dass eine etwaige über dem Buchwert gezahlte Vergütungen von der gGmbH stammen müsse, um gemeinnützigkeitsschädlich zu sein. 95

Dieses Erfordernis könnte man allerdings aus Gründen der teleologischen Reduktion aus der Vorschrift herauslesen, da entsprechend höhere Kaufpreise die gemeinnützigkeitsrechtlich gebundenen Mittel nicht schmälern würden. Insoweit könnte man die teleologisch reduzierte Auslegung in das Wort „zurückerhalten" hineinlesen.

Auch hier ist aber das zitierte Urteil des BFH vom 12.10.2010 zu berücksichtigen, in dem es inhaltlich um eine anlässlich des Ausscheidens eines Gesellschafters einer gGmbH vereinbarte verdeckte Kaufpreiszahlung aus Mitteln der gGmbH ging. Diese führte, wie bereits dargestellt, zu einem aus Sicht des BFH so erheblichen Gemeinnützigkeitsverstoß, dass der Status der Gemeinnützigkeit rückwirkend aberkannt wurde. Der BFH verdeutlicht hier, dass Anteile an einer gemeinnützigen GmbH für den steuerpflichtigen Erwerber jedenfalls nicht mehr wert sein können, als der Nominalwert der Anteile zuzüglich des gemeinen Wertes geleisteter Sachenlagen. Im Streitfall war der Erwerber allerdings eine ihrerseits gemeinnützige Kapitalgesellschaft. Hier erkannte der Senat eine Mittelfehlverwendung beim Erwerber, wenn dieser für einen Anteil an einer gGmbH mehr als diesen Betrag bezahle. Diese Fehlverwendung schlage auf die erworbene Gesellschaft durch, da andernfalls über den Kaufpreis Gewinne früherer Jahre entgegen § 55 Abs. 1 Nr. 1 bis 3 AO an den vormaligen Gesellschafter ausgekehrt würden. Hierin sieht der BFH eine Umgehung gemeinnützigkeitsrechtlicher Vorschriften durch den überhöhten Kaufpreis. 96

Eine wortgetreue Auslegung des BFH-Urteils könnte dazu verleiten, eine Veräußerung über dem Nominalwert durch einen nicht steuerbefreiten Anteilseigner als unschädlich anzusehen. Dies lässt sich damit begründen, dass der Veräußerer zwar mehr erhält als er nach § 55 Abs. 1 Nr. 2 AO erhalten dürfte, dass darin aber deswegen kein Verstoß gegen Gemeinnützigkeitsrecht liegt, weil die Vermögenssphäre der gGmbH selbst nicht von diesem Vorgang berührt wird. Dies dürfte der gängigen Praxis der meisten Finanzämter entsprechen.

Allerdings dürften Zweifel angebracht sein, dass diese Argumentation durschlägt. § 55 Abs. 1 Nr. 2 AO soll die gemeinnützigkeitsrechtlich gebundenen Vermögenswerte vor dem Zugriff der Gesellschafter schützen. Erwirbt ein neuer Gesellschafter Anteile zu einem über dem Nominalwert liegenden Preis, so liegt dies betriebswirtschaftlich darin begründet, dass er aus der Beteiligung einen entsprechenden Gegenwert erwartet. Dieser schlägt sich in dem erhöhten Kaufpreis nieder. Dieser Gegenwert kann nicht darin begründet liegen, dass der Wert der Anteile selbst gestiegen wäre, denn wenn die Gesellschaft liquidiert würde, erhielte auch dieser Gesellschafter nur den Nominalwert seiner Anteile.

Der Vorteil, den sich der neue Gesellschafter verspricht, kann somit nur in künftigen Geschäftsführergehältern und anderen Zahlungen aus der gGmbH gesehen werden, die aber ihrerseits gemeinnützigkeitsschädlich wären, da ihnen offenbar – sonst wäre der Wert der Anteile für den Neugesellschafter nicht erhöht – keine adäquate Gegenleistung gegenübersteht. Folglich wäre ein Verkauf über dem Nominalwert in jedem Fall – auch bei nicht-gemeinnützigen Anteilseignern – als eine Umgehung der gemeinnützigkeitsrechtlichen Regelungen anzusehen und muss entsprechend dem Wortlaut des Gesetzes zu einem Verlust der Gemeinnützigkeit auf Ebene der Gesellschaft wegen

Verstoßes gegen § 55 Abs. 1 Nr. 2 AO führen.

D. Besondere Steuerfragen des Gemeinnützigkeitsrechts

I. Organschaft

97 Die Organschaft im Körperschaftsteuer- und Gewerbesteuerrecht zielt im Regelfall auf eine zeitnahe Verlustverrechnung bei dem alleine steuerpflichtigen Organträger ab. Die Organschaft erfordert den Abschluss eines wirksamen Ergebnisabführungs- bzw. Gewinnabführungsvertrages (EAV) zwischen Organgesellschaft und Organträger. Ein solcher kann vom Grundsatz her auch mit einer gGmbH auf beiden Seiten des Vertragsverhältnisses abgeschlossen werden.

1. Die gGmbH als Organträger

98 Die gGmbH kann Obergesellschaft im Rahmen eines Organschaftsverhältnisses sein. Ihr werden dann über den EAV alle Einkünfte der Organgesellschaft zugerechnet. Im weiteren ist zu unterscheiden:

- Handelt es sich bei der Organgesellschaft um eine gemeinnützige GmbH, so beziehen sich die Rechtsfolgen der Organschaft ausschließlich auf die wirtschaftlichen Geschäftsbetriebe der Organgesellschaft. Die zuzurechnenden Einkünfte führen bei der Organträgerin zu Einkünften aus einem (eigenen) wirtschaftlichen Geschäftsbetrieb, soweit die Organgesellschaft einen solchen unterhält und zu Einkünften aus Vermögensverwaltung, soweit sonstige Ergebnisse vorliegen.

  Da der EAV auch zu einer Verlustausgleichverpflichtung der Organträgerin führt, muss gewährleistet sein, dann ein solcher Verlust keinesfalls (dauerhaft) aus einem wirtschaftlichen Geschäftsbetrieb stammt. Eine Darüber hinaus defizitär agierende Organgesellschaft muss einen Zweck verfolgen, der die Verlustdeckung durch die Organträgerin zu einem Akt der Zweckerfüllung für die Organträgerin macht.
- Handelt es sich bei der Organgesellschaft um eine nicht gemeinnützige Körperschaft, so dürfen sich hieraus keine dauerhaften Verluste und mithin Ausgleichverpflichtungen aufgrund des EAV ergeben, da die Einkünfte und Aufwendungen immer im Rahmen eines wirtschaftlichen Geschäftsbetriebes erfolgen. Demzufolge nehmen die zuzurechnenden positiven Einkünfte nicht an der Steuerbefreiung der Organträgerin teil.[84]

2. Die gGmbH als Organgesellschaft

99 „Mittel der Körperschaft dürfen nur für die satzungsmäßigen Zwecke verwendet werden. Die Mitglieder oder Gesellschafter (Mitglieder im Sinne dieser Vorschriften) dürfen keine Gewinnanteile und in ihrer Eigenschaft als Mitglieder auch keine sonstigen Zuwendungen aus Mitteln der Körperschaft erhalten." (§ 55 Abs. 1 Nr. 1 AO). Die Steuervergünstigung wird aber nicht dadurch ausgeschlossen, dass „eine Körperschaft ihre Mittel teilweise einer anderen, ebenfalls steuerbegünstigten Körperschaft oder einer juristischen Person des öffentlichen Rechts zur Verwendung zu steuerbegünstigten Zwecken zuwendet" (§ 58 Nr. 2 AO).

84 BFH Beschluss vom 10.3.2010 – I R 41/09, BFH/NV 2010, 1366, Haufe-Index 2341398, BStBl II 2011, 181, BFHE 229, 358, BB 2010, 1501, BB 2010, 2996, DB 2010, 12, DB 2010, 1270, DB 2010, 6, DStR 2010, 1178, DStR 2010, 9, DStRE 2010, 772, HFR 2010, 836

Aus dem Zusammenspiel beider Regelungen wird deutlich, dass, soweit durch Satzungsregelungen der Organgesellschaft und der Organträgerin eine Verwendung für steuerbegünstigte Zwecke sichergestellt wird, die Gemeinnützigkeit der Tochter-gGmbH nicht von der Vereinbarung eines Organschaftsverhältnisses tangiert wird.

Die Finanzverwaltung legt diese Regelung allerdings einschränkend aus. So soll lediglich die teilweise, nicht aber die überwiegende (über 50%ige) Weitergabe eigener Mittel unschädlich für die Gemeinnützigkeit sein.[85] In dieser Absolutheit teilt weder die Literatur[86] noch die Rechtsprechung[87] diesen Ansatz der Verwaltung. Es genügt, wenn die Tochter gGmbH, soweit sie in einem Jahr Mittel vollständig an andere gemeinnützige Träger weiterreicht, in anderen Jahren auch Mittel selbst verwendet. Auch ein Überweigens-Erfordernis wird aus § 58 Nr. 2 AO nicht herausgelesen. Allerdings würde eine Organschaft auch unter Berücksichtigung dieser Punkte noch zu einem Verstoß gegen § 58 Nr. 2 AO führen.

Weiterhin sieht die Finanzverwaltung Ausschüttungen dann als unschädlich an, wenn die Gesell- 100
schafter ausschließlich steuerbegünstigte Körperschaften sind.[88] Dies führt zu einer Zulässigkeit von Organschaftsverhältnissen zumindest dann, wenn die Trägergesellschaft ebenfalls eine gemeinnützige Körperschaft ist. Zu beachten ist in diesem Zusammenhang, dass die Einkünfte aus der Tochter-gGmbH beim Organträger zu Einkünften aus Vermögensverwaltung führen.[89] Das führt dazu, dass nach § 58 Nr. 7a AO ein Drittel der Erträge einer freuen Rücklage zugeführt werden können und insoweit eine Einschränkung des Gebots der zeitnahen Mittelverwendung zu konstatieren ist.[90]

Diese Auffassung der Finanzverwaltung bedeutet jedoch im Grundsatz auch, dass entgegen dem Gesetzeswortlaut eine Organträgerschaft einer nicht gemeinnützigen GmbH (oder sonstigen Körperschaft) nicht in Betracht kommt; ebensowenig ein Organschaftsverhältnis mit einer Körperschaft des öffentlichen Rechts. Dies gilt nach Auffassung der Finanzverwaltung ungeachtet etwaiger satzungsrechtlicher Regelungen zur gemeinnützigen Mittelverwendung.

Nach unserer Auffassung ist es für § 58 Nr. 2 AO ausreichend, wenn der Organträger im Rahmen des Gewinnabführungsvertrages verpflichtet wird, die erhaltenen Gewinne der Organgesellschaft bestimmten, mit der Satzung der gGmbH konformen gemeinnützigen Zwecken zuzuwenden. Soweit seitens der Organgesellschaft im Falle der Zuwiderhandlung ein Rückforderungsanspruch und ein Sonderkündigungsrecht für das Organschaftsverhätnis besteht, liegt nach unserer Auffassung kein Verstoß gegen § 58 Nr. 2 AO vor.

II. Kooperationen zwischen gemeinnützigen Organisationen – das Unmittelbarkeitserfordernis

Gemeinnützige Organisationen sind häufig nicht isoliert anzutreffen. Vielfach sind Sie unter Trä- 101
gerschaft gemeinnütziger Vereine, anderer gemeinnütziger Körperschaften, Verbandskörperschaften oder anderer öffentlich rechtlicher Träger. In all diesen Fällen werden gemeinnützige Körperschaften auch im Verbund, d.h. untereinander Tätig. Die jüngste Rechtsprechung des BFH setzt dieser Vorgehensweise sehr enge Grenzen.

85 AEAO zu § 58 Nr. 2 S. 1.
86 Uterhark/Krüger in Schwarz AO § 58 Rz. 3.
87 BFH Urteil vom 15.07.1998 – I R156/94, BFH/NV 1999, 244, Haufe-Index 67325, BStBl II 2002, 162, BFHE 186, 546, BB 1998, 2295, DB 1998, 2304, DStR 1998, 1710, DStRE 1998, 897, DStRE 1998, 897 (Leitsatz), DStZ 1999, 344, HFR 1999, 6, StE 1998, 692.
88 AEAO zu § 58 Nr. 2 S. 2.
89 AEAO zu § 64 Abs. 1 Nr. 3 S. 6.
90 Ebenso Uterhark/Krüger in Schwarz AO § 58 Rz. 3.

Ausgangspunkt der Diskussion war ein Urteil des BFH aus dem Mai 2007, in dem dieser bestätigte, dass die bloße Hilfstätigkeit einer Körperschaft bei der verwirklichung fremder gemeinnütziger Zwecke keine eigene gemeinnützigkeitsrechtliche Begünstigung der Körperschaft zur Folge habe.[91] Die Hilfsperson verwirklicht nach Ansicht des BFH fremde gemeinnützige Zwecke ihres Auftraggebers. Sie tut dies in ihrer Funktion als Hilfsperson, nicht jedoch als eigene gemeinnützige Leistung. Dessen bedürfe es aber, um dem Unmittelbarkeitserfordernis des § 57 Abs. 1 Satz 1 AO zu genügen. Die Vorschrift sei im Zusammenhang mit § 58 AO zu lesen, woraus abzuleiten sei, dass die bloße Unterstützung einer anderen Körperschaft bei deren gemeinnütziger Tätigkeit im Grundsatz nicht zur Gemeinnützigkeit des Unterstützenden führe. Sinn der Rechtsprechung ist es, eine Vervielfältigung der gemeinnützigkeitsrechtlichen Begünstigung durch Einschaltung einer Kette von Hilfspersonen zu vermeiden.[92] Der BFH stellte daher darauf ab, ob die eingeschaltete Hilfsperson einen eigenen gemeinnützigen Zweck verfolgt.

102 Bei der Einschaltung anderer gemeinnütziger Organisationen im Rahmen einer gemeinnützigen Tätigkeit ist daher darauf zu achten, dass diese ebenfalls eigene gemeinnützige satzungsgemäße Zwecke verfolgen. Das ist dann nicht der Fall, wenn Hilfspersonen nach ihrer Satzung lediglich die Unterstützung anderer gemeinnütziger Organisationen zum Ziel haben, ohne ihrerseits einen entsprechenden gemeinnützigen, in der Satzung verankerten Zweck zu verfolgen. Hilfsaufgaben, ohne unmittelbar gemeinnützigen Leistungsinhalt, wie etwa Verwaltungsaufgaben, stellen ggf. wirtschaftliche Geschäftsbetriebe dar.[93]

Dieser noch vergleichsweise planungssicher handhabbare Befund wird allerdings durch die weitere Rechtsprechung des BFH wieder in Frage gestellt. So hat der BFH in einem anderen Fall die Erbringung von sogenannten Basis-Leistungen eines Vereins der freien Wohlfahrtspflege, zu denen sich dieser nicht im Verhältnis des Personenkreises im Sinne des § 53 AO, sondern im Verhältnis zu einer Vermietungsgesellschaft verpflichtet hatte, aufgrund der fehlenden unmittelbaren Vertragsbeziehung als wirtschaftlichen Geschäftsbetrieb eingestuft.[94] Im Gegensatz dazu kehrte der BFH in einem Urteil vom 17.2.2010 wieder zu seiner ursprünglichen Betrachtungsweise, d.h. dem Vorliegen eines Zweckbetriebes bei der Erfüllung auch eigener gemeinnütziger Satzungszwecke, zurück.[95] Die Rechtslage kann insoweit nicht als endgültig geklärt angesehen werden.[96]

III. Cash-Pooling zwischen gemeinnützigen Gesellschaften

103 *Seeger / Thier* haben die Fragestellung aufgeworfen, ob ein Cash-Pooling im gemeinnützigen Konzern möglich ist, oder gegen Gemeinnützigkeitsrecht verstößt.[97] Als maßgebliche Fragen ist insoweit auf die satzungsgemäße Mittelverwendung bzw. auf das Begünstigungsverbot abzustellen.

Gegen das Begünstigungsverbot wird dann nicht verstoßen, wenn an einem Cash-Pooling-System teilnehmende Gesellschaften aus dem Cash-Pool-System das erhalten, was Sie auch unter Berücksichtigung eines Drittvergleiches von einem fremden Dritten erhalten hätten. Insoweit stellt sich die Überlassung von Geldmitteln als vermögensverwaltende Maßnahme dar, die zumindest die Zinsen ergeben muss die auch am Kapitalmarkt, zuzüglich eines Risikoaufschlages zu erzielen gewesen wä-

91 BFH Urteil vom 7.3.2007 – I R 90/04, BFH/NV 2007, 1389, Haufe-Index 1747446, BStBl II 2007, 628, BFHE 217, 413, BB 2007, 1266, BB 2007, 1826, DB 2007, 1229, DStR 2007, 938, DStRE 2007, 731, DStZ 2007, 405, HFR 2007, 773.

92 Vergleiche im Einzelnen zu dieser Problematik und zur Rechtsprechung Holland, DStR 2010, 2057 ff.

93 Hierzu auch die Abgrenzung zwischen wirtschaftlichen Geschäftsbetrieben und Zweckbetrieben.

94 BFH Urteil vom 16.12.2009 – I R 49/08, BFH/NV 2010, 1047, Haufe-Index 2306671, BFHE 228, 53, BB 2010, 729, BB 2010, 940, DB 2010, 653, DB 2010, 8, DStR 2010, 599, DStRE 2010, 511, HFR 2010, 567

95 BFH Urteil vom 17.2.2010 – I R 2/08, BFH/NV 2010, 1371, Haufe-Index 2334356, BStBl II 2010, 1006, BFHE 228, 388, DB 2010, 1104, DB 2010, 6, DStR 2010, 11, DStRE 2010, 755, HFR 2010, 690

96 Vergleiche hierzu auch die Zusammenfassung bei Hüttemann, DB 2011, 319 ff.

97 Seeger/Thier, DStR 2011, 184.

ren. Insoweit auf die eingesparten Soll-Zinsen der „kreditnehmenden" Körperschaft abzustellen ist als angemessen anzusehen.

Besonderes Augenmerk ist auf die Frage der Mittelverwendung zu legen. Hier muss ein Risikomanagementsystem implementiert werden, dass diejenigen Gesellschaften, die einen Positivsaldo in den Cash-Pool einbringen, vor einem Ausfall ihrer Mittel schützen. Dieses System darf eine „Kreditgewährung aus dem Cash-pool" nur insoweit gestatten, als eine potentielle Kreditlinie der „Kreditnehmenden" Gesellschaften vorhanden ist. Wird diese Grenze erreicht, muss der Cash-Pool aufgelöst werden, andernfalls liegt eine Mittelfehlverwendung vor.

Mit diesen Einschränkungen ist den von *Seeger/Thier* vorgenommenen Einschätzung, dass eine Teilnahme an einem Cash-Pool auch gemeinnützigen Körperschaften nicht verwehrt ist, grundsätzlich zuzustimmen.

§ 8 Muster und Erlasse zum Steuerrecht

A. Anträge an die Finanzverwaltung

1 **Gründungsfragebogen**

An das Finanzamt

Eingangsstempel oder -datum

1

2 **Steuernummer**

Fragebogen zur steuerlichen Erfassung

Gründung einer Kapitalgesellschaft

1. Allgemeine Angaben

1.1 Angaben zur Kapitalgesellschaft

3 Firma (lt. Handelsregister)

Sitz

4 Straße | Haus-Nr. | Haus-Nr.-Zusatz

5 Postleitzahl | Ort

6 Postleitzahl | Ort (Postfach) | Postfach

ggf. abweichender Ort der Geschäftsleitung

7 Straße | Haus-Nr. | Haus-Nr.-Zusatz

8 Postleitzahl | Ort

Kommunikationsverbindungen

Telefon:

9 Vorwahl international | Vorwahl national | Rufnummer

Telefax:

10 Vorwahl international | Vorwahl national | Rufnummer

11 E-Mail

12 Internetadresse

Art der Tätigkeit (genaue Bezeichnung des Gewerbezweiges)

13

14

1.2 Betriebstätten

15 Werden in mehreren Gemeinden Betriebstätten unterhalten? ☐ Nein

16 ☐ Ja lfd. Nr. 001 Bezeichnung

17 Anschrift, Straße | Haus-Nr. | Haus-Nr.-Zusatz

18 Postleitzahl | Ort

Telefon:

19 Vorwahl international | Vorwahl national | Rufnummer

20 lfd. Nr. 002 Bezeichnung

21 Anschrift, Straße | Haus-Nr. | Haus-Nr.-Zusatz

22 Postleitzahl | Ort

Telefon:

23 Vorwahl international | Vorwahl national | Rufnummer

24 Bei mehr als zwei Betriebstätten: ☐ Gesonderte Aufstellung ist beigefügt.

2010FsEKapG041NET – Mai 2010 – 2010FsEKapG041NET

Steuernummer

1.3 Gesetzlicher Vertreter

31 Name | Vorname

32 Straße | Haus-Nr. | Haus-Nr.-Zusatz

33 Postleitzahl | Ort

34 Postleitzahl | Ort (Postfach) | Postfach

Bei Geschäftsführer(in)

35 Geburtsdatum | Identifikationsnummer

36 Finanzamt | Steuernummer

Kommunikationsverbindungen

Telefon:

37 Vorwahl international | Vorwahl national | Rufnummer

Telefax:

38 Vorwahl international | Vorwahl national | Rufnummer

39 E-Mail

40 Internetadresse

41 **1.4 Steuerliche Beratung** ☐ Nein ☐ Ja

42 Firma:

oder

43 Name | Vorname

44 Straße | Haus-Nr. | Haus-Nr.-Zusatz

45 Postleitzahl | Ort

46 Postleitzahl | Ort (Postfach) | Postfach

Kommunikationsverbindungen

Telefon:

47 Vorwahl international | Vorwahl national | Rufnummer

Telefax:

48 Vorwahl international | Vorwahl national | Rufnummer

49 E-Mail

50 ☐ mit Empfangsvollmacht (Bitte fügen Sie eine gesonderte **Vollmacht** bei!)

Zuständigkeit der / des Empfangsbevollmächtigten

51 ☐ Feststellungs- / Festsetzungs- **und** Erhebungsverfahren ☐ **nur** Feststellungs- / Festsetzungsverfahren ☐ **nur** Erhebungsverfahren

1.5 Empfangsbevollmächtigte(r) für alle Steuerarten

52 Firma:

oder

53 Name | Vorname

54 Straße | Haus-Nr. | Haus-Nr.-Zusatz

55 Postleitzahl | Ort

56 Postleitzahl | Ort (Postfach) | Postfach

2010FsEKapG042NET **2010FsEKapG042NET**

Steuernummer

Kommunikationsverbindungen

Telefon

61 Vorwahl international | Vorwahl national | Rufnummer

Telefax

62 Vorwahl international | Vorwahl national | Rufnummer

63 E-Mail

64 ☐ mit Empfangsvollmacht (Bitte fügen Sie eine gesonderte **Vollmacht** bei!)

1.6 Bankverbindung / Lastschrifteinzugsverfahren (LEV) (Bitte **entweder** Kto.Nr., BLZ **oder** IBAN, BIC angeben)

Alle Steuererstattungen sollen an folgende Bankverbindung erfolgen:

65 Kontonummer | Bankleitzahl

66 IBAN

67 BIC

68 Geldinstitut (Name, Ort)

69 Kontoinhaber(in)

70 Kontoinhaber(in), sofern das Konto nicht auf den Namen der Gesellschaft lautet:

Möchten Sie am **Lastschriftverfahren,** dem für beide Seiten einfachsten Zahlungsweg, teilnehmen?

71 ☐ Ja, die ausgefüllte Teilnahmeerklärung ist beigefügt.

1.7 Gesellschaftsvertrag und Eintragung ins Handelsregister

Bitte Gesellschaftsvertrag beifügen!

72 Errichtung der Gesellschaft durch notariellen Vertrag oder Protokoll i. S. d. § 2 Abs. 1a GmbHG vom

73 Eintragung ist beantragt am | Eintragung ist erfolgt am

beim Amtsgericht | unter Nummer

74

75 ☐ HR-Auszug ist beigefügt. ☐ HR-Auszug wird nachgereicht.

durch Notar

76 Name | Vorname

77 Straße | Haus-Nr. | Haus-Nr.-Zusatz

78 Postleitzahl | Ort

79 Postleitzahl | Ort (Postfach) | Postfach

1.8 Rechtsform der Gesellschaft

80 ☐ GmbH ☐ UG i. S. d. § 5a GmbHG

81 ☐ AG ☐ Europäische Gesellschaften

82 ☐ KG aA ☐ Sonstiges

83 **1.9 Beginn der Tätigkeit**

1.10 Eröffnungsbilanz / Wirtschaftsjahr

84 Eröffnungsbilanz ☐ liegt bei. ☐ wird nachgereicht.

Liegt ein vom Kalenderjahr abweichendes Wirtschaftsjahr vor?

85 ☐ Nein ☐ Ja, Beginn

86 **1.11 Höhe des Grund- oder Stammkapitals** EUR

87 Darauf sind eingezahlt EUR

2010FsEKapG043NET

2010FsEKapG043NET

Steuernummer

2. Angaben zu den Anteilseignern

(Bei Treuhandverhältnissen bitte Vertrag beifügen.)

(Bitte fügen Sie bei mehr als drei Anteilseignern die unten aufgeführten Angaben zu den Abschnitten 2 und 3 auf dem Einlageblatt mit fortlaufender Nummerierung gesondert bei!)

lfd. Nr.

91 00001 Firma:

oder

92 Name Vorname

93 Zeichnernummer (soweit vorhanden)

94 Straße Haus-Nr. Haus-Nr.-Zusatz

95 Postleitzahl Ort ggf. ausländ. Staat

96 Geburtsdatum **oder** Gründungsdatum

97 Beruf, Tätigkeit / Art des Betriebes

98 Zuständiges Finanzamt

99 **Steuernummer** **Identifikations-nummer**

100 Höhe der Beteiligung nominell in EUR in Prozent

lfd. Nr.

101 00002 Firma:

oder

102 Name Vorname

103 Zeichnernummer (soweit vorhanden)

104 Straße Haus-Nr. Haus-Nr.-Zusatz

105 Postleitzahl Ort ggf. ausländ. Staat

106 Geburtsdatum **oder** Gründungsdatum

107 Beruf, Tätigkeit / Art des Betriebes

108 Zuständiges Finanzamt

109 **Steuernummer** **Identifikations-nummer**

110 Höhe der Beteiligung nominell in EUR in Prozent

lfd. Nr.

111 00003 Firma:

oder

112 Name Vorname

113 Zeichnernummer (soweit vorhanden)

114 Straße Haus-Nr. Haus-Nr.-Zusatz

115 Postleitzahl Ort ggf. ausländ. Staat

116 Geburtsdatum **oder** Gründungsdatum

117 Beruf, Tätigkeit / Art des Betriebes

2010FsEKapG044NET

2010FsEKapG044NET

Steuernummer

121 Zuständiges Finanzamt

122 **Steuernummer** **Identifikationsnummer**

123 Höhe der Beteiligung nominell in EUR in Prozent

124 **3. Angaben zur Gründung** Das Unternehmen ist entstanden durch ☐ Bargründung ☐ Sachgründung

3.1 Bei Bargründung

Im zeitlichen Zusammenhang mit der Bargründung hat die Körperschaft Vermögenswerte übernommen durch:

125 ☐ Übernahme folgender, einzelner Wirtschaftsgüter ohne Anteile an einer Kapitalgesellschaft oder Genossenschaft, siehe hierzu Zeilen 132 bis 139

126

127

128 ☐ Einbringung eines Betriebs, Teilbetriebs oder Mitunternehmeranteils nach § 20 Abs. 1 UmwStG

129 Bezeichnung des eingebrachten Betriebs, Teilbetriebs bzw. der Mitunternehmerschaft

130 zuständiges Finanzamt

131 Steuernummer

132 ☐ (Qualifizierten) Anteilstausch nach § 21 Abs. 1 Satz 1, 2 UmwStG

133 Bezeichnung der Gesellschaft, an der die übernommenen Anteile bestehen

134 zuständiges Finanzamt, falls bekannt

135 Steuernummer, falls bekannt

136 USt-IdNr., falls bekannt

oder

Anschrift der Gesellschaft, falls zuständiges Finanzamt nicht bekannt

137 Straße | Haus-Nr. | Haus-Nr.-Zusatz

138 Postleitzahl | Ort

139 Postleitzahl | Ort (Postfach) | Postfach

3.2 Bei Sachgründung

3.2.1 Das Unternehmen ist entstanden unter

140 ☐ Einbringung folgender, einzelner Wirtschaftsgüter

141

142 Ein Sachgründungsbericht ☐ ist nicht erstellt worden. ☐ ist beigefügt. ☐ wird nach gereicht.

143 Die Sacheinlagen stammen aus ☐ Betriebsvermögen ☐ Privatvermögen

3.2.2 Das Unternehmen ist entstanden durch

144 ☐ Einbringung eines Betriebs, Teilbetriebs oder Mitunternehmeranteils nach § 20 Abs. 1 UmwStG

145 Steuerlicher Übertragungsstichtag

146 Bezeichnung des eingebrachten Betriebs, Teilbetriebs bzw. der Mitunternehmerschaft

147 zuständiges Finanzamt, falls bekannt

148 Steuernummer, falls bekannt

149 USt-IdNr., falls bekannt

oder

Anschrift der Gesellschaft, falls zuständiges Finanzamt nicht bekannt

150 Straße | Haus-Nr. | Haus-Nr.-Zusatz

2010FsEKapG045NET **2010FsEKapG045NET**

Steuernummer

151 Postleitzahl | Ort

152 Postleitzahl | Ort (Postfach) | Postfach

153 Der Sachgründungsbericht / Umwandlungsbericht ☐ ist beigefügt. ☐ wird nachgereicht.

3.2.3 Das Unternehmen ist im Rahmen einer Umwandlung nach den Vorschriften des Umwandlungsgesetzes oder durch einen vergleichbaren ausländischen Vorgang (vgl. § 1 Abs. 1 UmwStG) entstanden durch

154 ☐ (qualifizierten) Anteilstausch nach § 21 Abs. 1 Satz 1, 2 UmwStG

155 Bezeichnung der Gesellschaft, an der die übernommenen Anteile bestehen

156 zuständiges Finanzamt, falls bekannt

157 Steuernummer, falls bekannt

158 USt-IdNr., falls bekannt

oder

Anschrift der Gesellschaft, falls zuständiges Finanzamt nicht bekannt

159 Straße | Haus-Nr. | Haus-Nr.-Zusatz

160 Postleitzahl | Ort

161 Postleitzahl | Ort (Postfach) | Postfach

3.2.4 Das Unternehmen ist im Rahmen einer Umwandlung nach den Vorschriften des Umwandlungsgesetzes oder durch einen vergleichbaren ausländischen Vorgang (vgl. § 1 Abs. 1 UmwStG) entstanden durch

162 ☐ Verschmelzung ☐ Spaltung ☐ Formwechsel ☐ Vermögensübertragung

163 Steuerlicher Übertragungsstichtag

164 Bezeichnung des Unternehmens, das verschmolzen, gespalten, formwechselnd umgewandelt bzw. von dem Vermögen übertragen worden ist

165 zuständiges Finanzamt

166 Steuernummer

167 Der Umwandlungsbeschluss, -vertrag und -bericht ☐ sind beigefügt. ☐ werden nachgereicht.

3.2.5 Die Verschmelzung, Spaltung, formwechselnde Umwandung, Übertragung, Einbringung bzw. der Anteilstausch erfolgte steuerlich zu

168 ☐ Buchwerten ☐ Teilwerten ☐ Zwischenwerten ☐ Anschaffungskosten ☐ gemeinen Werten

169 3.2.6 ☐ Es handelt sich um die Betriebsgesellschaft im Rahmen einer Betriebsaufspaltung

170 Bezeichnung des Besitzunternehmens

171 zuständiges Finanzamt, falls bekannt

172 Steuernummer, falls bekannt

173 USt-IdNr., falls bekannt

oder

Anschrift der Gesellschaft, falls zuständiges Finanzamt nicht bekannt

174 Straße | Haus-Nr. | Haus-Nr.-Zusatz

175 Postleitzahl | Ort

176 Postleitzahl | Ort (Postfach) | Postfach

2010FsEKapG046NET 2010FsEKapG046NET

Steuernummer

4. Zusatzangaben zur Gesellschaft

181 **4.1** ☐ Die Gesellschaft ist / wird **Komplementärin der nachstehenden KG** ☐ Die Gesellschaft ist daneben selbst gewerblich tätig.

182 Bezeichnung der KG

183 zuständiges Finanzamt der KG

184 Steuernummer der KG

185 **4.2** ☐ An der Gesellschaft besteht eine **atypisch stille Beteiligung**

186 zuständiges Finanzamt der atypisch stillen Gesellschaft

187 Steuernummer der atypisch stillen Gesellschaft

188 Der Vertrag ☐ ist beigefügt. ☐ wird nachgereicht.

189 **4.3** ☐ Die Gesellschaft ist **Organträger**

190 ☐ körperschaftsteuerlich und gewerbesteuerlich. ☐ umsatzsteuerlich.

(Bitte Liste der Organgesellschaften unter Angabe der Steuernummer und ± soweit erteilt ± der USt-IdNr. auf gesondertem Blatt beifügen.)

191 **4.4** ☐ Die Gesellschaft ist körperschaftsteuerliche und gewerbesteuerliche **Organgesellschaft.** (Bitte Gewinnabführungsvertrag beifügen.)

192 Name des Organträgers

193 Finanzamt Steuernummer

194 USt-IdNr.

195 ☐ Der umsatzsteuerliche Organträger ist mit dem körperschaftsteuerlichen und gewerbesteuerlichen Organträger identisch.

196 ☐ Die Gesellschaft ist umsatzsteuerliche **Organgesellschaft**. (Bitte Gewinnabführungsvertrag beifügen.)

197 Name des Organträgers

198 Finanzamt Steuernummer

199 USt-IdNr.

5. Angaben zur Festsetzung von Vorauszahlungen (Körperschaftsteuer, Gewerbesteuer)

	Angaben zur Festsetzung der Vorauszahlungen (geschätzt)	für das Gründungsjahr EUR	für das Folgejahr EUR
200	Jahresüberschuss / Steuerbilanzgewinn		
201	Zu versteuerndes Einkommen		
202	Steueranrechnungsbeträge		
203	Gewerbeertrag		

6. Angaben zur Anmeldung und Abführung der Lohnsteuer

204 Zahl der Arbeitnehmer [1] Insgesamt a) zugleich Gesellschafter oder deren Ehegatten b) davon geringfügig Beschäftigte

1) Dazu gehören auch Geschäftsführer, Vorstandsmitglieder, geringfügig beschäftigte Personen und ehrenamtlich tätige Personen. Geschäftsführer einer Komplementär-Kapitalgesellschaft, die gleichzeitig Kommanditisten der Kapitalgesellschaft & Co. KG sind, sind nicht Arbeitnehmer im lohnsteuerlichen Sinne.

205 Beginn der Lohnzahlungen

206 Anmeldungszeitraum (voraussichtliche Lohnsteuer im Kalenderjahr) ☐ **monatlich** (mehr als 4000 EUR) ☐ **vierteljährlich** (mehr als 1000 EUR) ☐ **jährlich** (nicht mehr als 1000 EUR)

Die für die Lohnberechnung maßgebenden Lohnbestandteile werden zusammengefasst im Betrieb / Betriebsteil:

207 Bezeichnung

208 Straße Haus-Nr. Haus-Nr.-Zusatz

209 Postleitzahl Ort

2010FsEKapG047NET **2010FsEKapG047NET**

Steuernummer

7. Angaben zur Anmeldung und Abführung der Umsatzsteuer

7.1 Gesamtumsatz (geschätzt) — im Jahr der Betriebseröffnung EUR — im Folgejahr EUR

211

7.2 Geschäftsveräußerung im Ganzen (§ 1 Abs. 1a Umsatzsteuergesetz - UStG -)

Es wurde ein Unternehmen oder ein in der Gliederung eines Unternehmens gesondert geführter Betrieb erworben:

212 Nein Ja (siehe Eintragungen zu Tz. 3 Angaben zur Gründung)

7.3 Kleinunternehmer-Regelung

213 Der Gesamtumsatz für das Gründungsjahr wird die Grenze von 17 500 EUR voraussichtlich nicht überschreiten. Es wird die Kleinunternehmer-Regelung (§ 19 Abs. 1 UStG) in Anspruch genommen.

In Rechnungen wird keine Umsatzsteuer gesondert ausgewiesen und es kann kein Vorsteuerabzug geltend gemacht werden.

Hinweis: *Angaben zu Tz. 7.6 und 7.7 sind nicht erforderlich; Umsatzsteuer-Voranmeldungen sind grundsätzlich nicht abzugeben.*

214 Der Gesamtumsatz für das Gründungsjahr wird die Grenze von 17 500 EUR voraussichtlich nicht überschreiten. Es wird auf die Anwendung der Kleinunternehmer-Regelung verzichtet.

Die Besteuerung erfolgt nach den allgemeinen Vorschriften des Umsatzsteuergesetzes **für mindestens fünf Kalenderjahre** (§ 19 Abs. 2 UStG); Umsatzsteuer-Voranmeldungen sind monatlich in elektronischer Form abzugeben.

7.4 Steuerbefreiung

Es werden ganz oder teilweise steuerfreie Umsätze gem. § 4 UStG ausgeführt:

215 Nein Ja Art des Umsatzes / der Tätigkeit (§4Nr. UStG)

7.5 Steuersatz

Es werden Umsätze ausgeführt, die ganz oder teilweise dem ermäßigten Steuersatz gem. § 12 Abs. 2 UStG unterliegen:

216 Nein Ja Art des Umsatzes / der Tätigkeit (§ 12 Abs. 2 Nr. UStG)

7.6 Soll- / Istversteuerung der Entgelte

217 Die Umsatzsteuer wird berechnet nach vereinbarten Entgelten **(Sollversteuerung).**

218 vereinnahmten Entgelten. Es wird hiermit die **Istversteuerung** beantragt.

7.7 Dauerfristverlängerung

219 Es wird beabsichtigt, die **Dauerfristverlängerung** für die Abgabe der Umsatzsteuer-Voranmeldung zu nutzen. Es ist bekannt, dass bei **monatlicher** Abgabe der Umsatzsteuer-Voranmeldungen eine **Sondervorauszahlung** zu berechnen und zu entrichten ist. Die Dauerfristverlängerung wird gesondert mit dem Vordruck USt 1 H beantragt.

7.8 Umsatzsteuer-Identifikationsnummer

220 Es wird für die Teilnahme am innergemeinschaftlichen Waren- und Dienstleistungsverkehr eine Umsatzsteuer-Identifikationsnummer (USt-IdNr.) benötigt.

Hinweis: *Bei Vorliegen einer Organschaft ist die USt-IdNr. der Organgesellschaft vom Organträger zu beantragen.*

Zusatzangaben für Unternehmer,
– die nur steuerfreie Umsätze ausführen, die zum Ausschluss vom Vorsteuerabzug führen,
– für deren Umsätze Umsatzsteuer nach § 19 Abs. 1 UStG nicht erhoben wird,
– die ihre Umsätze nach den Durchschnittssätzen des § 24 UStG versteuern:

Es wird eine USt-IdNr. beantragt, weil

221 innergemeinschaftliche Lieferungen ausgeführt werden (gilt nur für pauschalierende Land- und Forstwirte).

222 innergemeinschaftliche Erwerbe zu versteuern sind, da die Erwerbsschwelle von 12 500 EUR jährlich

223 voraussichtlich überschritten wird (§ 1a Abs. 3 UStG).

224 voraussichtlich nicht überschritten wird, auf die Erwerbsschwellenregelung jedoch für die Dauer von mindestens zwei Kalenderjahren verzichtet wird (§ 1a Abs. 4 UStG).

225 neue Fahrzeuge oder bestimmte verbrauchsteuerpflichtige Waren innergemeinschaftlich erworben werden (§ 1a Abs. 5 UStG).

226 Es wurde bereits für eine frühere Tätigkeit folgende USt-IdNr. vergeben:

227 USt-IdNr. Vergabedatum:

8. Freistellungsbescheinigung gemäß § 48 b Einkommensteuergesetz - EStG - („Bauabzugsteuer")

Das Merkblatt zum Steuerabzug bei Bauleistungen steht Ihnen im Internet unter www.bzst.de zum Download zur Verfügung. Sie können es aber auch bei Ihrem Finanzamt erhalten.

228 Es wird die Erteilung einer Bescheinigung zur Freistellung vom Steuerabzug bei Bauleistungen gemäß § 48b EStG beantragt.

2010FsEKapG048NET

2010FsEKapG048NET

Steuernummer

Hinweis: *Die mit diesem Fragebogen angeforderten Daten werden aufgrund der §§ 85, 88, 90, 93 und 97 der Abgabenordnung erhoben.*

231

Ort, Datum

Unterschrift(en) vertretungsberechtigte(r) Geschäftsführer(in) oder Gesellschafter(in) / Beteiligte(r) bzw. aller Gesellschafter / Beteiligten bzw. des / der Vertreter(s) oder Bevollmächtigte(n)

232	Anlagen:	Aufstellung über Betriebstätten (Tz. 1.2) (Einlageblatt)	Vertrag über Treuhandverhältnisse (Tz. 2)
233		Empfangsvollmacht (Tz. 1.4, 1.5)	Sachgründungsbericht (Tz. 3.2.1 / 3.2.2)
234		Teilnahmeerklärung für das LEV (Tz. 1.6)	Umwandlungsbeschluss (Tz. 3.2)
235		Gesellschaftsvertrag (Tz. 1.7)	Vertrag über atypisch stille Beteiligung (Tz. 4.2)
236		HR/GR-Auszug (Tz. 1.7)	Liste der Organgesellschaften (Tz. 4.3)
237		Eröffnungsbilanz (Tz. 1.10)	Gewinnabführungsvertrag (Tz. 4.4)
238		Auflistung der Anteilseigner (Tz. 2) (Einlageblatt)	

Finanzamt

2010FsEKapG049NET **2010FsEKapG049NET**

Fragebogen zur steuerlichen Erfassung

2

Steuernummer		Lfd. Nr. des Einlageblattes	

Einlageblatt zum **Fragebogen zur steuerlichen Erfassung**

Gründung einer Kapitalgesellschaft oder einer nach ausländischem Recht gegründeten Körperschaft

1. Allgemeine Angaben

1.2 Betriebstätten

lfd. Nr.

1 Bezeichnung

2 Anschrift, Straße | Haus-Nr. | Haus-Nr.-Zusatz

3 Postleitzahl | Ort

4 Telefon: Vorwahl international | Vorwahl national | Rufnummer

lfd. Nr.

5 Bezeichnung

6 Anschrift, Straße | Haus-Nr. | Haus-Nr.-Zusatz

7 Postleitzahl | Ort

8 Telefon: Vorwahl international | Vorwahl national | Rufnummer

lfd. Nr.

9 Bezeichnung

10 Anschrift, Straße | Haus-Nr. | Haus-Nr.-Zusatz

11 Postleitzahl | Ort

12 Telefon: Vorwahl international | Vorwahl national | Rufnummer

2. Angaben zu den Anteilseignern

lfd. Nr.

13 Firma

oder

14 Name | Vorname

15 Zeichnernummer (soweit vorhanden)

16 Straße | Haus-Nr. | Haus-Nr.-Zusatz

17 Postleitzahl | Ort | ggf. ausländ. Staat

18 Geburtsdatum **oder** Gründungsdatum

19 Beruf, Tätigkeit / Art des Betriebes

20 Zuständiges Finanzamt

21 **Steuernummer** | **Identifikationsnummer**

22 Höhe der Beteiligung nominell in EUR | in Prozent

2010FsEKapGEBl051NET – Mai 2010 – **2010FsEKapGEBl051NET**

8

Steuernummer

lfd. Nr.

31 Firma:

oder

32 Name | Vorname

33 Zeichnernummer (soweit vorhanden)

34 Straße | Haus-Nr. | Haus-Nr.-Zusatz

35 Postleitzahl | Ort | ggf. ausländ. Staat

36 Geburtsdatum **oder** Gründungsdatum

37 Beruf, Tätigkeit / Art des Betriebes

38 Zuständiges Finanzamt

39 **Steuernummer** **Identifikations-nummer**

40 Höhe der Beteiligung nominell in EUR in Prozent

lfd. Nr.

41 Firma:

oder

42 Name | Vorname

43 Zeichnernummer (soweit vorhanden)

44 Straße | Haus-Nr. | Haus-Nr.-Zusatz

45 Postleitzahl | Ort | ggf. ausländ. Staat

46 Geburtsdatum **oder** Gründungsdatum

47 Beruf, Tätigkeit / Art des Betriebes

48 Zuständiges Finanzamt

49 **Steuernummer** **Identifikations-nummer**

50 Höhe der Beteiligung nominell in EUR in Prozent

2010FsEKapGEBl052NET **2010FsEKapGEBl052NET**

NV-Bescheinigung

An das Finanzamt

ANTRAG
auf Ausstellung einer Bescheinigung gemäß

☐ § 43 Abs. 2 Satz 4 EStG ☐ § 44 a Abs. 7 EStG ☐ § 38 Abs. 3 KStG

☐ § 44 a Abs. 4 EStG ☐ § 44 a Abs. 8 EStG

☐ § 44 a Abs. 5 EStG ☐ § 11 Abs. 2 InvStG

Zeile

1 **Die NV-Bescheinigung soll erstmals für das Jahr 20 ____ gelten.**

A. Allgemeine Angaben

2 Bezeichnung der Körperschaft, Personenvereinigung oder Vermögensmasse

3 Straße, Hausnummer | Postleitzahl | Postfach

4 Postleitzahl | Ort | Telefonisch erreichbar unter Nr.

5 Geschäftsleitung | Sitz

6 Gesetzlicher Vertreter oder Vertretungsberechtigter (mit Anschrift)

7 | Telefonisch erreichbar unter Nr.

8 Gegenstand des Unternehmens oder Zweck der Körperschaft, Personenvereinigung oder Vermögensmasse

9 **Empfangsbevollmächtigter / Postempfänger** (falls von Zeile 2 abweichend), Name und Anschrift

10

11 Empfangsvollmacht ☐ ist beigefügt. ☐ liegt dem Finanzamt vor.

12 Eine Bescheinigung nach ☐ § 44 a Abs. 4 EStG, ☐ § 44 a Abs. 5 EStG, ☐ § 44 a Abs. 7 EStG, ☐ § 44 a Abs. 8 EStG, ☐ § 11 Abs. 2 InvStG, ☐ § 38 Abs. 3 KStG[1] ist erteilt worden.

13 vom Finanzamt | unter der Ordnungs-Nummer | gültig bis 31.12. ____

B. Angaben zur körperschaftsteuerlichen Behandlung

14 **Die Körperschaft, Personenvereinigung oder Vermögensmasse ist** ☐ unbeschränkt körperschaftsteuerpflichtig im Sinne des § 1 Abs. 1 Nr. 1 bis 5 KStG.

15 ☐ eine juristische Person des öffentlichen Rechts.

16 und wird ☐ zur Körperschaftsteuer veranlagt

17 beim Finanzamt

18 unter Steuernummer

19 ☐ uneingeschränkt ☐ mit dem / den steuerpflichtigen wirtschaftlichen Geschäftsbetrieb(en).

20 ☐ mit dem / den Betrieb(en) gewerblicher Art (§ 1 Abs. 1 Nr. 6 KStG).

21 ☐ nicht zur Körperschaftsteuer veranlagt.

1) In der am 27.12.2007 geltenden Fassung.

NV2A
Aug.2008

034043

- 2 -

Zeile

Falls ein steuerpflichtiger wirtschaftlicher Geschäftsbetrieb einer von der Körperschaftsteuer befreiten Körperschaft, Personenvereinigung oder Vermögensmasse oder ein Betrieb gewerblicher Art einer juristischen Person des öffentlichen Rechts vorliegt:

31 ☐ Die Kapitalerträge, für die dieser Antrag gestellt wird, entfallen **nicht** auf Anteile, die
- in einem steuerpflichtigen wirtschaftlichen Geschäftsbetrieb, für den die Befreiung von der Körperschaftsteuer ausgeschlossen ist, oder
- in einem steuerpflichtigen Betrieb gewerblicher Art einer juristischen Person des öffentlichen Rechts

gehalten werden.

C. Bei einem Antrag nach § 44 a Abs. 5 EStG

32 ☐ Die Kapitalerträge sind Betriebseinnahmen.
Die anzurechnende Kapitalertragsteuer ist aufgrund der Art der Geschäfte auf Dauer höher als die festzusetzende Körperschaftsteuer.

D. Es werden folgende Bescheinigungen benötigt:

Zeile	Bescheinigung im Sinne des	Anzahl der benötigten Bescheinigungen
33	**§ 43 Abs. 2 Satz 4 EStG**	
34	**§ 44 a Abs. 4 EStG**	
35	**§ 44 a Abs. 5 EStG**	
36	**§ 44 a Abs. 7 EStG**	
37	**§ 44 a Abs. 8 EStG**	
38	**§ 11 Abs. 2 InvStG**	
39	**§ 38 Abs. 3 KStG** [1]	

Unterschrift

Bei der Anfertigung dieses Antrags hat mitgewirkt:
(Name, Anschrift, Telefon)

Ort, Datum

(Unterschrift)

Dieser Antrag muss von dem in Zeile 6 genannten Vertretungsberechtigten unterschrieben sein.

Hinweis nach den Datenschutzgesetzen: Die mit diesem Antrag angeforderten Daten werden auf Grund der §§ 149 ff. der Abgabenordnung in Verbindung mit § 43 Abs. 2 Satz 4 EStG, § 44 a Abs. 4, 5, 7 und 8 EStG, § 11 Abs. 2 InvStG sowie § 38 Abs. 3 KStG verlangt.

1) In der am 27.12.2007 geltenden Fassung.

Merkblatt

zum Vordruck NV 2 A

Gesetzliche Grundlage für die Bescheinigung	Kreis der Gläubiger und Anteilseigner, für die die Ausstellung einer Bescheinigung in Betracht kommt *)	Wirkung der Bescheinigung, wenn auch die übrigen Voraussetzungen der jeweiligen Vorschrift erfüllt sind
§ 43 Abs. 2 S. 4 EStG	1. Inländische sonstige juristische Personen des privaten Rechts, 2. inländische nichtrechtsfähige Vereine, Anstalten, Stiftungen und andere Zweckvermögen des privaten Rechts.	Bei Kapitalerträgen im Sinne des § 43 Abs. 1 Satz 1 Nr. 6 und 8 bis 12 EStG ist der Steuerabzug nicht vorzunehmen.
§ 44 a Abs. 4 EStG	1. Von der Körperschaftsteuer befreite inländische Körperschaften, Personenvereinigungen oder Vermögensmassen, 2. inländische juristische Personen des öffentlichen Rechts.	Bei Kapitalerträgen im Sinne des § 43 Abs. 1 Satz 1 Nr. 4, 6, 7 und 8 bis 12 sowie Satz 2 EStG ist der Steuerabzug nicht vorzunehmen. Das gilt auch, wenn es sich bei den Kapitalerträgen um Bezüge i. S. d. § 20 Abs. 1 Nr. 1 und 2 EStG handelt, die der Gläubiger von einer von der Körperschaftsteuer befreiten Körperschaft bezieht.
§ 44 a Abs. 5 EStG	Unbeschränkt oder beschränkt körperschaftsteuerpflichtige Gläubiger, deren Kapitalerträge Betriebseinnahmen sind, wenn die Kapitalertragsteuer aufgrund der Art der Geschäfte auf Dauer höher ist alt die festzusetzende Körperschaftsteuer.	Bei Kapitalerträgen im Sinne des § 43 Abs. 1 Satz 1 Nr. 6, 7 und 8 bis 12 sowie Satz 2 EStG ist der Steuerabzug nicht vorzunehmen. Bei Kapitalerträgen im Sinne des § 43 Abs. 1 Satz 1 Nr. 1 und 2 EStG wird die Kapitalertragsteuer auf Antrag vom Bundeszentralamt für Steuern erstattet. Die Antragsfrist endet am 31. Dezember des Jahres, das dem Kalenderjahr folgt, in dem die Einnahmen zugefossen sind. Vordrucke für die Erstattung von Kapitalertragsteuer nach § 44 b EStG erhalten Sie beim Bundeszentralamt für Steuern, 53221 Bonn.
§ 44 a Abs. 7 EStG	1. Inländische Körperschaften, Personenvereinigungen oder Vermögensmassen im Sinne des § 5 Abs. 1 Nr. 9 KStG, 2. inländische Stiftungen des öffentlichen Rechts, die ausschließlich und unmittelbar gemeinnützigen oder mildtätigen Zwecken dienen, 3. inländische juristische Personen des öffentlichen Rechts, die ausschließlich und unmittelbar kirchlichen Zwecken dienen.	Bei Kapitalerträgen i. S. d. § 43 Abs. 1 Satz 1 Nr. 7 a bis 7 c EStG ist der Steuerabzug nicht vorzunehmen. Das gilt auch für Kapitalerträge aus GmbH-Anteilen, Anteilen an Erwerbs- und Wirtschaftsgenossenschaften und Namensaktien nicht börsennotierter Aktiengesellschaften sowie Kapitalerträge i. S. d. § 43 Abs. 1 Satz 1 Nr. 3 EStG. Bei Genussrechten i. S. d. § 43 Abs. 1 Satz 1 Nr. 1 EStG und Kapitalerträgen i. S. d. § 43 Abs. 1 Satz 1 Nr. 2 EStG ist der Steuerabzug nicht vorzunehmen, wenn die die Kapitalerträge auszahlende Stelle nicht Sammelantragsberechtigter nach § 45 b EStG ist. Bei Kapitalerträgen i. S. d. § 43 Abs. 1 Satz 1 Nr. 1 und 2 EStG, bei denen ein Steuerabzug vorzunehmen ist, erstattet das Bundeszentralamt für Steuern die einbehaltene und abgeführte Kapitalertragsteuer im Sammelantragsverfahren nach § 45 b EStG.
§ 44 a Abs. 8 EStG	1. Körperschaften, Personenvereinigungen oder Vermögensmassen, die nach § 5 Abs. 1 (mit Ausnahme der Nr. 9) KStG ider nach anderen Gesetzen von der Körperschaftsteuer befreit sind, 2. inländische juristische Personen des öffentlichen Rechts, die nicht in § 44 a Abs. 7 EStG (s. o.) bezeichnet sind.	Bei Kapitalerträgen i. S. d. § 43 Abs. 1 Satz 1 Nr. 7 a EStG, Kapitalerträgen aus GmbH-Anteilen, Anteilen an Erwerbs- und Wirtschaftsgenossenschaften und Namensaktien nicht börsennotierter Aktiengesellschaften sowie Genussrechten i. S. d. § 43 Abs. 1 Satz 1 Nr. 1 EStG und Kapitalerträgen i. S. d. § 43 Abs. 1 Satz 1 Nr. 2 und 3 EStG (unter der Voraussetzung, dass die die Kapitalerträge auszahlende Stelle nicht Sammelantragsberechtigter nach § 45 b EStG ist) ist der Steuerabzug nur zu drei Fünftel der Steuersätze gemäß § 43 a Abs. 1 Nr. 1 und 4 EStG vorzunehmen. Bei Kapitalerträgen i. S. d. § 43 Abs. 1 Satz 1 Nr. 1 EStG, bei denen der Steuerabzug in voller Höhe vorzunehmen ist, erstattet das Bundeszentralamt für Steuern zu zwei Fünftel die einbehaltene und abgeführte Kapitalertragsteuer im Sammelantragsverfahren nach § 45 b EStG.
§ 11 Abs. 2 InvStG	Sondervermögen von Kapitalanlagegesellschaften und inländische Investmentaktiengesellschaften.	Auf Antrag wird an die Depotbank gemäß § 11 Abs. 2 InvStG die von den Kapitalerträgen des inländischen Investmentvermögens einbehaltene und abgeführte Kapitalertragsteuer erstattet. Für die Erstattung bei Kapitalerträgen i. S. d. § 43 Abs. 1 Satz 1 Nr. 1 und 2 EStG ist das Bundeszentralamt für Steuern und für die Erstattung bei den übrigen Kapitalerträgen das Finanzamt zuständig, an das die Kapitalertragsteuer abgeführt worden ist.
§ 38 Abs. 3 KStG	Unbeschränkt steuerpflichtige, von der Körperschaftsteuer befreite Anteilseigner	Die Körperschaftsteuer wird nicht nach § 38 Abs. 2 KStG erhöht, soweit eine von der Körperschaftsteuer befreite Körperschaft, bei der aufgrund eines von dieser bis zum 30.09.2008 bei dem für deren Besteuerung zuständigen Finanzamt unwiderrufich gestellten Antrags § 38 KStG in der am 27.12.2007 geltenden Fassung weiter anzuwenden ist, Leistungen an einen unbeschränkt steuerpflichtigen, von der Körperschaftsteuer befreiten Anteilseigner oder an eine juristische Person des öffentlichen Rechts vornimmt.

*) Außer im Fall des § 11 Abs. 2 InvStG und des § 44 a Abs. 5 EStG ist für die Erteilung der Bescheinigung Voraussetzung, dass die Kapitalerträge, für die die Bescheinigung Gültigkeit haben soll, auf Anteile entfallen, die weder in einem wirtschaftlichen Geschäftsbetrieb, für den die Befreiung von der Körperschaftsteuer ausgeschlossen ist, noch in einem nicht von der Körperschaftsteuer befreiten Betrieb gewerblicher Art von juristischen Personen des öffentlichen Rechts gehalten werden.

Anlage zu NV 2 A Aug. 2008

4 **Erklärungsvordruck**

Finanzamt
Steuernummer

Erklärung

zur Körperschaftsteuer und Gewerbesteuer von Körperschaften, die gemeinnützigen, mildtätigen oder kirchlichen Zwecken dienen

(§§ 51- 68 Abgabenordnung, § 5 Abs. 1 Nr. 9 Körperschaftsteuergesetz und § 3 Nr. 6 Gewerbesteuergesetz)

für das Kalenderjahr 20____ (letztes Jahr des Prüfungszeitraums) ①

Zeile	A. Allgemeine Angaben			
1	Bezeichnung der Körperschaft, Personenvereinigung oder Vermögensmasse			
2				
3	Straße, Hausnummer und Postfach			
4	Postleitzahl / Ort			tagsüber telefonisch erreichbar unter Nr.
5	Ort der Geschäftsleitung / des Sitzes			Homepage
6	Rechtsform (z.B. Verein, Stiftung, Kapitalgesellschaft)			
7	Vorsitzender oder Geschäftsführer (mit Anschrift)			
8				tagsüber telefonisch erreichbar unter Nr.
9	Gegenstand des Unternehmens oder Zweck der Körperschaft			
10				
11	Bankverbindung	Nummer des Bankkontos		Bankleitzahl
12	Geldinstitut (Zweigstelle) und Ort			
13	Name eines von Zeile 1 abweichenden Kontoinhabers (bitte Abtretungserklärung beifügen)			
	☐ Der Steuerbescheid soll einem von den Zeilen 1 bis 8 **abweichenden Empfangsbevollmächtigten/Postempfänger** zugesandt werden			
14				
15		Empfangsvollmacht	☐ ist beigefügt.	☐ liegt dem Finanzamt vor.
16	Abschrift der **Satzung** in der zur Zeit gültigen Fassung vom		☐ ist beigefügt.	☐ liegt dem Finanzamt vor.
17	Abschrift des Beschlusses über die Festsetzung der **Mitgliederbeiträge, Umlagen und Aufnahmegebühren** für das o.g. Kalenderjahr		☐ ist beigefügt.	☐ liegt dem Finanzamt vor.

Die mit einem Kreis versehenen Zahlen beziehen sich auf die beiliegenden Erläuterungen zu dieser Erklärung.

Gem 1 - Erklärung
Jan. 08

034086

- 2 -

Zeile

B. Einzureichende Unterlagen

Bitte reichen Sie eine möglichst weitgehend aufgegliederte Gegenüberstellung der Einnahmen und Ausgaben und eine Aufstellung über das Vermögen am 31.12. des o.g. Kalenderjahres bzw. den Jahresabschluss (Bilanz und Gewinn- und Verlustrechnung) sowie den Geschäfts- oder Tätigkeitsbericht ein.
Fügen Sie bitte auch die entsprechenden Unterlagen für die beiden vorangegangenen Jahre bei. ①

C. Einzelangaben

18 Die **Gesamteinnahmen** (einschließlich Beiträge, Spenden, Zuschüsse, Einnahmen aus der Vermögensverwaltung und aus wirtschaftlichen Betätigungen, Umsatzsteuer) betragen:

☐ nicht mehr als **35 000 €** (weiter in Zeile 40)

☐ mehr als **35 000 €** (weiter in Zeile 19)

19 Die **Einnahmen (einschließlich der Umsatzsteuer) aus steuerpflichtigen wirtschaftlichen Geschäftsbetrieben**② betragen:

☐ nicht mehr als **35 000 €** (weiter in Zeile 40)

☐ mehr als **35 000 €** (weiter in Zeile 21)

20 **Hinweis:**

Dazu gehören auch
- *a) Einnahmen aus sportlichen Veranstaltungen, die nach § 67a Abs. 1 oder 3 Abgabenordnung (AO) ein steuerpflichtiger wirtschaftlicher Geschäftsbetrieb sind,*
- *b) Einnahmen aus geselligen Veranstaltungen,*
- *c) Einnahmen aus der Verwertung von Altmaterial (dies gilt auch dann, wenn beantragt wird, den Überschuss aus der Verwertung von Altmaterial nach § 64 Abs. 5 AO in Höhe des branchenüblichen Reingewinns zu schätzen)*
- *d) Einnahmen aus steuerpflichtigen wirtschaftlichen Geschäftsbetrieben, bei denen der steuerpflichtige Gewinn nach § 64 Abs. 6 AO pauschal mit 15% der Einnahmen angesetzt wird (z.B. Werbung für Unternehmen, die im Zusammenhang mit der steuerbegünstigten Tätigkeit einschließlich der Zweckbetriebe stattgefunden hat)*

  und
- *e) die anteiligen Einnahmen aus Beteiligungen an Personengesellschaften und Gemeinschaften (auch Fest- bzw. Arbeitsgemeinschaften), soweit die Beteiligungen einen steuerpflichtigen wirtschaftlichen Geschäftsbetrieb darstellen.*

Zeile	Art der steuerpflichtigen wirtschaftlichen Geschäftsbetriebe ②	Einnahmen (einschließlich Umsatzsteuer) EUR	Ausgaben EUR	Überschuss / Fehlbetrag EUR
21				
22	Summe			

Zeile	Art der Zweckbetriebe ②	Einnahmen (einschließlich Umsatzsteuer) EUR
23		
24	Summe	

8

- 3 -

Zeile

25 ▼ **Nur ausfüllen, wenn die Einnahmen aus steuerpflichtigen wirtschaftlichen Geschäftsbetrieben (siehe Zeile 22) 35 000 € übersteigen und darin Einnahmen aus der Verwertung von Altmaterial enthalten sind.**

26 ☐ Wir beantragen, den Überschuss aus der Verwertung des Altmaterials nach § 64 Abs. 5 AO in Höhe des branchenüblichen Reingewinns zu schätzen. Wir erklären, dass das Altmaterial nicht im Rahmen einer ständig dafür vorgehaltenen Verkaufsstelle gesammelt und verwertet wurde.

27 Einnahmen aus der Verwertung von ☐ Altpapier EUR

28 ☐ anderem Altmaterial

29 In den in Zeile 22 angegebenen Ausgaben enthaltene Ausgaben, die mit den Einnahmen aus der Verwertung des Altmaterials in Zusammenhang stehen EUR

30 **Hinweis:** – *Der branchenübliche Reingewinn beträgt bei der Verwertung von Altpapier 5% und bei der Verwertung von anderem Altmaterial 20% der Einnahmen. Zu den maßgeblichen Einnahmen gehört nicht die im Bruttopreis enthaltene Umsatzsteuer.*
– *Wenn Sie keinen Antrag auf Schätzung des Überschusses aus der Verwertung von Altmaterial nach § 64 Abs. 5 AO stellen, wird der Überschuss nach den allgemeinen Grundsätzen ermittelt (Gegenüberstellung der gesamten Einnahmen und Ausgaben - siehe Zeile 21 - der steuerpflichtigen wirtschaftlichen Geschäftsbetriebe).*

31 ▼ **Nur ausfüllen, wenn die Einnahmen aus steuerpflichtigen wirtschaftlichen Geschäftsbetrieben (siehe Zeile 22) 35 000 € übersteigen und darin Einnahmen aus Werbung für Unternehmen, die im Zusammenhang mit der steuerbegünstigten Tätigkeit einschließlich der Zweckbetriebe stattgefunden hat, aus Totalisatorbetrieben oder aus der Zweiten Fraktionierungsstufe der Blutspendedienste enthalten sind.**

32 ☐ Wir beantragen, den Gewinn aus dem steuerpflichtigen wirtschaftlichen Geschäftsbetrieb

33 ☐ Werbung für Unternehmen, die im Zusammenhang mit der steuerbegünstigten Tätigkeit einschließlich der Zweckbetriebe stattgefunden hat

34 ☐ Totalisator

35 ☐ Zweite Fraktionierungsstufe

37 nach § 64 Abs. 6 AO pauschal mit 15% der Einnahmen in Höhe von EUR anzusetzen.

38 In den in Zeile 22 angegebenen Ausgaben enthaltene Ausgaben, die mit diesen Einnahmen in Zusammenhang stehen EUR

39 **Hinweis:** *Wenn Sie nicht beantragen, den Gewinn des steuerpflichtigen wirtschaftlichen Geschäftsbetriebs nach § 64 Abs. 6 AO pauschal mit 15% der Einnahmen anzusetzen, wird er nach den allgemeinen Grundsätzen ermittelt (Gegenüberstellung der gesamten Einnahmen und Ausgaben - siehe Zeile 21 - des steuerpflichtigen wirtschaftlichen Geschäftsbetriebs).*

▼ **Nur für Körperschaften, die mildtätige Zwecke verfolgen** ④

40 ☐ Wir erklären, dass wir uns von der Hilfsbedürftigkeit (§ 53 Nr. 1 und 2 AO) des von uns betreuten Personenkreises überzeugt haben und Aufzeichnungen darüber vorliegen.

▼ **Nur für Einrichtungen der Wohlfahrtspflege** ⑤

41 ☐ Wir erklären, dass mindestens zwei Drittel der Leistungen der Einrichtung hilfsbedürftigen Personen (§ 53 Nr. 1 und 2 AO) zugute kommen. Von der Hilfsbedürftigkeit haben wir uns überzeugt. Aufzeichnungen darüber liegen vor.

▼ **Nur für Krankenhäuser** ⑥

42 ☐ Wir erklären, dass die Voraussetzungen des § 67 AO für die Annahme eines Zweckbetriebes erfüllt sind.

▼ **Nur für Körperschaften, die Rücklagen gebildet haben** ⑦

43 Am Ende des o.a. Jahres bestanden folgende Rücklagen:

44 ☐ Rücklagen nach § 58 Nr. 6 AO für die folgenden Vorhaben: ⑧

	EUR

45 ☐ Freie Rücklage nach § 58 Nr. 7 a AO ⑨ EUR

46 ☐ Rücklage für den Erwerb von Gesellschaftsrechten zur Erhaltung der prozentualen Beteiligung nach § 58 Nr. 7 b AO ⑨ an der

47 | Kapitalgesellschaft | EUR |
|---|---|
| | |

48 **Hinweis:** *Bitte erläutern Sie auf einem gesonderten Blatt, wie sich die Rücklagen nach § 58 Nr. 7a und b AO seit der letzten Erklärung entwickelt haben. Geben Sie dazu bitte auch an, wie hoch die Einnahmen, Ausgaben und Überschüsse aus der Vermögensverwaltung und die sonstigen nach § 55 Abs. 1 Nr. 5 AO zeitnah zu verwendenden Mittel in den Jahren waren, in denen Zuführungen zu der freien Rücklage vorgenommen wurden, und ob in diesen Jahren Mittel für den Erwerb von Gesellschaftsrechten ausgegeben wurden.*

- 4 -

Zeile		
49	☐ Zuführungen zum Vermögen nach § 58 Nr. 11 und 12 AO ⑩⑪ (ggf. 0 € eintragen)	EUR
50	**Zuwendungen** ⑫ Mitglieder, Gesellschafter oder außenstehende Personen haben unentgeltliche Zuwendungen, die nicht in Erfüllung des Satzungszweckes geleistet wurden, erhalten: ☐ Nein ☐ Ja ▼	
	Grund	Betrag EUR

D. Sonstiges

Es wird darauf hingewiesen, dass dem zuständigen Finanzamt nach § 137 AO die Umstände anzuzeigen sind, die für die steuerliche Erfassung von Bedeutung sind, insbesondere der Erwerb der Rechtsfähigkeit, die Änderung der Rechtsform, die Beschlüsse, durch die für steuerliche Vergünstigungen wesentliche Satzungsbestimmungen geändert werden, die Verlegung der Geschäftsleitung oder des Sitzes und die Auflösung. Mitteilungen dieser Art sind innerhalb eines Monats seit dem meldepflichtigen Ereignis zu erstatten (§ 137 Abs. 2 AO).

Diese Erklärung ist eine Steuererklärung im Sinne der Abgabenordnung.

Unterschrift

Ich versichere, dass die tatsächliche Geschäftsführung den satzungsmäßigen Zwecken entspricht und dass ich die Angaben in dieser Erklärung und in den ihr beigefügten Anlagen nach bestem Wissen und Gewissen richtig und vollständig gemacht habe.

Bei der Ausfertigung dieser Erklärung hat mitgewirkt:
(Name, Anschrift, Rufnummer)

Ort, Datum

(Unterschrift)

Die Steuererklärung muss vom gesetzlichen Vertreter bzw. vom Vertretungsberechtigten der Körperschaft eigenhändig unterschrieben sein.

Hinweis nach den Datenschutzgesetzen: Die mit der Steuererklärung angeforderten Daten werden auf Grund der §§ 149 ff. der Abgabenordnung erhoben.

Erläuterungen zu der Erklärung zur Körperschaftsteuer und Gewerbesteuer von Körperschaften, die gemeinnützigen, mildtätigen oder kirchlichen Zwecken dienen

(zum Vordruck Gem 1)

① Die Finanzbehörden sind verpflichtet, auch gemeinnützige, mildtätige und kirchliche Körperschaften regelmäßig zu überprüfen. Sie müssen prüfen, ob die Voraussetzungen der Abgabenordnung (AO) für die Gewährung der Steuervergünstigungen wegen der Förderung steuerbegünstigter Zwecke nach der Satzung und nach der tatsächlichen Geschäftsführung erfüllt wurden und ob Steuern – die bei umfangreichen wirtschaftlichen Betätigungen trotz der Steuerbegünstigung anfallen können – festzusetzen sind.

Steuerbegünstigte Körperschaften werden – wenn nicht wegen umfangreicher wirtschaftlicher Betätigungen regelmäßig Steuern anfallen – im Allgemeinen nur in dreijährigem Abstand anhand der vereinfachten Erklärung Gem 1 geprüft. Die Prüfung umfasst alle drei Jahre, wobei der Schwerpunkt aber auf dem letzten Jahr liegt. Die Angaben in dem Erklärungsvordruck Gem 1 sind deshalb nur für das letzte Jahr des Prüfungszeitraums zu machen. Zur Entlastung der Vertreter der steuerbegünstigten Körperschaften greift das Finanzamt bei der Prüfung so weit wie möglich auf die bei den Körperschaften in der Regel schon vorhandenen Unterlagen zurück (Gegenüberstellung der Einnahmen und Ausgaben oder Bilanz und Gewinn- und Verlustrechnung, Kassenbericht, Protokolle der Mitgliederversammlung, Tätigkeitsbericht usw.). **Es ist deshalb unbedingt nötig, dass Sie diese Unterlagen für jedes Jahr des dreijährigen Prüfungszeitraums der Erklärung beifügen.**

Falls die Prüfung auf der Grundlage der vereinfachten Erklärung ergeben sollte, dass voraussichtlich Steuern festzusetzen sind, wird das Finanzamt Sie in der Regel um die Abgabe weiterer Steuererklärungen bitten.

② Ein **wirtschaftlicher Geschäftsbetrieb** ist eine selbständige nachhaltige Tätigkeit, durch die Einnahmen oder andere wirtschaftliche Vorteile erzielt werden und die über den Rahmen einer Vermögensverwaltung hinausgeht. Die Absicht, Gewinn zu erzielen, ist nicht erforderlich (§ 14 AO). Ein wirtschaftlicher Geschäftsbetrieb kann entweder steuerbegünstigt (Zweckbetrieb) oder steuerpflichtig sein.

Nicht als wirtschaftlicher Geschäftsbetrieb gilt die **Vermögensverwaltung.** Diese liegt in der Regel vor, wenn Vermögen genutzt wird, z.B. Kapitalvermögen verzinslich angelegt oder unbewegliches Vermögen vermietet oder verpachtet wird (§ 14 Satz 3 AO).

Ein **Zweckbetrieb** ist gegeben, wenn der wirtschaftliche Geschäftsbetrieb in seiner Gesamtrichtung dazu dient, die steuerbegünstigten satzungsmäßigen Zwecke der Körperschaft zu verwirklichen, die Zwecke nur durch ihn erreicht werden können und der wirtschaftliche Geschäftsbetrieb zu nicht begünstigten Betrieben derselben oder ähnlicher Art nicht im größeren Umfang in Wettbewerb tritt, als es bei Erfüllung der steuerbegünstigten Zwecke unvermeidbar ist (§ 65 AO). Für die Zweckbetriebseigenschaft bestimmter wirtschaftlicher Betätigungen enthalten die §§ 66 bis 68 AO Sonderregelungen. Z.B. sind **kulturelle Einrichtungen,** wie Museen, Theater und **kulturelle Veranstaltungen,** wie Konzerte, Kunstausstellungen, Zweckbetriebe, auch wenn sie die allgemeinen Voraussetzungen des § 65 AO nicht erfüllen (§ 68 Nr. 7 AO). Kulturelle Einrichtungen und Veranstaltungen i.S. des § 68 Nr. 7 AO können nur vorliegen, wenn die Förderung der Kultur Satzungszweck der Körperschaft ist.

Steuerpflichtige wirtschaftliche Geschäftsbetriebe sind z.B.: Verkauf von Speisen und Getränken in einer Vereinsgaststätte, einem Kiosk oder bei einer Veranstaltung, Herausgabe von Zeitschriften gegen Entgelt oder in Verbindung mit der Veröffentlichung von Anzeigen, der Betrieb einer Druckerei, die Werbung für Wirtschaftsunternehmen, die Durchführung von Basaren, Festveranstaltungen und von geselligen Veranstaltungen.

Wird für den Besuch einer sportlichen oder kulturellen Veranstaltung mit Bewirtung ein einheitlicher Eintrittspreis verlangt, so ist dieser – ggf. im Wege der Schätzung – in Entgeltsanteile für den Besuch der Veranstaltung und für die Bewirtungsleistungen aufzuteilen.

Körperschaftsteuer und Gewerbesteuer werden nicht erhoben, wenn die Einnahmen einschließlich der Umsatzsteuer (ohne Abzug von Ausgaben) aus den steuerpflichtigen wirtschaftlichen Geschäftsbetrieben insgesamt 35 000 € im Jahr nicht übersteigen (Besteuerungsgrenze – § 64 Abs. 3 AO). Sind die Einnahmen der steuerpflichtigen wirtschaftlichen Geschäftsbetriebe höher, muss der Gewinn genau ermittelt werden. Körperschaftsteuer und Gewerbesteuer fallen aber auch dann nur an, soweit die Freibeträge von 3835 € bei der Körperschaftsteuer und 3900 € bei der Gewerbesteuer überschritten werden.

Eine Beteiligung an einer Personengesellschaft oder Gemeinschaft kann ein steuerpflichtiger wirtschaftlicher Geschäftsbetrieb sein. In diesem Fall sind für die Beurteilung, ob die Besteuerungsgrenze überschritten wird, die anteiligen Einnahmen (nicht der Gewinnanteil) der Körperschaft aus der Beteiligung maßgeblich.

③ **Sportliche Veranstaltungen** eines Sportvereins sind grundsätzlich ein Zweckbetrieb, wenn die Einnahmen einschließlich der Umsatzsteuer aus allen sportlichen Veranstaltungen des Vereins die Zweckbetriebsgrenze von 35 000 € im Jahr nicht übersteigen (§ 67a Abs. 1 Satz 1 AO). Übersteigen die Einnahmen die Zweckbetriebsgrenze von 35 000 €, liegt grundsätzlich ein steuerpflichtiger wirtschaftlicher Geschäftsbetrieb vor. Der Verkauf von Speisen und Getränken sowie die Werbung gehören nicht zu den sportlichen Veranstaltungen.

Der Verein kann auf die Anwendung der Zweckbetriebsgrenze verzichten (§ 67a Abs. 2 AO). Die steuerliche Behandlung seiner sportlichen Veranstaltungen richtet sich dann nach § 67a Abs. 3 AO. Danach sind sportliche Veranstaltungen ein Zweckbetrieb, wenn an ihnen kein bezahlter Sportler des Vereins teilnimmt und der Verein keinen vereinsfremden Sportler selbst oder im Zusammenwirken mit einem Dritten bezahlt. Auf die Höhe der Einnahmen oder Überschüsse dieser sportlichen Veranstaltungen kommt es bei Anwendung des § 67a Abs. 3 AO nicht an. Sportliche Veranstaltungen, an denen ein oder mehrere Sportler teilnehmen, die nach § 67a Abs. 3 Satz 1 Nr. 1 oder 2 AO als bezahlte Sportler anzusehen sind, sind steuerpflichtige wirtschaftliche Geschäftsbetriebe. Nicht als Bezahlung gilt die Erstattung von tatsächlich entstandenem Aufwand. Zahlungen des Vereins an einen seiner Sportler bis zu insgesamt 358 € je Monat im Jahresdurchschnitt werden für die Beurteilung der Zweckbetriebseigenschaft – nicht aber für die Besteuerung des Sportlers – ohne Einzelnachweis als Aufwandsentschädigung angesehen.

Erklärt der Verein, dass er auf die Anwendung der Zweckbetriebsgrenze verzichtet, ist er für mindestens 5 Veranlagungszeiträume an diese Erklärung gebunden. In diesem Fall sind in Zeile 21 ff. Eintragungen vorzunehmen.

Die Anlage Sportvereine ist von Sportvereinen stets zusätzlich auszufüllen.

④ Eine Körperschaft verfolgt **mildtätige Zwecke** i.S. des § 53 AO, wenn ihre Tätigkeit darauf gerichtet ist, Personen selbstlos zu unterstützen,

1. die infolge ihres körperlichen, geistigen oder seelischen Zustandes auf die Hilfe anderer angewiesen sind oder
2. deren Bezüge nicht höher sind als das Vierfache des Regelsatzes der Sozialhilfe i.S. des § 28 des Zwölften Buches Sozialgesetzbuch; beim Alleinstehenden oder Haushaltsvorstand tritt an die Stelle des Vierfachen das Fünffache des Regelsatzes. Dies gilt nicht für Personen, deren Vermögen zur nachhaltigen Verbesserung ihres Unterhalts ausreicht und denen zugemutet werden kann, es dafür zu verwenden. Bei Personen, deren wirtschaftliche Lage aus besonderen Gründen zu einer Notlage geworden ist, dürfen die Bezüge oder das Vermögen die genannten Grenzen übersteigen.

Bezüge im Sinne dieser Vorschrift sind

- Einkünfte im Sinne des § 2 Abs. 1 des Einkommensteuergesetzes und

- andere zur Bestreitung des Unterhalts bestimmte oder geeignete Bezüge,

die der Alleinstehende oder der Haushaltsvorstand und die sonstigen Haushaltsangehörigen haben.

Unterhaltsansprüche sind zu berücksichtigen. Zu den Bezügen zählen nicht Leistungen der Sozialhilfe, Leistungen zur Sicherung des Lebensunterhalts nach dem Zweiten Buch Sozialgesetzbuch und bis zur Höhe der Leistungen der Sozialhilfe Unterhaltsleistungen an Personen, die ohne Unterhaltsleistungen sozialhilfeberechtigt wären oder Anspruch auf Sicherung des Lebensunterhalts nach dem Zweiten Buch Sozialgesetzbuch hätten.

⑤ Eine **Einrichtung der Wohlfahrtspflege** ist ein Zweckbetrieb, wenn sie in besonderem Maße den in § 53 AO genannten Personen dient. Wohlfahrtspflege ist die planmäßige, zum Wohle der Allgemeinheit und nicht des Erwerbes wegen ausgeübte Sorge für Not leidende oder gefährdete Mitmenschen.

Die Sorge kann sich auf das gesundheitliche, sittliche, erzieherische oder wirtschaftliche Wohl erstrecken und Vorbeugung oder Abhilfe bezwecken. Eine Einrichtung der Wohlfahrtspflege dient in besonderem Maße den in § 53 AO genannten Personen, wenn diesen mindestens zwei Drittel ihrer Leistungen zugute kommen (§ 66 AO).

Wer zu den in § 53 AO genannten Personen gehört, ergibt sich aus der vorstehenden Ziff. ④.

⑥ Ein **Krankenhaus,** das in den Anwendungsbereich des Krankenhausentgeltgesetzes oder der Bundespflegesatzverordnung fällt, ist ein Zweckbetrieb, wenn mindestens 40 % der jährlichen Belegungstage oder Berechnungstage auf Patienten entfallen, bei denen nur Entgelte für allgemeine Krankenhausleistungen (§ 7 des Krankenhausentgeltgesetzes, § 10 der Bundespflegesatzverordnung) berechnet werden (§ 67 Abs.1 AO).

Ein Krankenhaus, das nicht in den Anwendungsbereich des Krankenhausentgeltgesetzes oder der Bundespflegesatzverordnung fällt, ist ein Zweckbetrieb, wenn mindestens 40 % der Belegungstage oder Berechnungstage auf Patienten entfallen, bei denen für die Krankenhausleistungen kein höheres Entgelt als nach § 67 Abs.1 AO berechnet wird (§ 67 Abs.2 AO).

⑦ Die Körperschaft muss ihre Mittel grundsätzlich **zeitnah** für ihre satzungsmäßigen Zwecke verwenden. Mittel sind alle Zuwendungen (z.B. Mitgliedsbeiträge, Spenden, Zuschüsse), die Erträge aus der Vermögensverwaltung sowie die Gewinne aus Zweckbetrieben und steuerpflichtigen wirtschaftlichen Geschäftsbetrieben. Verwendung in diesem Sinne ist auch die Verwendung der Mittel für die Anschaffung oder Herstellung von Vermögensgegenständen, die satzungsmäßigen Zwecken dienen. Eine zeitnahe Mittelverwendung ist gegeben, wenn die Mittel spätestens in dem auf den Zufluss folgenden Kalender- oder Wirtschaftsjahr für die steuerbegünstigten satzungsmäßigen Zwecke verwendet werden. Ausnahmen von dem Gebot der zeitnahen Mittelverwendung enthält § 58 AO (siehe ⑧ bis ⑪). Daneben sind Rücklagen für die Pflege des Vermögens, das zur Vermögensverwaltung der steuerbegünstigten Körperschaft gehört, zulässig.

Beispiel:

Rücklagen für eine demnächst erforderlich werdende Reparatur an einem Mietwohngrundstück.

⑧ Eine Körperschaft kann ihre Mittel ganz oder teilweise einer **Rücklage** zuführen, soweit dies erforderlich ist, um ihre steuerbegünstigten satzungsmäßigen Zwecke nachhaltig erfüllen zu können (§ 58 Nr. 6 AO). Voraussetzung ist, dass die Mittel für bestimmte – die steuerbegünstigten Satzungszwecke verwirklichende – Vorhaben angesammelt werden, für deren Durchführung bereits konkrete Zeitvorstellungen bestehen.

Nach § 58 Nr. 6 AO sind u.a. folgende Rücklagen zulässig:

- Rücklagen zur Ansammlung von Mitteln für die Erfüllung des steuerbegünstigten Zwecks (Beispiel: Ansammlung von Mitteln für die Errichtung, Erweiterung oder Instandsetzung einer Sportanlage durch einen gemeinnützigen Sportverein);
- Rücklagen für periodisch wiederkehrende Ausgaben (z.B. Löhne, Gehälter, Mieten) in Höhe des Mittelbedarfs für eine angemessene Zeitperiode (sog. Betriebsmittelrücklage). Entsprechendes gilt für wiederkehrende Ausgaben zur Erfüllung des steuerbegünstigten Zwecks (z.B. Gewährung von Stipendien);

In Ausnahmefällen können Mittel in einer Rücklage für solche ernst gemeinten Vorhaben angesammelt werden, für deren Durchführung noch keine konkreten Zeitvorstellungen bestehen.

Beispiel:

Für die Verwirklichung der steuerbegünstigten Zwecke einer Krankenhausstiftung ist die Errichtung eines weiteren Bettentraktes notwendig. Unter Berücksichtigung öffentlicher Zuschüsse ist ein erheblicher Investitionsaufwand von der Stiftung selbst zu tragen. Wegen der schwankenden Erträge der Stiftung ist nicht abzusehen, wann die erforderlichen Mittel für die Investitionen vorhanden sein werden.

In derartigen Fällen ist eine Rücklagenbildung zulässig, wenn das Vorhaben glaubhaft ist und bei den finanziellen Verhältnissen der steuerbegünstigten Körperschaft in einem angemessenen Zeitraum durchgeführt werden kann.

Die Gründe für die Bildung einer Rücklage nach § 58 Nr. 6 AO hat die steuerbegünstigte Körperschaft dem zuständigen Finanzamt im Einzelnen darzulegen.

⑨ Nach § 58 Nr. 7 Buchstabe a AO darf eine steuerbegünstigte Körperschaft höchstens ein Drittel des Überschusses der Einnahmen über die Unkosten aus Vermögensverwaltung und darüber hinaus höchstens 10 % ihrer sonstigen nach § 55 Abs. 1 Nr. 5 AO zeitnah zu verwendenden Mittel einer **freien Rücklage** zuführen. Zum Begriff der Vermögensverwaltung siehe bei ②.

Nach § 58 Nr. 7 Buchstabe b AO darf eine steuerbegünstigte Körperschaft Mittel für den Erwerb von Gesellschaftsrechten zur Erhaltung der prozentualen Beteiligung an einer Kapitalgesellschaft ansammeln oder im Jahr des Zuflusses verwenden. Der zulässige Höchstbetrag für die Zuführung von Mitteln zu der freien Rücklage nach Buchstabe a vermindert sich um diese Beträge.

Die Verwendung von Mitteln zur Bildung einer freien Rücklage i.S. von § 58 Nr. 7 Buchstabe a AO und zum Erwerb von Gesellschaftsrechten gemäß § 58 Nr. 7 Buchstabe b AO sind dem Finanzamt im Einzelnen zu erläutern.

⑩ Außerdem können folgende Zuwendungen dem Vermögen der Körperschaft zugeführt werden (§ 58 Nr. 11 AO):

- Zuwendungen von Todes wegen; sie sind grundsätzlich als Zuwendungen zum Vermögen der steuerbegünstigten Körperschaft anzusehen, wenn der Erblasser eine Verwendung für den laufenden Aufwand nicht besonders vorschreibt;
- Zuwendungen auf Grund eines Spendenaufrufs, wenn aus dem Spendenaufruf ersichtlich ist, dass Beträge zur Aufstockung des Vermögens erbeten werden;
- Zustiftungen und Einzelzuwendungen, bei denen der Zuwendende ausdrücklich erklärt, dass sie zur Ausstattung der Körperschaft mit Vermögen oder zur Erhöhung des Vermögens bestimmt sind;
- Sachzuwendungen, die ihrer Natur nach der Vermögensbildung dienen, z.B. Schenkung eines Mietwohngrundstücks.

⑪ Daneben darf eine **Stiftung** im Jahr ihrer Errichtung und in den zwei folgenden Kalenderjahren Überschüsse aus der Vermögensverwaltung und die Gewinne aus wirtschaftlichen Geschäftsbetrieben (§ 14 AO) ganz oder teilweise ihrem Vermögen zuführen (§ 58 Nr. 12 AO).

⑫ Die Körperschaft darf ihre Mittel nur für die satzungsmäßigen Zwecke verwenden. Die Mitglieder oder Gesellschafter dürfen keine (unentgeltlichen) Zuwendungen erhalten. Die Körperschaft darf auch keine andere Person durch Ausgaben, die dem Zweck der Körperschaft fremd sind, oder durch unverhältnismäßig hohe Vergütungen begünstigen (§ 55 AO).

B. Anwendungserlass zum Abgabenordnung

5

Zu § 51 - Allgemeines:

1. [1]Unter Körperschaften i.S.d. § 51, für die eine Steuervergünstigung in Betracht kommen kann, sind Körperschaften, Personenvereinigungen und Vermögensmassen i.S.d. KStG zu verstehen. [2]Dazu gehören auch die juristischen Personen des öffentlichen Rechts mit ihren Betrieben gewerblicher Art (§ 1 Abs. 1 Nr. 6, § 4 KStG), nicht aber die juristischen Personen des öffentlichen Rechts als solche.

2. [1]Regionale Untergliederungen (Landes-, Bezirks-, Ortsverbände) von Großvereinen sind als nichtrechtsfähige Vereine (§ 1 Abs. 1 Nr. 5 KStG) selbständige Steuersubjekte im Sinne des Körperschaftsteuerrechts, wenn sie

   a) über eigene satzungsmäßige Organe (Vorstand, Mitgliederversammlung) verfügen und über diese auf Dauer nach außen im eigenen Namen auftreten und

   b) eine eigene Kassenführung haben.

   [2]Die selbständigen regionalen Untergliederungen können nur dann als gemeinnützig behandelt werden, wenn sie eine eigene Satzung haben, die den gemeinnützigkeitsrechtlichen Anforderungen entspricht. [3]Zweck, Aufgaben und Organisation der Untergliederungen können sich auch aus der Satzung des Hauptvereins ergeben.

3. [1]Über die Befreiung von der Körperschaftsteuer nach § 5 Abs. 1 Nr. 9 KStG wegen Förderung steuerbegünstigter Zwecke ist stets für einen bestimmten Veranlagungszeitraum zu entscheiden (Grundsatz der Abschnittsbesteuerung). [2]Eine Körperschaft kann nur dann nach dieser Vorschrift von der Körperschaftsteuer befreit werden, wenn sie in dem zu beurteilenden Veranlagungszeitraum alle Voraussetzungen für die Steuerbegünstigung erfüllt. [3]Die spätere Erfüllung einer der Voraussetzungen für die Steuerbegünstigung kann nicht auf frühere, abgelaufene Veranlagungszeiträume zurückwirken.

4. Wird eine bisher steuerpflichtige Körperschaft nach § 5 Abs. 1 Nr. 9 KStG von der Körperschaftsteuer befreit, ist eine Schlussbesteuerung nach § 13 KStG durchzuführen.

5. Für die Steuerbegünstigung einer Körperschaft reichen Betätigungen aus, mit denen die Verwirklichung der steuerbegünstigten Satzungszwecke nur vorbereitet wird. Die Tätigkeiten müssen ernsthaft auf die Erfüllung eines steuerbegünstigten satzungsmäßigen Zwecks gerichtet sein. Die bloße Absicht, zu einem ungewissen Zeitpunkt einen der Satzungszwecke zu verwirklichen, genügt nicht (BFH-Urteil vom 23.7.2003 - I R 29/02 - BStBl II, S. 930).

6. Die Körperschaftsteuerbefreiung einer Körperschaft, die nach ihrer Satzung steuerbegünstigte Zwecke verfolgt, endet, wenn die eigentliche steuerbegünstigte Tätigkeit eingestellt und über das Vermögen der Körperschaft das Konkurs- oder Insolvenzverfahren eröffnet wird (BFH-Urteil vom 16.5.2007 - I R 14/06 - BStBl II, S. 808).

Zu § 52 - Gemeinnützige Zwecke:

1. [1]Die Gemeinnützigkeit einer Körperschaft setzt voraus, dass ihre Tätigkeit der Allgemeinheit zugute kommt (§ 52 Abs. 1 Satz 1). [2]Dies ist nicht gegeben, wenn der Kreis der geförderten Personen infolge seiner Abgrenzung, insbesondere nach räumlichen oder beruflichen Merkmalen, dauernd nur klein sein kann (§ 52 Abs. 1 Satz 2). [3]Hierzu gilt Folgendes:

1.1 Allgemeines

[1]Ein Verein, dessen Tätigkeit in erster Linie seinen Mitgliedern zugute kommt (insbesondere Sportvereine und Vereine, die in § 52 Abs. 2 Nr. 23 genannte Freizeitbetätigungen fördern), fördert nicht die Allgemeinheit, wenn er den Kreis der Mitglieder durch hohe Aufnahmegebühren oder Mitgliedsbeiträge (einschließlich Mitgliedsumlagen) klein hält.

[2]Bei einem Verein, dessen Tätigkeit in erster Linie seinen Mitgliedern zugute kommt, ist eine Förderung der Allgemeinheit i.S.d. § 52 Abs. 1 anzunehmen, wenn

a) die Mitgliedsbeiträge und Mitgliedsumlagen zusammen im Durchschnitt 1.023 EUR je Mitglied und Jahr und

b) die Aufnahmegebühren für die im Jahr aufgenommenen Mitglieder im Durchschnitt 1.534 EUR nicht übersteigen.

1.2 Investitionsumlage

[1]Es ist unschädlich für die Gemeinnützigkeit eines Vereins, dessen Tätigkeit in erster Linie seinen Mitgliedern zugute kommt, wenn der Verein neben den o.a. Aufnahmegebühren und Mitgliedsbeiträgen (einschließlich sonstiger Mitgliedsumlagen) zusätzlich eine Investitionsumlage nach folgender Maßgabe erhebt:

[2]Die Investitionsumlage darf höchstens 5.113 EUR innerhalb von 10 Jahren je Mitglied betragen. [3]Die Mitglieder müssen die Möglichkeit haben, die Zahlung der Umlage auf bis zu 10 Jahresraten zu verteilen. [4]Die Umlage darf nur für die Finanzierung konkreter Investitionsvorhaben verlangt werden. [5]Unschädlich ist neben der zeitnahen Verwendung der Mittel für Investitionen auch die Ansparung für künftige Investitionsvorhaben im Rahmen von nach § 58 Nr. 6 zulässigen Rücklagen und die Verwendung für die Tilgung von Darlehen, die für die Finanzierung von Investitionen aufgenommen worden sind. [6]Die Erhebung von Investitionsumlagen kann auf neu eintretende Mitglieder (und ggf. nachzahlende Jugendliche, vgl. Nr. 1.3.1.2) beschränkt werden.

[7]Investitionsumlagen sind keine steuerlich abziehbaren Spenden.

1.3 Durchschnittsberechnung

Der durchschnittliche Mitgliedsbeitrag und die durchschnittliche Aufnahmegebühr sind aus dem Verhältnis der zu berücksichtigenden Leistungen der Mitglieder zu der Zahl der zu berücksichtigenden Mitglieder zu errechnen.

1.3.1 Zu berücksichtigende Leistungen der Mitglieder

1.3.1.1 Grundsatz

[1]Zu den maßgeblichen Aufnahmegebühren bzw. Mitgliedsbeiträgen gehören alle Geld- und geldwerten Leistungen, die ein Bürger aufwenden muss, um in den Verein aufgenommen zu werden bzw. in ihm verbleiben zu können. [2]Umlagen, die von den Mitgliedern erhoben werden, sind mit Ausnahme zulässiger Investitionsumlagen (vgl. 1.2) bei der Berechnung der durchschnittlichen Aufnahmegebühren oder Mitgliedsbeiträge zu berücksichtigen.

1.3.1.2 Sonderentgelte und Nachzahlungen

[1]So genannte Spielgeldvorauszahlungen, die im Zusammenhang mit der Aufnahme in den Verein zu entrichten sind, gehören zu den maßgeblichen Aufnahmegebühren. [2]Sonderumlagen und Zusatzentgelte, die Mitglieder z.B. unter der Bezeichnung Jahresplatzbenutzungsgebühren zahlen müssen, sind bei der Durchschnittsberechnung als zusätzliche Mitgliedsbeiträge zu berücksichtigen.

[3]Wenn jugendliche Mitglieder, die zunächst zu günstigeren Konditionen in den Verein aufgenommen worden sind, bei Erreichen einer Altersgrenze Aufnahmegebühren nach zu entrichten haben, sind diese im Jahr der Zahlung bei der Berechnung der durchschnittlichen Aufnahmegebühr zu erfassen.

1.3.1.3 Auswärtige Mitglieder

[1]Mitgliedsbeiträge und Aufnahmegebühren, die auswärtige Mitglieder an andere gleichartige Vereine entrichten, sind nicht in die Durchschnittsberechnungen einzubeziehen. [2]Dies gilt auch dann, wenn die Mitgliedschaft in dem anderen Verein Voraussetzung für die Aufnahme als auswärtiges Mitglied oder die Spielberechtigung in der vereinseigenen Sportanlage ist.

1.3.1.4 Juristische Personen und Firmen

Leistungen, die juristische Personen und Firmen in anderer Rechtsform für die Erlangung und den Erhalt der eigenen Mitgliedschaft in einem Verein aufwenden (so genannte Firmenmitgliedschaften), sind bei den Durchschnittsberechnungen nicht zu berücksichtigen (vgl. Nr. 1.3.2).

1.3.1.5 Darlehen

[1]Darlehen, die Mitglieder dem Verein im Zusammenhang mit ihrer Aufnahme in den Verein gewähren, sind nicht als zusätzliche Aufnahmegebühren zu erfassen. [2]Wird das Darlehen zinslos oder zu einem günstigeren Zinssatz, als er auf dem Kapitalmarkt üblich ist, gewährt, ist der jährliche Zinsverzicht als zusätzlicher Mitgliedsbeitrag zu berücksichtigen. [3]Dabei kann typisierend ein üblicher Zinssatz von 5,5 v.H. angenommen werden (BFH-Urteil vom 13.11.1996 - I R 152/93 - BStBl 1998 II, S. 711). [4]Als zusätzlicher Mitgliedsbeitrag sind demnach pro Jahr bei einem zinslosen Darlehen 5,5 v.H. des Darlehensbetrags und bei einem zinsgünstigen Darlehen der Betrag, den der Verein weniger als bei einer Verzinsung mit 5,5 v.H. zu zahlen hat, anzusetzen.

[5]Diese Grundsätze gelten auch, wenn Mitgliedsbeiträge oder Mitgliedsumlagen (einschließlich Investitionsumlagen) als Darlehen geleistet werden.

1.3.1.6 Beteiligung an Gesellschaften

[1]Kosten für den zur Erlangung der Spielberechtigung notwendigen Erwerb von Geschäftsanteilen an einer Gesellschaft, die neben dem Verein besteht und die die Sportanlagen errichtet oder betreibt, sind mit Ausnahme des Agios nicht als zusätzliche Aufnahmegebühren zu erfassen.

[2]Ein Sportverein kann aber mangels Unmittelbarkeit dann nicht als gemeinnützig behandelt werden, wenn die Mitglieder die Sportanlagen des Vereins nur bei Erwerb einer Nutzungsberechtigung von einer neben dem Verein bestehenden Gesellschaft nutzen dürfen.

1.3.1.7 Spenden

[1]Wenn Bürger im Zusammenhang mit der Aufnahme in einen Sportverein als Spenden bezeichnete Zahlungen an den Verein leisten, ist zu prüfen, ob es sich dabei um freiwillige unentgeltliche Zuwendungen, d.h. um Spenden, oder um Sonderzahlungen handelt, zu deren Leistung die neu eintretenden Mitglieder verpflichtet sind.

[2]Sonderzahlungen sind in die Berechnung der durchschnittlichen Aufnahmegebühr einzubeziehen. [3]Dies gilt auch, wenn kein durch die Satzung oder durch Beschluss der Mitgliederversammlung festgelegter Rechtsanspruch des Vereins besteht, die Aufnahme in den Verein aber faktisch von der Leistung einer Sonderzahlung abhängt.

[4]Eine faktische Verpflichtung ist regelmäßig anzunehmen, wenn mehr als 75 v.H. der neu eingetretenen Mitglieder neben der Aufnahmegebühr eine gleich oder ähnlich hohe Sonderzahlung leisten. [5]Dabei bleiben passive oder fördernde, jugendliche und auswärtige Mitglieder sowie Firmenmitgliedschaften außer Betracht. [6]Für die Beurteilung der Frage, ob die Sonderzahlungen der neu aufgenommenen Mitglieder gleich oder ähnlich hoch sind, sind die von dem Mitglied innerhalb von drei Jahren nach seinem Aufnahmeantrag oder, wenn zwischen dem Aufnahmeantrag und der Aufnahme in den Verein ein ungewöhnlich langer Zeitraum liegt, nach seiner Aufnahme geleisteten Sonderzahlungen, soweit es sich dabei nicht um von allen Mitgliedern erhobene Umlagen handelt, zusammenzurechnen.

[7]Die 75 v.H.-Grenze ist eine widerlegbare Vermutung für das Vorliegen von Pflichtzahlungen. [8]Maßgeblich sind die tatsächlichen Verhältnisse des Einzelfalls. [9]Sonderzahlungen sind deshalb auch dann als zusätzliche Aufnahmegebühren zu behandeln, wenn sie zwar von weniger als 75 v.H. der neu eingetretenen Mitglieder geleistet werden, diese Mitglieder aber nach den Umständen des Einzelfalls zu den Zahlungen nachweisbar verpflichtet sind.

[10]Die vorstehenden Grundsätze einschließlich der 75 v.H.-Grenze gelten für die Abgrenzung zwischen echten Spenden und Mitgliedsumlagen entsprechend. [11]Pflichtzahlungen sind in diesem Fall in die Berechnung des durchschnittlichen Mitgliedsbeitrags einzubeziehen.

[12]Nicht bei der Durchschnittsberechnung der Aufnahmegebühren und Mitgliedsbeiträge zu berücksichtigen sind Pflichteinzahlungen in eine zulässige Investitionsumlage (vgl. Nr. 1.2).

[13]Für Leistungen, bei denen es sich um Pflichtzahlungen (z.B. Aufnahmegebühren, Mitgliedsbeiträge, Ablösezahlungen für Arbeitsleistungen und Umlagen einschließlich Investitionsumlagen) handelt, dürfen keine Zuwendungsbestätigungen i.S.d. § 50 EStDV ausgestellt werden. [14]Die Grundsätze des BFH-Urteils vom 13.12.1978 - I R 39/78 - BStBl 1979 II, S. 482, 488 sind nicht anzuwenden, soweit sie mit den vorgenannten Grundsätzen nicht übereinstimmen.

1.3.2 Zu berücksichtigende Mitglieder

[1]Bei der Berechnung des durchschnittlichen Mitgliedsbeitrags ist als Divisor die Zahl der Personen anzusetzen, die im Veranlagungszeitraum (Kalenderjahr) Mitglieder des Vereins waren. [2]Dabei sind auch die Mitglieder zu berücksichtigen, die im Laufe des Jahres aus dem Verein ausgetreten oder in ihn aufgenommen worden sind. [3]Voraussetzung ist, dass eine Dauermitgliedschaft bestanden hat bzw. die Mitgliedschaft auf Dauer angelegt ist.

[4]Divisor bei der Berechnung der durchschnittlichen Aufnahmegebühr ist die Zahl der Personen, die in dem Veranlagungszeitraum auf Dauer neu in den Verein aufgenommen worden sind. [5]Bei den Berechnungen sind grundsätzlich auch die fördernden oder passiven, jugendlichen und auswärtigen Mitglieder zu berücksichtigen. [6]Unter auswärtigen Mitgliedern sind regelmäßig Mitglieder zu verstehen, die ihren Wohnsitz außerhalb des Einzugsgebiets des Vereins haben und/oder bereits ordentliches Mitglied in einem gleichartigen anderen Sportverein sind und die deshalb keine oder geringere Mitgliedsbeiträge oder Aufnahmegebühren zu zahlen haben. [7]Nicht zu erfassen sind juristische Personen oder Firmen in anderer Rechtsform sowie die natürlichen Personen, die infolge der Mitgliedschaft dieser Organisationen Zugang zu dem Verein haben.

[8]Die nicht aktiven Mitglieder sind nicht zu berücksichtigen, wenn der Verein ihre Einbeziehung in die Durchschnittsberechnung missbräuchlich ausnutzt. [9]Dies ist z.B. anzunehmen, wenn die Zahl der nicht aktiven Mitglieder ungewöhnlich hoch ist oder festgestellt wird, dass im Hinblick auf die Durchschnittsberechnung gezielt nicht aktive Mitglieder beitrags-

frei oder gegen geringe Beiträge aufgenommen worden sind. [10]Entsprechendes gilt für die Einbeziehung auswärtiger Mitglieder in die Durchschnittsberechnung.

2. [1]Bei § 52 Abs. 2 handelt es sich grundsätzlich um eine abschließende Aufzählung gemeinnütziger Zwecke. [2]Die Allgemeinheit kann allerdings auch durch die Verfolgung von Zwecken, die hinsichtlich der Merkmale, die ihre steuerrechtliche Förderung rechtfertigen, mit den in § 52 Abs. 2 aufgeführten Zwecken identisch sind, gefördert werden.

[3]Mit der Aufnahme der gemeinnützigen Zwecke in § 52 Abs. 2 AO ist keine Einengung der bisher als besonders förderungswürdig anerkannten Zwecke nach Anlage 1 zu § 48 Abs. 2 EStDV in der bis einschließlich 2006 geltenden Fassung verbunden. [4]Textliche Abweichungen in § 52 Abs. 2 Nr. 3, 5, 9, 10, 13 und 15 sind redaktioneller Art.

2.1 [1]Die Förderung von Kunst und Kultur umfasst die Bereiche der Musik, der Literatur, der darstellenden und bildenden Kunst und schließt die Förderung von kulturellen Einrichtungen, wie Theater und Museen, sowie von kulturellen Veranstaltungen, wie Konzerte und Kunstausstellungen, ein. [2]Zur Förderung von Kunst und Kultur gehört auch die Förderung der Pflege und Erhaltung von Kulturwerten. [3]Kulturwerte sind Gegenstände von künstlerischer und sonstiger kultureller Bedeutung, Kunstsammlungen und künstlerische Nachlässe, Bibliotheken, Archive sowie andere vergleichbare Einrichtungen.

2.2 [1]Die Förderung der Denkmalpflege bezieht sich auf die Erhaltung und Wiederherstellung von Bau- und Bodendenkmälern, die nach den jeweiligen landesrechtlichen Vorschriften anerkannt sind. [2]Die Anerkennung ist durch eine Bescheinigung der zuständigen Stelle nachzuweisen.

2.3 [1]Zur Förderung des Andenkens an Verfolgte, Kriegs- und Katastrophenopfer gehört auch die Errichtung von Ehrenmalen und Gedenkstätten.

[2]Zur Förderung der Tier- bzw. Pflanzenzucht gehört auch die Förderung der Erhaltung vom Aussterben bedrohter Nutztierrassen und Nutzpflanzen.

[3]Die Förderung des Einsatzes für nationale Minderheiten im Sinne des durch Deutschland ratifizierten Rahmenabkommens zum Schutz nationaler Minderheiten und die Förderung des Einsatzes für die gemäß der von Deutschland ratifizierten Charta der Regional- und Minderheitensprachen geschützten Sprachen sind - je nach Betätigung im Einzelnen - Förderung von Kunst und Kultur, Förderung der Heimatpflege und Heimatkunde oder Förderung des traditionellen Brauchtums. [4]Bei den nach der Charta geschützten Sprachen handelt es sich um die Regionalsprache Niederdeutsch sowie die Minderheitensprachen Dänisch, Friesisch, Sorbisch und das Romanes der deutschen Sinti und Roma.

2.4 [1]Unter dem Begriff „bürgerschaftliches Engagement" versteht man eine freiwillige, nicht auf das Erzielen eines persönlichen materiellen Gewinns gerichtete, auf die Förderung der Allgemeinheit hin orientierte, kooperative Tätigkeit. [2]Die Anerkennung der Förderung des bürgerschaftlichen Engagements zugunsten gemeinnütziger, mildtätiger und kirchlicher Zwecke dient der Hervorhebung der Bedeutung, die ehrenamtlicher Einsatz für unsere Gesellschaft hat. [3]Eine Erweiterung der gemeinnützigen Zwecke ist damit nicht verbunden.

2.5 Durch § 52 Abs. 2 Satz 2 wird die Möglichkeit eröffnet, Zwecke auch dann als gemeinnützig anzuerkennen, wenn diese nicht unter den Katalog des § 52 Abs. 2 Satz 1 fallen. Die Anerkennung der Gemeinnützigkeit solcher gesellschaftlicher Zwecke wird bundeseinheitlich abgestimmt.

3. [1]Internetvereine können wegen Förderung der Volksbildung als gemeinnützig anerkannt werden, sofern ihr Zweck nicht der Förderung der (privat betriebenen) Datenkommunikation durch Zurverfügungstellung von Zugängen zu Kommunikationsnetzwerken sowie

durch den Aufbau, die Förderung und den Unterhalt entsprechender Netze zur privaten und geschäftlichen Nutzung durch die Mitglieder oder andere Personen dient. [2]Freiwilligenagenturen können regelmäßig wegen der Förderung der Bildung (§ 52 Abs. 2 Nr. 7) als gemeinnützig behandelt werden, weil das Schwergewicht ihrer Tätigkeit in der Aus- und Weiterbildung der Freiwilligen liegt (BMF-Schreiben vom 15.9.2003, BStBl I, S. 446).

4. [1]Bei Körperschaften, die Privatschulen betreiben oder unterstützen, ist zwischen Ersatzschulen und Ergänzungsschulen zu unterscheiden. [2]Die Förderung der Allgemeinheit ist bei Ersatzschulen stets anzunehmen, weil die zuständigen Landesbehörden die Errichtung und den Betrieb einer Ersatzschule nur dann genehmigen dürfen, wenn eine Sonderung der Schüler nach den Besitzverhältnissen der Eltern nicht gefördert wird (Art. 7 Abs. 4 Satz 3 GG und die Privatschulgesetze der Länder). [3]Bei Ergänzungsschulen kann eine Förderung der Allgemeinheit dann angenommen werden, wenn in der Satzung der Körperschaft festgelegt ist, dass bei mindestens 25 v.H. der Schüler keine Sonderung nach den Besitzverhältnissen der Eltern i.S.d. Art. 7 Abs. 4 Satz 3 GG und der Privatschulgesetze der Länder vorgenommen werden darf.

5. [1]Nachbarschaftshilfevereine, Tauschringe und ähnliche Körperschaften, deren Mitglieder kleinere Dienstleistungen verschiedenster Art gegenüber anderen Vereinsmitgliedern erbringen (z.B. kleinere Reparaturen, Hausputz, Kochen, Kinderbetreuung, Nachhilfeunterricht, häusliche Pflege) sind grundsätzlich nicht gemeinnützig, weil regelmäßig durch die gegenseitige Unterstützung in erster Linie eigenwirtschaftliche Interessen ihrer Mitglieder gefördert werden und damit gegen den Grundsatz der Selbstlosigkeit (§ 55 Abs. 1) verstoßen wird. [2]Solche Körperschaften können jedoch gemeinnützig sein, wenn sich ihre Tätigkeit darauf beschränkt, alte und hilfsbedürftige Menschen in Verrichtungen des täglichen Lebens zu unterstützen und damit die Altenhilfe gefördert bzw. mildtätige Zwecke (§ 53) verfolgt werden. [3]Soweit sich der Zweck der Körperschaften zusätzlich auf die Erteilung von Nachhilfeunterricht und Kinderbetreuung erstreckt, können sie auch wegen Förderung der Jugendhilfe anerkannt werden. [4]Voraussetzung für die Anerkennung der Gemeinnützigkeit solcher Körperschaften ist, dass die aktiven Mitglieder ihre Dienstleistungen als Hilfspersonen der Körperschaft (§ 57 Abs. 1 Satz 2) ausüben.

[5]Vereine, deren Zweck die Förderung esoterischer Heilslehren ist, z. B. Reiki-Vereine, können nicht wegen Förderung des öffentlichen Gesundheitswesens oder der öffentlichen Gesundheitspflege als gemeinnützig anerkannt werden.

6. [1]Ein wesentliches Element des Sports (§ 52 Abs. 2 Nr. 21) ist die körperliche Ertüchtigung. [2]Motorsport fällt unter den Begriff des Sports (BFH-Urteil vom 29.10.1997 - I R 13/97 - BStBl 1998 II, S. 9), ebenso Ballonfahren. Skat (BFH-Urteil vom 17.2.2000 - I R 108, 109/98 - BFH/NV S. 1071), Bridge, Gospiel sowie Gotcha oder Paintball sind dagegen kein Sport i.S.d. Gemeinnützigkeitsrechts. [3]Skat (BFH-Urteil vom 17.2.2000 - I R 108, 109/98 - BFH/NV S. 1071), Bridge, Gospiel, Gotcha, Paintball, Tischfußball und Tipp-Kick sind dagegen kein Sport im Sinne des Gemeinnützigkeitsrechts. [4]Schützenvereine können auch dann als gemeinnützig anerkannt werden, wenn sie nach ihrer Satzung neben dem Schießsport (als Hauptzweck) auch das Schützenbrauchtum (vgl. Nr. 11) fördern. [5]Die Durchführung von volksfestartigen Schützenfesten ist kein gemeinnütziger Zweck.

7. [1]Die Förderung des bezahlten Sports ist kein gemeinnütziger Zweck, weil dadurch eigenwirtschaftliche Zwecke der bezahlten Sportler gefördert werden. [2]Sie ist aber unter bestimmten Voraussetzungen unschädlich für die Gemeinnützigkeit eines Sportvereins (s. §§ 58 Nr. 9 und 67a).

8. [1]Eine steuerbegünstigte allgemeine Förderung des demokratischen Staatswesens ist nur dann gegeben, wenn sich die Körperschaft umfassend mit den demokratischen Grundprinzipien befasst und diese objektiv und neutral würdigt. [2]Ist hingegen Zweck der Körperschaft die politische Bildung, der es auf der Grundlage der Normen und Vorstellungen einer rechtsstaatlichen Demokratie um die Schaffung und Förderung politischer Wahrnehmungsfähigkeit und politischen Verantwortungsbewusstseins geht, liegt Volksbildung vor. [3]Diese muss nicht nur in theoretischer Unterweisung bestehen, sie kann auch durch den Aufruf zu konkreter Handlung ergänzt werden. [4]Keine politische Bildung ist demgegenüber die einseitige Agitation, die unkritische Indoktrination oder die parteipolitisch motivierte Einflussnahme (BFH-Urteil vom 23.9.1999 - XI R 63/98 - BStBl 2000 II, S. 200).

9. [1]Die Förderung von Freizeitaktivitäten außerhalb des Bereichs des Sports ist nur dann als Förderung der Allgemeinheit anzuerkennen, wenn die Freizeitaktivitäten hinsichtlich der Merkmale, die ihre steuerrechtliche Förderung rechtfertigen, mit den im Katalog des § 52 Abs. 2 Nr. 23 genannten Freizeitgestaltungen identisch sind. [2]Es reicht nicht aus, dass die Freizeitgestaltung sinnvoll und einer der in § 52 Abs. 2 Nr. 23 genannten ähnlich ist (BFH-Urteil vom 14.9.1994 - I R 153/93 - BStBl 1995 II, S. 499). [3]Die Förderung des Baus und Betriebs von Schiffs-, Auto-, Eisenbahn- und Drachenflugmodellen ist identisch im vorstehenden Sinne mit der Förderung des Modellflugs, die Förderung des CB-Funkens mit der Förderung des Amateurfunkens. [4]Diese Zwecke sind deshalb als gemeinnützig anzuerkennen. [5]Nicht identisch im vorstehenden Sinne mit den in § 52 Abs. 2 Nr. 23 genannten Freizeitaktivitäten und deshalb nicht als eigenständige gemeinnützige Zwecke anzuerkennen sind z.B. die Förderung des Amateurfilmens und -fotografierens, des Kochens, von Brett- und Kartenspielen und des Sammelns von Gegenständen, wie Briefmarken, Münzen und Autogrammkarten, sowie die Tätigkeit von Reise- und Touristik-, Sauna-, Geselligkeits-, Kosmetik-, und Oldtimer-Vereinen. [6]Bei Vereinen, die das Amateurfilmen und -fotografieren fördern, und bei Oldtimer-Vereinen kann aber eine Steuerbegünstigung wegen der Förderung von Kunst oder (technischer) Kultur in Betracht kommen.

10. [1]Obst- und Gartenbauvereine fördern i.d.R. die Pflanzenzucht i.S.d. § 52 Abs. 2 Nr. 23. [2]Die Förderung der Bonsaikunst ist Pflanzenzucht, die Förderung der Aquarien- und Terrarienkunde ist Tierzucht i.S.d. Vorschrift.

11. [1]Historische Schützenbruderschaften können wegen der Förderung der Brauchtumspflege (vgl. Nr. 6), Freizeitwinzervereine wegen der Förderung der Heimatpflege, die Teil der Brauchtumspflege ist, als gemeinnützig behandelt werden. [2]Dies gilt auch für Junggesellen- und Burschenvereine, die das traditionelle Brauchtum einer bestimmten Region fördern, z.B. durch das Setzen von Maibäumen (Maiclubs). [3]Die besondere Nennung des traditionellen Brauchtums als gemeinnütziger Zweck in § 52 Abs. 2 Nr. 23 bedeutet jedoch keine allgemeine Ausweitung des Brauchtumsbegriffs i.S.d. Gemeinnützigkeitsrechts. [4]Studentische Verbindungen, z.B. Burschenschaften, ähnliche Vereinigungen, z.B. Landjugendvereine, Country- und Westernvereine und Vereine, deren Hauptzweck die Veranstaltung von örtlichen Volksfesten (z.B. Kirmes, Kärwa, Schützenfest) ist, sind deshalb i.d.R. nach wie vor nicht gemeinnützig.

12. [1]Bei Tier- und Pflanzenzuchtvereinen, Freizeitwinzervereinen sowie Junggesellen- oder Burschenvereinen ist besonders auf die Selbstlosigkeit (§ 55) und die Ausschließlichkeit (§ 56) zu achten. [2]Eine Körperschaft ist z.B. nicht selbstlos tätig, wenn sie in erster Linie eigenwirtschaftliche Zwecke ihrer Mitglieder fördert. [3]Sie verstößt z.B. gegen das Gebot der Ausschließlichkeit, wenn die Durchführung von Festveranstaltungen (z.B. Winzerfest, Maiball) Satzungszweck ist. [4]Bei der Prüfung der tatsächlichen Geschäftsführung von Freizeitwinzer-,

Junggesellen- und Burschenvereinen ist außerdem besonders darauf zu achten, dass die Förderung der Geselligkeit nicht im Vordergrund der Vereinstätigkeit steht.

13. [1]Soldaten- und Reservistenvereine verfolgen i.d.R. gemeinnützige Zwecke i.S.d. § 52 Abs. 2 Nr. 23, wenn sie aktive und ehemalige Wehrdienstleistende, Zeit- und Berufssoldaten betreuen, z.B. über mit dem Soldatsein zusammenhängende Fragen beraten, Möglichkeiten zu sinnvoller Freizeitgestaltung bieten oder beim Übergang in das Zivilleben helfen. [2]Die Pflege der Tradition durch Soldaten- und Reservistenvereine ist weder steuerbegünstigte Brauchtumspflege noch Betreuung von Soldaten und Reservisten i.S.d. § 52 Abs. 2 Nr. 4. [3]Die Förderung der Kameradschaft kann neben einem steuerbegünstigten Zweck als Vereinszweck genannt werden, wenn sich aus der Satzung ergibt, dass damit lediglich eine Verbundenheit der Vereinsmitglieder angestrebt wird, die aus der gemeinnützigen Vereinstätigkeit folgt (BFH-Urteil vom 11.3.1999 - V R 57, 58/96 - BStBl II, S. 331).

14. [1]Einrichtungen, die mit ihrer Tätigkeit auf die Erholung arbeitender Menschen ausgerichtet sind (z.B. der Betrieb von Freizeiteinrichtungen wie Campingplätze oder Bootsverleihe), können nicht als gemeinnützig anerkannt werden, es sei denn, dass das Gewähren von Erholung einem besonders schutzwürdigen Personenkreis (z.B. Kranken oder der Jugend) zugute kommt oder in einer bestimmten Art und Weise (z.B. auf sportlicher Grundlage) vorgenommen wird (BFH-Urteile vom 22.11.1972 - I R 21/71 - BStBl 1973 II, S. 251, und vom 30.9.1981 - III R 2/80 - BStBl 1982 II, S. 148). [2]Wegen Erholungsheimen wird auf § 68 Nr. 1 Buchstabe a hingewiesen.

15. [1]Politische Zwecke (Beeinflussung der politischen Meinungsbildung, Förderung politischer Parteien u. dergl.) zählen grundsätzlich nicht zu den gemeinnützigen Zwecken i.S.d. § 52.

[2]Eine gewisse Beeinflussung der politischen Meinungsbildung schließt jedoch die Gemeinnützigkeit nicht aus (BFH-Urteil vom 29.8.1984 - I R 203/81 - BStBl II, S. 844). [3]Eine politische Tätigkeit ist danach unschädlich für die Gemeinnützigkeit, wenn eine gemeinnützige Tätigkeit nach den Verhältnissen im Einzelfall zwangsläufig mit einer politischen Zielsetzung verbunden ist und die unmittelbare Einwirkung auf die politischen Parteien und die staatliche Willensbildung gegenüber der Förderung des gemeinnützigen Zwecks weit in den Hintergrund tritt. [4]Eine Körperschaft fördert deshalb auch dann ausschließlich ihren steuerbegünstigten Zweck, wenn sie gelegentlich zu tagespolitischen Themen im Rahmen ihres Satzungszwecks Stellung nimmt. [5]Entscheidend ist, dass die Tagespolitik nicht Mittelpunkt der Tätigkeit der Körperschaft ist oder wird, sondern der Vermittlung der steuerbegünstigten Ziele der Körperschaft dient (BFH-Urteil vom 23.11.1988 - I R 11/88 - BStBl 1989 II, S. 391).

[6]Dagegen ist die Gemeinnützigkeit zu versagen, wenn ein politischer Zweck als alleiniger oder überwiegender Zweck in der Satzung einer Körperschaft festgelegt ist oder die Körperschaft tatsächlich ausschließlich oder überwiegend einen politischen Zweck verfolgt.

16. [1]Eine Körperschaft i.S.d. § 51 kann nur dann als gemeinnützig anerkannt werden, wenn sie sich bei ihrer Betätigung im Rahmen der verfassungsmäßigen Ordnung hält. [2]Die verfassungsmäßige Ordnung wird schon durch die Nichtbefolgung von polizeilichen Anordnungen durchbrochen (BFH-Urteil vom 29.8.1984- I R 215/81 - BStBl 1985 II, S. 106). [3]Gewaltfreier Widerstand, z.B. Sitzblockaden, gegen geplante Maßnahmen des Staates verstößt grundsätzlich nicht gegen die verfassungsmäßige Ordnung (vgl. BVerfG-Beschluss vom 10.1.1995- 1 BvR 718/89, 1 BvR 719/89, 1 BvR 722/89, 1 BvR 723/89 - NJW S. 1141).

Zu § 53 - Mildtätige Zwecke:

1. [1]Der Begriff „mildtätige Zwecke“ umfasst auch die Unterstützung von Personen, die wegen ihres seelischen Zustands hilfsbedürftig sind. [2]Das hat beispielsweise für die Telefonseelsorge Bedeutung.
2. [1]Völlige Unentgeltlichkeit der mildtätigen Zuwendung wird nicht verlangt. [2]Die mildtätige Zuwendung darf nur nicht des Entgelts wegen erfolgen.
3. [1]Eine Körperschaft, zu deren Satzungszwecken die Unterstützung von hilfsbedürftigen Verwandten der Mitglieder, Gesellschafter, Genossen oder Stifter gehört, kann nicht als steuerbegünstigt anerkannt werden. [2]Bei einer derartigen Körperschaft steht nicht die Förderung mildtätiger Zwecke, sondern die Förderung der Verwandtschaft im Vordergrund. [3]Ihre Tätigkeit ist deshalb nicht, wie es § 53 verlangt, auf die selbstlose Unterstützung hilfsbedürftiger Personen gerichtet. [4]Dem steht bei Stiftungen § 58 Nr. 5 nicht entgegen. [5]Diese Vorschrift ist lediglich eine Ausnahme von dem Gebot der Selbstlosigkeit (§ 55), begründet aber keinen eigenständigen gemeinnützigen Zweck. [6]Bei der tatsächlichen Geschäftsführung ist die Unterstützung von hilfsbedürftigen Angehörigen grundsätzlich nicht schädlich für die Steuerbegünstigung. [7]Die Verwandtschaft darf jedoch kein Kriterium für die Förderleistungen der Körperschaft sein.

4. [1]Hilfen nach § 53 Nr. 1 (Unterstützung von Personen, die infolge ihres körperlichen, geistigen oder seelischen Zustands auf die Hilfe anderer angewiesen sind) dürfen ohne Rücksicht auf die wirtschaftliche Unterstützungsbedürftigkeit gewährt werden. [2]Bei der Beurteilung der Bedürftigkeit i.S.d. § 53 Nr. 1 kommt es nicht darauf an, dass die Hilfsbedürftigkeit dauernd oder für längere Zeit besteht. [3]Hilfeleistungen wie beispielsweise „Essen auf Rädern“ können daher steuerbegünstigt durchgeführt werden. [4]Bei Personen, die das 75. Lebensjahr vollendet haben, kann körperliche Hilfsbedürftigkeit ohne weitere Nachprüfung angenommen werden.
5. [1]§ 53 Nr. 2 legt die Grenzen der wirtschaftlichen Hilfsbedürftigkeit fest. [2]Danach können ohne Verlust der Steuerbegünstigung Personen unterstützt werden, deren Bezüge das Vierfache, beim Alleinstehenden oder Haushaltsvorstand das Fünffache des Regelsatzes der Sozialhilfe i.S.d. § 28 SGB XII nicht übersteigen. [3]Etwaige Mehrbedarfszuschläge zum Regelsatz sind nicht zu berücksichtigen. [4]Leistungen für die Unterkunft werden nicht gesondert berücksichtigt. [5]Für die Begriffe „Einkünfte“ und „Bezüge“ sind die Ausführungen in H 33a.1 und H 33a.2 (Anrechnung eigener Einkünfte und Bezüge) EStH sowie in H 32.10 (Anrechnung eigener Bezüge) EStH maßgeblich.
6. [1]Zu den Bezügen i.S.d. § 53 Nr. 2 zählen neben den Einkünften i.S.d. § 2 Abs. 1 EStG auch alle anderen für die Bestreitung des Unterhalts bestimmten oder geeigneten Bezüge aller Haushaltsangehörigen. [2]Hierunter fallen auch solche Einnahmen, die im Rahmen der steuerlichen Einkunftsermittlung nicht erfasst werden, also sowohl nicht steuerbare als auch für steuerfrei erklärte Einnahmen (BFH-Urteil vom 2.8.1974 - VI R 148/71 - BStBl 1975 II, S. 139).

   [3]Bei der Beurteilung der wirtschaftlichen Hilfsbedürftigkeit von unverheirateten minderjährigen Schwangeren und minderjährigen Müttern, die ihr leibliches Kind bis zur Vollendung seines 6. Lebensjahres betreuen, und die dem Haushalt ihrer Eltern oder eines Elternteils angehören, sind die Bezüge und das Vermögen der Eltern oder des Elternteils nicht zu berücksichtigen. [4]Bei allen Schwangeren oder Müttern, die ihr leibliches Kind bis zur Vollendung seines 6. Lebensjahres betreuen - einschließlich der volljährigen, verheirateten und nicht bei

ihren Eltern lebenden Frauen - bleiben ihre Unterhaltsansprüche gegen Verwandte ersten Grades unberücksichtigt.

7. Bei Renten zählt der über den von § 53 Nr. 2 Buchstabe a erfassten Anteil hinausgehende Teil der Rente zu den Bezügen im Sinne des § 53 Nr. 2 Buchstabe b.

8. Bei der Feststellung der Bezüge i.S.d. § 53 Nr. 2 Buchstabe b sind aus Vereinfachungsgründen insgesamt 180 EUR im Kalenderjahr abzuziehen, wenn nicht höhere Aufwendungen, die in wirtschaftlichem Zusammenhang mit den entsprechenden Einnahmen stehen, nachgewiesen oder glaubhaft gemacht werden.

9. [1]Erbringt eine Körperschaft ihre Leistungen an wirtschaftlich hilfsbedürftige Personen, muss sie an Hand ihrer Unterlagen nachweisen können, dass die Höhe der Einkünfte und Bezüge sowie das Vermögen der unterstützten Personen die Grenzen des § 53 Nr. 2 nicht übersteigen. [2]Eine Erklärung, in der von der unterstützten Person nur das Unterschreiten der Grenzen des § 53 Nr. 2 mitgeteilt wird, reicht allein nicht aus. [3]Eine Berechnung der maßgeblichen Einkünfte und Bezüge ist stets beizufügen.

Zu § 54 - Kirchliche Zwecke:

[1]Ein kirchlicher Zweck liegt nur vor, wenn die Tätigkeit darauf gerichtet ist, eine Religionsgemeinschaft des öffentlichen Rechts zu fördern. [2]Bei Religionsgemeinschaften, die nicht Körperschaften des öffentlichen Rechts sind, kann wegen Förderung der Religion eine Anerkennung als gemeinnützige Körperschaft in Betracht kommen.

Zu § 55 - Selbstlosigkeit:

Zu § 55 Abs. 1 Nr. 1:

1. [1]Eine Körperschaft handelt selbstlos, wenn sie weder selbst noch zugunsten ihrer Mitglieder eigenwirtschaftliche Zwecke verfolgt. [2]Ist die Tätigkeit einer Körperschaft in erster Linie auf Mehrung ihres eigenen Vermögens gerichtet, so handelt sie nicht selbstlos. [3]Eine Körperschaft verfolgt z.B. in erster Linie eigenwirtschaftliche Zwecke, wenn sie ausschließlich durch Darlehen ihrer Gründungsmitglieder finanziert ist und dieses Fremdkapital satzungsgemäß tilgen und verzinsen muss (BFH-Urteile vom 13.12.1978 - I R 39/78 - BStBl 1979 II, S. 482, vom 26.4.1989 - I R 209/85 - BStBl II, S. 670, und vom 28.6.1989 - I R 86/85 - BStBl 1990 II, S. 550).

2. [1]Unterhält eine Körperschaft einen steuerpflichtigen wirtschaftlichen Geschäftsbetrieb, ist zwischen ihrer steuerbegünstigten und dieser wirtschaftlichen Tätigkeit zu gewichten. [2]Die Körperschaft ist nicht steuerbegünstigt, wenn ihr die wirtschaftliche Tätigkeit bei einer Gesamtbetrachtung das Gepräge gibt.

3. [1]Nach § 55 Abs. 1 dürfen sämtliche Mittel der Körperschaft nur für die satzungsmäßigen Zwecke verwendet werden (Ausnahmen siehe § 58). [2]Auch der Gewinn aus Zweckbetrieben und aus dem steuerpflichtigen wirtschaftlichen Geschäftsbetrieb (§ 64 Abs. 2) sowie der Überschuss aus der Vermögensverwaltung dürfen nur für die satzungsmäßigen Zwecke verwendet werden. [3]Dies schließt die Bildung von Rücklagen im wirtschaftlichen Geschäftsbetrieb und im Bereich der Vermögensverwaltung nicht aus. [4]Die Rücklagen müssen bei vernünftiger kaufmännischer Beurteilung wirtschaftlich begründet sein (entsprechend § 14 Abs. 1 Nr. 4 KStG). [5]Für die Bildung einer Rücklage im wirtschaftlichen Geschäftsbetrieb muss ein konkreter Anlass gegeben sein, der auch aus objektiver unternehmerischer Sicht die Bildung der Rücklage rechtfertigt (z.B. eine geplante Betriebsverlegung, Werkser-

neuerung oder Kapazitätsausweitung). [6]Eine fast vollständige Zuführung des Gewinns zu einer Rücklage im wirtschaftlichen Geschäftsbetrieb ist nur dann unschädlich für die Steuerbegünstigung, wenn die Körperschaft nachweist, dass die betriebliche Mittelverwendung zur Sicherung ihrer Existenz geboten war (BFH-Urteil vom 15.7.1998 - I R 156/94 - BStBl 2002 II, S. 162). [7]Im Bereich der Vermögensverwaltung dürfen außerhalb der Regelung des § 58 Nr. 7 Rücklagen nur für die Durchführung konkreter Reparatur- oder Erhaltungsmaßnahmen an Vermögensgegenständen i.S.d. § 21 EStG gebildet werden. [8]Die Maßnahmen, für deren Durchführung die Rücklage gebildet wird, müssen notwendig sein, um den ordnungsgemäßen Zustand des Vermögensgegenstandes zu erhalten oder wiederherzustellen, und in einem angemessenen Zeitraum durchgeführt werden können (z.B. geplante Erneuerung eines undichten Daches).

4. [1]Es ist grundsätzlich nicht zulässig, Mittel des ideellen Bereichs (insbesondere Mitgliedsbeiträge, Spenden, Zuschüsse, Rücklagen), Gewinne aus Zweckbetrieben, Erträge aus der Vermögensverwaltung und das entsprechende Vermögen für einen steuerpflichtigen wirtschaftlichen Geschäftsbetrieb zu verwenden, z.B. zum Ausgleich eines Verlustes. [2]Für das Vorliegen eines Verlustes ist das Ergebnis des einheitlichen steuerpflichtigen wirtschaftlichen Geschäftsbetriebs (§ 64 Abs. 2) maßgeblich. [3]Eine Verwendung von Mitteln des ideellen Bereichs für den Ausgleich des Verlustes eines einzelnen wirtschaftlichen Geschäftsbetriebs liegt deshalb nicht vor, soweit der Verlust bereits im Entstehungsjahr mit Gewinnen anderer steuerpflichtiger wirtschaftlicher Geschäftsbetriebe verrechnet werden kann. [4]Verbleibt danach ein Verlust, ist keine Verwendung von Mitteln des ideellen Bereichs für dessen Ausgleich anzunehmen, wenn dem ideellen Bereich in den sechs vorangegangenen Jahren Gewinne des einheitlichen steuerpflichtigen wirtschaftlichen Geschäftsbetriebs in mindestens gleicher Höhe zugeführt worden sind. [5]Insoweit ist der Verlustausgleich im Entstehungsjahr als Rückgabe früherer, durch das Gemeinnützigkeitsrecht vorgeschriebener Gewinnabführungen anzusehen.

5. [1]Ein nach ertragsteuerlichen Grundsätzen ermittelter Verlust eines steuerpflichtigen wirtschaftlichen Geschäftsbetriebs ist unschädlich für die Steuerbegünstigung der Körperschaft, wenn er ausschließlich durch die Berücksichtigung von anteiligen Abschreibungen auf gemischt genutzte Wirtschaftsgüter entstanden ist und wenn die folgenden Voraussetzungen erfüllt sind:

   - [2]Das Wirtschaftsgut wurde für den ideellen Bereich angeschafft oder hergestellt und wird nur zur besseren Kapazitätsauslastung und Mittelbeschaffung teil- oder zeitweise für den steuerpflichtigen wirtschaftlichen Geschäftsbetrieb genutzt. [3]Die Körperschaft darf nicht schon im Hinblick auf eine zeit- oder teilweise Nutzung für den steuerpflichtigen wirtschaftlichen Geschäftsbetrieb ein größeres Wirtschaftsgut angeschafft oder hergestellt haben, als es für die ideelle Tätigkeit notwendig war.
   - [4]Die Körperschaft verlangt für die Leistungen des steuerpflichtigen wirtschaftlichen Geschäftsbetriebs marktübliche Preise.
   - [5]Der steuerpflichtige wirtschaftliche Geschäftsbetrieb bildet keinen eigenständigen Sektor eines Gebäudes (z.B. Gaststättenbetrieb in einer Sporthalle).

   [6]Diese Grundsätze gelten entsprechend für die Berücksichtigung anderer gemischter Aufwendungen (z.B. zeitweiser Einsatz von Personal des ideellen Bereichs in einem steuerpflichtigen wirtschaftlichen Geschäftsbetrieb) bei der gemeinnützigkeitsrechtlichen Beurteilung von Verlusten.

6. [1]Der Ausgleich des Verlustes eines steuerpflichtigen wirtschaftlichen Geschäftsbetriebs mit Mitteln des ideellen Bereichs ist außerdem unschädlich für die Steuerbegünstigung, wenn

- der Verlust auf einer Fehlkalkulation beruht,
- die Körperschaft innerhalb von 12 Monaten nach Ende des Wirtschaftsjahres, in dem der Verlust entstanden ist, dem ideellen Tätigkeitsbereich wieder Mittel in entsprechender Höhe zuführt und
- die zugeführten Mittel nicht aus Zweckbetrieben, aus dem Bereich der steuerbegünstigten Vermögensverwaltung, aus Beiträgen oder aus anderen Zuwendungen, die zur Förderung der steuerbegünstigten Zwecke der Körperschaft bestimmt sind, stammen (BFH-Urteil vom 13.11.1996 - I R 152/93 - BStBl 1998 II, S. 711).

[2]Die Zuführungen zu dem ideellen Bereich können demnach aus dem Gewinn des (einheitlichen) steuerpflichtigen wirtschaftlichen Geschäftsbetriebs, der in dem Jahr nach der Entstehung des Verlustes erzielt wird, geleistet werden. [3]Außerdem dürfen für den Ausgleich des Verlustes Umlagen und Zuschüsse, die dafür bestimmt sind, verwendet werden. [4]Derartige Zuwendungen sind jedoch keine steuerbegünstigten Spenden.

7. [1]Eine für die Steuerbegünstigung schädliche Verwendung von Mitteln für den Ausgleich von Verlusten des steuerpflichtigen wirtschaftlichen Geschäftsbetriebs liegt auch dann nicht vor, wenn dem Betrieb die erforderlichen Mittel durch die Aufnahme eines betrieblichen Darlehens zugeführt werden oder bereits in dem Betrieb verwendete ideelle Mittel mittels eines Darlehens, das dem Betrieb zugeordnet wird, innerhalb der Frist von 12 Monaten nach dem Ende des Verlustentstehungsjahres an den ideellen Bereich der Körperschaft zurück gegeben werden. [2]Voraussetzung für die Unschädlichkeit ist, dass Tilgung und Zinsen für das Darlehen ausschließlich aus Mitteln des steuerpflichtigen wirtschaftlichen Geschäftsbetriebs geleistet werden. [3]Die Belastung von Vermögen des ideellen Bereichs mit einer Sicherheit für ein betriebliches Darlehen (z.B. Grundschuld auf einer Sporthalle) führt grundsätzlich zu keiner anderen Beurteilung. [4]Die Eintragung einer Grundschuld bedeutet noch keine Verwendung des belasteten Vermögens für den steuerpflichtigen wirtschaftlichen Geschäftsbetrieb.

8. [1]Steuerbegünstigte Körperschaften unterhalten steuerpflichtige wirtschaftliche Geschäftsbetriebe regelmäßig nur, um dadurch zusätzliche Mittel für die Verwirklichung der steuerbegünstigten Zwecke zu beschaffen. [2]Es kann deshalb unterstellt werden, dass etwaige Verluste bei Betrieben, die schon längere Zeit bestehen, auf einer Fehlkalkulation beruhen. [3]Bei dem Aufbau eines neuen Betriebs ist eine Verwendung von Mitteln des ideellen Bereichs für den Ausgleich von Verlusten auch dann unschädlich für die Steuerbegünstigung, wenn mit Anlaufverlusten zu rechnen war. [4]Auch in diesem Fall muss die Körperschaft aber i.d.R. innerhalb von drei Jahren nach dem Ende des Entstehungsjahres des Verlustes dem ideellen Bereich wieder Mittel, die gemeinnützigkeitsunschädlich dafür verwendet werden dürfen, zuführen.

9. Die Regelungen in Nrn. 4 bis 8 gelten entsprechend für die Vermögensverwaltung.

10. [1]Mitglieder dürfen keine Zuwendungen aus Mitteln der Körperschaft erhalten. [2]Dies gilt nicht, soweit es sich um Annehmlichkeiten handelt, wie sie im Rahmen der Betreuung von Mitgliedern allgemein üblich und nach allgemeiner Verkehrsauffassung als angemessen anzusehen sind.

11. Keine Zuwendung i.S.d. § 55 Abs. 1 Nr. 1 liegt vor, wenn der Leistung der Körperschaft eine Gegenleistung des Empfängers gegenübersteht (z.B. bei Kauf-, Dienst- und Werkverträgen) und die Werte von Leistung und Gegenleistung nach wirtschaftlichen Grundsätzen gegeneinander abgewogen sind.

12. [1]Ist einer Körperschaft zugewendetes Vermögen mit vor der Übertragung wirksam begründeten Ansprüchen (z.B. Nießbrauch, Grund- oder Rentenschulden, Vermächtnisse aufgrund

testamentarischer Bestimmungen des Zuwendenden) belastet, deren Erfüllung durch die Körperschaft keine nach wirtschaftlichen Grundsätzen abgewogene Gegenleistung für die Übertragung des Vermögens darstellt, mindern die Ansprüche das übertragene Vermögen bereits im Zeitpunkt des Übergangs. [2]Wirtschaftlich betrachtet wird der Körperschaft nur das nach der Erfüllung der Ansprüche verbleibende Vermögen zugewendet. [3]Die Erfüllung der Ansprüche aus dem zugewendeten Vermögen ist deshalb keine Zuwendung i.S.d. § 55 Abs. 1 Nr. 1. [4]Dies gilt auch, wenn die Körperschaft die Ansprüche aus ihrem anderen zulässigen Vermögen einschließlich der Rücklage nach § 58 Nr. 7 Buchstabe a erfüllt.

13. [1]Soweit die vorhandenen flüssigen Vermögensmittel nicht für die Erfüllung der Ansprüche ausreichen, darf die Körperschaft dafür auch Erträge verwenden. [2]Ihr müssen jedoch ausreichende Mittel für die Verwirklichung ihrer steuerbegünstigten Zwecke verbleiben. [3]Diese Voraussetzung ist als erfüllt anzusehen, wenn für die Erfüllung der Verbindlichkeiten höchstens ein Drittel des Einkommens der Körperschaft verwendet wird. [4]Die Ein-Drittel-Grenze umfasst bei Rentenverpflichtungen nicht nur die über den Barwert hinausgehenden, sondern die gesamten Zahlungen. [5]Sie bezieht sich auf den Veranlagungszeitraum.

14. [1]§ 58 Nr. 5 enthält eine Ausnahmeregelung zu § 55 Abs. 1 Nr. 1 für Stiftungen. [2]Diese ist nur anzuwenden, wenn eine Stiftung Leistungen erbringt, die dem Grunde nach gegen § 55 Abs. 1 Nr. 1 verstoßen, also z.B. freiwillige Zuwendungen an den in § 58 Nr. 5 genannten Personenkreis leistet oder für die Erfüllung von Ansprüchen dieses Personenkreises aus der Übertragung von Vermögen nicht das belastete oder anderes zulässiges Vermögen, sondern Erträge einsetzt. [3]Im Unterschied zu anderen Körperschaften kann eine Stiftung unter den Voraussetzungen des § 58 Nr. 5 auch dann einen Teil ihres Einkommens für die Erfüllung solcher Ansprüche verwenden, wenn ihr dafür ausreichende flüssige Vermögensmittel zur Verfügung stehen. [4]Der Grundsatz, dass der wesentliche Teil des Einkommens für die Verwirklichung der steuerbegünstigten Zwecke verbleiben muss, gilt aber auch für Stiftungen. [5]Daraus folgt, dass eine Stiftung insgesamt höchstens ein Drittel ihres Einkommens für unter § 58 Nr. 5 fallende Leistungen und für die Erfüllung von anderen durch die Übertragung von belastetem Vermögen begründeten Ansprüchen verwenden darf.

15. [1]Die Vergabe von Darlehen aus Mitteln, die zeitnah für die steuerbegünstigten Zwecke zu verwenden sind, ist unschädlich für die Gemeinnützigkeit, wenn die Körperschaft damit selbst unmittelbar ihre steuerbegünstigten satzungsmäßigen Zwecke verwirklicht. [2]Dies kann z.B. der Fall sein, wenn die Körperschaft im Rahmen ihrer jeweiligen steuerbegünstigten Zwecke Darlehen im Zusammenhang mit einer Schuldnerberatung zur Ablösung von Bankschulden, Darlehen an Nachwuchskünstler für die Anschaffung von Instrumenten oder Stipendien für eine wissenschaftliche Ausbildung teilweise als Darlehen vergibt. [3]Voraussetzung ist, dass sich die Darlehensvergabe von einer gewerbsmäßigen Kreditvergabe dadurch unterscheidet, dass sie zu günstigeren Bedingungen erfolgt als zu den allgemeinen Bedingungen am Kapitalmarkt (z.B. Zinslosigkeit, Zinsverbilligung).

[4]Die Vergabe von Darlehen aus zeitnah für die steuerbegünstigten Zwecke zu verwendenden Mitteln an andere steuerbegünstigte Körperschaften ist im Rahmen des § 58 Nrn. 1 und 2 zulässig (mittelbare Zweckverwirklichung), wenn die andere Körperschaft die darlehensweise erhaltenen Mittel unmittelbar für steuerbegünstigte Zwecke innerhalb der für eine zeitnahe Mittelverwendung vorgeschriebenen Frist verwendet.

[5]Darlehen, die zur unmittelbaren Verwirklichung der steuerbegünstigten Zwecke vergeben werden, sind im Rechnungswesen entsprechend kenntlich zu machen. Es muss sichergestellt und für die Finanzbehörde nachprüfbar sein, dass die Rückflüsse, d.h. Tilgung und Zinsen, wieder zeitnah für die steuerbegünstigten Zwecke verwendet werden.

16. [1]Aus Mitteln, die nicht dem Gebot der zeitnahen Mittelverwendung unterliegen (Vermögen einschließlich der zulässigen Zuführungen und der zulässig gebildeten Rücklagen), darf die Körperschaft Darlehen nach folgender Maßgabe vergeben:

[2]Die Zinsen müssen sich in dem auf dem Kapitalmarkt üblichen Rahmen halten, es sei denn, der Verzicht auf die üblichen Zinsen ist eine nach den Vorschriften des Gemeinnützigkeitsrechts und der Satzung der Körperschaft zulässige Zuwendung (z.B. Darlehen an eine ebenfalls steuerbegünstigte Mitgliedsorganisation oder eine hilfsbedürftige Person). [3]Bei Darlehen an Arbeitnehmer aus dem Vermögen kann der (teilweise) Verzicht auf eine übliche Verzinsung als Bestandteil des Arbeitslohns angesehen werden, wenn dieser insgesamt, also einschließlich des Zinsvorteils, angemessen ist und der Zinsverzicht auch von der Körperschaft als Arbeitslohn behandelt wird (z.B. Abführung von Lohnsteuer und Sozialversicherungsbeiträgen).

[4]Maßnahmen, für die eine Rücklage nach § 58 Nr. 6 gebildet worden ist, dürfen sich durch die Gewährung von Darlehen nicht verzögern.

17. [1]Die Vergabe von Darlehen ist als solche kein steuerbegünstigter Zweck. [2]Sie darf deshalb nicht Satzungszweck einer steuerbegünstigten Körperschaft sein. [3]Es ist jedoch unschädlich für die Steuerbegünstigung, wenn die Vergabe von zinsgünstigen oder zinslosen Darlehen nicht als Zweck, sondern als Mittel zur Verwirklichung des steuerbegünstigten Zwecks in der Satzung der Körperschaft aufgeführt ist.

18. [1]Eine Körperschaft kann nicht als steuerbegünstigt behandelt werden, wenn ihre Ausgaben für die allgemeine Verwaltung einschließlich der Werbung um Spenden einen angemessenen Rahmen übersteigen (§ 55 Abs. 1 Nrn. 1 und 3). [2]Dieser Rahmen ist in jedem Fall überschritten, wenn eine Körperschaft, die sich weitgehend durch Geldspenden finanziert, diese - nach einer Aufbauphase - überwiegend zur Bestreitung von Ausgaben für Verwaltung und Spendenwerbung statt für die Verwirklichung der steuerbegünstigten satzungsmäßigen Zwecke verwendet (BFH-Beschluss vom 23.9.1998 - I B 82/98 - BStBl 2000 II, S. 320). [3]Die Verwaltungsausgaben einschließlich Spendenwerbung sind bei der Ermittlung der Anteile ins Verhältnis zu den gesamten vereinnahmten Mitteln (Spenden, Mitgliedsbeiträge, Zuschüsse, Gewinne aus wirtschaftlichen Geschäftsbetrieben usw.) zu setzen.

[4]Für die Frage der Angemessenheit der Verwaltungsausgaben kommt es entscheidend auf die Umstände des jeweiligen Einzelfalls an. [5]Eine für die Steuerbegünstigung schädliche Mittelverwendung kann deshalb auch schon dann vorliegen, wenn der prozentuale Anteil der Verwaltungsausgaben einschließlich der Spendenwerbung deutlich geringer als 50 v.H. ist.

19. [1]Während der Gründungs- oder Aufbauphase einer Körperschaft kann auch eine überwiegende Verwendung der Mittel für Verwaltungsausgaben und Spendenwerbung unschädlich für die Steuerbegünstigung sein. [2]Die Dauer der Gründungs- oder Aufbauphase, während der dies möglich ist, hängt von den Verhältnissen des Einzelfalls ab.

[3]Der in dem BFH-Beschluss vom 23.9.1998 - I B 82/98 - BStBl 2000 II, S. 320 zugestandene Zeitraum von vier Jahren für die Aufbauphase, in der höhere anteilige Ausgaben für Verwaltung und Spendenwerbung zulässig sind, ist durch die Besonderheiten des entschiedenen Falles begründet (insbesondere zweite Aufbauphase nach Aberkennung der Steuerbegünstigung). [4]Er ist deshalb als Obergrenze zu verstehen. [5]I.d.R. ist von einer kürzeren Aufbauphase auszugehen.

20. Die Steuerbegünstigung ist auch dann zu versagen, wenn das Verhältnis der Verwaltungsausgaben zu den Ausgaben für die steuerbegünstigten Zwecke zwar insgesamt nicht zu beanstanden, eine einzelne Verwaltungsausgabe (z.B. das Gehalt des Geschäftsführers oder der

Aufwand für die Mitglieder- und Spendenwerbung) aber nicht angemessen ist (§ 55 Abs. 1 Nr. 3).

21. [1]Bei den Kosten für die Beschäftigung eines Geschäftsführers handelt es sich grundsätzlich um Verwaltungsausgaben. [2]Eine Zuordnung dieser Kosten zu der steuerbegünstigten Tätigkeit ist nur insoweit möglich, als der Geschäftsführer unmittelbar bei steuerbegünstigten Projekten mitarbeitet. [3]Entsprechendes gilt für die Zuordnung von Reisekosten.

Zu § 55 Abs. 1 Nrn. 2 und 4:

22. [1]Die in § 55 Abs. 1 Nrn. 2 und 4 genannten Sacheinlagen sind Einlagen i.S.d. Handelsrechts, für die dem Mitglied Gesellschaftsrechte eingeräumt worden sind. [2]Insoweit sind also nur Kapitalgesellschaften, nicht aber Vereine angesprochen. [3]Unentgeltlich zur Verfügung gestellte Vermögensgegenstände, für die keine Gesellschaftsrechte eingeräumt sind (Leihgaben, Sachspenden) fallen nicht unter § 55 Abs. 1 Nrn. 2 und 4. [4]Soweit Kapitalanteile und Sacheinlagen von der Vermögensbindung ausgenommen werden, kann von dem Gesellschafter nicht die Spendenbegünstigung des § 10b EStG (§ 9 Abs. 1 Nr. 2 KStG) in Anspruch genommen werden.

Zu § 55 Abs. 1 Nr. 4:

23. [1]Eine wesentliche Voraussetzung für die Annahme der Selbstlosigkeit bildet der Grundsatz der Vermögensbindung für steuerbegünstigte Zwecke im Falle der Beendigung des Bestehens der Körperschaft oder des Wegfalles des bisherigen Zwecks (§ 55 Abs. 1 Nr. 4).

[2]Hiermit soll verhindert werden, dass Vermögen, das sich aufgrund der Steuervergünstigungen gebildet hat, später zu nicht begünstigten Zwecken verwendet wird. [3]Die satzungsmäßigen Anforderungen an die Vermögensbindung sind in den §§ 61 und 62 geregelt.

24. [1]Eine Körperschaft ist nur dann steuerbegünstigt i.S.d. § 55 Abs. 1 Nr. 4 Satz 2, wenn sie nach § 5 Abs. 1 Nr. 9 KStG von der Körperschaftsteuer befreit ist. [2]Dies kann nur eine Körperschaft sein, die unbeschränkt steuerpflichtig ist (§ 5 Abs. 2 Nr. 2 KStG). [3]Eine satzungsmäßige Vermögensbindung auf eine nicht unbeschränkt steuerpflichtige ausländische Körperschaft genügt deshalb nicht den Anforderungen (vgl. zu § 61 Nr. 1).

Zu § 55 Abs. 1 Nr. 5:

25. [1]Die Körperschaft muss ihre Mittel grundsätzlich zeitnah für ihre steuerbegünstigten satzungsmäßigen Zwecke verwenden. [2]Verwendung in diesem Sinne ist auch die Verwendung der Mittel für die Anschaffung oder Herstellung von Vermögensgegenständen, die satzungsmäßigen Zwecken dienen (z.B. Bau eines Altenheims, Kauf von Sportgeräten oder medizinischen Geräten).

[3]Die Bildung von Rücklagen ist nur unter den Voraussetzungen des § 58 Nrn. 6 und 7 zulässig. [4]Davon unberührt bleiben Rücklagen in einem steuerpflichtigen wirtschaftlichen Geschäftsbetrieb und Rücklagen im Bereich der Vermögensverwaltung (vgl. Nr. 3). [5]Die Verwendung von Mitteln, die zeitnah für die steuerbegünstigten Zwecke zu verwenden sind, für die Ausstattung einer Körperschaft mit Vermögen ist ein Verstoß gegen das Gebot der zeitnahen Mittelverwendung, es sei denn, die Mittel werden von der empfangenden Körperschaft zeitnah für satzungsmäßige Zwecke verwendet, z.B. für die Errichtung eines Altenheims.

26. [1]Eine zeitnahe Mittelverwendung ist gegeben, wenn die Mittel spätestens in dem auf den Zufluss folgenden Kalender- oder Wirtschaftsjahr für die steuerbegünstigten satzungsmäßigen Zwecke verwendet werden. [2]Am Ende des Kalender- oder Wirtschaftsjahres noch vorhandene Mittel müssen in der Bilanz oder Vermögensaufstellung der Körperschaft zulässigerweise dem Vermögen oder einer zulässigen Rücklage zugeordnet oder als im zurück-

liegenden Jahr zugeflossene Mittel, die im folgenden Jahr für die steuerbegünstigten Zwecke zu verwenden sind, ausgewiesen sein. [3]Soweit Mittel nicht schon im Jahr des Zuflusses für die steuerbegünstigten Zwecke verwendet oder zulässigerweise dem Vermögen zugeführt werden, ist ihre zeitnahe Verwendung nachzuweisen, zweckmäßigerweise durch eine Nebenrechnung (Mittelverwendungsrechnung).

27. [1]Nicht dem Gebot der zeitnahen Mittelverwendung unterliegt das Vermögen der Körperschaften, auch soweit es durch Umschichtungen innerhalb des Bereichs der Vermögensverwaltung entstanden ist (z.B. Verkauf eines zum Vermögen gehörenden Grundstücks einschließlich des den Buchwert übersteigenden Teils des Preises). [2]Außerdem kann eine Körperschaft die in § 58 Nrn. 11 und 12 bezeichneten Mittel ohne für die Gemeinnützigkeit schädliche Folgen ihrem Vermögen zuführen.

Zu § 55 Abs. 2:

28. [1]Wertsteigerungen bleiben für steuerbegünstigte Zwecke gebunden. [2]Bei der Rückgabe des Wirtschaftsguts selbst hat der Empfänger die Differenz in Geld auszugleichen.

Zu § 55 Abs. 3:

29. [1]Die Regelung, nach der sich die Vermögensbindung nicht auf die eingezahlten Kapitalanteile der Mitglieder und den gemeinen Wert der von den Mitgliedern geleisteten Sacheinlagen erstreckt, gilt bei Stiftungen für die Stifter und ihre Erben sinngemäß (§ 55 Abs. 3 erster Halbsatz). [2]Es ist also zulässig, das Stiftungskapital und die Zustiftungen von der Vermögensbindung auszunehmen und im Falle des Erlöschens der Stiftung an den Stifter oder seine Erben zurückfallen zu lassen. [3]Für solche Stiftungen und Zustiftungen kann aber vom Stifter nicht die Spendenvergünstigung nach § 10b EStG (§ 9 Abs. 1 Nr. 2 KStG) in Anspruch genommen werden.

30. [1]Die Vorschrift des § 55 Abs. 3 zweiter Halbsatz, die sich nur auf Stiftungen und Körperschaften des öffentlichen Rechts bezieht, berücksichtigt die Regelung im EStG, wonach die Entnahme eines Wirtschaftsgutes mit dem Buchwert angesetzt werden kann, wenn das Wirtschaftsgut den in § 6 Abs. 1 Nr. 4 Satz 5 EStG genannten Körperschaften unentgeltlich überlassen wird. [2]Dies hat zur Folge, dass der Zuwendende bei der Aufhebung der Stiftung nicht den gemeinen Wert der Zuwendung, sondern nur den dem ursprünglichen Buchwert entsprechenden Betrag zurückerhält. [3]Stille Reserven und Wertsteigerungen bleiben hiernach für steuerbegünstigte Zwecke gebunden. [4]Bei Rückgabe des Wirtschaftsgutes selbst hat der Empfänger die Differenz in Geld auszugleichen.

Zu § 56 - Ausschließlichkeit:

[1]Die Vorschrift stellt klar, dass eine Körperschaft mehrere steuerbegünstigte Zwecke nebeneinander verfolgen darf, ohne dass dadurch die Ausschließlichkeit verletzt wird. [2]Die verwirklichten steuerbegünstigten Zwecke müssen jedoch sämtlich satzungsmäßige Zwecke sein. [3]Will demnach eine Körperschaft steuerbegünstigte Zwecke, die nicht in die Satzung aufgenommen sind, fördern, so ist eine Satzungsänderung erforderlich, die den Erfordernissen des § 60 entsprechen muss.

Zu § 57 - Unmittelbarkeit:

1. Die Vorschrift stellt in Absatz 1 klar, dass die Körperschaft die steuerbegünstigten satzungsmäßigen Zwecke selbst verwirklichen muss, damit Unmittelbarkeit gegeben ist (wegen der Ausnahmen Hinweis auf § 58).

2. [1]Das Gebot der Unmittelbarkeit ist gemäß § 57 Abs. 1 Satz 2 auch dann erfüllt, wenn sich die steuerbegünstigte Körperschaft einer Hilfsperson bedient. [2]Hierfür ist es erforderlich, dass nach den Umständen des Falles, insbesondere nach den rechtlichen und tatsächlichen Beziehungen, die zwischen der Körperschaft und der Hilfsperson bestehen, das Wirken der Hilfsperson wie eigenes Wirken der Körperschaft anzusehen ist, d.h. die Hilfsperson nach den Weisungen der Körperschaft einen konkreten Auftrag ausführt. [3]Hilfsperson kann eine natürliche Person, Personenvereinigung oder juristische Person sein. [4]Die Körperschaft hat durch Vorlage entsprechender Vereinbarungen nachzuweisen, dass sie den Inhalt und den Umfang der Tätigkeit der Hilfsperson bestimmen kann. [5]Als Vertragsformen kommen z.B. Arbeits-, Dienst- oder Werkverträge in Betracht. [6]Im Innenverhältnis muss die Hilfsperson an die Weisung der Körperschaft gebunden sein. [7]Die Tätigkeit der Hilfsperson muss den Satzungsbestimmungen der Körperschaft entsprechen. [8]Diese hat nachzuweisen, dass sie die Hilfsperson überwacht. [9]Die weisungsgemäße Verwendung der Mittel ist von ihr sicherzustellen.

[10]Die Steuerbegünstigung einer Körperschaft, die nur über eine Hilfsperson das Merkmal der Unmittelbarkeit erfüllt (§ 57 Abs. 1 Satz 2), ist unabhängig davon zu gewähren, wie die Hilfsperson gemeinnützigkeitsrechtlich behandelt wird. [11]Ein Handeln als Hilfsperson nach § 57 Abs. 1 Satz 2 begründet keine eigene steuerbegünstigte Tätigkeit (BFH-Urteil vom 7.3.2007 - I R 90/04 - BStBl II, S. 628). [12]Eine Hilfspersonentätigkeit in diesem Sinne liegt nicht vor, wenn der auftraggebenden Person dadurch nicht nach § 57 Abs. 1 Satz 2 die Gemeinnützigkeit vermittelt wird, z.B. Tätigkeiten im Auftrag von juristischen Personen des öffentlichen Rechts (Hoheitsbereich), voll steuerpflichtigen Körperschaften oder natürlichen Personen.

3. [1]Ein Zusammenschluss i.S.d. § 57 Abs. 2 AO ist gegeben, wenn die Einrichtung ausschließlich allgemeine, aus der Tätigkeit und Aufgabenstellung der Mitgliederkörperschaften erwachsene Interessen wahrnimmt. [2]Nach Absatz 2 wird eine Körperschaft, in der steuerbegünstigte Körperschaften zusammengefasst sind, einer Körperschaft gleichgestellt, die unmittelbar steuerbegünstigte Zwecke verfolgt. [3]Voraussetzung ist, dass jede der zusammengefassten Körperschaften sämtliche Voraussetzungen für die Steuerbegünstigung erfüllt. [4]Verfolgt eine solche Körperschaft selbst unmittelbar steuerbegünstigte Zwecke, ist die bloße Mitgliedschaft einer nicht steuerbegünstigten Organisation für die Steuerbegünstigung unschädlich. [5]Die Körperschaft darf die nicht steuerbegünstigte Organisation aber nicht mit Rat und Tat fördern (z.B. Zuweisung von Mitteln, Rechtsberatung).

Zu § 58 - Steuerlich unschädliche Betätigungen:

Zu § 58 Nr. 1:

1. [1]Diese Ausnahmeregelung ermöglicht es, Körperschaften als steuerbegünstigt anzuerkennen, die andere Körperschaften fördern und dafür Spenden sammeln oder auf andere Art Mittel beschaffen (Mittelbeschaffungskörperschaften). [2]Die Beschaffung von Mitteln muss als Satzungszweck festgelegt sein. [3]Ein steuerbegünstigter Zweck, für den Mittel beschafft werden sollen, muss in der Satzung angegeben sein. [4]Es ist nicht erforderlich, die Körperschaften, für die Mittel beschafft werden sollen, in der Satzung aufzuführen. [5]Die Körperschaft, für die Mittel beschafft werden, muss nur dann selbst steuerbegünstigt sein, wenn sie eine unbeschränkt steuerpflichtige Körperschaft des privaten Rechts ist. [6]Werden Mittel für nicht unbeschränkt steuerpflichtige Körperschaften beschafft, muss die Verwendung der Mittel für die steuerbegünstigten Zwecke ausreichend nachgewiesen werden.

Zu § 58 Nr. 2:

2. [1]Die teilweise (nicht überwiegende) Weitergabe eigener Mittel (auch Sachmittel) ist unschädlich. [2]Ausschüttungen und sonstige Zuwendungen einer steuerbegünstigten Körperschaft sind unschädlich, wenn die Gesellschafter oder Mitglieder als Begünstigte ausschließlich steuerbegünstigte Körperschaften sind.

Zu § 58 Nr. 3:

3. Eine steuerlich unschädliche Betätigung liegt auch dann vor, wenn nicht nur Arbeitskräfte, sondern zugleich Arbeitsmittel (z.B. Krankenwagen) zur Verfügung gestellt werden.

Zu § 58 Nr. 4:

4. Zu den „Räumen" i.S.d. Nr. 4 gehören beispielsweise auch Sportstätten, Sportanlagen und Freibäder.

Zu § 58 Nr. 5:

5. [1]Eine Stiftung darf einen Teil ihres Einkommens - höchstens ein Drittel - dazu verwenden, die Gräber des Stifters und seiner nächsten Angehörigen zu pflegen und deren Andenken zu ehren. [2]In diesem Rahmen ist auch gestattet, dem Stifter und seinen nächsten Angehörigen Unterhalt zu gewähren.

   [3]Unter Einkommen ist die Summe der Einkünfte aus den einzelnen Einkunftsarten des § 2 Abs. 1 EStG zu verstehen, unabhängig davon, ob die Einkünfte steuerpflichtig sind oder nicht. [4]Positive und negative Einkünfte sind zu saldieren. [5]Die Verlustverrechnungsbeschränkungen nach § 2 Abs. 3 EStG sind dabei unbeachtlich. [6]Bei der Ermittlung der Einkünfte sind von den Einnahmen die damit zusammenhängenden Aufwendungen einschließlich der Abschreibungsbeträge abzuziehen.

   [7]Zur steuerrechtlichen Beurteilung von Ausgaben für die Erfüllung von Verbindlichkeiten, die durch die Übertragung von belastetem Vermögen begründet worden sind, wird auf die Nrn. 12 bis 14 zu § 55 hingewiesen.

6. [1]Der Begriff des nächsten Angehörigen ist enger als der Begriff des Angehörigen nach § 15. [2]Er umfasst:
   - Ehegatten,
   - Eltern, Großeltern, Kinder, Enkel (auch falls durch Adoption verbunden),
   - Geschwister,
   - Pflegeeltern, Pflegekinder.

7. [1]Unterhalt, Grabpflege und Ehrung des Andenkens müssen sich in angemessenem Rahmen halten. [2]Damit ist neben der relativen Grenze von einem Drittel des Einkommens eine gewisse absolute Grenze festgelegt. [3]Maßstab für die Angemessenheit des Unterhalts ist der Lebensstandard des Zuwendungsempfängers.

8. [1]§ 58 Nr. 5 enthält lediglich eine Ausnahmeregelung zu § 55 Abs. 1 Nr. 1 für Stiftungen (vgl. zu § 55, Nr. 14), begründet jedoch keinen eigenständigen steuerbegünstigten Zweck. [2]Eine Stiftung, zu deren Satzungszwecken die Unterstützung von hilfsbedürftigen Verwandten des Stifters gehört, kann daher nicht unter Hinweis auf § 58 Nr. 5 als steuerbegünstigt behandelt werden.

Zu § 58 Nr. 6:

9. [1]Bei der Bildung der Rücklage nach § 58 Nr. 6 kommt es nicht auf die Herkunft der Mittel an. [2]Der Rücklage dürfen also auch zeitnah zu verwendende Mittel wie z.B. Spenden zugeführt werden.

10. [1]Voraussetzung für die Bildung einer Rücklage nach § 58 Nr. 6 ist in jedem Fall, dass ohne sie die steuerbegünstigten satzungsmäßigen Zwecke nachhaltig nicht erfüllt werden können. [2]Das Bestreben, ganz allgemein die Leistungsfähigkeit der Körperschaft zu erhalten, reicht für eine steuerlich unschädliche Rücklagenbildung nach dieser Vorschrift nicht aus (hierfür können nur freie Rücklagen nach § 58 Nr. 7 gebildet werden, vgl. Nrn. 13 bis 17). [3]Vielmehr müssen die Mittel für bestimmte - die steuerbegünstigten Satzungszwecke verwirklichende - Vorhaben angesammelt werden, für deren Durchführung bereits konkrete Zeitvorstellungen bestehen. [4]Besteht noch keine konkrete Zeitvorstellung, ist eine Rücklagenbildung zulässig, wenn die Durchführung des Vorhabens glaubhaft und bei den finanziellen Verhältnissen der steuerbegünstigten Körperschaft in einem angemessenen Zeitraum möglich ist. [5]Die Bildung von Rücklagen für periodisch wiederkehrende Ausgaben (z.B. Löhne, Gehälter, Mieten) in Höhe des Mittelbedarfs für eine angemessene Zeitperiode ist zulässig (so genannte Betriebsmittelrücklage). [6]Ebenfalls unschädlich ist die vorsorgliche Bildung einer Rücklage zur Bezahlung von Steuern außerhalb eines steuerpflichtigen wirtschaftlichen Geschäftsbetriebs, solange Unklarheit darüber besteht, ob die Körperschaft insoweit in Anspruch genommen wird.

[7]Die Bildung einer Rücklage kann nicht damit begründet werden, dass die Überlegungen zur Verwendung der Mittel noch nicht abgeschlossen sind.

11. [1]Die vorstehenden Grundsätze zu § 58 Nr. 6 gelten auch für Mittelbeschaffungskörperschaften i.S.d. § 58 Nr. 1 (BFH-Urteil vom 13.9.1989 - I R 19/85 - BStBl 1990 II, S. 28). [2]Voraussetzung ist jedoch, dass die Rücklagenbildung dem Zweck der Beschaffung von Mitteln für die steuerbegünstigten Zwecke einer anderen Körperschaft entspricht. [3]Diese Voraussetzung ist z.B. erfüllt, wenn die Mittelbeschaffungskörperschaft wegen Verzögerung der von ihr zu finanzierenden steuerbegünstigten Maßnahmen gezwungen ist, die beschafften Mittel zunächst zu thesaurieren.

12. Unterhält eine steuerbegünstigte Körperschaft einen steuerpflichtigen wirtschaftlichen Geschäftsbetrieb, so können dessen Erträge der Rücklage erst nach Versteuerung zugeführt werden.

Zu § 58 Nr. 7:

13. [1]Der freien Rücklage (§ 58 Nr. 7 Buchstabe a) darf jährlich höchstens ein Drittel des Überschusses der Einnahmen über die Unkosten aus der Vermögensverwaltung zugeführt werden. [2]Unter Unkosten sind Aufwendungen zu verstehen, die dem Grunde nach Werbungskosten sind.

14. [1]Darüber hinaus kann die Körperschaft höchstens 10 v.H. ihrer sonstigen nach § 55 Abs. 1 Nr. 5 zeitnah zu verwendenden Mittel einer freien Rücklage zuführen. [2]Mittel i.S.d. Vorschrift sind die Überschüsse bzw. Gewinne aus steuerpflichtigen wirtschaftlichen Geschäftsbetrieben und Zweckbetrieben sowie die Bruttoeinnahmen aus dem ideellen Bereich. [3]Bei Anwendung der Regelungen des § 64 Abs. 5 und 6 können in die Bemessungsgrundlage zur Ermittlung der Rücklage statt der geschätzten bzw. pauschal ermittelten Gewinne die tatsächlichen Gewinne einbezogen werden.

[4]Verluste aus Zweckbetrieben sind mit entsprechenden Überschüssen zu verrechnen; darüber hinaus gehende Verluste mindern die Bemessungsgrundlage nicht. [5]Das gilt entsprechend für Verluste aus dem einheitlichen wirtschaftlichen Geschäftsbetrieb. [6]Ein Überschuss aus der Vermögensverwaltung ist - unabhängig davon, inwieweit er in eine Rücklage eingestellt wurde - nicht in die Bemessungsgrundlage für die Zuführung aus den sonstigen zeitnah zu verwendenden Mitteln einzubeziehen. [7]Ein Verlust aus der Vermögensverwaltung mindert die Bemessungsgrundlage nicht.

15. [1]Wird die Höchstgrenze nach den Nrn. 13 und 14 nicht voll ausgeschöpft, so ist eine Nachholung in späteren Jahren nicht zulässig. [2]Die steuerbegünstigte Körperschaft braucht die freie Rücklage während der Dauer ihres Bestehens nicht aufzulösen. [3]Die in die Rücklage eingestellten Mittel können auch dem Vermögen zugeführt werden.

16. [1]Die Ansammlung und Verwendung von Mitteln zum Erwerb von Gesellschaftsrechten zur Erhaltung der prozentualen Beteiligung an Kapitalgesellschaften schließen die Steuervergünstigungen nicht aus (§ 58 Nr. 7 Buchstabe b). [2]Die Herkunft der Mittel ist dabei ohne Bedeutung. § 58 Nr. 7 Buchstabe b ist nicht auf den erstmaligen Erwerb von Anteilen an Kapitalgesellschaften anzuwenden. [3]Hierfür können u.a. freie Rücklagen nach § 58 Nr. 7 Buchstabe a eingesetzt werden.

17. [1]Die Höchstgrenze für die Zuführung zu der freien Rücklage mindert sich um den Betrag, den die Körperschaft zum Erwerb von Gesellschaftsrechten zur Erhaltung der prozentualen Beteiligung an Kapitalgesellschaften ausgibt oder bereitstellt. [2]Übersteigt der für die Erhaltung der Beteiligungsquote verwendete oder bereitgestellte Betrag die Höchstgrenze, ist auch in den Folgejahren eine Zuführung zu der freien Rücklage erst wieder möglich, wenn die für eine freie Rücklage verwendbaren Mittel insgesamt die für die Erhaltung der Beteiligungsquote verwendeten oder bereitgestellten Mittel übersteigen. [3]Die Zuführung von Mitteln zu Rücklagen nach § 58 Nr. 6 berührt die Höchstgrenze für die Bildung freier Rücklagen dagegen nicht.

Praxis-Beispiel

		Freie Rücklage (§ 58 Nr. 7 Buchstabe a)	Verwendung von Mitteln zur Erhaltung der Beteiligungsquote (§ 58 Nr. 7 Buchstabe b)
	EUR	EUR	EUR
Jahr 01 Zuführung zur freien Rücklage		25.000	
Jahr 02 Höchstbetrag für die Zuführung zur freien Rücklage: 1/3 von 15.000 EUR =	5.000		
10 v.H. von 50.000 EUR =	5.000		
Ergibt	10.000		
Verwendung von Mitteln zur Erhaltung der Beteiligungsquote	25.000		25.000
Übersteigender Betrag	./. 15.000		
Zuführung zur freien Rücklage		0	
Jahr 03 Höchstbetrag für die Zuführung zur freien Rücklage: 1/3 von 30.000 EUR =	10.000		

10 v.H. von 100.000 EUR =	10.000		
Ergibt	20.000		
Übersteigender Betrag aus dem Jahr 02	./. 15.000		
Verbleibender Betrag	5.000		
Zuführung zur freien Rücklage		5.000	

Zu § 58 Nrn. 6 und 7:

18. [1]Ob die Voraussetzungen für die Bildung einer Rücklage gegeben sind, hat die steuerbegünstigte Körperschaft dem zuständigen Finanzamt im Einzelnen darzulegen. [2]Weiterhin muss sie die Rücklagen nach § 58 Nrn. 6 und 7 in ihrer Rechnungslegung - ggf. in einer Nebenrechnung - gesondert ausweisen, damit eine Kontrolle jederzeit und ohne besonderen Aufwand möglich ist (BFH-Urteil vom 20.12.1978 - I R 21/76 - BStBl 1979 II, S. 496).

Zu § 58 Nr. 8:

19. Gesellige Zusammenkünfte, die im Vergleich zur steuerbegünstigten Tätigkeit nicht von untergeordneter Bedeutung sind, schließen die Steuervergünstigung aus.

Zu § 58 Nr. 10:

20. [1]Diese Ausnahmeregelung ermöglicht es den ausschließlich von einer oder mehreren Gebietskörperschaften errichteten rechtsfähigen und nichtrechtsfähigen Stiftungen, die Erfüllung ihrer steuerbegünstigten Zwecke mittelbar durch Zuschüsse an Wirtschaftsunternehmen zu verwirklichen. [2]Diese mittelbare Zweckverwirklichung muss in der Satzung festgelegt sein. [3]Die Verwendung der Zuschüsse für steuerbegünstigte Satzungszwecke muss nachgewiesen werden.

Zu § 58 Nr. 11:

21. [1]Bei den in der Vorschrift genannten Zuwendungen ist es ausnahmsweise zulässig, grundsätzlich zeitnah zu verwendende Mittel dem zulässigen Vermögen zuzuführen. [2]Die Aufzählung ist abschließend. [3]Unter Sachzuwendungen, die ihrer Natur nach zum Vermögen gehören, sind Wirtschaftsgüter zu verstehen, die ihrer Art nach von der Körperschaft im ideellen Bereich, im Rahmen der Vermögensverwaltung oder im wirtschaftlichen Geschäftsbetrieb genutzt werden können.

    [4]Werden Mittel nach dieser Vorschrift dem Vermögen zugeführt, sind sie aus der Bemessungsgrundlage für Zuführungen von sonstigen zeitnah zu verwendenden Mitteln nach § 58 Nr. 7 Buchstabe a herauszurechnen.

Zu § 58 Nr. 12:

22. [1]Stiftungen dürfen im Jahr ihrer Errichtung und in den zwei folgenden Kalenderjahren Überschüsse und Gewinne aus der Vermögensverwaltung, aus Zweckbetrieb und aus steuerpflichtigen wirtschaftlichen Geschäftsbetrieben ganz oder teilweise ihrem Vermögen zuführen. [2]Für sonstige Mittel, z.B. Zuwendungen und Zuschüsse, gilt diese Regelung dagegen nicht.

    [3]Liegen in einem Kalenderjahr positive und negative Ergebnisse aus der Vermögensverwaltung, aus den Zweckbetrieben und dem einheitlichen steuerpflichtigen wirtschaftlichen Geschäftsbetrieb vor, ist eine Zuführung zum Vermögen auf den positiven Betrag begrenzt, der nach der Verrechnung der Ergebnisse verbleibt.

Zu § 58 Nr. 2 bis 12:

23. [1]Die in § 58 Nrn. 2 bis 9, 11 und 12 genannten Ausnahmetatbestände können auch ohne entsprechende Satzungsbestimmung verwirklicht werden. [2]Entgeltliche Tätigkeiten nach § 58 Nrn. 3, 4 oder 8 begründen einen steuerpflichtigen wirtschaftlichen Geschäftsbetrieb oder Vermögensverwaltung (z.B. Raumüberlassung). [3]Bei den Regelungen des § 58 Nrn. 5, 10 und 12 kommt es jeweils nicht auf die Bezeichnung der Körperschaft als Stiftung, sondern auf die tatsächliche Rechtsform an. [4]Dabei ist es unmaßgeblich, ob es sich um eine rechtsfähige oder nichtrechtsfähige Stiftung handelt.

Zu § 59 - Voraussetzung der Steuervergünstigung:

1. [1]Die Vorschrift bestimmt u.a., dass die Steuervergünstigung nur gewährt wird, wenn ein steuerbegünstigter Zweck (§§ 52 bis 54), die Selbstlosigkeit (§ 55) und die ausschließliche und unmittelbare Zweckverfolgung (§§ 56, 57) durch die Körperschaft aus der Satzung direkt hervorgehen. [2]Eine weitere satzungsmäßige Voraussetzung in diesem Sinn ist die in § 61 geforderte Vermögensbindung. [3]Das Unterhalten wirtschaftlicher Geschäftsbetriebe (§ 14 Sätze 1 und 2 und § 64), die keine Zweckbetriebe (§§ 65 bis 68) sind, und die Vermögensverwaltung (§ 14 Satz 3) dürfen nicht Satzungszweck sein. [4]Die Erlaubnis zur Unterhaltung eines Nichtzweckbetriebs und die Vermögensverwaltung in der Satzung können zulässig sein (BFH-Urteil vom 18.12.2002 - I R 15/02 - BStBl 2003 II, S. 384). [5]Bei Körperschaften, die ausschließlich Mittel für andere Körperschaften oder Körperschaften des öffentlichen Rechts beschaffen (§ 58 Nr. 1), kann in der Satzung auf das Gebot der Unmittelbarkeit verzichtet werden.

2. Bei mehreren Betrieben gewerblicher Art einer juristischen Person des öffentlichen Rechts ist für jeden Betrieb gewerblicher Art eine eigene Satzung erforderlich.
3. [1]Ein besonderes Anerkennungsverfahren ist im steuerlichen Gemeinnützigkeitsrecht nicht vorgesehen. [2]Ob eine Körperschaft steuerbegünstigt ist, entscheidet das Finanzamt im Veranlagungsverfahren durch Steuerbescheid (ggf. Freistellungsbescheid). [3]Dabei hat es von Amts wegen die tatsächlichen und rechtlichen Verhältnisse zu ermitteln, die für die Steuerpflicht und für die Bemessung der Steuer wesentlich sind. [4]Eine Körperschaft, bei der nach dem Ergebnis dieser Prüfung die gesetzlichen Voraussetzungen für die steuerliche Behandlung als steuerbegünstigte Körperschaft vorliegen, muss deshalb auch als solche behandelt werden, und zwar ohne Rücksicht darauf, ob ein entsprechender Antrag gestellt worden ist oder nicht. [5]Ein Verzicht auf die Behandlung als steuerbegünstigte Körperschaft ist somit für das Steuerrecht unbeachtlich.
4. [1]Auf Antrag einer neu gegründeten Körperschaft, bei der die Voraussetzungen der Steuervergünstigung noch nicht im Veranlagungsverfahren festgestellt worden sind, bescheinigt das zuständige Finanzamt vorläufig, z.B. für den Empfang steuerbegünstigter Spenden oder für eine Gebührenbefreiung, dass bei ihm die Körperschaft steuerlich erfasst ist und die eingereichte Satzung alle nach § 59 Satz 1, §§ 60 und 61 geforderten Voraussetzungen erfüllt, welche u.a. für die Steuerbefreiung nach § 5 Abs. 1 Nr. 9 KStG vorliegen müssen. [2]Eine vorläufige Bescheinigung über die Gemeinnützigkeit darf erst ausgestellt werden, wenn eine Satzung vorliegt, die den gemeinnützigkeitsrechtlichen Vorschriften entspricht.
5. [1]Die vorläufige Bescheinigung über die Gemeinnützigkeit stellt keinen Verwaltungsakt, sondern lediglich eine Auskunft über den gekennzeichneten Teilbereich der für die Steuervergünstigung erforderlichen Voraussetzungen dar. [2]Sie sagt z.B. nichts über die Übereinstimmung von Satzung und tatsächlicher Geschäftsführung aus. [3]Sie ist befristet zu erteilen und

ist frei widerruflich (BFH-Beschluss vom 7.5.1986 - I B 58/85 - BStBl II, S. 677). [4]Die Geltungsdauer sollte 18 Monate nicht überschreiten.

6. Die Erteilung einer vorläufigen Bescheinigung über die Gemeinnützigkeit kann auch in Betracht kommen, wenn eine Körperschaft schon längere Zeit existiert und die Gemeinnützigkeit im Veranlagungsverfahren versagt wurde (BFH-Beschluss vom 23.9.1998 - I B 82/98 - BStBl 2000 II, S. 320).

6.1 [1]Eine vorläufige Bescheinigung über die Gemeinnützigkeit ist in diesen Fällen auf Antrag zu erteilen, wenn die Körperschaft die Voraussetzungen für die Gemeinnützigkeit im gesamten Veranlagungszeitraum, der dem Zeitraum der Nichtgewährung folgt, voraussichtlich erfüllen wird. [2]Ihre Geltungsdauer sollte 18 Monate nicht überschreiten.

6.2 [1]Darüber hinaus kann die Erteilung einer vorläufigen Bescheinigung über die Gemeinnützigkeit auch dann geboten sein, wenn die Körperschaft nach Auffassung des Finanzamts nicht gemeinnützig ist. [2]In diesen Fällen darf die Bescheinigung nur erteilt werden, wenn die folgenden Voraussetzungen erfüllt sind:

6.2.1 Die Körperschaft muss gegen eine Entscheidung des Finanzamts, mit der die Erteilung einer vorläufigen Bescheinigung über die Gemeinnützigkeit abgelehnt wurde, beim zuständigen Finanzgericht Rechtsschutz begehrt haben.

6.2.2 [1]Es müssen ernstliche Zweifel bestehen, ob die Ablehnung der Gemeinnützigkeit im Klageverfahren bestätigt wird. [2]Dies erfordert, dass die Körperschaft schlüssig darlegt und glaubhaft macht, dass sie die Voraussetzungen für die Gemeinnützigkeit nach ihrer Satzung und bei der tatsächlichen Geschäftsführung erfüllt.

6.2.3 [1]Die wirtschaftliche Existenz der Körperschaft muss in Folge der Nichterteilung der vorläufigen Bescheinigung gefährdet sein. [2]Für die Beurteilung sind die Verhältnisses im jeweiligen Einzelfall maßgeblich. [3]Eine Existenzgefährdung kann nicht allein deshalb unterstellt werden, weil sich die Körperschaft bisher zu einem wesentlichen Teil aus Spenden oder steuerlich abziehbaren Mitgliedsbeiträgen finanziert hat und wegen der Nichtgewährung der Steuervergünstigungen ein erheblicher Rückgang dieser Einnahmen zu erwarten ist. [4]Sie liegt z.B. auch dann nicht vor, wenn die Körperschaft über ausreichendes verwertbares Vermögen verfügt oder sich ausreichende Kredite verschaffen kann. [5]Die Körperschaft muss als Antragsgrund die Existenzgefährdung schlüssig darlegen und glaubhaft machen.

[6]Die vorläufige Bescheinigung über die Gemeinnützigkeit nach Nr. 6.2 ist ggf. formlos zu erteilen. [7]Sie muss die Körperschaft in die Lage versetzen, unter Hinweis auf die steuerliche Abzugsfähigkeit um Zuwendungen zu werben. [8]Ihre Geltungsdauer ist bis zum rechtskräftigen Abschluss des gerichtlichen Verfahrens zu befristen. [9]Ob Auflagen, wie sie der BFH in dem entschiedenen Fall beschlossen hat (u.a. vierteljährliche Einreichung von Aufstellungen über die Einnahmen und Ausgaben), sinnvoll und erforderlich sind, hängt von den Umständen des Einzelfalls ab.

7. [1]Die vorläufige Bescheinigung wird durch den Steuerbescheid (ggf. Freistellungsbescheid) ersetzt. [2]Die Steuerbefreiung soll spätestens alle drei Jahre überprüft werden.

8. [1]Die Satzung einer Körperschaft ist vor der Erteilung einer erstmaligen vorläufigen Bescheinigung über die Steuerbegünstigung oder eines Freistellungsbescheids zur Körperschaft- und Gewerbesteuer sorgfältig zu prüfen. [2]Wird eine vorläufige Bescheinigung über die Gemeinnützigkeit erteilt oder die Steuerbegünstigung anerkannt, bei einer späteren Überprüfung der Körperschaft aber festgestellt, dass die Satzung doch nicht den Anforderungen des Gemeinnützigkeitsrechts genügt, dürfen aus Vertrauensschutzgründen hieraus keine nachteiligen Folgerungen für die Vergangenheit gezogen werden. [3]Die Körperschaft ist trotz der feh-

lerhaften Satzung für abgelaufene Veranlagungszeiträume und für das Kalenderjahr, in dem die Satzung beanstandet wird, als steuerbegünstigt zu behandeln. [4]Dies gilt nicht, wenn bei der tatsächlichen Geschäftsführung gegen Vorschriften des Gemeinnützigkeitsrechts verstoßen wurde.

[5]Die Vertreter der Körperschaft sind aufzufordern, die zu beanstandenden Teile der Satzung so zu ändern, dass die Körperschaft die satzungsmäßigen Voraussetzungen für die Steuervergünstigung erfüllt. [6]Hierfür ist eine angemessene Frist zu setzen. [7]Vereinen soll dabei in der Regel eine Beschlussfassung in der nächsten ordentlichen Mitgliederversammlung ermöglicht werden. [8]Wird die Satzung innerhalb der gesetzten Frist entsprechend den Vorgaben des Finanzamts geändert, ist die Steuervergünstigung für das der Beanstandung der Satzung folgende Kalenderjahr auch dann anzuerkennen, wenn zu Beginn des Kalenderjahres noch keine ausreichende Satzung vorgelegen hat.

[9]Die vorstehenden Grundsätze gelten nicht, wenn die Körperschaft die Satzung geändert hat und eine geänderte Satzungsvorschrift zu beanstanden ist. [10]In diesen Fällen fehlt es an einer Grundlage für die Gewährung von Vertrauensschutz.

Zu § 60 - Anforderungen an die Satzung:

1. [1]Die Satzung muss so präzise gefasst sein, dass aus ihr unmittelbar entnommen werden kann, ob die Voraussetzungen der Steuerbegünstigung vorliegen (formelle Satzungsmäßigkeit). [2]Die bloße Bezugnahme auf Satzungen oder andere Regelungen Dritter genügt nicht (BFH-Urteil vom 19.4.1989- I R 3/88 - BStBl II, S. 595). [3]Es reicht aus, wenn sich die satzungsmäßigen Voraussetzungen aufgrund einer Auslegung aller Satzungsbestimmungen ergeben (BFH-Urteil vom 13.12.1978 - I R 39/78 - BStBl 1979 II, S. 482, und vom 13.8.1997 - I R 19/96 - BStBl II, S. 794).
2. [1]Die Anlage 1 enthält das Muster einer Satzung. [2]Die Verwendung der Mustersatzung ist nicht vorgeschrieben.
3. Eine Satzung braucht nicht allein deswegen geändert zu werden, weil in ihr auf Vorschriften des StAnpG oder der GemV verwiesen oder das Wort „selbstlos" nicht verwandt wird.
4. Ordensgemeinschaften haben eine den Ordensstatuten entsprechende zusätzliche Erklärung nach dem Muster der Anlage 2 abzugeben, die die zuständigen Organe der Orden bindet.
5. Die tatsächliche Geschäftsführung (vgl. § 63) muss mit der Satzung übereinstimmen.
6. Die satzungsmäßigen Voraussetzungen für die Anerkennung der Steuerbegünstigung müssen
   - bei der Körperschaftsteuer vom Beginn bis zum Ende des Veranlagungszeitraums,
   - bei der Gewerbesteuer vom Beginn bis zum Ende des Erhebungszeitraums,
   - bei der Grundsteuer zum Beginn des Kalenderjahres, für das über die Steuerpflicht zu entscheiden ist (§ 9 Abs. 2 GrStG),
   - bei der Umsatzsteuer zu den sich aus § 13 Abs. 1 UStG ergebenden Zeitpunkten,
   - bei der Erbschaftsteuer zu den sich aus § 9 ErbStG ergebenden Zeitpunkten,

   erfüllt sein.

Zu § 61 - Satzungsmäßige Vermögensbindung:

1. [1]Die Vorschrift stellt klar, dass die zu den Voraussetzungen der Selbstlosigkeit zählende Bindung des Vermögens für steuerbegünstigte Zwecke vor allem im Falle der Auflösung der

Körperschaft aus der Satzung genau hervorgehen muss (Mustersatzung, § 5). [2]Eine satzungsmäßige Vermögensbindung auf eine nicht unbeschränkt steuerpflichtige ausländische Körperschaft genügt nicht den Anforderungen (vgl. Nr. 24 zu § 55).

2. [1]Nach dem aufgehobenen § 61 Abs. 2 durfte bei Vorliegen zwingender Gründe in der Satzung bestimmt werden, dass über die Verwendung des Vermögens zu steuerbegünstigten Zwecken nach Auflösung oder Aufhebung der Körperschaft oder bei Wegfall steuerbegünstigter Zwecke erst nach Einwilligung des Finanzamts bestimmt wird. [2]Eine Satzung braucht nicht allein deswegen geändert zu werden, weil sie eine vor der Aufhebung des § 61 Abs. 2 zulässige Bestimmung über die Vermögensbindung enthält.

3. Für bestimmte Körperschaften, z. B. Betriebe gewerblicher Art von juristischen Personen des öffentlichen Rechts und bestimmte Stiftungen, enthält § 62 eine Ausnahme von der Vermögensbindung.

4. [1]Wird die satzungsmäßige Vermögensbindung aufgehoben, gilt sie von Anfang an als steuerlich nicht ausreichend. [2]Die Regelung greift auch ein, wenn die Bestimmung über die Vermögensbindung erst zu einem Zeitpunkt geändert wird, in dem die Körperschaft nicht mehr als steuerbegünstigt anerkannt ist. [3]Die entsprechenden steuerlichen Folgerungen sind durch Steuerfestsetzung rückwirkend zu ziehen.

5. [1]Bei Verstößen gegen den Grundsatz der Vermögensbindung bildet die Festsetzungsverjährung (§§ 169 ff.) keine Grenze. [2]Vielmehr können nach § 175 Abs. 1 Satz 1 Nr. 2 auch Steuerbescheide noch geändert werden, die Steuern betreffen, die innerhalb von zehn Jahren vor der erstmaligen Verletzung der Vermögensbindungsregelung entstanden sind. [3]Es kann demnach auch dann noch zugegriffen werden, wenn zwischen dem steuerfreien Bezug der Erträge und dem Wegfall der Steuerbegünstigung ein Zeitraum von mehr als fünf Jahren liegt, selbst wenn in der Zwischenzeit keine Erträge mehr zugeflossen sind.

Praxis-Beispiel

Eine gemeinnützige Körperschaft hat in den Jahren 01 bis 11 steuerfreie Einnahmen aus einem Zweckbetrieb bezogen und diese teils für gemeinnützige Zwecke ausgegeben und zum Teil in eine Rücklage eingestellt. Eine in 11 vollzogene Satzungsänderung sieht jetzt vor, dass bei Auflösung des Vereins das Vermögen an die Mitglieder ausgekehrt wird. In diesem Fall muss das Finanzamt für die Veranlagungszeiträume 01 ff. Steuerbescheide erlassen, welche die Nachversteuerung aller genannten Einnahmen vorsehen, wobei es unerheblich ist, ob die Einnahmen noch im Vereinsvermögen vorhanden sind.

6. Verstöße gegen § 55 Abs. 1 bis 3 begründen die Möglichkeit einer Nachversteuerung im Rahmen der Festsetzungsfrist.

7. Die Nachversteuerung gemäß § 61 Abs. 3 greift nicht nur bei gemeinnützigkeitsschädlichen Änderungen satzungsrechtlicher Bestimmungen über die Vermögensbindung ein, sondern erfasst auch die Fälle, in denen die tatsächliche Geschäftsführung gegen die von § 61 geforderte Vermögensbindung verstößt (§ 63 Abs. 2).

Praxis-Beispiel

Eine gemeinnützige Körperschaft verwendet bei ihrer Auflösung oder bei Aufgabe ihres begünstigten Satzungszweckes ihr Vermögen entgegen der Vermögensbindungsbestimmung in der Satzung nicht für begünstigte Zwecke.

8. [1]Verstöße der tatsächlichen Geschäftsführung gegen § 55 Abs. 1 Nrn. 1 bis 3 können so schwerwiegend sein, dass sie einer Verwendung des gesamten Vermögens für satzungs-

fremde Zwecke gleichkommen. [2]Auch in diesen Fällen ist eine Nachversteuerung nach § 61 Abs. 3 möglich.

9. [1]Bei der nachträglichen Besteuerung ist so zu verfahren, als ob die Körperschaft von Anfang an uneingeschränkt steuerpflichtig gewesen wäre. [2]§ 13 Abs. 3 KStG ist nicht anwendbar.

Zu § 62 - Ausnahmen von der satzungsmäßigen Vermögensbindung:

1. [1]Die Vorschrift befreit nur von der Verpflichtung, die Vermögensbindung in der Satzung festzulegen. [2]Materiell unterliegen auch diese Körperschaften der Vermögensbindung.

Zu § 63 - Anforderungen an die tatsächliche Geschäftsführung:

1. [1]Den Nachweis, dass die tatsächliche Geschäftsführung den notwendigen Erfordernissen entspricht, hat die Körperschaft durch ordnungsmäßige Aufzeichnungen (insbesondere Aufstellung der Einnahmen und Ausgaben, Tätigkeitsbericht, Vermögensübersicht mit Nachweisen über die Bildung und Entwicklung der Rücklagen) zu führen. [2]Die Vorschriften der AO über die Führung von Büchern und Aufzeichnungen (§§ 140 ff.) sind zu beachten. [3]Die Vorschriften des Handelsrechts einschließlich der entsprechenden Buchführungsvorschriften gelten nur, sofern sich dies aus der Rechtsform der Körperschaft oder aus ihrer wirtschaftlichen Tätigkeit ergibt. [4]Bei der Verwirklichung steuerbegünstigter Zwecke im Ausland besteht eine erhöhte Nachweispflicht (§ 90 Abs. 2).

2. [1]Die tatsächliche Geschäftsführung umfasst auch die Ausstellung steuerlicher Zuwendungsbestätigungen. [2]Bei Missbräuchen auf diesem Gebiet, z.B. durch die Ausstellung von Gefälligkeitsbestätigungen, ist die Steuerbegünstigung zu versagen.

3. [1]Die tatsächliche Geschäftsführung muss sich im Rahmen der verfassungsmäßigen Ordnung halten, da die Rechtsordnung als selbstverständlich das gesetzestreue Verhalten aller Rechtsunterworfenen voraussetzt (vgl. zu § 52, Nr. 16). [2]Als Verstoß gegen die Rechtsordnung, der die Steuerbegünstigung ausschließt, kommt auch eine Steuerverkürzung in Betracht (BFH-Urteil vom 27.9.2001 - V R 17/99 - BStBl 2002 II, S. 169).

Zu § 64 - Steuerpflichtige wirtschaftliche Geschäftsbetriebe:

Zu § 64 Abs. 1:

1. Als Gesetz, das die Steuervergünstigung teilweise, nämlich für den wirtschaftlichen Geschäftsbetrieb (§ 14 Sätze 1 und 2), ausschließt, ist das jeweilige Steuergesetz zu verstehen, also § 5 Abs. 1 Nr. 9 KStG, § 3 Nr. 6 GewStG, § 12 Abs. 2 Nr. 8 Satz 2 UStG, § 3 Abs. 1 Nr. 3b GrStG i.V.m. A 12 Abs. 4 GrStR.

2. [1]Wegen des Begriffs „Wirtschaftlicher Geschäftsbetrieb“ wird auf § 14 hingewiesen. [2]Zum Begriff der „Nachhaltigkeit“ bei wirtschaftlichen Geschäftsbetrieben siehe BFH-Urteil vom 21.8.1985 - I R 60/80 - BStBl 1986 II, S. 88. [3]Danach ist eine Tätigkeit grundsätzlich nachhaltig, wenn sie auf Wiederholung angelegt ist. [4]Es genügt, wenn bei der Tätigkeit der allgemeine Wille besteht, gleichartige oder ähnliche Handlungen bei sich bietender Gelegenheit zu wiederholen. [5]Wiederholte Tätigkeiten liegen auch vor, wenn der Grund zum Tätigwerden auf einem einmaligen Entschluss beruht, die Erledigung aber mehrere (Einzel-)Tätigkeiten erfordert. [6]Die Einnahmen aus der Verpachtung eines vorher selbst betriebenen wirtschaftlichen Geschäftsbetriebs unterliegen solange der Körperschaft- und Gewerbesteuer, bis die Körperschaft die Betriebsaufgabe erklärt (BFH-Urteil vom 4.4.2007 - I R 55/06 - BStBl II, S. 725).

8

3. [1]Ob eine an einer Personengesellschaft oder Gemeinschaft beteiligte steuerbegünstigte Körperschaft gewerbliche Einkünfte bezieht und damit einen wirtschaftlichen Geschäftsbetrieb (§ 14 Sätze 1 und 2) unterhält, wird im einheitlichen und gesonderten Gewinnfeststellungsbescheid der Personengesellschaft bindend festgestellt (BFH-Urteil vom 27.7.1988 - I R 113/84 - BStBl 1989 II, S. 134). [2]Ob der wirtschaftliche Geschäftsbetrieb steuerpflichtig ist oder ein Zweckbetrieb (§§ 65 bis 68) vorliegt, ist dagegen bei der Körperschaftsteuerveranlagung der steuerbegünstigten Körperschaft zu entscheiden. [3]Die Beteiligung einer steuerbegünstigten Körperschaft an einer Kapitalgesellschaft ist grundsätzlich Vermögensverwaltung (§ 14 Satz 3). [4]Sie stellt jedoch einen wirtschaftlichen Geschäftsbetrieb dar, wenn mit ihr tatsächlich ein entscheidender Einfluss auf die laufende Geschäftsführung der Kapitalgesellschaft ausgeübt wird oder ein Fall der Betriebsaufspaltung vorliegt (vgl. BFH-Urteil vom 30.6.1971 - I R 57/70 - BStBl II, S. 753; H 15.7 Abs. 4 bis 6 EStH). [5]Besteht die Beteiligung an einer Kapitalgesellschaft, die selbst ausschließlich der Vermögensverwaltung dient, so liegt auch bei Einflussnahme auf die Geschäftsführung kein wirtschaftlicher Geschäftsbetrieb vor (vgl. R 16 Abs. 5 KStR). [6]Dies gilt auch bei Beteiligung an einer steuerbegünstigten Kapitalgesellschaft. [7]Die Grundsätze der Betriebsaufspaltung sind nicht anzuwenden, wenn sowohl das Betriebs- als auch das Besitzunternehmen steuerbegünstigt sind.

8

4. [1]Bei der Ermittlung des Gewinns aus dem wirtschaftlichen Geschäftsbetrieb sind die Betriebsausgaben zu berücksichtigen, die durch den Betrieb veranlasst sind. [2]Dazu gehören Ausgaben, die dem Betrieb unmittelbar zuzuordnen sind, weil sie ohne den Betrieb nicht oder zumindest nicht in dieser Höhe angefallen wären.

5. [1]Bei so genannten gemischt veranlassten Kosten, die sowohl durch die steuerfreie als auch durch die steuerpflichtige Tätigkeit veranlasst sind, scheidet eine Berücksichtigung als Betriebsausgaben des steuerpflichtigen wirtschaftlichen Geschäftsbetriebs grundsätzlich aus, wenn sie ihren primären Anlass im steuerfreien Bereich haben. [2]Werden z.B. Werbemaßnahmen bei sportlichen oder kulturellen Veranstaltungen durchgeführt, sind die Veranstaltungskosten, soweit sie auch ohne die Werbung entstanden wären, keine Betriebsausgaben des steuerpflichtigen wirtschaftlichen Geschäftsbetriebs „Werbung“ (BFH-Urteil vom 27.3.1991 - I R 31/89 - BStBl 1992 II, S. 103; zur pauschalen Gewinnermittlung bei Werbung im Zusammenhang mit der steuerbegünstigten Tätigkeit einschließlich Zweckbetrieben vgl. Nrn. 28 ff.).

6. [1]Unabhängig von ihrer primären Veranlassung ist eine anteilige Berücksichtigung von gemischt veranlassten Aufwendungen (einschließlich Absetzung für Abnutzung) als Betriebsausgaben des steuerpflichtigen wirtschaftlichen Geschäftsbetriebs dann zulässig, wenn ein objektiver Maßstab für die Aufteilung der Aufwendungen (z.B. nach zeitlichen Gesichtspunkten) auf den ideellen Bereich einschließlich der Zweckbetriebe und den steuerpflichtigen wirtschaftlichen Geschäftsbetrieb besteht.

   [2]Danach ist z.B. bei der Gewinnermittlung für den steuerpflichtigen wirtschaftlichen Geschäftsbetrieb „Greenfee“ von steuerbegünstigten Golfvereinen - abweichend von den Grundsätzen des BFH-Urteils vom 27.3.1991 - I R 31/89 - BStBl 1992 II, S. 103 - wegen der Abgrenzbarkeit nach objektiven Maßstäben (z.B. im Verhältnis der Nutzung der Golfanlage durch vereinsfremde Spieler zu den Golf spielenden Vereinsmitgliedern im Kalenderjahr) trotz primärer Veranlassung durch den ideellen Bereich des Golfvereins ein anteiliger Betriebsausgabenabzug der Aufwendungen (z.B. für Golfplatz- und Personalkosten) zulässig. [3]Bei gemeinnützigen Musikvereinen sind Aufwendungen, die zu einem Teil mit Auftritten ihrer Musikgruppen bei eigenen steuerpflichtigen Festveranstaltungen zusammenhängen, anteilig als Betriebsausgaben des steuerpflichtigen wirtschaftlichen Geschäftsbetriebs

abzuziehen. [4]Derartige Aufwendungen sind z.B. Kosten für Notenmaterial, Uniformen und Verstärkeranlagen, die sowohl bei Auftritten, die unentgeltlich erfolgen oder Zweckbetriebe sind, als auch bei Auftritten im Rahmen eines eigenen steuerpflichtigen Betriebs eingesetzt werden. [5]Als Maßstab für die Aufteilung kommt die Zahl der Stunden, die einschließlich der Proben auf die jeweiligen Bereiche entfallen, in Betracht.

[6]Auch die Personal- und Sachkosten für die allgemeine Verwaltung können grundsätzlich im wirtschaftlichen Geschäftsbetrieb abgezogen werden, soweit sie bei einer Aufteilung nach objektiven Maßstäben teilweise darauf entfallen. [7]Bei Kosten für die Errichtung und Unterhaltung von Vereinsheimen gibt es i.d.R. keinen objektiven Aufteilungsmaßstab.

7. [1]Unter Sponsoring wird üblicherweise die Gewährung von Geld oder geldwerten Vorteilen durch Unternehmen zur Förderung von Personen, Gruppen und/oder Organisationen in sportlichen, kulturellen, kirchlichen, wissenschaftlichen, sozialen, ökologischen oder ähnlich bedeutsamen gesellschaftspolitischen Bereichen verstanden, mit der regelmäßig auch eigene unternehmensbezogene Ziele der Werbung oder Öffentlichkeitsarbeit verfolgt werden. [2]Leistungen eines Sponsors beruhen häufig auf einer vertraglichen Vereinbarung zwischen dem Sponsor und dem Empfänger der Leistungen (Sponsoring-Vertrag), in dem Art und Umfang der Leistungen des Sponsors und des Empfängers geregelt sind.

8. [1]Die im Zusammenhang mit dem Sponsoring erhaltenen Leistungen können bei einer steuerbegünstigten Körperschaft steuerfreie Einnahmen im ideellen Bereich, steuerfreie Einnahmen aus der Vermögensverwaltung oder Einnahmen eines steuerpflichtigen wirtschaftlichen Geschäftsbetriebs sein. [2]Die steuerliche Behandlung der Leistungen beim Empfänger hängt grundsätzlich nicht davon ab, wie die entsprechenden Aufwendungen beim leistenden Unternehmen behandelt werden. [3]Für die Abgrenzung gelten die allgemeinen Grundsätze.

9. [1]Danach liegt kein wirtschaftlicher Geschäftsbetrieb vor, wenn die steuerbegünstigte Körperschaft dem Sponsor nur die Nutzung ihres Namens zu Werbezwecken in der Weise gestattet, dass der Sponsor selbst zu Werbezwecken oder zur Imagepflege auf seine Leistungen an die Körperschaft hinweist.

[2]Ein wirtschaftlicher Geschäftsbetrieb liegt auch dann nicht vor, wenn der Empfänger der Leistungen z.B. auf Plakaten, Veranstaltungshinweisen, in Ausstellungskatalogen oder in anderer Weise auf die Unterstützung durch einen Sponsor lediglich hinweist. [3]Dieser Hinweis kann unter Verwendung des Namens, Emblems oder Logos des Sponsors, jedoch ohne besondere Hervorhebung, erfolgen. [4]Entsprechende Sponsoringeinnahmen sind nicht als Einnahmen aus der Vermögensverwaltung anzusehen. [5]Eine Zuführung zur freien Rücklage nach § 58 Nr. 7 Buchstabe a ist daher lediglich i.H.v. 10 v.H. der Einnahmen, nicht aber i.H.v. einem Drittel des daraus erzielten Überschusses möglich.

10. [1]Ein wirtschaftlicher Geschäftsbetrieb liegt dagegen vor, wenn die Körperschaft an den Werbemaßnahmen mitwirkt. [2]Der wirtschaftliche Geschäftsbetrieb kann kein Zweckbetrieb (§§ 65 bis 68) sein. [3]Soweit Sponsoringeinnahmen unmittelbar in einem aus anderen Gründen steuerpflichtigen wirtschaftlichen Geschäftsbetrieb anfallen, sind sie diesem zuzurechnen.

Zu § 64 Abs. 2:

11. [1]Die Regelung, dass bei steuerbegünstigten Körperschaften mehrere steuerpflichtige wirtschaftliche Geschäftsbetriebe als ein Betrieb zu behandeln sind, gilt auch für die Ermittlung des steuerpflichtigen Einkommens der Körperschaft und für die Beurteilung der Buchführungspflicht nach § 141 Abs. 1. [2]Für die Frage, ob die Grenzen für die Buchführungspflicht überschritten sind, kommt es also auf die Werte (Einnahmen, Überschuss) des Gesamtbetriebs an.

12. [1]§ 55 Abs. 1 Nr. 1 Satz 2 und Nr. 3 gilt auch für den steuerpflichtigen wirtschaftlichen Geschäftsbetrieb. [2]Das bedeutet u. a., dass Verluste und Gewinnminderungen in den einzelnen steuerpflichtigen wirtschaftlichen Geschäftsbetrieben nicht durch Zuwendungen an Mitglieder oder durch unverhältnismäßig hohe Vergütungen entstanden sein dürfen.

13. [1]Bei einer Körperschaft, die mehrere steuerpflichtige wirtschaftliche Geschäftsbetriebe unterhält, ist für die Frage, ob gemeinnützigkeitsschädliche Verluste vorliegen, nicht auf das Ergebnis des einzelnen steuerpflichtigen wirtschaftlichen Geschäftsbetriebs, sondern auf das zusammengefasste Ergebnis aller steuerpflichtigen wirtschaftlichen Geschäftsbetriebe abzustellen. [2]Danach ist die Gemeinnützigkeit einer Körperschaft gefährdet, wenn die steuerpflichtigen wirtschaftlichen Geschäftsbetriebe insgesamt Verluste erwirtschaften (vgl. zu § 55, Nrn. 4 ff.).

[3]In den Fällen des § 64 Abs. 5 und 6 ist nicht der geschätzte bzw. pauschal ermittelte Gewinn, sondern das Ergebnis zu berücksichtigen, das sich bei einer Ermittlung nach den allgemeinen Regelungen ergeben würde (vgl. Nrn. 4 bis 6).

Zu § 64 Abs. 3:

14. [1]Die Höhe der Einnahmen aus den steuerpflichtigen wirtschaftlichen Geschäftsbetrieben bestimmt sich nach den Grundsätzen der steuerlichen Gewinnermittlung. [2]Bei steuerbegünstigten Körperschaften, die den Gewinn nach § 4 Abs. 1 oder § 5 EStG ermitteln, kommt es deshalb nicht auf den Zufluss i.S.d. § 11 EStG an, so dass auch Forderungszugänge als Einnahmen zu erfassen sind. [3]Bei anderen steuerbegünstigten Körperschaften sind die im Kalenderjahr zugeflossenen Einnahmen (§ 11 EStG) maßgeblich. [4]Ob die Einnahmen die Besteuerungsgrenze übersteigen, ist für jedes Jahr gesondert zu prüfen. [5]Nicht leistungsbezogene Einnahmen sind nicht den für die Besteuerungsgrenze maßgeblichen Einnahmen zuzurechnen (vgl. Nr. 16).

15. [1]Zu den Einnahmen i.S.d. § 64 Abs. 3 gehören leistungsbezogene Einnahmen einschließlich Umsatzsteuer aus dem laufenden Geschäft, wie Einnahmen aus dem Verkauf von Speisen und Getränken. [2]Dazu zählen auch erhaltene Anzahlungen.

16. Zu den leistungsbezogenen Einnahmen i.S.d. Nr. 15 gehören z.B. nicht
    a) der Erlös aus der Veräußerung von Wirtschaftsgütern des Anlagevermögens des steuerpflichtigen wirtschaftlichen Geschäftsbetriebs;
    b) Betriebskostenzuschüsse sowie Zuschüsse für die Anschaffung oder Herstellung von Wirtschaftsgütern des steuerpflichtigen wirtschaftlichen Geschäftsbetriebs;
    c) Investitionszulagen;
    d) der Zufluss von Darlehen;
    e) Entnahmen i.S.d. § 4 Abs. 1 EStG;
    f) die Auflösung von Rücklagen;
    g) erstattete Betriebsausgaben, z.B. Gewerbe- oder Umsatzsteuer;
    h) Versicherungsleistungen mit Ausnahme des Ersatzes von leistungsbezogenen Einnahmen.

17. [1]Ist eine steuerbegünstigte Körperschaft an einer Personengesellschaft oder Gemeinschaft beteiligt, sind für die Beurteilung, ob die Besteuerungsgrenze überschritten wird, die anteiligen (Brutto-)Einnahmen aus der Beteiligung - nicht aber der Gewinnanteil - maßgeblich. [2]Bei Beteiligung einer steuerbegünstigten Körperschaft an einer Kapitalgesellschaft sind die Bezüge i.S.d. § 8b Abs. 1 KStG und die Erlöse aus der Veräußerung von Anteilen i.S.d. § 8b Abs. 2 KStG als Einnahmen i.S.d. § 64 Abs. 3 zu erfassen, wenn die Beteiligung einen steuer-

pflichtigen wirtschaftlichen Geschäftsbetrieb darstellt (vgl. Nr. 3) oder in einem steuerpflichtigen wirtschaftlichen Geschäftsbetrieb gehalten wird.

18. In den Fällen des § 64 Abs. 5 und 6 sind für die Prüfung, ob die Besteuerungsgrenze i.S.d. § 64 Abs. 3 überschritten wird, die tatsächlichen Einnahmen anzusetzen.

19. Einnahmen aus sportlichen Veranstaltungen, die nach § 67a Abs. 1 Satz 1 oder - bei einer Option - Abs. 3 kein Zweckbetrieb sind, gehören zu den Einnahmen i.S.d. § 64 Abs. 3.

Praxis-Beispiel

Ein Sportverein, der auf die Anwendung des § 67a Abs. 1 Satz 1 (Zweckbetriebsgrenze) verzichtet hat, erzielt im Jahr 01 folgende Einnahmen aus wirtschaftlichen Geschäftsbetrieben:

Sportliche Veranstaltungen, an denen kein bezahlter Sportler teilgenommen hat: 40.000 EUR

Sportliche Veranstaltungen, an denen bezahlte Sportler des Vereins teilgenommen haben: 20.000 EUR

Verkauf von Speisen und Getränken: 5.000 EUR

Die Einnahmen aus wirtschaftlichen Geschäftsbetrieben, die keine Zweckbetriebe sind, betragen 25.000 EUR (20.000 EUR + 5.000 EUR). Die Besteuerungsgrenze von 35.000 EUR wird nicht überschritten.

20. [1]Eine wirtschaftliche Betätigung verliert durch das Unterschreiten der Besteuerungsgrenze nicht den Charakter des steuerpflichtigen wirtschaftlichen Geschäftsbetriebs. [2]Das bedeutet, dass kein Beginn einer teilweisen Steuerbefreiung i.S.d. § 13 Abs. 5 KStG vorliegt und dementsprechend keine Schlussbesteuerung durchzuführen ist, wenn Körperschaft- und Gewerbesteuer wegen § 64 Abs. 3 nicht mehr erhoben werden.

21. Bei Körperschaften mit einem vom Kalenderjahr abweichenden Wirtschaftsjahr sind für die Frage, ob die Besteuerungsgrenze überschritten wird, die in dem Wirtschaftsjahr erzielten Einnahmen maßgeblich.

22. [1]Der allgemeine Grundsatz des Gemeinnützigkeitsrechts, dass für die steuerbegünstigten Zwecke gebundene Mittel nicht für den Ausgleich von Verlusten aus steuerpflichtigen wirtschaftlichen Geschäftsbetrieben verwendet werden dürfen, wird durch § 64 Abs. 3 nicht aufgehoben. [2]Unter diesem Gesichtspunkt braucht jedoch bei Unterschreiten der Besteuerungsgrenze der Frage der Mittelverwendung nicht nachgegangen zu werden, wenn bei überschlägiger Prüfung der Aufzeichnungen erkennbar ist, dass in dem steuerpflichtigen wirtschaftlichen Geschäftsbetrieb (§ 64 Abs. 2) keine Verluste entstanden sind.

23. [1]Verluste und Gewinne aus Jahren, in denen die maßgeblichen Einnahmen die Besteuerungsgrenze nicht übersteigen, bleiben bei dem Verlustabzug (§ 10d EStG) außer Ansatz. [2]Ein rück- und vortragbarer Verlust kann danach nur in Jahren entstehen, in denen die Einnahmen die Besteuerungsgrenze übersteigen. [3]Dieser Verlust wird nicht für Jahre verbraucht, in denen die Einnahmen die Besteuerungsgrenze von 35.000 EUR nicht übersteigen.

Zu § 64 Abs. 4:

24. § 64 Abs. 4 gilt nicht für regionale Untergliederungen (Landes-, Bezirks-, Ortsverbände) steuerbegünstigter Körperschaften.

Zu § 64 Abs. 5:

25. [1]§ 64 Abs. 5 gilt nur für Altmaterialsammlungen (Sammlung und Verwertung von Lumpen, Altpapier, Schrott). [2]Die Regelung gilt nicht für den Einzelverkauf gebrauchter Sachen (Gebrauchtwarenhandel). [3]Basare und ähnliche Einrichtungen sind deshalb nicht begünstigt.

26. § 64 Abs. 5 ist nur anzuwenden, wenn die Körperschaft dies beantragt (Wahlrecht).

27. Der branchenübliche Reingewinn ist bei der Verwertung von Altpapier mit 5 v.H. und bei der Verwertung von u.a. Altmaterial mit 20 v.H. der Einnahmen anzusetzen.

Zu § 64 Abs. 6:

28. [1]Bei den genannten steuerpflichtigen wirtschaftlichen Geschäftsbetrieben ist der Besteuerung auf Antrag der Körperschaft ein Gewinn von 15 v.H. der Einnahmen zugrunde zu legen. [2]Der Antrag gilt jeweils für alle gleichartigen Tätigkeiten in dem betreffenden Veranlagungszeitraum. [3]Er entfaltet keine Bindungswirkung für folgende Veranlagungszeiträume.

29. [1]Nach § 64 Abs. 6 Nr. 1 kann der Gewinn aus Werbemaßnahmen pauschal ermittelt werden, wenn sie im Zusammenhang mit der steuerbegünstigten Tätigkeit einschließlich Zweckbetrieben stattfinden. [2]Beispiele für derartige Werbemaßnahmen sind die Trikot- oder Bandenwerbung bei Sportveranstaltungen, die ein Zweckbetrieb sind, oder die aktive Werbung in Programmheften oder auf Plakaten bei kulturellen Veranstaltungen. [3]Dies gilt auch für Sponsoring i.S.v. Nr. 10.

30. Soweit Werbeeinnahmen nicht im Zusammenhang mit der ideellen steuerbegünstigten Tätigkeit oder einem Zweckbetrieb erzielt werden, z.B. Werbemaßnahmen bei einem Vereinsfest oder bei sportlichen Veranstaltungen, die wegen Überschreitens der Zweckbetriebsgrenze des § 67a Abs. 1 oder wegen des Einsatzes bezahlter Sportler ein steuerpflichtiger wirtschaftlicher Geschäftsbetrieb sind, ist § 64 Abs. 6 nicht anzuwenden.

31. Nach § 64 Abs. 6 Nr. 2 kann auch der Gewinn aus dem Totalisatorbetrieb der Pferderennvereine mit 15 v.H. der Einnahmen angesetzt werden. Die maßgeblichen Einnahmen ermitteln sich wie folgt:

    Wetteinnahmen

    abzgl. Rennwettsteuer (Totalisatorsteuer)

    abzgl. Auszahlungen an die Wetter.

Zu § 64 Abs. 5 und 6:

32. Wird in den Fällen des § 64 Abs. 5 oder 6 kein Antrag auf Schätzung des Überschusses oder auf pauschale Gewinnermittlung gestellt, ist der Gewinn nach den allgemeinen Regeln durch Gegenüberstellung der Betriebseinnahmen und der Betriebsausgaben zu ermitteln (vgl. Nrn. 4 bis 6).

33. Wird der Überschuss nach § 64 Abs. 5 geschätzt oder nach § 64 Abs. 6 pauschal ermittelt, sind dadurch auch die damit zusammenhängenden tatsächlichen Aufwendungen der Körperschaft abgegolten; sie können nicht zusätzlich abgezogen werden.

34. [1]Wird der Überschuss nach § 64 Abs. 5 geschätzt oder nach § 64 Abs. 6 pauschal ermittelt, muss die Körperschaft die mit diesen Einnahmen im Zusammenhang stehenden Einnahmen und Ausgaben gesondert aufzeichnen. [2]Die genaue Höhe der Einnahmen wird zur Ermittlung des Gewinns nach § 64 Abs. 5 bzw. 6 benötigt. [3]Die mit diesen steuerpflichtigen wirtschaftlichen Geschäftsbetrieben zusammenhängenden Ausgaben dürfen das Ergebnis der anderen steuerpflichtigen wirtschaftlichen Geschäftsbetriebe nicht mindern.

35. Die in den Bruttoeinnahmen ggf. enthaltene Umsatzsteuer gehört nicht zu den maßgeblichen Einnahmen i.S.d. § 64 Abs. 5 und 6.

Zu § 65 - Zweckbetrieb:

1. Der Zweckbetrieb ist ein wirtschaftlicher Geschäftsbetrieb i.S.v. § 14. Jedoch wird ein wirtschaftlicher Geschäftsbetrieb unter bestimmten Voraussetzungen steuerlich dem begünstigten Bereich der Körperschaft zugerechnet.

2. [1]Ein Zweckbetrieb muss tatsächlich und unmittelbar satzungsmäßige Zwecke der Körperschaft verwirklichen, die ihn betreibt. [2]Es genügt nicht, wenn er begünstigte Zwecke verfolgt, die nicht satzungsmäßige Zwecke der ihn tragenden Körperschaft sind. [3]Ebenso wenig genügt es, wenn er der Verwirklichung begünstigter Zwecke nur mittelbar dient, z.B. durch Abführung seiner Erträge (BFH-Urteil vom 21.8.1985 - I R 60/80 - BStBl 1986 II, S. 88). [4]Ein Zweckbetrieb muss deshalb in seiner Gesamtrichtung mit den ihn begründenden Tätigkeiten und nicht nur mit den durch ihn erzielten Einnahmen den steuerbegünstigten Zwecken dienen (BFH-Urteil vom 26.4.1995 - I R 35/93 - BStBl II, S. 767).

3. [1]Weitere Voraussetzung eines Zweckbetriebes ist, dass die Zwecke der Körperschaft nur durch ihn erreicht werden können. [2]Die Körperschaft muss den Zweckbetrieb zur Verwirklichung ihrer satzungsmäßigen Zwecke unbedingt und unmittelbar benötigen.

4. [1]Der Wettbewerb eines Zweckbetriebes zu nicht begünstigten Betrieben derselben oder ähnlicher Art muss auf das zur Erfüllung der steuerbegünstigten Zwecke unvermeidbare Maß begrenzt sein. [2]Eine tatsächliche, konkrete Konkurrenz- und Wettbewerbslage zu steuerpflichtigen Betrieben derselben oder ähnlichen Art ist nicht erforderlich (BFH-Urteil vom 27.10.1993 - I R 60/91 - BStBl 1994 II, S. 573). [3]Ein Zweckbetrieb ist daher - entgegen dem BFH-Urteil vom 30.3.2000 - V R 30/99 - BStBl II, S. 705 - bereits dann nicht gegeben, wenn ein Wettbewerb mit steuerpflichtigen Unternehmen lediglich möglich wäre, ohne dass es auf die tatsächliche Wettbewerbssituation vor Ort ankommt. [4]Unschädlich ist dagegen der uneingeschränkte Wettbewerb zwischen Zweckbetrieben, die demselben steuerbegünstigten Zweck dienen und ihn in der gleichen oder in ähnlicher Form verwirklichen.

Zu § 66 - Wohlfahrtspflege:

1. Die Bestimmung enthält eine Sonderregelung für wirtschaftliche Geschäftsbetriebe, die sich mit der Wohlfahrtspflege befassen.

2. [1]Die Wohlfahrtspflege darf nicht des Erwerbs wegen ausgeführt werden. [2]Damit ist keine Einschränkung gegenüber den Voraussetzungen der Selbstlosigkeit gegeben, wie sie in § 55 bestimmt sind.

3. [1]Die Tätigkeit muss auf die Sorge für notleidende oder gefährdete Menschen gerichtet sein. [2]Notleidend bzw. gefährdet sind Menschen, die eine oder beide der in § 53 Nrn. 1 und 2 genannten Voraussetzungen erfüllen. [3]Es ist nicht erforderlich, dass die gesamte Tätigkeit auf die Förderung notleidender bzw. gefährdeter Menschen gerichtet ist. [4]Es genügt, wenn zwei Drittel der Leistungen einer Einrichtung notleidenden bzw. gefährdeten Menschen zugute kommen. [5]Auf das Zahlenverhältnis von gefährdeten bzw. notleidenden und übrigen geförderten Menschen kommt es nicht an.

4. Eine Einrichtung der Wohlfahrtspflege liegt regelmäßig vor bei häuslichen Pflegeleistungen durch eine steuerbegünstigte Körperschaft im Rahmen des Siebten oder Elften Buches Sozialgesetzbuch, des Bundessozialhilfegesetzes oder des Bundesversorgungsgesetzes.

5. [1]Die Belieferung von Studentinnen und Studenten mit Speisen und Getränken in Mensa- und Cafeteria-Betrieben von Studentenwerken ist als Zweckbetrieb zu beurteilen. [2]Der Verkauf von alkoholischen Getränken, Tabakwaren und sonstigen Handelswaren darf jedoch

nicht mehr als 5 v.H. des Gesamtumsatzes ausmachen. [3]Entsprechendes gilt für die Grundversorgung von Schülerinnen und Schülern mit Speisen und Getränken an Schulen.

6. [1]Der Krankentransport von Personen, für die während der Fahrt eine fachliche Betreuung bzw. der Einsatz besonderer Einrichtungen eines Krankentransport- oder Rettungswagens erforderlich ist oder möglicherweise notwendig wird, ist als Zweckbetrieb zu beurteilen. [2]Dagegen erfüllt die bloße Beförderung von Personen, für die der Arzt eine Krankenfahrt (Beförderung in Pkw's, Taxen oder Mietwagen) verordnet hat, nicht die Kriterien nach § 66 Abs. 2.

7. [1]Gesellige Veranstaltungen sind als steuerpflichtige wirtschaftliche Geschäftsbetriebe zu behandeln. [2]Veranstaltungen, bei denen zwar auch die Geselligkeit gepflegt wird, die aber in erster Linie zur Betreuung behinderter Personen durchgeführt werden, können unter den Voraussetzungen der §§ 65, 66 Zweckbetrieb sein.

8. Unter § 68 ist eine Reihe von Einrichtungen der Wohlfahrtspflege beispielhaft aufgezählt.

Zu § 67a - Sportliche Veranstaltungen:

Allgemeines

1. [1]Sportliche Veranstaltungen eines Sportvereins sind grundsätzlich ein Zweckbetrieb, wenn die Einnahmen einschließlich der Umsatzsteuer aus allen sportlichen Veranstaltungen des Vereins die Zweckbetriebsgrenze von 35.000 EUR im Jahr nicht übersteigen (§ 67a Abs. 1 Satz 1). [2]Übersteigen die Einnahmen die Zweckbetriebsgrenze von 35.000 EUR, liegt grundsätzlich ein steuerpflichtiger wirtschaftlicher Geschäftsbetrieb vor. [3]Der Verein kann auf die Anwendung der Zweckbetriebsgrenze verzichten (§ 67a Abs. 2). [4]Die steuerliche Behandlung seiner sportlichen Veranstaltungen richtet sich dann nach § 67a Abs. 3.

2. [1]Unter Sportvereinen i.S.d. Vorschrift sind alle gemeinnützigen Körperschaften zu verstehen, bei denen die Förderung des Sports (§ 52 Abs. 2 Nr. 21) Satzungszweck ist; die tatsächliche Geschäftsführung muss diesem Satzungszweck entsprechen (§ 59). [2]§ 67a gilt also z.B. auch für Sportverbände. [3]Sie gilt auch für Sportvereine, die Fußballveranstaltungen unter Einsatz ihrer Lizenzspieler nach der Lizenzordnung Spieler der Organisation „Die Liga-Fußballverband e.V. - Ligaverband" durchführen.

3. [1]Als sportliche Veranstaltung ist die organisatorische Maßnahme eines Sportvereins anzusehen, die es aktiven Sportlern (die nicht Mitglieder des Vereins zu sein brauchen) ermöglicht, Sport zu treiben (BFH-Urteil vom 25.7.1996 - V R 7/95 - BStBl 1997 II, S. 154). [2]Eine sportliche Veranstaltung liegt auch dann vor, wenn ein Sportverein in Erfüllung seiner Satzungszwecke im Rahmen einer Veranstaltung einer anderen Person oder Körperschaft eine sportliche Darbietung erbringt. [3]Die Veranstaltung, bei der die sportliche Darbietung präsentiert wird, braucht keine steuerbegünstigte Veranstaltung zu sein (BFH-Urteil vom 4.5.1994 - XI R 109/90 - BStBl II, S. 886).

4. [1]Sportreisen sind als sportliche Veranstaltungen anzusehen, wenn die sportliche Betätigung wesentlicher und notwendiger Bestandteil der Reise ist (z.B. Reise zum Wettkampfort). [2]Reisen, bei denen die Erholung der Teilnehmer im Vordergrund steht (Touristikreisen), zählen dagegen nicht zu den sportlichen Veranstaltungen, selbst wenn anlässlich der Reise auch Sport getrieben wird.

5. [1]Die Ausbildung und Fortbildung in sportlichen Fertigkeiten gehört zu den typischen und wesentlichen Tätigkeiten eines Sportvereins. [2]Sportkurse und Sportlehrgänge für Mitglieder und Nichtmitglieder von Sportvereinen (Sportunterricht) sind daher als „sportliche Veranstaltungen" zu beurteilen. [3]Es ist unschädlich für die Zweckbetriebseigenschaft, dass der Verein mit dem Sportunterricht in Konkurrenz zu gewerblichen Sportlehrern (z.B. Reitlehrer,

Skilehrer, Tennislehrer, Schwimmlehrer) tritt, weil § 67a als die speziellere Vorschrift dem § 65 vorgeht. [4]Die Beurteilung des Sportunterrichts als sportliche Veranstaltung hängt nicht davon ab, ob der Unterricht durch Beiträge, Sonderbeiträge oder Sonderentgelte abgegolten wird.

6. [1]Der Verkauf von Speisen und Getränken - auch an Wettkampfteilnehmer, Schiedsrichter, Kampfrichter, Sanitäter usw. - und die Werbung gehören nicht zu den sportlichen Veranstaltungen. [2]Diese Tätigkeiten sind gesonderte steuerpflichtige wirtschaftliche Geschäftsbetriebe. [3]Nach § 64 Abs. 2 ist es jedoch möglich, Überschüsse aus diesen Betrieben mit Verlusten aus sportlichen Veranstaltungen, die steuerpflichtige wirtschaftliche Geschäftsbetriebe sind, zu verrechnen.

7. Wird für den Besuch einer sportlichen Veranstaltung, die Zweckbetrieb ist, mit Bewirtung ein einheitlicher Eintrittspreis bezahlt, so ist dieser - ggf. im Wege der Schätzung - in einen Entgeltsanteil für den Besuch der sportlichen Veranstaltung und in einen Entgeltsanteil für die Bewirtungsleistungen aufzuteilen.

8. Zur Zulässigkeit einer pauschalen Gewinnermittlung beim steuerpflichtigen wirtschaftlichen Geschäftsbetrieb „Werbung“ wird auf Nrn. 28 bis 35 zu § 64 hingewiesen.

9. [1]Die entgeltliche Übertragung des Rechts zur Nutzung von Werbeflächen in vereinseigenen oder gemieteten Sportstätten (z.B. an der Bande) sowie von Lautsprecheranlagen an Werbeunternehmer ist als steuerfreie Vermögensverwaltung (§ 14 Satz 3) zu beurteilen. [2]Voraussetzung ist jedoch, dass dem Pächter (Werbeunternehmer) ein angemessener Gewinn verbleibt. [3]Es ist ohne Bedeutung, ob die sportlichen Veranstaltungen, bei denen der Werbeunternehmer das erworbene Recht nutzt, Zweckbetrieb oder wirtschaftlicher Geschäftsbetrieb sind.

[4]Die entgeltliche Übertragung des Rechts zur Nutzung von Werbeflächen auf der Sportkleidung (z.B. auf Trikots, Sportschuhen, Helmen) und auf Sportgeräten ist stets als steuerpflichtiger wirtschaftlicher Geschäftsbetrieb zu behandeln.

10. Die Unterhaltung von Club-Häusern, Kantinen, Vereinsheimen oder Vereinsgaststätten ist keine „sportliche Veranstaltung“, auch wenn diese Einrichtungen ihr Angebot nur an Mitglieder richten.

11. Bei Vermietung von Sportstätten einschließlich der Betriebsvorrichtungen für sportliche Zwecke ist zwischen der Vermietung auf längere Dauer und der Vermietung auf kurze Dauer (z.B. stundenweise Vermietung, auch wenn die Stunden für einen längeren Zeitraum im Voraus festgelegt werden) zu unterscheiden.

12. [1]Die Vermietung auf längere Dauer ist dem Bereich der steuerfreien Vermögensverwaltung zuzuordnen, so dass sich die Frage der Behandlung als „sportliche Veranstaltung“ i.S.d. § 67a dort nicht stellt.

[2]Die Vermietung von Sportstätten und Betriebsvorrichtungen auf kurze Dauer schafft lediglich die Voraussetzungen für sportliche Veranstaltungen. [3]Sie ist jedoch selbst keine „sportliche Veranstaltung“, sondern ein wirtschaftlicher Geschäftsbetrieb eigener Art. [4]Dieser ist als Zweckbetrieb i.S.d. § 65 anzusehen, wenn es sich bei den Mietern um Mitglieder des Vereins handelt. [5]Bei der Vermietung auf kurze Dauer an Nichtmitglieder tritt der Verein dagegen in größerem Umfang in Wettbewerb zu nicht begünstigten Vermietern, als es bei Erfüllung seiner steuerbegünstigten Zwecke unvermeidbar ist (§ 65 Nr. 3). [6]Diese Art der Vermietung ist deshalb als steuerpflichtiger wirtschaftlicher Geschäftsbetrieb zu behandeln.

13. [1]Werden im Zusammenhang mit der Vermietung von Sportstätten und Betriebsvorrichtungen auch bewegliche Gegenstände, z.B. Tennisschläger oder Golfschläger überlassen, stellt die entgeltliche Überlassung dieser Gegenstände ein Hilfsgeschäft dar, das das steuer-

liche Schicksal der Hauptleistung teilt (BFH-Urteil vom 30.3.2000 - V R 30/99 - BStBl II, S. 705). [2]Bei der alleinigen Überlassung von Sportgeräten, z.B. eines Flugzeugs, bestimmt sich die Zweckbetriebseigenschaft danach, ob die Sportgeräte Mitgliedern oder Nichtmitgliedern des Vereins überlassen werden.

14. § 3 Nr. 26 EStG gilt nicht für Einnahmen, die ein nebenberuflicher Übungsleiter etc. für eine Tätigkeit in einem steuerpflichtigen wirtschaftlichen Geschäftsbetrieb „sportliche Veranstaltungen" erhält.

15. Werden sportliche Veranstaltungen, die im vorangegangenen Veranlagungszeitraum Zweckbetrieb waren, zu einem steuerpflichtigen wirtschaftlichen Geschäftsbetrieb oder umgekehrt, ist grundsätzlich § 13 Abs. 5 KStG anzuwenden.

Zu § 67a Abs. 1

16. [1]Bei der Anwendung der Zweckbetriebsgrenze von 35.000 EUR sind alle Einnahmen der Veranstaltungen zusammenzurechnen, die in dem maßgeblichen Jahr nach den Regelungen der Nrn. 1 bis 15 als sportliche Veranstaltungen anzusehen sind. [2]Zu diesen Einnahmen gehören insbesondere Eintrittsgelder, Startgelder, Zahlungen für die Übertragung sportlicher Veranstaltungen in Rundfunk und Fernsehen, Lehrgangsgebühren und Ablösezahlungen. [3]Zum allgemeinen Einnahmebegriff wird auf die Nrn. 15 und 16 zu § 64 hingewiesen.

17. [1]Die Bezahlung von Sportlern in einem Zweckbetrieb i.S.d. § 67a Abs. 1 Satz 1 ist zulässig (§ 58 Nr. 9). [2]Dabei ist die Herkunft der Mittel, mit denen die Sportler bezahlt werden, ohne Bedeutung.

18. Die Zahlung von Ablösesummen ist in einem Zweckbetrieb i.S.d. § 67a Abs. 1 Satz 1 uneingeschränkt zulässig.

19. [1]Bei Spielgemeinschaften von Sportvereinen ist - unabhängig von der Qualifizierung der Einkünfte im Feststellungsbescheid für die Gemeinschaft - bei der Körperschaftsteuerveranlagung der beteiligten Sportvereine zu entscheiden, ob ein Zweckbetrieb oder ein steuerpflichtiger wirtschaftlicher Geschäftsbetrieb gegeben ist. [2]Dabei ist für die Beurteilung der Frage, ob die Zweckbetriebsgrenze des § 67a Abs. 1 Satz 1 überschritten wird, die Höhe der anteiligen Einnahmen (nicht des anteiligen Gewinns) maßgeblich.

Zu § 67a Abs. 2

20. Ein Verzicht auf die Anwendung des § 67a Abs. 1 Satz 1 ist auch dann möglich, wenn die Einnahmen aus den sportlichen Veranstaltungen die Zweckbetriebsgrenze von 35.000 EUR nicht übersteigen.

21. [1]Die Option nach § 67a Abs. 2 kann bis zur Unanfechtbarkeit des Körperschaftsteuerbescheids widerrufen werden. [2]Die Regelungen in Abschnitt 247 Abs. 2 und 6 UStR sind entsprechend anzuwenden. [3]Der Widerruf ist - auch nach Ablauf der Bindungsfrist - nur mit Wirkung ab dem Beginn eines Kalender- oder Wirtschaftsjahres zulässig.

Zu § 67a Abs. 3

22. [1]Verzichtet ein Sportverein gemäß § 67a Abs. 2 auf die Anwendung der Zweckbetriebsgrenze (§ 67a Abs. 1 Satz 1), sind sportliche Veranstaltungen ein Zweckbetrieb, wenn an ihnen kein bezahlter Sportler des Vereins teilnimmt und der Verein keinen vereinsfremden Sportler selbst oder im Zusammenwirken mit einem Dritten bezahlt. [2]Auf die Höhe der Einnahmen oder Überschüsse dieser sportlichen Veranstaltungen kommt es bei Anwendung des § 67a Abs. 3 nicht an. [3]Sportliche Veranstaltungen, an denen ein oder mehrere Sportler teilnehmen, die nach § 67a Abs. 3 Satz 1 Nr. 1 oder 2 als bezahlte Sportler anzusehen sind, sind steuerpflichtige wirtschaftliche Geschäftsbetriebe. [4]Es kommt nach dem Gesetz nicht darauf

an, ob ein Verein eine Veranstaltung von vornherein als steuerpflichtigen wirtschaftlichen Geschäftsbetrieb angesehen oder ob er - aus welchen Gründen auch immer - zunächst irrtümlich einen Zweckbetrieb angenommen hat.

23. [1]Unter Veranstaltungen i.S.d. § 67a Abs. 3 sind bei allen Sportarten grundsätzlich die einzelnen Wettbewerbe zu verstehen, die in engem zeitlichen und örtlichen Zusammenhang durchgeführt werden. [2]Bei einer Mannschaftssportart ist also nicht die gesamte Meisterschaftsrunde, sondern jedes einzelne Meisterschaftsspiel die zu beurteilende sportliche Veranstaltung. [3]Bei einem Turnier hängt es von der Gestaltung im Einzelfall ab, ob das gesamte Turnier oder jedes einzelne Spiel als eine sportliche Veranstaltung anzusehen ist. [4]Dabei ist von wesentlicher Bedeutung, ob für jedes Spiel gesondert Eintritt erhoben wird und ob die Einnahmen und Ausgaben für jedes Spiel gesondert ermittelt werden.

24. [1]Sportkurse und Sportlehrgänge für Mitglieder und Nichtmitglieder von Sportvereinen sind bei Anwendung des § 67a Abs. 3 als Zweckbetrieb zu behandeln, wenn kein Sportler als Auszubildender teilnimmt, der wegen seiner Betätigung in dieser Sportart als bezahlter Sportler i.S.d. § 67a Abs. 3 anzusehen ist. [2]Die Bezahlung von Ausbildern berührt die Zweckbetriebseigenschaft nicht.

25. [1]Ist ein Sportler in einem Kalenderjahr als bezahlter Sportler anzusehen, sind alle in dem Kalenderjahr durchgeführten sportlichen Veranstaltungen des Vereins, an denen der Sportler teilnimmt, ein steuerpflichtiger wirtschaftlicher Geschäftsbetrieb. [2]Bei einem vom Kalenderjahr abweichenden Wirtschaftsjahr ist das abweichende Wirtschaftsjahr zugrunde zu legen. [3]Es kommt nicht darauf an, ob der Sportler die Merkmale des bezahlten Sportlers erst nach Beendigung der sportlichen Veranstaltung erfüllt. [4]Die Teilnahme unbezahlter Sportler an einer Veranstaltung, an der auch bezahlte Sportler teilnehmen, hat keinen Einfluss auf die Behandlung der Veranstaltung als steuerpflichtiger wirtschaftlicher Geschäftsbetrieb.

26. [1]Die Vergütungen oder anderen Vorteile müssen in vollem Umfang aus steuerpflichtigen wirtschaftlichen Geschäftsbetrieben oder von Dritten geleistet werden (§ 67a Abs. 3 Satz 3). [2]Eine Aufteilung der Vergütungen ist nicht zulässig. [3]Es ist also z.B. steuerlich nicht zulässig, Vergütungen an bezahlte Sportler bis zu 400 EUR im Monat als Ausgaben des steuerbegünstigten Bereichs und nur die 400 EUR übersteigenden Vergütungen als Ausgaben des steuerpflichtigen wirtschaftlichen Geschäftsbetriebs „sportliche Veranstaltungen“ zu behandeln.

27. [1]Auch die anderen Kosten müssen aus dem steuerpflichtigen wirtschaftlichen Geschäftsbetrieb „sportliche Veranstaltungen“, anderen steuerpflichtigen wirtschaftlichen Geschäftsbetrieben oder von Dritten geleistet werden. [2]Dies gilt auch dann, wenn an der Veranstaltung neben bezahlten Sportlern auch unbezahlte Sportler teilnehmen. [3]Die Kosten eines steuerpflichtigen wirtschaftlichen Geschäftsbetriebs „sportliche Veranstaltungen“ sind also nicht danach aufzuteilen, ob sie auf bezahlte oder auf unbezahlte Sportler entfallen. [4]Etwaiger Aufwandsersatz an unbezahlte Sportler für die Teilnahme an einer Veranstaltung mit bezahlten Sportlern ist als eine Ausgabe dieser Veranstaltung zu behandeln. [5]Aus Vereinfachungsgründen ist es aber nicht zu beanstanden, wenn die Aufwandspauschale (vgl. Nr. 31) an unbezahlte Sportler nicht als Betriebsausgabe des steuerpflichtigen wirtschaftlichen Geschäftsbetriebs behandelt, sondern aus Mitteln des ideellen Bereichs abgedeckt wird.

28. [1]Trainingskosten (z.B. Vergütungen an Trainer), die sowohl unbezahlte als auch bezahlte Sportler betreffen, sind nach den im Einzelfall gegebenen Abgrenzungsmöglichkeiten aufzuteilen. [2]Als solche kommen beispielsweise in Betracht der jeweilige Zeitaufwand oder - bei gleichzeitigem Training unbezahlter und bezahlter Sportler - die Zahl der trainierten Sportler oder Mannschaften. [3]Soweit eine Abgrenzung anders nicht möglich ist, sind die auf das

Training unbezahlter und bezahlter Sportler entfallenden Kosten im Wege der Schätzung zu ermitteln.

29. [1]Werden bezahlte und unbezahlte Sportler einer Mannschaft gleichzeitig für eine Veranstaltung trainiert, die als steuerpflichtiger wirtschaftlicher Geschäftsbetrieb zu beurteilen ist, sind die gesamten Trainingskosten dafür Ausgaben des steuerpflichtigen wirtschaftlichen Geschäftsbetriebs. [2]Die Vereinfachungsregelung in Nr. 27 letzter Satz gilt entsprechend.

30. [1]Sportler des Vereins i.S.d. § 67a Abs. 3 Satz 1 Nr. 1 sind nicht nur die (aktiven) Mitglieder des Vereins, sondern alle Sportler, die für den Verein auftreten, z.B. in einer Mannschaft des Vereins mitwirken. [2]Für Verbände gilt Nr. 37.

31. [1]Zahlungen an einen Sportler des Vereins bis zu insgesamt 400 EUR je Monat im Jahresdurchschnitt sind für die Beurteilung der Zweckbetriebseigenschaft der sportlichen Veranstaltungen - nicht aber bei der Besteuerung des Sportlers - ohne Einzelnachweis als Aufwandsentschädigung anzusehen. [2]Werden höhere Aufwendungen erstattet, sind die gesamten Aufwendungen im Einzelnen nachzuweisen. [3]Dabei muss es sich um Aufwendungen persönlicher oder sachlicher Art handeln, die dem Grunde nach Werbungskosten oder Betriebsausgaben sein können. [4]Die Regelung gilt für alle Sportarten.

32. [1]Die Regelung über die Unschädlichkeit pauschaler Aufwandsentschädigungen bis zu 400 EUR je Monat im Jahresdurchschnitt gilt nur für Sportler des Vereins, nicht aber für Zahlungen an andere Sportler. [2]Einem anderen Sportler, der in einem Jahr nur an einer Veranstaltung des Vereins teilnimmt, kann also nicht ein Betrag bis zu 4.800 EUR als pauschaler Aufwandsersatz dafür gezahlt werden. [3]Vielmehr führt in den Fällen des § 67a Abs. 3 Satz 1 Nr. 2 jede Zahlung an einen Sportler, die über eine Erstattung des tatsächlichen Aufwands hinausgeht, zum Verlust der Zweckbetriebseigenschaft der Veranstaltung.

33. [1]Zuwendungen der Stiftung Deutsche Sporthilfe, Frankfurt, und vergleichbarer Einrichtungen der Sporthilfe an Spitzensportler sind i.d.R. als Ersatz von besonderen Aufwendungen der Spitzensportler für ihren Sport anzusehen. [2]Sie sind deshalb nicht auf die zulässige Aufwandspauschale von 400 EUR je Monat im Jahresdurchschnitt anzurechnen. [3]Weisen Sportler die tatsächlichen Aufwendungen nach, so muss sich der Nachweis auch auf die Aufwendungen erstrecken, die den Zuwendungen der Stiftung Deutsche Sporthilfe und vergleichbarer Einrichtungen gegenüber stehen.

34. [1]Bei der Beurteilung der Zweckbetriebseigenschaft einer Sportveranstaltung nach § 67a Abs. 3 ist nicht zu unterscheiden, ob Vergütungen oder andere Vorteile an einen Sportler für die Teilnahme an sich oder für die erfolgreiche Teilnahme gewährt werden. [2]Entscheidend ist, dass der Sportler aufgrund seiner Teilnahme Vorteile hat, die er ohne seine Teilnahme nicht erhalten hätte. [3]Auch die Zahlung eines Preisgeldes, das über eine Aufwandsentschädigung hinausgeht, begründet demnach einen steuerpflichtigen wirtschaftlichen Geschäftsbetrieb.

35. [1]Bei einem so genannten Spielertrainer ist zu unterscheiden, ob er für die Trainertätigkeit oder für die Ausübung des Sports Vergütungen erhält. [2]Wird er nur für die Trainertätigkeit bezahlt oder erhält er für die Tätigkeit als Spieler nicht mehr als den Ersatz seiner Aufwendungen (vgl. Nr. 31), ist seine Teilnahme an sportlichen Veranstaltungen unschädlich für die Zweckbetriebseigenschaft.

36. [1]Unbezahlte Sportler werden wegen der Teilnahme an Veranstaltungen mit bezahlten Sportlern nicht selbst zu bezahlten Sportlern. [2]Die Ausbildung dieser Sportler gehört nach wie vor zu der steuerbegünstigten Tätigkeit eines Sportvereins, es sei denn, sie werden zusammen mit bezahlten Sportlern für eine Veranstaltung trainiert, die ein steuerpflichtiger wirtschaftlicher Geschäftsbetrieb ist (vgl. Nr. 29).

37. [1]Sportler, die einem bestimmten Sportverein angehören und die nicht selbst unmittelbar Mitglieder eines Sportverbandes sind, werden bei der Beurteilung der Zweckbetriebseigenschaft von Veranstaltungen des Verbandes als andere Sportler i.S.d. § 67a Abs. 3 Satz 1 Nr. 2 angesehen. [2]Zahlungen der Vereine an Sportler im Zusammenhang mit sportlichen Veranstaltungen der Verbände (z.B. Länderwettkämpfe) sind in diesen Fällen als „Zahlungen von Dritten im Zusammenwirken mit dem Verein" (hier: Verband) zu behandeln.

38. [1]Ablösezahlungen, die einem steuerbegünstigten Sportverein für die Freigabe von Sportlern zufließen, beeinträchtigen seine Gemeinnützigkeit nicht. [2]Die erhaltenen Beträge zählen zu den „Einnahmen aus dem steuerpflichtigen wirtschaftlichen Geschäftsbetrieb sportliche Veranstaltungen", wenn der den Verein wechselnde Sportler in den letzten zwölf Monaten vor seiner Freigabe bezahlter Sportler i.S.d. § 67a Abs. 3 Satz 1 Nr. 1 war. [3]Ansonsten gehören sie zu den Einnahmen aus dem Zweckbetrieb „sportliche Veranstaltungen".

39. [1]Zahlungen eines steuerbegünstigten Sportvereins an einen anderen (abgebenden) Verein für die Übernahme eines Sportlers sind unschädlich für die Gemeinnützigkeit des zahlenden Vereins, wenn sie aus steuerpflichtigen wirtschaftlichen Geschäftsbetrieben für die Übernahme eines Sportlers gezahlt werden, der beim aufnehmenden Verein in den ersten zwölf Monaten nach dem Vereinswechsel als bezahlter Sportler i.S.d. § 67a Abs. 3 Satz 1 Nr. 1 anzusehen ist. [2]Zahlungen für einen Sportler, der beim aufnehmenden Verein nicht als bezahlter Sportler anzusehen ist, sind bei Anwendung des § 67a Abs. 3 nur dann unschädlich für die Gemeinnützigkeit des zahlenden Vereins, wenn lediglich die Ausbildungskosten für den Verein wechselnden Sportler erstattet werden. [3]Eine derartige Kostenerstattung kann bei Zahlungen bis zur Höhe von 2.557 EUR je Sportler ohne weiteres angenommen werden. [4]Bei höheren Kostenerstattungen sind sämtliche Ausbildungskosten im Einzelfall nachzuweisen. [5]Die Zahlungen mindern nicht den Überschuss des steuerpflichtigen wirtschaftlichen Geschäftsbetriebs „sportliche Veranstaltungen".

[6]Zur steuerlichen Behandlung von Ablösezahlungen bei Anwendung der Zweckbetriebsgrenze des § 67a Abs. 1 Satz 1 vgl. Nrn. 16 und 18.

Zu § 68 - Einzelne Zweckbetriebe:

Allgemeines

1. [1]§ 68 enthält einen gesetzlichen Katalog einzelner Zweckbetriebe und geht als spezielle Norm der Regelung des § 65 vor (BFH-Urteil vom 4.6.2003 - I R 25/02 - BStBl 2004 II, S. 660). [2]Die beispielhafte Aufzählung von Betrieben, die ihrer Art nach Zweckbetriebe sein können, gibt wichtige Anhaltspunkte für die Auslegung der Begriffe Zweckbetrieb (§ 65) im Allgemeinen und Einrichtungen der Wohlfahrtspflege (§ 66) im Besonderen.

Zu § 68 Nr. 1:

2. [1]Wegen der Begriffe „Alten-, Altenwohn- und Pflegeheime" Hinweis auf § 1 des Heimgesetzes. [2]Eine für die Allgemeinheit zugängliche Cafeteria ist ein steuerpflichtiger wirtschaftlicher Geschäftsbetrieb. [3]Soweit eine steuerbegünstigte Körperschaft Leistungen im Rahmen der häuslichen Pflege erbringt, liegt i.d.R. ein Zweckbetrieb nach § 66 vor (vgl. zu § 66, Nr. 4).

3. [1]Bei Kindergärten, Kinder-, Jugend- und Studentenheimen sowie bei Schullandheimen und Jugendherbergen müssen die geförderten Personen die Voraussetzungen nach § 53 nicht erfüllen. [2]Jugendherbergen verlieren ihre Zweckbetriebseigenschaft nicht, wenn außerhalb ihres satzungsmäßigen Zwecks der Umfang der Beherbergung alleinreisender Erwachsener

8

10 v.H. der Gesamtbeherbergungen nicht übersteigt (BFH-Urteil vom 18.1.1995 - V R 139-142/92 - BStBl II, S. 446).

Zu § 68 Nr. 2:

4. [1]Begünstigt sind insbesondere so genannte Selbstversorgungseinrichtungen, die Teil der steuerbegünstigten Körperschaft sind. [2]Bei Lieferungen und Leistungen an Außenstehende tritt die Körperschaft mit Dritten in Leistungsbeziehung. [3]Solange der Umfang dieser Geschäfte an Dritte, hierzu gehören auch Leistungsempfänger, die selbst eine steuerbegünstigte Körperschaft i.S.d. § 68 Nr. 2 sind (BFH-Urteil vom 18.10.1990 - V R 35/85 - BStBl 1991 II, S. 157), nicht mehr als 20 v.H. der gesamten Lieferungen und Leistungen der begünstigten Körperschaft ausmachen, bleibt die Zweckbetriebseigenschaft erhalten.

Zu § 68 Nr. 3:

5. [1]Der Begriff „Werkstatt für behinderte Menschen" bestimmt sich nach § 136 Sozialgesetzbuch - Neuntes Buch - (SGB IX). [2]Hierbei handelt es sich um eine Einrichtung zur Eingliederung behinderter Menschen in das Arbeitsleben. [3]Läden oder Verkaufsstellen von Werkstätten für behinderte Menschen sind grundsätzlich als Zweckbetriebe zu behandeln, wenn dort Produkte verkauft werden, die von Werkstätten für behinderte Menschen hergestellt worden sind. [4]Eine Herstellung ist nur dann anzunehmen, wenn die Wertschöpfung durch die Werkstatt mehr als 10 % des Nettowerts (Bemessungsgrundlage) der zugekauften Waren beträgt. [5]Werden von dem Laden oder der Verkaufsstelle der Werkstatt auch zugekaufte Waren, die nicht von ihr oder von anderen Werkstätten für behinderte Menschen hergestellt worden sind, weiterverkauft, liegt insoweit ein gesonderter wirtschaftlicher Geschäftsbetrieb vor.

6. Zu den Zweckbetrieben gehören auch die von den Trägern der Werkstätten für behinderte Menschen betriebenen Kantinen, weil die besondere Situation der behinderten Menschen auch während der Mahlzeiten eine Betreuung erfordert.

7. [1]Einrichtungen für Beschäftigungs- und Arbeitstherapie, die der Eingliederung von behinderten Menschen dienen, sind besondere Einrichtungen, in denen eine Behandlung von behinderten Menschen aufgrund ärztlicher Indikationen erfolgt. [2]Während eine Beschäftigungstherapie ganz allgemein das Ziel hat, körperliche oder psychische Grundfunktionen zum Zwecke der Wiedereingliederung in das Alltagsleben wiederherzustellen, zielt die Arbeitstherapie darauf ab, die besonderen Fähigkeiten und Fertigkeiten auszubilden, zu fördern und zu trainieren, die für eine Teilnahme am Arbeitsleben erforderlich sind. [3]Beschäftigungs- und Arbeitstherapie sind vom medizinischen Behandlungszweck geprägt und erfolgen regelmäßig außerhalb eines Beschäftigungsverhältnisses zum Träger der Therapieeinrichtung. [4]Ob eine entsprechende Einrichtung vorliegt, ergibt sich aufgrund der Vereinbarungen über Art und Umfang der Heilbehandlung und Rehabilitation zwischen dem Träger der Einrichtung und den Leistungsträgern.

Zu § 68 Nr. 4:

8. Begünstigte Einrichtungen sind insbesondere Werkstätten, die zur Fürsorge von blinden und körperbehinderten Menschen unterhalten werden.

Zu § 68 Nr. 6:

9. [1]Lotterien und Ausspielungen sind ein Zweckbetrieb, wenn sie von den zuständigen Behörden genehmigt sind oder nach den jeweiligen landesrechtlichen Bestimmungen wegen des geringen Umfangs der Tombola oder Lotterieveranstaltung per Verwaltungserlass pauschal als genehmigt gelten. [2]Die sachlichen Voraussetzungen und die Zuständigkeit für die Genehmigung bestimmen sich nach den lotterierechtlichen Verordnungen der Länder. [3]Der Gesetzeswortlaut lässt es offen, in welchem Umfang solche Lotterien veranstaltet werden dür-

fen. [4]Da eine besondere Einschränkung fehlt, ist auch eine umfangreiche Tätigkeit so lange unschädlich, als die allgemein durch das Gesetz gezogenen Grenzen nicht überschritten werden und die Körperschaft durch den Umfang der Lotterieveranstaltungen nicht ihr Gepräge als begünstigte Einrichtung verliert.

10. [1]Zur Ermittlung des Reinertrags dürfen den Einnahmen aus der Lotterieveranstaltung oder Ausspielung nur die unmittelbar damit zusammenhängenden Ausgaben gegenübergestellt werden. [2]Führt eine steuerbegünstigte Körperschaft eine Lotterieveranstaltung durch, die nach dem Rennwett- und Lotteriegesetz nicht genehmigungsfähig ist, z.B. eine Tombola anlässlich einer geselligen Veranstaltung, handelt es sich insoweit nicht um einen Zweckbetrieb nach § 68 Nr. 6.

Zu § 68 Nr. 7:

11. Wegen der Breite des Spektrums, die die Förderung von Kunst und Kultur umfasst, ist die im Gesetz enthaltene Aufzählung der kulturellen Einrichtungen nicht abschließend.

12. [1]Kulturelle Einrichtungen und Veranstaltungen i.S.d. § 68 Nr. 7 können nur vorliegen, wenn die Förderung der Kultur Satzungszweck der Körperschaft ist. [2]Sie sind stets als Zweckbetrieb zu behandeln. [3]Das BFH-Urteil vom 4.5.1994 - XI R 109/90 - BStBl II, S. 886) zu sportlichen Darbietungen eines Sportvereins (vgl zu § 67a, Nr. 3) gilt für kulturelle Darbietungen entsprechend. [4]Demnach liegt auch dann eine kulturelle Veranstaltung der Körperschaft vor, wenn diese eine Darbietung kultureller Art im Rahmen einer Veranstaltung präsentiert, die nicht von der Körperschaft selbst organisiert wird und die ihrerseits keine kulturelle Veranstaltung i.S.d. § 68 Nr. 7 darstellt. [5]Wenn z.B. ein steuerbegünstigter Musikverein, der der Förderung der volkstümlichen Musik dient, gegen Entgelt im Festzelt einer Brauerei ein volkstümliches Musikkonzert darbietet, gehört der Auftritt des Musikvereins als kulturelle Veranstaltung zum Zweckbetrieb.

13. [1]Der Verkauf von Speisen und Getränken und die Werbung bei kulturellen Veranstaltungen gehören nicht zu dem Zweckbetrieb. [2]Diese Tätigkeiten sind gesonderte wirtschaftliche Geschäftsbetriebe. [3]Wird für den Besuch einer kulturellen Veranstaltung mit Bewirtung ein einheitliches Entgelt entrichtet, so ist dieses - ggf. im Wege der Schätzung - in einen Entgeltsanteil für den Besuch der Veranstaltung (Zweckbetrieb) und für die Bewirtungsleistungen (wirtschaftlicher Geschäftsbetrieb) aufzuteilen.

Zu § 68 Nr. 9:

14. Auf das BMF-Schreiben vom 22.9.1999 (BStBl I, S. 944) wird verwiesen.

C. Wichtige Erlasse zum Gemeinnützigkeitsrecht

I. BMF-Schreiben

6 **BMF Schreiben**

Bundesministerium
der Finanzen

POSTANSCHRIFT Bundesministerium der Finanzen, 11016 Berlin

Nur per E-Mail:
Oberste Finanzbehörden
der Länder

HAUSANSCHRIFT Wilhelmstraße 97, 10117 Berlin
TEL +49 (0) 30 18 682-0

E-MAIL poststelle@bmf.bund.de
DATUM 17. Juni 2011

8

BETREFF **Steuerlicher Spendenabzug (§ 10b EStG);**
Verwendung der verbindlichen Muster für Zuwendungsbestätigungen nach dem BMF-Schreiben vom 13. Dezember 2007 - IV C 4 - S 2223/07/0015, DOK 2007/0582656 - (BStBl I 2008 Seite 4)

GZ **IV C 4 - S 2223/07/0018 :004**
DOK **2011/0474108**
(bei Antwort bitte GZ und DOK angeben)

Im Einvernehmen mit den obersten Finanzbehörden der Länder gilt für die Verwendung der verbindlichen Muster für Zuwendungsbestätigungen im Sinne des § 50 Absatz 1 der Einkommensteuerdurchführungsverordnung - EStDV - Folgendes:

1. Die im Bundessteuerblatt 2008 Teil I Seite 4 veröffentlichten neuen Muster für Zuwendungsbestätigungen sind verbindliche Muster (vgl. § 50 Absatz 1 EStDV). Die Zuwendungsbestätigungen sind vom jeweiligen Zuwendungsempfänger anhand dieser Muster selbst herzustellen. In einer auf einen bestimmten Zuwendungsempfänger zugeschnittenen Zuwendungsbestätigung müssen nur die Angaben aus den veröffentlichten Mustern übernommen werden, die im Einzelfall einschlägig sind.

2. Die Wortwahl und die Reihenfolge der vorgeschriebenen Textpassagen in den vorgenannten Mustern sind beizubehalten, Umformulierungen sind unzulässig. Zusätze sind nur in den nachfolgend genannten Ausnahmefällen (vgl. Randnummer 6) zulässig.

3. Hinsichtlich der optischen Gestaltung der Zuwendungsbestätigung ist es dem Zuwendungsempfänger - unter Berücksichtigung der entsprechenden Vorgaben dieses Schreibens - grundsätzlich freigestellt, ob er eine optische Hervorhebung von Textpassagen beispielsweise durch Einrahmungen und/oder vorangestellte Ankreuzkästchen wählt. Es bestehen auch keine Bedenken, den Namen des Zuwendenden und dessen

Seite 2 Adresse untereinander anzuordnen, um dies gegebenenfalls gleichzeitig als Anschriftenfeld zu nutzen. Die Zuwendungsbestätigung darf die Größe einer DIN A 4-Seite nicht überschreiten.

4. Auf der Zuwendungsbestätigung dürfen weder Danksagungen an den Zuwendenden noch Werbung für die Ziele der begünstigten Einrichtung angebracht werden. Entsprechende Texte sind jedoch auf der Rückseite zulässig.

5. Es bestehen keine Bedenken, wenn der Zuwendungsempfänger auf seinem Mustervordruck alle ihn betreffenden steuerbegünstigten Zwecke nennt. Aus steuerlichen Gründen bedarf es keiner Kenntlichmachung, für welchen konkreten steuerbegünstigten Zweck gespendet bzw. die Spende verwendet wurde.

6. Gegen die Erstellung einer Bestätigung mehrerer Geldzuwendungen (Mitgliedsbeiträge und/oder Geldspenden) in einer förmlichen Zuwendungsbestätigung, einer so genannten Sammelbestätigung, bestehen unter folgenden Voraussetzungen keine Bedenken:

- Anstelle des Wortes „Bestätigung“ ist das Wort „Sammelbestätigung“ zu verwenden.
- In dieser Sammelbestätigung ist die Gesamtsumme zu nennen.
- Nach der Bestätigung, dass die Zuwendungen zur Förderung steuerbegünstigter Zwecke verwendet werden, ist folgende Bestätigung auf der Sammelbestätigung zu ergänzen:
  „Es wird bestätigt, dass über die in der Gesamtsumme enthaltenen Zuwendungen keine weiteren Bestätigungen, weder formelle Zuwendungsbestätigungen noch Beitragsquittungen oder ähnliches ausgestellt wurden und werden.“
- Auf der Rückseite der Sammelbestätigung oder in der dazugehörigenden Anlage ist jede einzelne Zuwendung mit Datum, Betrag und Art (Mitgliedsbeitrag, Geldspende) aufzulisten. Diese Auflistung muss ebenfalls eine Gesamtsumme enthalten, die derjenigen der Sammelbestätigung entspricht, und als „Anlage zur Sammelbestätigung vom …“ gekennzeichnet sein.
- Zu jeder einzelnen in der Sammelbestätigung enthaltenen Geldspende ist anzugeben, ob es sich hierbei um den Verzicht auf die Erstattung von Aufwendungen handelt oder nicht (vergleiche Randnummer 9). Handelt es sich um direkte Geldspenden oder um Geldspenden im Wege des Verzichts auf die Erstattung von Aufwendungen, sind die entsprechenden Angaben dazu entweder auf der Rückseite der Sammelbestätigung oder in der Anlage zu machen.
- In der Sammelbestätigung ist anzugeben, auf welchen Zeitraum sich diese erstreckt. Die Sammelbestätigung kann auch für nur einen Teil des Kalenderjahrs ausgestellt werden.

Seite 3 7. Der zugewendete Betrag ist sowohl in Ziffern als auch in Buchstaben zu benennen. Für die Benennung in Buchstaben ist es nicht zwingend erforderlich, dass der zugewendete Betrag in einem Wort genannt wird; ausreichend ist die Buchstabenbenennung der jeweiligen Ziffern. So kann z. B. ein Betrag in Höhe von 1.246 Euro als „eintausendzweihundertsechsundvierzig" oder „eins - zwei - vier - sechs" bezeichnet werden. In diesen Fällen sind allerdings die Leerräume vor der Nennung der ersten Ziffer und hinter der letzten Ziffer in geeigneter Weise (z. B. durch „X") zu entwerten.

8. Handelt es sich um eine Sachspende, so sind in die Zuwendungsbestätigung genaue Angaben über den zugewendeten Gegenstand aufzunehmen (z. B. Alter, Zustand, historischer Kaufpreis, usw.). Die im Folgenden für die Sachspende zutreffenden Sätze in den entsprechenden Mustern sind anzukreuzen.

<u>Sachspende aus einem Betriebsvermögen:</u>
Stammt die Sachzuwendung nach den Angaben des Zuwendenden aus dessen Betriebsvermögen, ist die Sachzuwendung mit dem Entnahmewert (zuzüglich der bei der Entnahme angefallenen Umsatzsteuer; vgl. R 10b.1 Absatz 1 Satz 4 EStR 2008) anzusetzen. In diesen Fällen braucht der Zuwendungsempfänger keine zusätzlichen Unterlagen in seine Buchführung aufzunehmen, ebenso sind Angaben über die Unterlagen, die zur Wertermittlung gedient haben, nicht erforderlich. Der Entnahmewert ist grundsätzlich der Teilwert. Der Entnahmewert kann auch der Buchwert sein, wenn das Wirtschaftsgut unmittelbar nach der Entnahme für steuerbegünstigte Zwecke gespendet wird (sog. Buchwertprivileg § 6 Absatz 1 Nummer 4 Satz 4 und 5 EStG). Der auf der Zuwendungsbestätigung ausgewiesene Betrag darf den bei der Entnahme angesetzten Wert nicht überschreiten.

<u>Sachspende aus dem Privatvermögen:</u>
Handelt es sich um eine Sachspende aus dem Privatvermögen des Zuwendenden, ist der gemeine Wert des gespendeten Wirtschaftsguts maßgebend, wenn dessen Veräußerung im Zeitpunkt der Zuwendung keinen Besteuerungstatbestand erfüllen würde (§ 10b Absatz 3 Satz 3 EStG). Ansonsten sind die fortgeführten Anschaffungs- oder Herstellungskosten als Wert der Zuwendung auszuweisen. Dies gilt insbesondere bei Veräußerungstatbeständen, die unter § 17 oder § 23 EStG fallen (z. B. Zuwendung einer mindestens 1%igen Beteiligung an einer Kapitalgesellschaft (§ 17 EStG), einer Immobilie, die sich weniger als zehn Jahre im Eigentum des Spenders befindet (§ 23 Absatz 1 Nummer 1 EStG), eines anderen Wirtschaftsguts im Sinne des § 23 Absatz 1 Nummer 2 EStG mit einer Eigentumsdauer von nicht mehr als einem Jahr). Der Zuwendungsempfänger hat anzugeben, welche Unterlagen er zur Ermittlung des angesetzten Wertes herangezogen hat. In Betracht kommt in diesem Zusammenhang z. B. ein Gutachten über den aktuellen Wert der zugewendeten Sache oder der sich aus der ursprünglichen Rechnung ergebende

Seite 4 historische Kaufpreis unter Berücksichtigung einer Absetzung für Abnutzung. Diese Unterlagen hat der Zuwendungsempfänger zusammen mit der Zuwendungsbestätigung in seine Buchführung aufzunehmen.

9. Die Zeile:
„Es handelt sich um den Verzicht auf die Erstattung von Aufwendungen Ja □ Nein □" auf den Mustern für Zuwendungsbestätigungen von Körperschaften, Personenvereinigungen oder Vermögensmassen im Sinne des § 5 Absatz 1 Nummer 9 KStG, von politischen Parteien im Sinne des Parteiengesetzes, von unabhängigen Wählervereinigungen und von Stiftungen des privaten Rechts, ist immer zu übernehmen und entsprechend anzukreuzen. Dies gilt auch in den Fällen, in denen ein Zuwendungsempfänger grundsätzlich keine Zuwendungsbestätigungen für die Erstattung von Aufwendungen ausstellt.

10. Mitgliedsbeiträge an steuerbegünstigte Körperschaften im Sinne des § 5 Absatz 1 Nummer 9 KStG sind steuerlich als Sonderausgabe abziehbar, es sei denn, es handelt sich um Mitgliedsbeiträge an Körperschaften, die den Sport oder kulturelle Betätigungen fördern, die in erster Linie der Freizeitgestaltung dienen oder die Heimatpflege und Heimatkunde oder Zwecke im Sinne des § 52 Absatz 2 Satz 1 Nummer 23 AO verfolgen. Im Jahressteuergesetz 2009 vom 19. Dezember 2008 (BGBl. I S. 2794) wurde § 10b Absatz 1 Satz 2 EStG zunächst zu § 10b Absatz 1 Satz 3 EStG und durch das Gesetz zur Umsetzung steuerlicher EU-Vorgaben sowie zur Änderung steuerlicher Vorschriften vom 8. April 2010 (BGBl. I S. 386) zu § 10b Absatz 1 Satz 8 EStG. Die entsprechende Zitierung in dem Muster für eine „Bestätigung über Geldzuwendungen/Mitgliedsbeitrag im Sinne des § 10b des Einkommensteuergesetzes an eine der in § 5 Absatz 1 Nummer 9 des Körperschaftsteuergesetzes bezeichneten Körperschaften, Personenvereinigungen oder Vermögensmassen" ist daher nicht mehr korrekt. Für diese Zuwendungsbestätigungen ist künftig anstelle der Formulierung: „Es wird bestätigt, dass es sich nicht um einen Mitgliedsbeitrag i. S. v. § 10b Absatz 1 Satz 2 Einkommensteuergesetz handelt." folgende Formulierung: „Es wird bestätigt, dass es sich nicht um einen Mitgliedsbeitrag handelt, dessen Abzug nach § 10b Absatz 1 des Einkommensteuergesetzes ausgeschlossen ist." zu verwenden. Soweit noch Zuwendungsbestätigungen nach dem bisher geltenden verbindlichen Muster erstellt wurden oder werden, wird unterstellt, dass es sich bei der Zitierung in den Mustern um § 10b Absatz 1 Satz 2 EStG in der Fassung des Gesetzes zur weiteren Stärkung des bürgerschaftlichen Engagements vom 10. Oktober 2007 (BGBl. I S. 2332) handelt.

8

11. Werden Zuwendungen an juristische Personen des öffentlichen Rechts von diesen an andere juristische Personen des öffentlichen Rechts weitergeleitet und werden von Letzteren die steuerbegünstigten Zwecke verwirklicht, so hat der „Erstempfänger" die in den amtlichen Vordrucken enthaltene Bestätigung wie folgt zu fassen:

„Die Zuwendung wird entsprechend den Angaben des Zuwendenden an ....[Name des Letztempfängers verbunden mit dem Hinweis auf dessen öffentlich-rechtliche Organisationsform] weitergeleitet.“

12. Für maschinell erstellte Zuwendungsbestätigungen sind zudem die Festlegungen in den Einkommensteuer-Richtlinien zu beachten (R 10b.1 Absatz 4 EStR 2008).

13. Die in den Mustern für Zuwendungsbestätigungen vorgesehenen Hinweise zu den haftungsrechtlichen Folgen der Ausstellung einer unrichtigen Zuwendungsbestätigung und zu der steuerlichen Anerkennung der Zuwendungsbestätigung sind bei den jeweiligen Zuwendungsbestätigungen zu übernehmen.

14. Nach § 50 Absatz 4 EStDV hat die steuerbegünstigte Körperschaft ein Doppel der Zuwendungsbestätigung aufzubewahren. Es ist in diesem Zusammenhang zulässig, das Doppel in elektronischer Form zu speichern. Die Grundsätze ordnungsmäßiger DV-gestützter Buchführungssysteme (BMF-Schreiben vom 7. November 1995, BStBl I Seite 738) gelten entsprechend.

15. Für Zuwendungen nach dem 31. Dezember 1999 ist das Durchlaufspendenverfahren keine zwingende Voraussetzung mehr für die steuerliche Begünstigung von Spenden. Ab 1. Januar 2000 sind alle steuerbegünstigten Körperschaften im Sinne des § 5 Absatz 1 Nummer 9 KStG zum unmittelbaren Empfang und zur Bestätigung von Zuwendungen berechtigt. Dennoch dürfen juristische Personen des öffentlichen Rechts oder öffentliche Dienststellen auch weiterhin als Durchlaufstelle auftreten und Zuwendungsbestätigungen ausstellen (vgl. R 10b.1 Absatz 2 EStR 2008). Sie unterliegen dann aber auch - wie bisher - der Haftung nach § 10b Absatz 4 EStG. Dach- und Spitzenorganisationen können für die ihnen angeschlossenen Vereine dagegen nicht mehr als Durchlaufstelle fungieren.

Das BMF-Schreiben vom 2. Juni 2000 - IV C 4 - S 2223 - 568/00 - (BStBl I Seite 592) zur Verwendung der verbindlichen Muster für Zuwendungsbestätigungen einschließlich der Änderungen durch die BMF-Schreiben vom 10. April 2003 - IV C 4 - S 2223 - 48/03 - (BStBl Seite xxxx) (Änderung der Randnummer 7) und vom 24. Februar 2004 - IV C 4 - S 2223 - 19/04 - (BStBl Seite xxx) wird hiermit aufgehoben.

Dieses Schreiben wird im Bundessteuerblatt Teil I veröffentlicht.

Im Auftrag

Dieses Dokument wurde elektronisch versandt und ist nur im Entwurf gezeichnet.

wirtschaftlicher Geschäftsbetrieb Krankentransporte 7

BMF, 20.1.2009, IV C 4 – S 0185/08/10001

Bezug: Sitzung KSt/GewSt I/08 zu TOP I/14

Der BFH hat mit Beschluss vom 18.9.2007 (BStBl 2009 II S. ... entschieden, dass gewerbliche Rettungsdienste und Krankentransporte nicht von der Gewerbesteuer befreit sind. Er hat in diesem Beschluss unabhängig von der zu treffenden Entscheidung ausgeführt, dass nach seiner Auffassung auch die Rettungsdienste und Krankentransporte gemeinnütziger Wohlfahrtsverbände und der juristischen Personen des öffentlichen Rechts körperschaft- und gewerbesteuersteuerpflichtige Betriebe seien.

Nach dem Anwendungserlass zur AO zu § 66, Nr. 6, ist der Krankentransport von Personen, für die während der Fahrt eine fachliche Betreuung bzw. der Einsatz besonderer Einrichtungen eines Krankentransport- oder Rettungswagens erforderlich ist oder möglicherweise notwendig wird, durch steuerbegünstigte Körperschaften als Zweckbetrieb zu behandeln. Nach dem Ergebnis der Erörterung mit den obersten Finanzbehörden der Länder wird an dieser Anweisung festgehalten. Die steuerbegünstigten Körperschaften üben ihren Rettungsdienst und Krankentransport entgegen der Annahme des BFH regelmäßig nicht des Erwerbs wegen und zur Beschaffung zusätzlicher Mittel aus, sondern verfolgen damit ihren satzungsmäßigen steuerbegünstigten Zweck der Sorge für notleidende oder gefährdete Menschen.

Dieses Schreiben wird im Bundessteuerblatt Teil I veröffentlicht.

Vertrauensschutz für geprüfte Satzungen 8

BMF, 17.11.2004, IV C 4 – S 0171 – 120/04

Eine Körperschaft kann nur dann als steuerbegünstigt behandelt werden, wenn bereits in ihrer Satzung festgelegt ist, welchen steuerbegünstigten Zweck sie verfolgt, dass dies selbstlos, ausschließlich und unmittelbar geschieht und auf welche Art der Zweck verwirklicht wird (§§ 59 und 60 AO). Die Satzung muss während des ganzen Kalenderjahres diesen Anforderungen genügt haben. Bei Neugründungen wird die vorläufige Bescheinigung über die Gemeinnützigkeit nur auf der Grundlage der Satzung erteilt.

Wegen ihrer großen Bedeutung für die Steuervergünstigung einer Körperschaft ist deren Satzung vor der erstmaligen, auch vorläufigen Anerkennung der Steuervergünstigung sorgfältig zu prüfen. Wird eine vorläufige Bescheinigung über die Gemeinnützigkeit erteilt oder die Steuervergünstigung anerkannt, bei einer späteren Überprüfung der Körperschaft aber festgestellt, dass die Satzung doch nicht den Anforderungen des Gemeinnützigkeitsrechts genügt, dürfen aus Vertrauensschutzgründen hieraus keine nachteiligen Folgerungen für die Vergangenheit gezogen werden. Die Körperschaft ist trotz der fehlerhaften Satzung für abgelaufene Veranlagungszeiträume und für das Kalenderjahr, in dem die Satzung beanstandet wird, als steuerbegünstigt zu behandeln. Dies gilt nicht, wenn bei der tatsächlichen Geschäftsführung gegen Vorschriften des Gemeinnützigkeitsrechts verstoßen wurde.

Die Vertreter der Körperschaft sind aufzufordern, die zu beanstandenden Teile der Satzung so zu ändern, dass die Körperschaft die satzungsmäßigen Voraussetzungen für die Steuervergünstigung erfüllt. Hierfür ist eine angemessene Frist zu setzen. Vereinen soll dabei in der Regel eine Beschlussfassung in der nächsten ordentlichen Mitgliederversammlung ermöglicht werden. Wird die Satzung innerhalb der gesetzten Frist entsprechend den Vorgaben des Finanzamts geändert, ist die Steuervergünstigung für das der Beanstandung der Satzung folgende Kalenderjahr auch dann anzuerkennen, wenn zu Beginn des Kalenderjahres noch keine ausreichende Satzung vorgelegen hat.

Die vorstehenden Grundsätze gelten nicht, wenn die Körperschaft die Satzung geändert hat und eine geänderte Satzungsvorschrift zu beanstanden ist. In diesen Fällen fehlt es an einer Grundlage für die Gewährung von Vertrauensschutz.

Dieses Schreiben wird im Bundessteuerblatt Teil I veröffentlicht.

9 Rücklagen im wirtschaftlichen Geschäftsbetrieb

BMF, 15.2.2002, IV C 4 – S 0174 – 2/01

Der BFH hat mit Urteil vom 15.7.1998, I R 156/94 entschieden, dass

1. eine Körperschaft mit umfangreicher wirtschaftlicher Betätigung bereits dann die Voraussetzung einer in erster Linie selbstlosen Verfolgung steuerbegünstigter Zwecke § 55 Abs. 1 Satz 1 AO) erfüllt, wenn sie den Gewinn des steuerpflichtigen wirtschaftlichen Geschäftsbetriebs – ggf. den nach einer Thesaurierung im Betrieb verbleibenden Rest – für steuerbegünstigte Zwecke verwendet,
2. auch eine beinahe vollständige Thesaurierung des Gewinns des steuerpflichtigen wirtschaftlichen Geschäftsbetriebs über einen längeren Zeitraum hinweg unschädlich für die Gemeinnützigkeit ist, wenn die Körperschaft nachweist, dass der Umfang der Gewinnthesaurierung zur Sicherung ihrer Existenz geboten war,
3. eine selbstlose Förderung der Allgemeinheit auch dann vorliegt, wenn die Körperschaft den Teil des Gewinns, der nicht für die Sicherung der Existenz des Betriebs benötigt wird, nicht zeitnah für ihre steuerbegünstigten satzungsmäßigen Zwecke verwendet, jedoch alsbald nach einer erheblichen Verbesserung der Ertragslage mit Vorbereitungen (Überlegungen) für eine satzungsgemäße Mittelverwendung beginnt,
4. eine Körperschaft, die keine Mittelbeschaffungskörperschaft i. S. des § 58 Nr. 1 AO ist, das Merkmal der Unmittelbarkeit § 57 AO) als Voraussetzung für die Gemeinnützigkeit auch in den Veranlagungszeiträumen erfüllt, in denen sie sich nur mittelbar gemeinnützig betätigt hat, wenn sie ihre steuerbegünstigten Zwecke in späteren Veranlagungszeiträumen selbst oder durch eine Hilfsperson verwirklicht.

Unter Bezugnahme auf das Ergebnis der Erörterung mit den obersten Finanzbehörden der Länder wird zur Anwendung der Rechtsgrundsätze dieses Urteils wie folgt Stellung genommen:

1. **Verbot einer Förderung von in erster Linie eigenwirtschaftlichen Zwecken**

   Nach § 55 Abs. 1 Satz 1 AO darf eine gemeinnützige Körperschaft nicht in erster Linie eigenwirtschaftliche Zwecke – z.B. gewerbliche Zwecke oder sonstige Erwerbszwecke – verfolgen. Zur Beurteilung der Frage, ob diese Voraussetzung für die Gemeinnützigkeit erfüllt wird, ist zwischen der steuerbegünstigten und der wirtschaftlichen Tätigkeit der Körperschaft zu gewichten. Gibt eine wirtschaftliche Tätigkeit der Körperschaft bei einer Gesamtbetrachtung das Gepräge, ist die Gemeinnützigkeit zu versagen.

2. **Bildung von Rücklagen im steuerpflichtigen wirtschaftlichen Geschäftsbetrieb**

   Es ist grundsätzlich unschädlich für die Gemeinnützigkeit einer Körperschaft, wenn sie einen Teil des Gewinns des steuerpflichtigen wirtschaftlichen Geschäftsbetriebs einer Rücklage im wirtschaftlichen Geschäftsbetrieb zuführt. Die Rücklage muss bei vernünftiger kaufmännischer Beurteilung wirtschaftlich notwendig sein und stets begründet werden. Eine fast vollständige Zuführung des Gewinns zu einer Rücklage im wirtschaftlichen Geschäftsbetrieb ist entsprechend den Ausführungen des BFH nur dann unschädlich für die Gemeinnützigkeit, wenn die Körper-

8

schaft nachweist, dass die betriebliche Mittelverwendung zur Sicherung ihrer Existenz geboten war.

3. Rücklagen im gemeinnützigen Bereich – Überlegungsphase

Eine gemeinnützige Körperschaft muss ihre Mittel grundsätzlich zeitnah für die Erfüllung der steuerbegünstigten satzungsmäßigen Zwecke verwenden. Zeitnah ist eine Verwendung bis zum Ende des auf den Zufluss der Mittel folgenden Kalender- oder Wirtschaftsjahrs § 55 Abs. 1 Nr. 5 AO). Ausnahmen von diesem Gebot enthalten die Vorschriften in § 58 Nr. 6 und 7 AO zur Bildung von Rücklagen im gemeinnützigen Bereich. Sie gelten, wie das Gebot der zeitnahen Mittelverwendung, nur für den Teil des Gewinns, der nach der Zuführung zu Rücklagen im wirtschaftlichen Geschäftsbetrieb für die Förderung steuerbegünstigter Zwecke zur Verfügung steht.

Die Frist des § 55 Abs. 1 Nr. 5 AO für die zeitnahe Verwendung von Mitteln kann nicht mit der Begründung verlängert werden, die Überlegungen zur Verwendung der Mittel seien noch nicht abgeschlossen. Auch die Bildung einer Rücklage nach § 58 Nr. 6 AO kommt mit einer solchen Begründung nicht in Betracht. Nach § 58 Nr. 6 AO darf eine gemeinnützige Körperschaft ihre Mittel ganz oder teilweise einer Rücklage zuführen, soweit dies für die nachhaltige Erfüllung ihrer steuerbegünstigten satzungsmäßigen Zwecke erforderlich ist. Die Rücklagenbildung ist nur zulässig, wenn die Mittel für bestimmte – die steuerbegünstigten Satzungszwecke verwirklichende – Vorhaben angesammelt werden (siehe Anwendungserlass zur AO, zu § 58 Nr. 6 Rdn. 9).

4. Jahresprinzip

Über die Steuerbefreiung nach § 5 Abs. 1 Nr. 9 KStG, die die Anerkennung der Gemeinnützigkeit bedeutet, ist stets für einen bestimmten Veranlagungszeitraum zu entscheiden (Grundsatz der Abschnittsbesteuerung). Eine Körperschaft kann nur dann nach dieser Vorschrift von der KSt befreit werden, wenn sie in dem zu beurteilenden Veranlagungszeitraum alle Voraussetzungen für die Gemeinnützigkeit erfüllt. Die spätere Erfüllung einer der Voraussetzungen für die Gemeinnützigkeit , z.B. des Merkmals der Unmittelbarkeit § 57 AO) kann nicht auf frühere, abgelaufene Veranlagungszeiträume zurückwirken.

Soweit die Rechtsgrundsätze des BFH-Urteils vom 15.7.1998 im Widerspruch zu diesen Verwaltungsanweisungen stehen, sind sie über den entschiedenen Einzelfall hinaus nicht anzuwenden.

Erteilung vorläufiger Bescheinigungen über die Gemeinnützigkeit 10

BMF, 15.05.2000, IV C 6 – S 0170 – 35/00

Der BFH hat mit Beschluss vom 23.9.1998, I B 82/98 entschieden, dass

I. eine gemeinnützige Körperschaft unter bestimmten Voraussetzungen Anspruch auf Erteilung einer vorläufigen Bescheinigung über die Gemeinnützigkeit hat und

II. eine Körperschaft gegen das Gebot der Selbstlosigkeit § 55 AO) verstoßen kann, wenn sie Spendeneinnahmen nicht überwiegend für ihre steuerbegünstigten satzungsmäßigen Zwecke verwendet.

Unter Bezugnahme auf das Ergebnis der Erörterung mit den obersten Finanzbehörden der Länder nehme ich zur Anwendung der Rechtsgrundsätze dieses Beschlusses wie folgt Stellung:

I. Vorläufige Bescheinigungen

1. Nach dem Anwendungserlass zur AO, zu § 59, Nr. 4 und 5, hat das FA einer Körperschaft, bei der die Voraussetzungen der Steuervergünstigung noch nicht im Veranlagungsverfahren festgestellt worden sind (Neugründungen), auf Antrag eine vorläufige Bescheinigung über die Gemeinnüt-

zigkeit zu erteilen, wenn die eingereichte Satzung den Anforderungen des Gemeinnützigkeitsrechts genügt. Die Bescheinigung ist befristet zu er teilen und jederzeit widerruflich. Sie berechtigt die Körperschaft insbesondere zum Empfang steuerbegünstigter Spenden bereits vor Ablauf des ersten Veranlagungszeitraums.

An diesem Verfahren wird festgehalten. Die vorläufige Bescheinigung über die Gemeinnützigkeit ist in diesen Fällen (Neugründungen) mit der Vordruck Gem 5 zu erteilen.

2. Nach dem Beschluss des BFH vom 23.9.1998 kann die Erteilung einer vorläufigen Bescheinigung über die Gemeinnützigkeit auch in Betracht kommen, wenn eine Körperschaft schon längere Zeit existiert und die Gemeinnützigkeit im Veranlagungsverfahren versagt wurde.
   a) Eine vorläufige Bescheinigung über die Gemeinnützigkeit ist in diesen Fällen auf An trag zu erteilen, wenn die Körperschaft die Voraussetzungen für die Gemeinnützigkeit im gesamten Veranlagungszeitraum, der dem Zeitraum der Nichtgewährung folgt, voraussichtlich erfüllen wird. Ihre Geltungsdauer sollte 18 Monate nicht überschreiten.
   b) Darüber hinaus kann die Erteilung einer vorläufigen Bescheinigung über die Gemeinnützigkeit auch dann geboten sein, wenn die Körperschaft nach Auffassung des Finanzamts nicht gemeinnützig ist. In diesen Fällen darf die Bescheinigung nur erteilt werden, wenn die folgenden Voraussetzungen erfüllt sind:
      aa) Die Körperschaft muss gegen eine Entscheidung des Finanzamts, mit der die Erteilung einer vorläufigen Bescheinigung über die Gemeinnützigkeit abgelehnt wurde, beim zuständigen Finanzgericht Rechtsschutz begehrt haben.
      bb) Es müssen ernstliche Zweifel bestehen, ob die Ablehnung der Gemeinnützigkeit im Klageverfahren bestätigt wird. Dies erfordert, dass die Körperschaft schlüssig darlegt und glaubhaft macht, dass sie die Voraussetzungen für die Gemeinnützigkeit nach ihrer Satzung und bei der tatsächlichen Geschäftsführung erfüllt.
      cc) Die wirtschaftliche Existenz der Körperschaft muss in Folge der Nichterteilung der vorläufigen Bescheinigung gefährdet sein. Für die Beurteilung sind die Verhältnisse im jeweiligen Einzelfall maßgeblich. Eine Existenzgefährdung kann nicht allein deshalb unterstellt werden, weil sich die Körperschaft bisher zu einem wesentlichen Teil aus Spenden oder steuerlich abziehbaren Mitgliedsbeiträgen finanziert hat und wegen der Nichtgewährung der Steuervergünstigungen ein erheblicher Rückgang dieser Einnahmen zu erwarten ist. Sie liegt z.B. auch dann nicht vor, wenn die Körperschaft über ausreichendes verwertbares Vermögen verfügt oder sich ausreichende Kredite verschaffen kann. Die Körperschaft muss als Antragsgrund die Existenzgefährdung schlüssig darlegen und glaubhaft machen.

   Die vorläufige Bescheinigung über die Gemeinnützigkeit nach der Nummer 2 Buchstabe b ist ggf. formlos zu erteilen. Sie muss die Körperschaft in die Lage versetzen, unter Hin weis auf die steuerliche Abzugsfähigkeit um Zuwendungen zu werben. Ihre Geltungsdauer ist bis zum rechtskräftigen Abschluss des gerichtlichen Verfahrens zu befristen. Ob Auflagen, wie sie der BFH in dem entschiedenen Fall beschlossen hat (u. a. vierteljährliche Einreichung von Aufstellungen über die Einnahmen und Ausgaben), sinnvoll und erforderlich sind, hängt von den Umständen des Einzelfalls ab.

II. Angemessenheit von Verwaltungsausgaben

1. Eine Körperschaft kann nicht als gemeinnützig behandelt werden, wenn ihre Ausgaben für die allgemeine Verwaltung einschließlich der Werbung um Spenden einen angemessenen Rahmen übersteigen § 55 Abs. 1 Nr. 1 und 3 AO). Nach dem Beschluss des BFH vom 23.9.1998 wird dieser Rahmen überschritten, wenn eine Körperschaft, die sich weit gehend durch Geldspenden finanziert, diese – nach einer Aufbauphase – überwiegend zur Bestreitung von Ausgaben

für Verwaltung und Spendenwerbung statt für die Verwirklichung der steuerbegünstigten satzungsmäßigen Zwecke verwendet. Der BFH hat die Höhe der Verwaltungsausgaben einschließlich Spendenwerbung ins Verhältnis zu den Spendeneinnahmen gesetzt. Dies ist dahingehend zu verallgemeinern, dass die Verwaltungsausgaben einschließlich Spendenwerbung ins Verhältnis zu den gesamten vereinnahmten Mitteln (Spenden, Mitgliedsbeiträge, Zuschüsse, Gewinne aus wirtschaftlichen Geschäftsbetrieben usw.) zu setzen sind.

Der BFH hat mit diesem Beschluss keine allgemeine Grenze von 50 % für die Angemessenheit von Verwaltungsausgaben einschließlich der Spendenwerbung festgelegt. Viel mehr kommt es, wie sich auch aus der Begründung des Beschlusses entnehmen lässt, für die Frage der Angemessenheit dieser Ausgaben entscheidend auf die Umstände des jeweiligen Einzelfalls an. Deshalb kann eine für die Gemeinnützigkeit schädliche Mittelverwendung auch schon bei einem deutlich geringeren prozentualen Anteil der Verwaltungsausgaben vorliegen.

Verwendet eine Körperschaft Mittel für die Werbung neuer Mitglieder, ist es in der Regel nicht zu beanstanden, wenn sie hierfür im Jahr nicht mehr als 10 % der gesamten Mitgliedsbeiträge des Jahres aufwendet.

2. Während der Gründungs- oder Aufbauphase einer Körperschaft kann auch eine überwiegende Verwendung der Mittel für Verwaltungsausgaben und Spendenwerbung unschädlich für die Gemeinnützigkeit sein. Die Dauer der Gründungs- oder Aufbauphase, während der dies möglich ist, hängt von den Verhältnissen des Einzelfalls ab.

   In dem entschiedenen Fall hat der BFH es nicht beanstandet, dass die Ausgaben der Körperschaft für Verwaltung und Spendenwerbung in den ersten 4 Jahren nach der Gründung die Grenze von 50 % der eingenommenen Geldspenden weit überschritten haben, und erst ab dem 5. Jahr die Einhaltung dieser Grenze verlangt. Hieraus kann nicht geschlossen werden, dass generell eine Aufbauphase von 4 Jahren, in der höhere anteilige Ausgaben für Verwaltung und Spendenwerbung zulässig sind, zugestanden werden muss. Der BFH hat in dem entschiedenen Fall neben den besonderen Aufgaben und der Struktur der Körperschaft auch noch berücksichtigt, dass nach der Aberkennung der Gemeinnützigkeit und dem dadurch verursachten starken Rückgang der Spendeneinnahmen eine 2. Aufbauphase erforderlich war. Der vom BFH zugestandene Zeitraum von 4 Jahren ist deshalb als Obergrenze zu verstehen. In der Regel ist von einer kürzeren Aufbauphase auszugehen.

3. Es wird darauf hingewiesen, dass die Gemeinnützigkeit auch dann zu versagen ist, wenn das Verhältnis der Verwaltungsausgaben zu den Ausgaben für die steuerbegünstigten Zwecke zwar insgesamt nicht zu beanstanden, eine einzelne Verwaltungsausgabe (z.B. das Gehalt des Geschäftsführers oder der Aufwand für die Mitglieder- und Spendenwerbung) aber nicht angemessen ist § 55 Abs. 1 Nr. 3 AO).

4. Nach den Ausführungen des BFH in dem Beschluss vom 23.9.1998 sind Ausgaben für Gehälter und Lohnnebenkosten (Personalkosten) der Verwaltung und der Spendenwerbung entsprechend der für diese Tätigkeiten aufgewendeten Arbeitszeit zuzuordnen. Hierzu wird darauf hingewiesen, dass es sich bei den Kosten für die Beschäftigung eines Geschäftsführers grundsätzlich um Verwaltungsausgaben handelt. Eine Zuordnung der Kosten zu der steuerbegünstigten Tätigkeit ist nur insoweit möglich, als der Geschäftsführer unmittelbar bei gemeinnützigen Projekten mitarbeitet. Entsprechendes gilt für die Zuordnung von Reisekosten.

   Dieses Schreiben wird im Bundessteuerblatt Teil I und gleichzeitig der BFH-Beschluss vom 23.9.1998 im Bundessteuerblatt Teil II veröffentlicht.

11 Ausgleich von Verlusten des steuerpflichtigen wirtschaftlichen Geschäftsbetriebs

BMF, 19.10.1998, IV C 6 – S 0171 – 10/98

Unter Bezugnahme auf das Ergebnis der Erörterung mit den obersten Finanzbehörden der Länder nehme ich zu der Frage, wie bei gemeinnützigen Körperschaften die Verwendung von Mitteln für den Ausgleich von Verlusten des steuerpflichtigen wirtschaftlichen Geschäftsbetriebs gemeinnützigkeitsrechtlich zu beurteilen ist, wie folgt Stellung:

1. Es ist grundsätzlich nicht zulässig, Mittel des ideellen Bereichs (insbesondere Mitgliedsbeiträge, Spenden, Zuschüsse, Gewinne aus Zweckbetrieben, Rücklagen), Erträge aus der Vermögensverwaltung und das entsprechende Vermögen zum Ausgleich eines Verlustes des steuerpflichtigen wirtschaftlichen Geschäftsbetriebs zu verwenden. Maßgeblich ist das Ergebnis des einheitlichen steuerpflichtigen wirtschaftlichen Geschäftsbetriebs (§ 64 Abs. 2). Eine Verwendung von Mitteln des ideellen Bereichs für den Ausgleich des Verlustes eines einzelnen wirtschaftlichen Geschäftsbetriebs liegt deshalb nicht vor, soweit der Verlust bereits im Entstehungsjahr mit Gewinnen anderer steuerpflichtiger wirtschaftlicher Geschäftsbetriebe verrechnet werden kann. Verbleibt danach ein Verlust, ist keine Verwendung von Mitteln des ideellen Bereichs für dessen Ausgleich anzunehmen, wenn dem ideellen Bereich in den 6 vorangegangenen Jahren Gewinne des einheitlichen steuerpflichtigen wirtschaftlichen Geschäftsbetriebs in mindestens gleicher Höhe zugeführt worden sind. Insoweit ist der Verlustausgleich im Entstehungsjahr als Rückgabe früherer, durch das Gemeinnützigkeitsrecht vorgeschriebener Gewinnabführungen anzusehen.
2. Ein nach ertragsteuerlichen Grundsätzen ermittelter Verlust eines steuerpflichtigen wirtschaftlichen Geschäftsbetriebs ist unschädlich für die Gemeinnützigkeit der Körperschaft, wenn er ausschließlich durch die Berücksichtigung von anteiligen Abschreibungen auf gemischt genutzte Wirtschaftsgüter entstanden ist und wenn die folgenden Voraussetzungen erfüllt sind:

   Das Wirtschaftsgut wurde für den ideellen Bereich angeschafft oder hergestellt und wird nur zur besseren Kapazitätsauslastung und Mittelbeschaffung teil- oder zeitweise für den steuerpflichtigen wirtschaftlichen Geschäftsbetrieb genutzt. Die Körperschaft darf nicht schon im Hinblick auf eine zeit- oder teilweise Nutzung für den steuerpflichtigen wirtschaftlichen Geschäftsbetrieb ein größeres Wirtschaftsgut angeschafft oder hergestellt haben, als es für die ideelle Tätigkeit notwendig war.

   Die Körperschaft verlangt für die Leistungen des steuerpflichtigen wirtschaftlichen Geschäftsbetriebs marktübliche Preise.

   Der steuerpflichtige wirtschaftliche Geschäftsbetrieb bildet keinen eigenständigen Sektor eines Gebäudes (z.B. Gaststättenbetrieb in einer Sporthalle).

   Diese Grundsätze gelten entsprechend für die Berücksichtigung anderer gemischter Aufwendungen (z.B. zeitweiser Einsatz von Personal des ideellen Bereichs in einem steuerpflichtigen wirtschaftlichen Geschäftsbetriebs) bei der gemeinnützigkeitsrechtlichen Beurteilung von Verlusten.
3. Der Ausgleich des Verlustes eines steuerpflichtigen wirtschaftlichen Geschäftsbetriebs mit Mitteln des ideellen Bereichs ist außerdem unschädlich für die Gemeinnützigkeit, wenn
   - der Verlust auf einer Fehlkalkulation beruht,
   - die Körperschaft innerhalb von 12 Monaten nach Ende des Wirtschaftsjahres, in dem der Verlust entstanden ist, dem ideellen Tätigkeitsbereich wieder Mittel in entsprechender Höhe zuführt und
   - die zugeführten Mittel nicht aus Zweckbetrieben, aus dem Bereich der steuerbegünstigten Vermögensverwaltung, aus Beiträgen oder aus anderen Zuwendungen, die zur Förderung

8

der steuerbegünstigten Zwecke der Körperschaft bestimmt sind, stammen (BFH-Urteil vom 13.11.1996, I R 152/93).

Die Zuführungen zu dem ideellen Bereich können demnach aus dem Gewinn des (einheitlichen) steuerpflichtigen wirtschaftlichen Geschäftsbetriebs, der in dem Jahr nach der Entstehung des Verlustes erzielt wird, geleistet werden. Außerdem dürfen für den Ausgleich des Verlustes Umlagen und Zuschüsse, die dafür bestimmt sind, verwendet werden. Derartige Zuwendungen sind jedoch keine steuerbegünstigten Spenden.

Gemeinnützige Körperschaften unterhalten steuerpflichtige wirtschaftliche Geschäftsbetriebe regelmäßig nur, um dadurch zusätzliche Mittel für die Verwirklichung der steuerbegünstigten Zwecke zu beschaffen. Es kann deshalb unterstellt werden, daß etwaige Verluste bei Betrieben, die schon längere Zeit bestehen, auf einer Fehlkalkulation beruhen. Bei dem Aufbau eines neuen Betriebs ist eine Verwendung von Mitteln des ideellen Bereichs für den Ausgleich von Verlusten auch dann unschädlich für die Gemeinnützigkeit , wenn mit Anlaufverlusten zu rechnen war. Auch in diesem Fall muß die Körperschaft aber in der Regel innerhalb von 3 Jahren nach dem Ende des Entstehungsjahres des Verlustes dem ideellen Bereich wieder Mittel, die gemeinnützigkeitsunschädlich dafür verwendet werden dürfen, zuführen.

Dieses Schreiben wird im Bundessteuerblatt Teil I veröffentlicht.

8

II. OFD-Verfügungen

Wirtschaftlicher Geschäftsbetrieb Arbeitnehmerüberlassung 12

OFD Rheinland, 16.4.2009, o. Az.

In letzter Zeit stellen gemeinnützige Einrichtungen vermehrt den Antrag, die Arbeitnehmerüberlassung als gemeinnützigen Zweck im Freistellungsbescheid zu bescheinigen.

Die gewerbsmäßige Arbeitnehmerüberlassung ist grundsätzlich erlaubnispflichtig nach dem Arbeitnehmerüberlassungsgesetz (AÜG). Bei gemeinnützigen Körperschaften ging die Arbeitsverwaltung davon aus, dass eine Arbeitnehmerüberlassung nicht gewerbsmäßig betrieben wurde und verlangte in der Praxis keinen besonderen Nachweis.

Die Arbeitsagentur für Arbeit fordert nunmehr in entsprechenden Fällen von gemeinnützigen Körperschaften die ausdrückliche Feststellung der Gemeinnützigkeit speziell für den Verleih von Arbeitskräften im Freistellungsbescheid. Die Arbeitnehmerüberlassung selbst stellt keinen eigenständigen gemeinnützigen Zweck dar. Eine Körperschaft, die Arbeitnehmerüberlassung betreibt, kann aber gleichwohl gemeinnützig sein, wenn das Schwergewicht ihrer Tätigkeit im ideellen Bereich (insbesondere berufliche Qualifizierung und therapeutische oder sozialpädagogische Betreuung) liegt. Im Einzelfall ist zu prüfen, ob die Voraussetzungen für die Steuerbegünstigung, z.B. als Einrichtung der Wohlfahrtspflege nach § 66 AO, erfüllt sind und die Arbeitnehmerüberlassung als Maßnahme zur Verwirklichung der gemeinnützigen Satzungszwecke einen begünstigten Zweckbetrieb begründet. Sind die Zweckbetriebsvoraussetzungen nicht erfüllt, ist der Bereich der Arbeitnehmerüberlassung als steuerpflichtiger wirtschaftlicher Geschäftsbetrieb zu behandeln.

Begründet die Arbeitnehmerüberlassung von gemeinnützigen Körperschaften im Einzelfall einen Zweckbetrieb, ist diesen Körperschaften mit dem neu entwickelten Vordruck 742/072 als Anlage zum Freistellungsbescheid oder als Anlage zur vorläufigen Bescheinigung für die Steuerbegünstigung die Zweckbetriebseigenschaft zur Vorlage bei der Arbeitsagentur zu bescheinigen.

13

Nachweis der wirtschaftlichen Hilfsbedürftigkeit

OFD Chemnitz, 16.10.2006, S 0172 – 1/2 – St 21

Erbringt eine Körperschaft Leistungen an wirtschaftlich hilfsbedürftige Personen, muss sie anhand ihrer Unterlagen nachweisen können, dass die Höhe der Einkünfte und Bezüge sowie das Vermögen der unterstützten Person die Grenzen des § 53 Nr. 2 AO nicht übersteigen (vgl. AEAO zu § 53, Nr. 9).

Der Nachweis der wirtschaftlichen Hilfsbedürftigkeit kann dadurch geführt werden, dass die unterstützten ihre Einkünfte sowie ihr Vermögen in einem Fragebogen erklären. Auf die Erklärung zur Höhe des Vermögens kann nicht verzichtet werden. Insoweit ist z.B. ein Fragebogen der Bundesarbeitsgemeinschaft Familienerholung zur Ermittlung der wirtschaftlichen Hilfsbedürftigkeit der unterstützten Personen unvollständig; er müsste um Angaben zur Höhe des Vermögens ergänzt werden.

14

Verwendung von Mitteln für die Kapitalausstattung von Kapitalgesellschaften und Stiftungen

OFD Chemnitz, 11.03.2004, S0174 – 8/1 – St21

Nach § 55 Abs. 1 Nr. 5 AO müssen steuerbegünstigte Körperschaften ihre Mittel grundsätzlich zeitnah für ihre steuerbegünstigten Zwecke verwenden. Nicht dem Gebot der zeitnahen Mittelverwendung unterliegen die nach den Vorschriften des § 58 Nr. 6, 7, 11 und 12 AO zulässigen Rücklagen bzw. Vermögenszuführungen. Hierbei ist zu unterscheiden zwischen projektbezogen gebundenen Rücklagen (§ 58 Nr. 6 AO), freien Rücklagen (§ 58 Nr. 7a AO), Rücklagen zum Erwerb von Gesellschaftsrechten (§ 58 Nr. 7b AO) sowie Vermögenszuführungen im Sinne des § 58 Nr. 11 und 12 AO. Darüber hinaus ist die Bildung von Rücklagen im Bereich der Vermögensverwaltung sowie im steuerpflichtigen wirtschaftlichen Geschäftsbetrieb zulässig, soweit die Rücklagen bei vernünftiger kaufmännischer Beurteilung wirtschaftlich begründet sind (AEAO zu § 55, Nr. 3).

Hinsichtlich der Verwendung von Mitteln einer steuerbegünstigten Körperschaft für die Vermögensausstattung einer Kapitalgesellschaft oder einer Stiftung gilt Folgendes:

1. Ausstattung einer Kapitalgesellschaft

   Die Ausstattung einer Kapitalgesellschaft stellt sich als Anschaffung einer Beteiligung und damit als Vermögensumschichtung bei der steuerbegünstigten Körperschaft dar. Für die Frage, ob die Kapitalausstattung gemeinnützigkeitsrechtlich unbedenklich ist, ist entscheidend, welche Mittel verwendet werden und ob die Empfängerkörperschaft selbst steuerbegünstigt ist.

   1.1 Einsatz nicht zeitnah zu verwendender Mittel

   Der Einsatz nicht zeitnah zu verwendender Mittel für die Kapitalbildung bei einer Tochtergesellschaft ist grundsätzlich unschädlich für die Gemeinnützigkeit der steuerbegünstigten Körperschaft. Dies gilt unabhängig davon, ob die Beteiligung Vermögensverwaltung darstellt oder ob sie aufgrund der Einflussnahme auf die laufende Geschäftsführung der Kapitalgesellschaft oder dem Vorliegen einer Betriebsaufspaltung als steuerpflichtiger wirtschaftlicher Geschäftsbetrieb zu beurteilen ist.

   Gemeinnützige Körperschaften müssen aber im Rahmen der Vermögensanlage sicherstellen, dass das Vermögen dauerhaft erhalten bleibt. Würden die der Vermögensbindung unterliegenden Mittel der steuerbegünstigten Körperschaft endgültig entzogen, weil die Tochtergesellschaft auf Dauer Verluste erwirtschaftet, wäre dies schädlich für die Gemeinnützigkeit (vgl. a. BFH vom 23.10.1991, BStBl 1992 II S. 62).

1.2 Einsatz zeitnah zu verwendender Mittel

1.2.1 Die auszustattende Kapitalgesellschaft ist steuerbegünstigt

Der Einsatz von zeitnah zu verwendenden Mitteln ist zulässig, wenn die Empfängerkörperschaft die erhaltenen Mittel zeitnah für ihre steuerbegünstigten Zwecke einsetzt. Dazu gehört auch die Anschaffung oder Herstellung von Vermögensgegenständen, die steuerbegünstigten Zwecken dienen (vgl. AEAO zu § 55, Nr. 26).

Wird die Beteiligung an der steuerbegünstigten Kapitalgesellschaft veräußert, unterliegt der Veräußerungserlös der zeitnahen Mittelverwendungspflicht.

1.2.2 Die auszustattende Kapitalgesellschaft ist nicht steuerbegünstigt

Der Einsatz von zeitnah zu verwendenden Mitteln ist hier gemeinnützigkeitsrechtlich schädlich. Ggf. ist eine Frist für die Verwendung der Mittel gemäß § 63 Abs. 4 AO zu setzen.

2. Ausstattung einer Stiftung

Die Kapitalausstattung einer Stiftung stellt sich mangels Beteiligung des Stifters bzw. Zuwendenden nicht als Vermögensumschichtung dar. In diesem Fall verlassen die Mittel endgültig den Vermögensbereich der steuerbegünstigten Körperschaft. Ist die Empfängerstiftung nicht als steuerbegünstigte Körperschaft i. S. d. § 51 ff. AO anerkannt, ist jeglicher Mitteleinsatz gemeinnützigkeitsschädlich, da die Mittel endgültig dem steuerbegünstigten Bereich entzogen werden. Ist die Empfängerstiftung als steuerbegünstigte Körperschaft anerkannt, ist die Verwendung von Mitteln unter den Voraussetzungen des § 58 Nr. 1 und 2 AO zulässig. Dies bedeutet, dass der Einsatz von zeitnah zu verwendenden Mitteln nur unschädlich ist, wenn die steuerbegünstigte Stiftung die Mittel auch zeitnah verwendet.

8

Ausgliederung nichtmedizinischer Leistungen durch Krankenhaus-GmbH 15

OFD Koblenz, 7.10.2003, S 0174 A – St 33 1

Es ist gefragt worden, ob es schädlich für die Gemeinnützigkeit einer Krankenhaus-GmbH ist, wenn sie nichtmedizinische Leistungen (Reinigungsdienst, Küche, technischen Dienst, Nähstube, Bettenzentrale, Hol- und Bringdienst, z.B. bei der Abfallbeseitigung) im Rahmen einer Betriebsaufspaltung in eine steuerpflichtige Dienstleistungs-GmbH ausgliedert und dieser entgeltlich Personal und Räume einschl. des Inventars zur Verfügung stellt. Die KSt-Referatsleiter waren mit großer Mehrheit der Auffassung, dass die Überlassung der Räume einschl. Inventar an die Dienstleistungs-GmbH gegen angemessenes Entgelt als Vermögensverwaltung anzusehen und damit unschädlich für die Gemeinnützigkeit der Krankenhaus-GmbH ist. Diese Entscheidung betrifft jedoch nur die gemeinnützigkeitsrechtlichen Voraussetzungen für die Steuerbegünstigung der Körperschaft. Nur hierzu wurde entschieden, dass die Vermietung von Räumen einschl. Inventar keine für die Gemeinnützigkeit der Körperschaft schädliche Verwendung von Mitteln darstellt. Die Wirtschaftsgüter verbleiben im Eigentum der Körperschaft und werden von ihr – durch Vermietung an einen Dritten – weiter genutzt. Die Vermietung von Wirtschaftsgütern ist zwar grundsätzlich eine vermögensverwaltende Tätigkeit. Wenn die Voraussetzungen einer Betriebsaufspaltung erfüllt sind, wird aber auch bei der Besteuerung gemeinnütziger Körperschaften eine der Art nach vermögensverwaltende Tätigkeit als steuerpflichtiger Wirtschaft!. Geschäftsbetrieb behandelt. Dies gilt unverändert fort.

III. Sonstige Erlasse und Schreiben

16 Steuerbegünstigte Körperschaft, Betriebsaufspaltung, Ausgliederung nicht begünstigter Leistungen

LfSt Bayern, 2.11.2010, S 2729.2.1 - 5/2 St 31

Zu der Frage, ob es schädlich für die Gemeinnützigkeit einer steuerbegünstigten Körperschaft (z.B. Krankenhaus-GmbH) ist, wenn sie nichtbegünstigte Leistungen (z.B. Reinigungsdienst, Küche, technischer Dienst, Nähstube, Bettenzentrale, Hol- und Bringdienst, z.B. bei Abfallbeseitigung) im Rahmen einer Betriebsaufspaltung in eine steuerpflichtige Dienstleistungs-GmbH ausgliedert und dieser entgeltlich Personal und bisher einem Zweckbetrieb gewidmete Räume einschließlich des Inventars zur Verfügung stellt, bitte ich folgende Auffassung zu vertreten:

1. Die entgeltliche Überlassung der Räume einschließlich Inventar an die Dienstleistungs-GmbH stellt keine für die Gemeinnützigkeit schädliche Verwendung von Mitteln dar. Das Entgelt muss angemessen (marktüblicher Preis) sein.

8

Die Vermietung von Wirtschaftsgütern i.S. von § 21 EStG ist zwar grundsätzlich eine vermögensverwaltende Tätigkeit. Wenn die Voraussetzungen einer Betriebsaufspaltung erfüllt sind, wird aber auch bei der Besteuerung gemeinnütziger Körperschaften eine der Art nach vermögensverwaltende Tätigkeit als steuerpflichtiger wirtschaftlicher Geschäftsbetrieb behandelt (s. AEAO zu § 64 Abs. 1, Nr. 3).

Der Erwerb der Anteile an der steuerpflichtigen Dienstleistungs-GmbH darf nicht aus zeitnah zu verwendenden Mitteln, wozu auch der Gewinn des steuerpflichtigen wirtschaftlichen Geschäftsbetriebs gehört, sondern nur aus dem zulässig gebildeten Vermögen einschließlich der freien Rücklagen finanziert werden.

Es liegt ein Verstoß gegen das Gebot der zeitnahen Mittelverwendung vor, wenn ein Gebäude und/oder Inventar des ideellen Bereichs einschließlich der Zweckbetriebe, das mit zeitnah für die steuerbegünstigten Zwecke zu verwendenden Mitteln angeschafft oder hergestellt wurde, an eine steuerpflichtige Körperschaft vermietet wird.

Die Vermietung ist unschädlich für die Gemeinnützigkeit, wenn zulässig gebildetes Vermögen (insbesondere freie Rücklage) in Höhe des Werts der in den Bereich der Vermögensverwaltung bzw. im Falle der Betriebsaufspaltung des steuerpflichtigen wirtschaftlichen Geschäftsbetriebs verlagerten Wirtschaftsgüter zeitnah für die steuerbegünstigten Zwecke verwendet wird.

17 Arbeitnehmerüberlassung, Gemeinnützigkeit

OFD Rheinland, 16.4.2009, o. Az.

In letzter Zeit stellen gemeinnützige Einrichtungen vermehrt den Antrag, die Arbeitnehmerüberlassung als gemeinnützigen Zweck im Freistellungsbescheid zu bescheinigen.

Die gewerbsmäßige Arbeitnehmerüberlassung ist grundsätzlich erlaubnispflichtig nach dem Arbeitnehmerüberlassungsgesetz (AÜG). Bei gemeinnützigen Körperschaften ging die Arbeitsverwaltung davon aus, dass eine Arbeitnehmerüberlassung nicht gewerbsmäßig betrieben wurde und verlangte in der Praxis keinen besonderen Nachweis.

Die Arbeitsagentur für Arbeit fordert nunmehr in entsprechenden Fällen von gemeinnützigen Körperschaften die ausdrückliche Feststellung der Gemeinnützigkeit speziell für den Verleih von Arbeitskräften im Freistellungsbescheid. Die Arbeitnehmerüberlassung selbst stellt keinen eigenständigen gemeinnützigen Zweck dar. Eine Körperschaft, die Arbeitnehmerüberlassung betreibt, kann aber gleichwohl gemeinnützig sein, wenn das Schwergewicht ihrer Tätigkeit im ideellen Bereich (insbesondere berufliche Qualifizierung und therapeutische oder sozialpädagogische Betreuung) liegt. Im Einzelfall ist zu prüfen, ob die Voraussetzungen für die Steuerbegünstigung, z.B. als Einrichtung der Wohlfahrtspflege nach § 66 AO, erfüllt sind und die Arbeitnehmerüberlassung als Maßnahme zur Verwirklichung der gemeinnützigen Satzungszwecke einen begünstigten Zweckbetrieb begründet. Sind die Zweckbetriebsvoraussetzungen nicht erfüllt, ist der Bereich der Arbeitnehmerüberlassung als steuerpflichtiger wirtschaftlicher Geschäftsbetrieb zu behandeln.

Begründet die Arbeitnehmerüberlassung von gemeinnützigen Körperschaften im Einzelfall einen Zweckbetrieb, ist diesen Körperschaften mit dem neu entwickelten Vordruck 742/072 als Anlage zum Freistellungsbescheid oder als Anlage zur vorläufigen Bescheinigung für die Steuerbegünstigung die Zweckbetriebseigenschaft zur Vorlage bei der Arbeitsagentur zu bescheinigen.

Gemeinnützigkeit von Unternehmergesellschaften 18

LfSt Bayern, 31.3.2009, S 0174.2.1 – 2/2 St 31

Durch das Gesetz zur Modernisierung des GmbH-Rechts und zur Bekämpfung von Missbräuchen (MoMiG) vom 23.10.2008, BGBl 2008 I S. 2026, wurde mit Wirkung ab dem 1.11.2008 die Gründung von Gesellschaften mit der Bezeichnung „Unternehmergesellschaft (haftungsbeschränkt)" oder „UG (haftungsbeschränkt)" zugelassen. Für die Gründung dieser Gesellschaften (sog. Mini-GmbH) reicht ein Stammkapital von 1 EUR aus. Die Gesellschaft muss jedoch ein Viertel ihres Jahresüberschusses in eine gesetzliche Rücklage einstellen. Diese Pflicht fällt weg, wenn die Rücklage die Schwelle des § 5 Abs. 1 GmbH-Gesetz von 25.000 EUR für die Gründung einer GmbH erreicht und das Stammkapital entsprechend angehoben wird.

Bei der Unternehmergesellschaft handelt es sich nicht um eine neue Rechtsform, sondern um eine GmbH. Es gelten lediglich die in § 5a GmbHG festgelegten, erleichterten gesellschaftsrechtlichen Vorgaben. Alle übrigen gesetzlichen Vorschriften – sowohl gesellschafts- als auch steuerrechtlich – gelten für die Unternehmergesellschaft gleichermaßen wie für jede andere GmbH.

Die Unternehmergesellschaft ist daher eine Körperschaft i.S. des § 51 AO, für die eine Steuervergünstigung in Betracht kommen kann.

Unter Bezugnahme auf das Ergebnis der Erörterung der obersten Finanzbehörden des Bundes und der Länder ist die Auffassung zu vertreten, dass die gesetzlich vorgeschriebene Rücklagenbildung bis zum Erreichen des Stammkapitals von 25.000 EUR nicht gegen den Grundsatz der zeitnahen Mittelverwendung (§§ 55, 58 AO) verstößt.

Das Stammkapital einer Kapitalgesellschaft unterliegt nicht der zeitnahen Mittelverwendungspflicht. Das gilt auch für die Mittel, die von Gesetzes wegen in die zur Erhöhung des Stammkapitals gedachte Rücklage nach § 5a Abs. 3 GmbHG eingestellt werden müssen und insoweit bereits anderweitig gesetzlich gebunden sind.

Unmittelbarkeit 19

FinMin Hessen, 7.8.2008, S 0171 A – 199 – II 4 a

Nach § 52 Abs. 2 Nr. 25 AO i.d. Fassung des Gesetzes zur weiteren Stärkung des bürgerschaftlichen Engagements ist die Förderung des bürgerschaftlichen Engagements zu Gunsten gemeinnütziger, mildtätiger oder kirchlicher Zwecke als Förderung der Allgemeinheit anzuerkennen. Nach einer

Entscheidung der obersten Finanzbehörden des Bundes und der Länder wird hierdurch das Gebot der Unmittelbarkeit, nach dem eine Körperschaft ihre steuerbegünstigten Zwecke grundsätzlich selbst verwirklichen muss, nicht berührt. Eine Körperschaft kann deshalb auch weiterhin nur dann als gemeinnützig anerkannt werden, wenn sie nicht nur einen steuerbegünstigten Zweck fördert, sondern zusätzlich auch die Voraussetzungen des § 57 AO erfüllt. Körperschaften, die den gemeinnützigen Zweck durch Überlassung von Liegenschaften an steuerbegünstigte Körperschaften, durch Beratung und Förderung von Selbsthilfeorganisationen oder durch die Unterstützung und Beratung bei Stiftungsgründungen nur mittelbar fördern, können daher nicht als steuerbegünstigte Körperschaft anerkannt werden.

D. Muster für Zuwendungsbestätigungen

20 BMF Schreiben

Verwendung der verbindlichen Muster für Zuwendungsbestätigungen
BMF vom 2.6.2000 (BStBl I S. 592)
IV C 4 – S 2223 – 568/00
unter Berücksichtigung der Änderungen durch
BMF vom 10.4.2003 (BStBl I S. 286) und vom 24.2.2004 (BStBl I S.)

Unter Bezugnahme auf das Ergebnis der Erörterungen mit den obersten Finanzbehörden der Länder gilt für die Verwendung der verbindlichen Muster für Zuwendungsbestätigungen im Sinne des § 50 Abs. 1 EStDV folgendes:

1. Die im Bundessteuerblatt 1999 Teil I Seite 979 veröffentlichen Vordrucke sind verbindliche Muster. Ihre Verwendung ist gem. § 50 Abs. 1 EStDV Voraussetzung für den Spendenabzug. Die Zuwendungsbestätigungen sind vom jeweiligen Zuwendungsempfänger anhand dieser Muster selbst herzustellen. In der auf einen bestimmten Zuwendungsempfänger zugeschnittenen Zuwendungsbestätigung müssen nur die Angaben aus den veröffentlichten Mustern übernommen werden, die im Einzelfall einschlägig sind. Auf die Beispiele auf den Seiten 988 und 989 des BStBl 1999 Teil I wird hingewiesen.
2. Eine optische Hervorhebung von Textpassagen durch Einrahmungen und vorangestellte Ankreuzkästchen ist zulässig. Es bestehen auch keine Bedenken, den Namen des Zuwendenden und dessen Adresse untereinander anzuordnen. Die Wortwahl und die Reihenfolge der in den amtlichen Vordrucken vorgeschriebenen Textpassagen sind aber – vorbehaltlich der folgenden Ausführungen – beizubehalten.
3. Auf den Zuwendungsbestätigungen dürfen weder Danksagungen an den Zuwendenden noch Werbung für die Ziele der begünstigten Einrichtung angebracht werden. Entsprechende Texte sind jedoch auf der Rückseite zulässig.
4. Um eine vordruckmäßige Verwendung der Muster zu ermöglichen, bestehen keine Bedenken, wenn auf einem Mustervordruck mehrere steuerbegünstigte Zwecke genannt werden. Der Zuwendungsempfänger hat dann den jeweils einschlägigen Zweck kenntlich zu machen.
5. Soweit in einem Mustervordruck mehrere steuerbegünstigte Zwecke genannt werden, die für den Spendenabzug unterschiedlich hoch begünstigt sind (Spendenabzugsrahmen 5 bzw. 10 v. H.), und die Zuwendung keinem konkreten Zweck zugeordnet werden kann, weil der Spender bei der Hingabe der Zuwendung keine Widmung für einen bestimmten Zweck vorgenommen oder der Zuwendungsempfänger die unterschiedlich hoch begünstigten Spendenzwecke organisatorisch

und buchhalterisch nicht voneinander getrennt hat, ist davon auszugehen, dass die Zuwendung nicht berechtigt, den erhöhten Spendenabzug in Anspruch zu nehmen. In diesen Fällen ist der folgende Zusatz zwischen der Verwendungsbestätigung und der Unterschrift des Zuwendungsempfängers in die Zuwendungsbestätigung aufzunehmen:

„Diese Zuwendungsbestätigung berechtigt nicht zum Spendenabzug im Rahmen des erhöhten Vomhundertsatzes nach § 10b Abs. 1 Satz 2 EStG / § 9 Abs. 1 Nr. 2 Satz 2 KStG oder zum Spendenrücktrag bzw. –vortrag nach § 10b Abs. 1 Satz 3 EStG / § 9 Abs. 1 Nr. 2 Satz 3 KStG. Entsprechendes gilt auch für den Spendenabzug bei der Gewerbesteuer (§ 9 Nr. 5 GewStG)."

Bei mehreren steuerbegünstigten Zwecken, die unterschiedlich hoch begünstigt sind, kann eine Zuwendung – bei entsprechender Widmung durch den Spender und organisatorischer und buchhalterischer Trennung durch den Zuwendungsempfänger – in Teilbeträgen auch verschiedenen Förderzwecken zugeordnet werden (z. B. Geldzuwendung in Höhe von 500 DM, davon 300 DM für mildtätige Zwecke, 200 DM für Entwicklungshilfe nach Abschnitt A Nr. 12 der Anlage 1 zu § 48 Abs. 2 EStDV). Es handelt sich in diesen Fällen steuerlich um zwei Zuwendungen, die entweder jeweils gesondert oder im Rahmen einer Sammelbestätigung (vgl. Rdnr. 6) zu bestätigen sind.

6. Gegen die Erstellung von Sammelbestätigungen für Geldzuwendungen (Mitgliedsbeiträge, Geldspenden), d. h. die Bestätigung mehrerer Zuwendungen in einer förmlichen Zuwendungsbestätigung, bestehen unter folgenden Voraussetzungen keine Bedenken:

- Anstelle des Wortes „Bestätigung" ist das Wort „Sammelbestätigung" zu verwenden.
- Bei „Art der Zuwendung" und „Tag der Zuwendung" ist auf die Rückseite oder die beigefügte Anlage (s. u.) zu verweisen.
- In der Zuwendungsbestätigung ist die Gesamtsumme zu nennen.
- Nach der Bestätigung, dass die Zuwendungen zur Förderung steuerbegünstigter Zwecke verwendet werden, ist folgende Bestätigung zu ergänzen: „Es wird bestätigt, dass über die in der Gesamtsumme enthaltenen Zuwendungen keine weiteren Bestätigungen, weder formelle Zuwendungsbestätigungen noch Beitragsquittungen o. ä., ausgestellt wurden und werden."
- Auf der Rückseite der Zuwendungsbestätigung oder in der Anlage ist jede einzelne Zuwendung mit Datum, Betrag und Art (Mitgliedsbeitrag, Geldspende) und nur im Falle unterschiedlich hoch begünstigter Zwecke auch der begünstigte Zweck aufzulisten. Diese Auflistung muss ebenfalls eine Gesamtsumme enthalten und als „Anlage zur Zuwendungsbestätigung vom ...." gekennzeichnet sein.
- Zu den in der Sammelbestätigung enthaltenen Geldspenden ist anzugeben, ob es sich hierbei um den Verzicht auf Erstattung von Aufwendungen handelt oder nicht (vgl. auch Rdnr. 10). Handelt es sich sowohl um direkte Geldspenden als auch um Geldspenden im Wege des Verzichts auf Erstattung von Aufwendungen, sind die entsprechenden Angaben dazu entweder auf der Rückseite der Zuwendungsbestätigung oder in der Anlage zu machen.
- In der Sammelbestätigung ist anzugeben, auf welchen Zeitraum sich die Sammelbestätigung erstreckt. Die Sammelbestätigung kann auch für nur einen Teil des Kalenderjahrs ausgestellt werden.
- Werden im Rahmen einer Sammelbestätigung Zuwendungen zu steuerlich unterschiedlich hoch begünstigte Zwecke bestätigt, dann ist unter der in der Zuwendungsbestätigung genannten Gesamtsumme ein Klammerzusatz aufzunehmen:

  „(von der Gesamtsumme entfallen DM[1] auf die Förderung von [Bezeichnung der höher begünstigten Zwecke])".

1 Ab VZ 2002: Euro.

7. [2]Sind lediglich Mitgliedsbeiträge Gegenstand der Zuwendung an Körperschaften i. S. des § 5 Abs. 1 Nr. 9 KStG, Parteien oder unabhängige Wählervereinigungen, so ist auf der jeweiligen Zuwendungsbestätigung zu vermerken, dass es sich um einen Mitgliedsbeitrag handelt (Art der Zuwendung: Mitgliedsbeitrag – der weitere Begriff Geldzuwendung ist zu streichen). Handelt es sich hingegen um eine Spende, ist bei der Art der Zuwendung „Geldzuwendung“ anzugeben. Bei Parteien ist im Rahmen der Bestätigung am Ende des Musters zu vermerken, dass es sich hierbei „nicht um Mitgliedsbeiträge“ handelt. Bei Körperschaften i. S. des § 5 Abs. 1 Nr. 9 KStG und bei unabhängigen Wählervereinigungen ist im Rahmen der Bestätigung am Ende des Musters zu vermerken, dass es sich hierbei „nicht um Mitgliedsbeiträge, sonstige Mitgliedsumlagen oder Aufnahmegebühren“ handelt. Dies ist auch in den Fällen erforderlich, in denen eine Körperschaft Zwecke verfolgt, für deren Förderung Mitgliedsbeiträge und Spenden begünstigt sind. Hat der Spender zusammen mit einem Mitgliedsbeitrag auch eine Geldspende geleistet (z. B. Überweisung von 200 EUR, davon 120 EUR Mitgliedsbeitrag und 80 EUR Spende), handelt es sich steuerrechtlich um zwei Zuwendungen, die entweder jeweils gesondert oder im Rahmen einer Sammelbestätigung (vgl. Rdnr. 6) zu bestätigen sind.

8. Der zugewendete Betrag ist sowohl in Ziffern als auch in Buchstaben zu benennen. Für die Benennung in Buchstaben ist es nicht zwingend erforderlich, dass der zugewendete Betrag in einem Wort genannt wird; ausreichend ist die Buchstabenbenennung der jeweiligen Ziffern. So kann z. B. ein Betrag in Höhe von 1.246 DM als „eintausendzweihundertsechsundvierzig“ oder „eins-zwei-vier-sechs“ bezeichnet werden. In diesen Fällen sind allerdings die Leerräume vor der Nennung der ersten Ziffer und hinter der letzten Ziffer in geeigneter Weise (z. B. durch „X“) zu entwerten.

9. Handelt es sich um eine Sachspende, so sind in die Zuwendungsbestätigung genaue Angaben über den zugewendeten Gegenstand aufzunehmen (z. B. Alter, Zustand, historischer Kaufpreis usw.). Die im folgenden für die Sachspende nicht zutreffenden Sätze in den entsprechenden Vordrucken sind zu streichen. Stammt die Sachzuwendung nach den Angaben des Zuwendenden aus dessen Betriebsvermögen, dann ist die Sachzuwendung mit dem Entnahmewert anzusetzen. In diesen Fällen braucht der Zuwendungsempfänger keine zusätzlichen Unterlagen in seine Buchführung aufzunehmen, ebenso sind Angaben über die Unterlagen, die zur Wertermittlung gedient haben, nicht erforderlich. Handelt es sich um eine Sachspende aus dem Privatvermögen des Zuwendenden, so hat der Zuwendungsempfänger anzugeben, welche Unterlagen er zur Ermittlung des angesetzten Wertes herangezogen hat. In Betracht kommt in diesem Zusammenhang z. B. ein Gutachten über den aktuellen Wert der zugewendeten Sache oder der sich aus der ursprünglichen Rechnung ergebende historische Kaufpreis unter Berücksichtigung einer Absetzung für Abnutzung. Diese Unterlagen hat der Zuwendungsempfänger zusammen mit der Zuwendungsbestätigung in seine Buchführung aufzunehmen. Der unvollständige Satz in den amtlichen Vordrucken für Sachbestätigungen (BStBl 1999 Teil I Seiten 981, 983, 985) „Geeignete Unterlagen, die zur Wertermittlung gedient haben, z. B. Rechnungen, Gutachten.“ ist um die Worte „liegen vor“ zu ergänzen.

2 Aus Billigkeitsgründen werden bei Zuwendungsbestätigungen, die bis zum Ablauf des Jahres 2003 (– verlängert durch BMF-Schreiben vom 24.2.2004 bis zum 30.6.2004 –) nach der bisherigen Fassung der Rdnr. 7 erstellt worden sind, keine steuerlich nachteiligen Folgen gezogen. Die bisherige Fassung der Rdnr. 7 lautet: Sind lediglich Mitgliedsbeiträge Gegenstand der Zuwendung an Körperschaften im Sinne des § 5 Abs. 1 Nr. 9 KStG, Parteien oder unabhängige Wählervereinigungen, so ist auf der jeweiligen Zuwendungsbestätigung zu vermerken, dass es sich um einen Mitgliedsbeitrag handelt (Art der Zuwendung: Mitgliedsbeitrag – der weitere Begriff Geldzuwendung ist zu streichen). Handelt es sich hingegen um eine Spende, ist bei Art der Zuwendung „Geldzuwendung“ anzugeben und im Rahmen der Bestätigung am Ende des Musters zu vermerken, dass es sich hierbei „nicht um Mitgliedsbeiträge, sonstige Mitgliedsumlagen oder Aufnahmegebühren“ handelt. Dies ist auch in den Fällen erforderlich, in denen eine Körperschaft Zwecke verfolgt, für deren Förderung Mitgliedsbeiträge und Spenden begünstigt sind. Hat der Spender zusammen mit einem Mitgliedsbeitrag auch eine Geldspende geleistet (z. B. Überweisung von 200 DM, davon 120 DM Mitgliedsbeitrag und 80 DM Spende) handelt es sich steuerlich um zwei Zuwendungen, die entweder jeweils gesondert oder im Rahmen einer Sammelbestätigung (vgl. Rdnr. 6) zu bestätigen sind.

10. Nach dem Betrag der Zuwendung ist bei Zuwendungen an Körperschaften im Sinne des § 5 Abs. 1 Nr. 9 KStG, Parteien oder unabhängige Wählervereinigungen immer anzugeben, ob es sich hierbei um den Verzicht auf Erstattung von Aufwendungen handelt oder nicht. Dies gilt auch in den Fällen, in denen ein Zuwendungsempfänger grundsätzlich keine Zuwendungsbestätigungen für die Erstattung von Aufwendungen ausstellt.
11. In den Zuwendungsbestätigungen ist auch anzugeben, ob die begünstigten Zwecke im Ausland verwirklicht werden. Wird nur ein Teil der Zuwendung im Ausland verwendet, so ist anzugeben, dass die Zuwendung auch im Ausland verwendet wird. Steht im Zeitpunkt der Zuwendung noch nicht fest, ob der Verwendungszweck im Inland oder Ausland liegen wird, ist zu bestätigen, dass die Zuwendung ggf. (auch) im Ausland verwendet wird.
12. Werden Zuwendungen an juristische Personen des öffentlichen Rechts von diesen an andere juristische Personen des öffentlichen Rechts weitergeleitet und werden von diesen die steuerbegünstigten Zwecke verwirklicht, so hat der „Erstempfänger“ die in den amtlichen Vordrucken enthaltene Bestätigung wie folgt zu fassen:

    „Die Zuwendung wird entsprechend den Angaben des Zuwendenden an die .... [Name des Letztempfängers verbunden mit einem Hinweis auf deren öffentlich-rechtliche Organisationsform] weitergeleitet“.

    Die übrigen Angaben sind zu streichen.
13. R 111 Abs. 5 EStR 1999[3] gilt für maschinell erstellte Zuwendungsbestätigungen entsprechend.
14. Die auf den verbindlichen Mustern vorgesehenen Hinweise zu den haftungsrechtlichen Folgen der Ausstellung einer unrichtigen Zuwendungsbestätigung und zu der steuerlichen Anerkennung der Zuwendungsbestätigung (Datum des Freistellungsbescheids bzw. der vorläufigen Bescheinigung) sind auf die einzeln erstellten Zuwendungsbestätigungen zu übernehmen.
15. Nach § 50 Abs. 4 EStDV ist ein Doppel der Zuwendungsbestätigung von der steuerbegünstigten Körperschaft aufzubewahren. Es ist in diesem Zusammenhang zulässig, das Doppel in elektronischer Form zu speichern. Die Grundsätze ordnungsgemäßer DV-gestützter Buchführungssysteme (BMF-Schreiben vom 7.11.1995, BStBl I S. 738) gelten entsprechend.
16. Für Zuwendungen nach dem 31. Dezember 1999 ist das Durchlaufspendenverfahren keine zwingende Voraussetzung mehr für die steuerliche Begünstigung von Spenden. Ab 1. Januar 2000 sind alle gemeinnützigen Körperschaften i. S. d. § 5 Abs. 1 Nr. 9 KStG, die spendenbegünstigte Zwecke verfolgen, zum unmittelbaren Empfang und zur Bestätigung von Spenden berechtigt. Dennoch dürfen öffentlich-rechtliche Körperschaften oder öffentliche Dienststellen auch weiterhin als Durchlaufstelle auftreten und Zuwendungsbestätigungen ausstellen. Sie unterliegen dann aber auch – wie bisher – der Haftung nach § 10b Abs. 4 EStG. Dach- und Spitzenorganisationen können für die ihnen angeschlossenen Vereine dagegen nicht mehr als Durchlaufstelle fungieren.

8

3 Jetzt R 111 Abs. 4 EStR 2003.

21 Zuwendungsbestätigung für Geldspender

Aussteller (Bezeichnung und Anschrift der steuerbegünstigten Einrichtung)

Bestätigung über Geldzuwendungen/Mitgliedsbeitrag

im Sinne des § 10 b des Einkommensteuergesetzes an eine der in § 5 Abs. 1 Nr. 9 des Körperschaftsteuergesetzes bezeichneten Körperschaften, Personenvereinigungen oder Vermögensmassen

Name und Anschrift des Zuwendenden:

Betrag der Zuwendung - in Ziffern -	- in Buchstaben -	Tag der Zuwendung:
€		

Es handelt sich um den Verzicht auf Erstattung von Aufwendungen ☐ Ja ☒ Nein

Wir sind wegen Förderung (Angabe des begünstigten Zwecks / der begünstigten Zwecke)

☐ nach dem letzten uns zugegangenen Freistellungsbescheid bzw. nach der Anlage zum Körperschaftsteuerbescheid des

Finanzamtes	Steuernummer	vom

nach § 5 Abs. 1 Nr. 9 des Körperschaftsteuergesetzes von der Körperschaftsteuer und nach § 3 Nr. 6 des Gewerbesteuergesetzes von der Gewerbesteuer befreit.

☐ durch vorläufige Bescheinigung des

Finanzamtes	Steuernummer	vom	ab

als steuerbegünstigten Zwecken dienend anerkannt.

Es wird bestätigt, dass die Zuwendung nur zur Förderung (Angabe des begünstigten Zwecks / der begünstigten Zwecke)

verwendet wird.

Nur für steuerbegünstigte Einrichtungen, bei denen die Mitgliedsbeiträge steuerlich nicht abziehbar sind:

☐ Es wird bestätigt, dass es sich nicht um einen Mitgliedsbeitrag i.S. von § 10b Abs. 1 Satz 2 Einkommensteuergesetz handelt.

(Ort, Datum und Unterschrift des Zuwendungsempfängers)

Hinweis:

Wer vorsätzlich oder grob fahrlässig eine unrichtige Zuwendungsbestätigung erstellt oder wer veranlasst, dass Zuwendungen nicht zu den in der Zuwendungsbestätigung angegebenen steuerbegünstigten Zwecken verwendet werden, haftet für die Steuer, die dem Fiskus durch einen etwaigen Abzug der Zuwendungen beim Zuwendenden entgeht (§ 10b Abs. 4 EStG, § 9 Abs. 3 KStG, § 9 Nr. 5 GewStG).

Diese Bestätigung wird nicht als Nachweis für die steuerliche Berücksichtigung der Zuwendung anerkannt, wenn das Datum des Freistellungsbescheides länger als 5 Jahre bzw. das Datum der vorläufigen Bescheinigung länger als 3 Jahre seit Ausstellung der Bestätigung zurückliegt (BMF vom 15.12.1994 - BStBl. I S. 884).

Zuwendungsbestätigung für Sachspender

22

Aussteller (Bezeichnung und Anschrift der steuerbegünstigten Einrichtung)

Bestätigung über Sachzuwendungen

im Sinne des § 10 b des Einkommensteuergesetzes an eine der in § 5 Abs. 1 Nr. 9 des Körperschaftsteuergesetzes bezeichneten Körperschaften, Personenvereinigungen oder Vermögensmassen

Name und Anschrift des Zuwendenden:

Wert der Zuwendung - in Ziffern -	- in Buchstaben -	Tag der Zuwendung:
€		
Genaue Bezeichnung der Sachzuwendung mit Alter, Zustand, Kaufpreis usw.		

- ☐ Die Sachzuwendung stammt nach den Angaben des Zuwendenden aus dem Betriebsvermögen und ist mit dem Entnahmewert (ggf. mit dem niedrigeren gemeinen Wert) bewertet.
- ☐ Die Sachzuwendung stammt nach den Angaben des Zuwendenden aus dem Privatvermögen.
- ☐ Der Zuwendende hat trotz Aufforderung keine Angaben zur Herkunft der Sachzuwendung gemacht.
- ☐ Geeignete Unterlagen, die zur Wertermittlung der Sachzuwendung gedient haben, z. B. Rechnung, Gutachten, liegen vor.

Wir sind wegen Förderung (Angabe des begünstigten Zwecks / der begünstigten Zwecke)

☐ nach dem letzten uns zugegangenen Freistellungsbescheid bzw. nach der Anlage zum Körperschaftsteuerbescheid des

Finanzamtes	Steuernummer	vom

nach § 5 Abs. 1 Nr. 9 des Körperschaftsteuergesetzes von der Körperschaftsteuer und nach § 3 Nr. 6 des Gewerbesteuergesetzes von der Gewerbesteuer befreit.

☐ durch vorläufige Bescheinigung des

Finanzamtes	Steuernummer	vom	ab

als steuerbegünstigten Zwecken dienend anerkannt.

Es wird bestätigt, dass die Zuwendung nur zur Förderung (Angabe des begünstigten Zwecks / der begünstigten Zwecke)
verwendet wird.

____

(Ort, Datum und Unterschrift des Zuwendungsempfängers)

Hinweis:

Wer vorsätzlich oder grob fahrlässig eine unrichtige Zuwendungsbestätigung erstellt oder wer veranlasst, dass Zuwendungen nicht zu den in der Zuwendungsbestätigung angegebenen steuerbegünstigten Zwecken verwendet werden, haftet für die Steuer, die dem Fiskus durch einen etwaigen Abzug der Zuwendungen beim Zuwendenden entgeht (§ 10b Abs. 4 EStG, § 9 Abs. 3 KStG, § 9 Nr. 5 GewStG).

Diese Bestätigung wird nicht als Nachweis für die steuerliche Berücksichtigung der Zuwendung anerkannt, wenn das Datum des Freistellungsbescheides länger als 5 Jahre bzw. das Datum der vorläufigen Bescheinigung länger als 3 Jahre seit Ausstellung der Bestätigung zurückliegt (BMF vom 15.12.1994 - BStBl. I S. 884).

§ 9 Muster zur Errichtung

A. Satzungsmuster nach Anlage 1 zur AO

In Anlage 1 zur Abgabenordnung gibt die Finanzverwaltung ein Muster vor, das die Mindestvoraussetzungen, die aus steuerlicher Sicht an die Satzung der gemeinnützigen Organisationen gestellt werden, präzisiert. Dieses Satzungsmuster ist nicht spezifisch auf eine bestimmte Form der gemeinnützigen Zweckerrichtung ausgerichtet, sondern muss für Zwecke der Anwendung im jeweils erforderlichen Kontext angepasst werden. Nachfolgend wird gleichwohl der Text des Satzungsmusters nach Anlage 1 zur AO wiedergegeben, um die insoweit erforderlichen Mindestvoraussetzungen zu verdeutlichen.

§ 1

Der – Die – ... (Körperschaft) mit Sitz in ... verfolgt ausschließlich und unmittelbar – gemeinnützige – mildtätige – kirchliche – Zwecke (nicht verfolgte Zwecke streichen) im Sinne des Abschnitts „Steuerbegünstigte Zwecke" der Abgabenordnung.

Zweck der Körperschaft ist ... (z. B. die Förderung von Wissenschaft und Forschung, Jugend- und Altenhilfe, Erziehung, Volks- und Berufsbildung, Kunst und Kultur, Landschaftspflege, Umweltschutz, des öffentlichen Gesundheitswesens, des Sports, Unterstützung hilfsbedürftiger Personen).

Der Satzungszweck wird verwirklicht insbesondere durch ... (z. B. Durchführung wissenschaftlicher Veranstaltungen und Forschungsvorhaben, Vergabe von Forschungsaufträgen, Unterhaltung einer Schule, einer Erziehungsberatungsstelle, Pflege von Kunstsammlungen, Pflege des Liedgutes und des Chorgesanges, Errichtung von Naturschutzgebieten, Unterhaltung eines Kindergartens, Kinder-, Jugendheimes, Unterhaltung eines Altenheimes, eines Erholungsheimes, Bekämpfung des Drogenmissbrauchs, des Lärms, Förderung sportlicher Übungen und Leistungen).

§ 2

Die Körperschaft ist selbstlos tätig; sie verfolgt nicht in erster Linie eigenwirtschaftliche Zwecke.

§ 3

Mittel der Körperschaft dürfen nur für die satzungsmäßigen Zwecke verwendet werden. Die Mitglieder erhalten keine Zuwendungen aus Mitteln der Körperschaft.

§ 4

Es darf keine Person durch Ausgaben, die dem Zweck der Körperschaft fremd sind, oder durch unverhältnismäßig hohe Vergütungen begünstigt werden.

§ 5

Bei Auflösung oder Aufhebung der Körperschaft oder bei Wegfall steuerbegünstigter Zwecke fällt das Vermögen der Körperschaft

1. an – den – die – das – … (Bezeichnung einer juristischen Person des öffentlichen Rechts oder einer anderen steuerbegünstigten Körperschaft), – der – die – das – es unmittelbar und ausschließlich für gemeinnützige, mildtätige oder kirchliche Zwecke zu verwenden hat.

oder

2. an eine juristische Person des öffentlichen Rechts oder eine andere steuerbegünstigte Körperschaft zwecks Verwendung für … (Angabe eines bestimmten gemeinnützigen, mildtätigen oder kirchlichen Zwecks, z. B. Förderung von Wissenschaft und Forschung, Erziehung, Volks- und Berufsbildung, der Unterstützung von Personen, die im Sinne von § 53 der Abgabenordnung wegen … bedürftig sind, Unterhaltung des Gotteshauses in …).

Weitere Hinweise

Bei **Betrieben gewerblicher Art von juristischen Personen des öffentlichen Rechts, bei den von einer juristischen Person des öffentlichen Rechts verwalteten unselbständigen Stiftungen und bei geistlichen Genossenschaften** (Orden, Kongregationen) ist folgende Bestimmung aufzunehmen:

§ 3 Abs. 2:

„Der – die – das … erhält bei Auflösung oder Aufhebung der Körperschaft oder bei Wegfall steuerbegünstigter Zwecke nicht mehr als – seine – ihre – eingezahlten Kapitalanteile und den gemeinen Wert seiner – ihrer – geleisteten Sacheinlagen zurück. “

Bei Stiftungen ist diese Bestimmung nur erforderlich, wenn die Satzung dem Stifter einen Anspruch auf Rückgewähr von Vermögen einräumt. Fehlt die Regelung, wird das eingebrachte Vermögen wie das übrige Vermögen behandelt.

Bei Kapitalgesellschaften sind folgende ergänzende Bestimmungen in die Satzung aufzunehmen:

1. § 3 Abs. 1 Satz 2:

   „Die Gesellschafter dürfen keine Gewinnanteile und auch keine sonstigen Zuwendungen aus Mitteln der Körperschaft erhalten. “

2. § 3 Abs. 2:

   „Sie erhalten bei ihrem Ausscheiden oder bei Auflösung der Körperschaft oder bei Wegfall steuerbegünstigter Zwecke nicht mehr als ihre eingezahlten Kapitalanteile und den gemeinen Wert ihrer geleisteten Sacheinlagen zurück. “

3. § 5:

   „Bei Auflösung der Körperschaft oder bei Wegfall steuerbegünstigter Zwecke fällt das Vermögen der Körperschaft, soweit es die eingezahlten Kapitalanteile der Gesellschafter und den gemeinen Wert der von den Gesellschaftern geleisteten Sacheinlagen übersteigt, ...“.

§ 3 Abs. 2 und der Satzteil „soweit es die eingezahlten Kapitalanteile der Gesellschafter und den gemeinen Wert der von den Gesellschaftern geleisteten Sacheinlagen übersteigt,“ in § 5 sind nur erforderlich, wenn die Satzung einen Anspruch auf Rückgewähr von Vermögen einräumt.

B. Satzungsmuster gGmbH

Nachfolgendes Satzungsmuster gibt eine Möglichkeit wieder, wie die gemeinnützigkeitsrechtlichen und sonstigen Satzungsanforderungen in der Satzung einer gGmbH umgesetzt werden können. Die Mustersatzung ist im Text, insbesondere in § 3 in Auszügen erläutert. Ungeachtet der Praxiserprobung der nachfolgenden Formulierungen sollte jede Satzung im Vorfeld mit dem konkret zuständigen Finanzamt abgestimmt werden.

§ 1
Firma, Sitz

(1) Die Firma der Gesellschaft lautet	ABC gemeinnützige GmbH
(2) Die Gesellschaft hat ihren Sitz in	Hamburg
(3) Sie ist geschäftsansässig in	20100 Hamburg, ABC Straße 1

§ 2
Zweck und Gegenstand des Unternehmens

(1) Gegenstand des Unternehmens ist der Betrieb …
   a) … eines Altenpflegeheims
   b) … .
   c) …

   Als Zweckbetrieb im Sinne des Abschnitts „steuerbegünstigte Zwecke" der Abgabenordnung.

(2) Die Gesellschaft verfolgt ausschließlich und unmittelbar gemeinnützige Zwecke im Sinne des Abschnitts „Steuerbegünstigte Zwecke" der Abgabenordnung. Zweck der Gesellschaft ist die Förderung
   a) der Altenhilfe und des öffentlichen Gesundheitswesens
   b) der Unterstützung hilfsbedürftiger Personen
   c) von Kunst und Kultur
   d) ….

(3) Die Gesellschaft darf alle Geschäfte und Handlungen vornehmen, die dem Gesellschaftszweck unmittelbar oder mittelbar zu dienen geeignet sind. Sie darf hierzu im Rahmen des Abschnitts „steuerbegünstigte Zwecke" der Abgabenordnung weitere Zweckbetriebe und wirtschaftliche Geschäftsbetriebe betreiben.

(4) Die Gesellschaft darf – im Rahmen des Abschnitts „steuerbegünstigte Zwecke" der Abgabenordnung – ihre Geschäfte im In- und Ausland betreiben, insbesondere Zweigniederlassungen errichten und gleichartige oder ähnliche Unternehmen gründen, erwerben oder sich an ihnen beteiligen.

(5) Der Zweck der Gesellschaft wird insbesondere verwirklicht durch die folgenden Tätigkeiten:
   a) den Betrieb eines Pflegeheims für demenzkranke und pflegebedürftige Personen
   b) Förderung und Durchführung von Veranstaltungen, die der kulturellen Erbauung dienen
   c) die Förderung und Unterstützung des gemeinnützigen ABC-Vereins

§ 3
Gemeinnützigkeit

(1) Die Gesellschaft ist selbstlos tätig und verfolgt nicht in erster Linie eigenwirtschaftliche Zwecke.

(2) Die Gesellschafter dürfen keine Gewinnanteile und in ihrer Eigenschaft als Gesellschafter auch keine sonstigen Zuwendungen aus den Mitteln der Gesellschaft erhalten. Wird den Gesellschaftern ein Vorteil zugewandt, der steuerlich als verdeckte Gewinnausschüttung zu werten ist, haben die Gesellschafter der Gesellschaft diesen Vorteil unmittelbar zurückzugewähren. Die Gesellschaft erfasst diesen Rückforderungsanspruch als Forderung gegen den Gesellschafter im Zeitpunkt der Auszahlung des Vorteils an den Gesellschafter (Entstehen der Forderung). Die Forderung ist ab ihrem Entstehen mit 5 % über dem jeweiligen Basiszinssatz zu verzinsen und ist nach Kenntnis des Gesellschafters von dem Anspruch binnen 10 Tagen zur Zahlung fällig.

(3) Gesellschafter erhalten bei ihrem Ausscheiden oder bei Auflösung der Gesellschaft oder bei Wegfall der steuerbegünstigten Zwecke nicht mehr als ihre eingezahlten Kapitalanteile und den gemeinen Wert ihrer geleisteten Sacheinlagen zurück.

(4) Die Gesellschaft darf keine Person durch Ausgaben, die dem Zwecke der Gesellschaft fremd sind, oder durch unverhältnismäßig hohe Vergütungen begünstigen.

(5) Die Gesellschaft kann ihre Zwecke selbst, durch Hilfspersonen oder dadurch verwirklichen, dass sie ihre Mittel teilweise einer anderen, ebenfalls steuerbegünstigten Körperschaft oder einer Körperschaft des öffentlichen Rechts zur Verwendung zu steuerbegünstigten Zwecken zuwendet oder Mittel für die Verwirklichung der steuerbegünstigten Zwecke einer anderen steuerbegünstigten Körperschaft oder für die Verwirklichung steuerbegünstigter Zwecke durch eine Körperschaft des öffentlichen Rechts beschafft.

§ 4
Verbandsmitgliedschaft

(1) Die Gesellschaft beantragt die Mitgliedschaft im XY-Verband. Die Gesellschafter verpflichten sich zur Erfüllung der Voraussetzungen einer Mitgliedschaft beizutragen.

(2) Die Gesellschaft unterwirft sich den Satzungsbestimmungen und sonstigen Regularien dieses Verbandes.

§ 5
Stammkapital, Geschäftsanteile

(1) Das Stammkapital der Gesellschaft beträgt 25.000 EUR (in Worten: fünfundzwanzigtausend Euro).

(2) Von dem Stammkapital übernehmen
   a) [Gesellschafter A] einhundert Geschäftsanteile im Nennbetrag zu jeweils 100,- Euro (insgesamt 10.000,-Euro)
   b) [Gesellschafter B] einhundert Geschäftsanteile im Nennbetrag zu jeweils 100,- Euro (insgesamt 10.000,-Euro)
   c) [Gesellschafter C] fünfzig Geschäftsanteile im Nennbetrag zu jeweils 100,- Euro (insgesamt 5.000,-Euro)

(3) Die Einlagen sind in bar zu erbringen. Sie sind jeweils zur Hälfte sofort einzuzahlen. Die Resteinlagen werden mit Anforderung durch die Geschäftsführung fällig. Der Geschäftsführung steht abweichend von § 46 Nr. 2 GmbHG die Befugnis zur Einforderung zu.

(4) Zusätzliche Einlagen werden in die Kapitalrücklage eingestellt und im Auseinandersetzungsfalle zu den Einlagebuchwerten abgerechnet.

§ 6
Geschäftsjahr, Dauer der Gesellschaft, Bekanntmachungen

(1) Geschäftsjahr ist das Kalenderjahr. Das erste Geschäftsjahr ist ein Rumpfgeschäftsjahr; es beginnt mit der Eintragung der Gesellschaft und endet am 31. Dezember des Jahres.

(2) Die Dauer der Gesellschaft ist unbestimmt.

(3) Bekanntmachungen der Gesellschaft erfolgen nur im elektronischen Bundesanzeiger.

§ 7
Organe

Organe der Gesellschaft sind die Gesellschafterversammlung, die Geschäftsführung und der Beirat.

§ 8
Geschäftsführung und Vertretung

(1) Die Gesellschaft hat einen oder mehrere Geschäftsführer. Der Geschäftsführung obliegt die Führung der laufenden Geschäfte und die Mitwirkung an der strategischen Planung. Sie hat dabei der gemeinnützigen Ausrichtung der Gesellschaft und ihrer organisatorischen Einbindung in einen Verband nach § 4 in besonderem Maße Rechnung zu tragen.

(2) Ist nur ein Geschäftsführer bestellt, so vertritt er die Gesellschaft stets allein.

(3) Sind mehrere Geschäftsführer bestellt, so wird die Gesellschaft entweder von zwei Geschäftsführern oder von einem Geschäftsführer mit einem Prokuristen gemeinsam vertreten. Sind mehrere Prokuristen bestellt, vertreten diese die Gesellschaft ebenfalls gemeinsam. Jedem Geschäftsführer oder Prokuristen kann in diesem Fall von der Gesellschafterversammlung Einzelvertretungsbefugnis erteilt werden.

(4) Die Geschäftsführer sind ermächtigt, für die Gesellschaft bis zu ihrer Eintragung im Handelsregister (Vorgesellschaft) zu handeln, sofern das Vermögen dadurch nicht unter den Betrag des Stammkapitals gemindert wird.

(5) Sind mehrere Geschäftsführer bestellt, müssen sich diese eine Geschäftsordnung geben, die der Zustimmung der Gesellschafterversammlung bedarf. Die Geschäftsordnung soll mindestens die Ressortaufteilung, Form und Verfahren der Beschlussfassung, Ausgestaltung der Informationspflichten, interne Regelungen zur Wahrnehmung der Außenvertretung regeln. Bei Pattsituationen gilt § 13 Abs. 5 bezüglich der Schiedsfunktion des Beirates entsprechend.

(6) Die vorstehenden Regelungen gelten für die Liquidatoren der Gesellschaft entsprechend.

§ 9

Pflichten der Geschäftsführung

(1) Die Geschäftsführer haben unverzüglich nach dem Wirksamwerden jeder Veränderung in den Personen der Gesellschafter oder des Umfangs ihrer Beteiligung eine von ihnen unterschriebene Gesellschafterliste zum Handelsregister einzureichen. Die Veränderungen sind den Geschäftsführern schriftlich mitzuteilen und durch anwaltliche oder notarielle Beglaubigung nachzuweisen.

(2) Die Geschäftsführung muss die anderen Gesellschaftsorgane zeitnah über alle Ereignisse, die für die Beurteilung der Lage und Entwicklung der Gesellschaft von wesentlicher Bedeutung sind, informieren und mit den Geschäftsführungsorganen des Gesellschafters nach Maßgabe der Gesellschafterbeschlüsse zusammenarbeiten.

(3) Zuwendungen Dritter aus Anlass der Tätigkeit sind unverzüglich anzuzeigen. Geschäftsführer dürfen im Tätigkeitsbereich der Gesellschaft für eigene oder fremde Rechnung, außer für die Gesellschafter, keine Geschäfte tätigen und sich nicht mittelbar oder unmittelbar an Konkurrenzunternehmen beteiligen oder für solche tätig sein. Ausnahmen können von der Gesellschafterversammlung zugelassen werden. Diese Punkte und Einzelheiten des Wettbewerbsverbotes regeln die Geschäftsführeranstellungsverträge.

§ 10
Einberufung der Gesellschafterversammlung und Beschlussfähigkeit

(1) Die Gesellschafterversammlung findet jährlich einmal spätestens zwei Monate nach Aufstellung des Jahresabschlusses durch die Geschäftsführung statt. Darüber hinaus finden Gesellschafterversammlungen statt, wenn die Geschäftsführung oder ein Gesellschafter dies verlangen, weil eine Beschlussfassung der Gesellschaft erforderlich wird oder die Einberufung aus einem sonstigen Grunde im Interesse der Gesellschaft liegt.

(2) Die Gesellschafterversammlung wird von der Geschäftsführung mittels eingeschriebenen Briefs unter Angabe der Tagesordnung mit einer Frist von zwei Wochen einberufen. Der Einberufung sind die zu den einzelnen Tagesordnungspunkten erforderlichen Unterlagen beizufügen. Mit Zustimmung aller Gesellschafter kann auf die Einhaltung von Form und Frist gem. Satz 1 verzichtet werden. Form und Frist der Einberufung gelten als gewahrt, wenn alle Gesellschafter an der Gesellschafterversammlung teilnehmen und die Tagesordnung genehmigen.

(3) Jeder Gesellschafter kann sich durch einen anderen Gesellschafter, seinen Ehegatten oder durch einen zur Berufsverschwiegenheit verpflichteten Dritten vertreten lassen. Jeder andere Gesellschafter kann verlangen, dass sich der Bevollmächtigte durch eine schriftliche Vollmacht ausweist.

(4) Die Gesellschafterversammlung ist beschlussfähig, wenn sie ordnungsgemäß gem. Abs. 2 einberufen ist und mindestens die Hälfte des Stammkapitals der Gesellschafter anwesend oder vertreten ist. Ist die Versammlung bei Eröffnung nicht beschlussfähig, so kann frühestens innerhalb von zwei Wochen gem. Abs. 2 erneut eine Versammlung einberufen werden, die dann ohne Rücksicht auf die Anwesenheit oder Vertretung der Gesellschafter beschlussfähig ist. Auf diese Folge ist in der erneuten Einladung hinzuweisen.

§ 11
Zuständigkeit der Gesellschafterversammlung

(1) Die Gesellschafterversammlung ist das Leitungsorgan der gGmbH und trifft alle Grundsatzentscheidungen. Dabei achtet sie insbesondere auf die Einhaltung der ideellen Zielsetzungen, wie sie in den §§ 2-3 beschrieben sind, sowie die langfristige Substanzerhaltung der Gesellschaft.

(2) Die Gesellschafterversammlung ist insbesondere zur Entscheidung über folgende Angelegenheiten zuständig und verpflichtet:

- Feststellung des Jahresabschlusses
- Beschlussfassung über die Gewinnverwendung im Rahmen der Vorschriften der Abgabenordnung über „steuerbegünstigte Zwecke“
- Entlastung der Geschäftsführer
- Auswahl und Bestellung eines Abschlussprüfers

Daneben hat die Gesellschafterversammlung die folgenden Aufgaben zu erfüllen:

- Bestellung und Abberufung der Geschäftsführer und Abschluss und Kündigung der Anstellungsverträge
- Sitzverlegung und Veräußerung des gesamten Unternehmens oder von Unternehmensteilen
- Beschlüsse über Unternehmensverträge
- Strukturmaßnahmen, die Gegenstands- oder Zweckänderungen gleichkommen
- Änderung des Gesellschaftsvertrages
- Zustimmung zur Geschäftsordnung der Geschäftsführung und des Beirates

(3) Grundsatzentscheidungen im Sinne des Abs. 1 sind auch

- die Gründung von Unternehmen oder Erwerb und Veräußerung einer Beteiligung von mehr als 5% an einem Unternehmen sowie Satzungsänderungen bei verbundenen Unternehmen,
- die Aufnahme und Aufgabe eines Geschäftszweiges,
- die Errichtung und Aufgabe von Zweigniederlassungen,
- die Veräußerung und Belastung von Grundstücken und grundstücksgleichen Rechten sowie die damit zusammenhängenden Verpflichtungsgeschäfte,
- Abschluss von Dauerschuldverhältnissen mit einem Volumen von über 25.000 Euro bis zum nächstmöglichen ordentlichen Kündigungstermin,
- Investitionen und sonstige Aufwendungen mit einem Volumen von mehr als insgesamt 10.000 Euro,
- Gewährung von Sicherheiten (z. B. Verpfändung, Sicherungsübereignung, Bürgschaften) Eingehen von Wechselverbindlichkeiten und die Bewilligung von Krediten außerhalb des üblichen Geschäftsverkehrs sowie die Übernahme fremder Verbindlichkeiten, auch wenn dies im Geschäftsplan ausgewiesen ist,
- Vereinbarung von Krediten oder Kreditlinien, die im Einzelfall den Betrag von 25.000 EUR übersteigen oder die einen bisher bewilligten Umfang insgesamt um einen Betrag von mehr als 25.000 EUR erhöhen,
- alle Rechtsgeschäfte einschließlich Forderungsverzichte mit Organmitgliedern der Gesell-

schaft oder deren Angehörigen, sowie mit diesen oder der Geschäftsführung nahe stehenden Unternehmen; ausgenommen der Gesellschafter und ihrer Gesellschaften,

- Erlass von Forderungen gegen Arbeitnehmer, auch wenn dies im Geschäftsplan ausgewiesen ist, und sonstiger Forderungen, wenn dies 10.000 EUR im Jahr übersteigt,
- Erteilung und Widerruf von Prokura.

Die vorgenannten Beträge können in der Geschäftsordnung der Geschäftsführung herauf- oder herabgesetzt werden, wenn dies in angemessenem Verhältnis zu dem Gesamtvolumen der Betätigung der Gesellschaft steht.

§ 12
Beschlüsse in der Gesellschafterversammlung

(1) Beschlüsse der Gesellschafter werden nur in Gesellschafterversammlungen gefasst.

(2) Gesellschafterbeschlüsse werden mit einfacher Mehrheit der abgegebenen Stimmen gefasst, soweit das Gesetz oder diese Satzung nichts anderes bestimmen. Stimmabgabe in Textform ist zulässig.

(3) [Abweichende Regelung: Abweichend von § 47 Abs. 2 GmbHG wird nach Köpfen abgestimmt. Jeder Gesellschafter verfügt über eine Stimme. Kommt bei der Abstimmung nicht die erforderliche Mehrheit zustande (Pattsituation), entscheidet der Beirat i.S.d. § 8 als Schiedsrichter]

(4) Außerhalb von Versammlungen können Beschlüsse auch in Textform gefasst werden, wenn alle Gesellschafter diesem Verfahren zustimmen oder sich daran beteiligen. Die Geschäftsführung hat die Gesellschafter in Textform unter genauer Bezeichnung des Gegenstandes mit einer Frist von mindestens zwei Wochen zur Stimmabgabe aufzufordern. Stimmen, die bis zum Fristablauf der Geschäftsführung nicht zugegangen sind, gelten als Ablehnung. Der Beschluss kommt bereits vor Fristablauf zustande, sobald alle Gesellschafter zugestimmt haben. Alle Beschlüsse der Gesellschafter, auch außerhalb der Gesellschafterversammlung, sind zu protokollieren, soweit keine notarielle Beurkundung vorgeschrieben ist. Das Protokoll ist von der Geschäftsführung zu unterzeichnen und allen Gesellschaftern in Abschrift zu übersenden.

(5) Der Vorsitzende der Gesellschafterversammlung wird vor Eintritt in die Tagesordnung mit einfacher Mehrheit gewählt.

(6) Der Vorsitzende vertritt die Gesellschaft gegenüber der Geschäftsführung. Insbesondere gibt er die Erklärungen zur Berufung und Abberufung sowie zur Anstellung, Abmahnung und Kündigung ab. Ihm obliegt die Leitung der Gesellschafterversammlung und die Bestimmung des Protokollführers.

(7) Die Gesellschafter sind zur Verschwiegenheit über Angelegenheiten der Gesellschaft verpflichtet. Dies gilt nicht gegenüber Organen des Gesellschafters, soweit diese sich mit der Beteiligung zu befassen haben, und nicht für allgemein bekannte Tatsachen.

(8) Die Gesellschafterversammlung soll die Wirksamkeit ihrer Arbeit und die der Geschäftsführung regelmäßig, mindestens alle drei Jahre, systematisch überprüfen und die aktuellen Grundsätze der Nonprofit Governance berücksichtigen.

(9) Die Geschäftsführung kann auf Wunsch der Gesellschafter ohne Stimmrecht an den Gesellschafterversammlungen teilnehmen. Hierauf ist in den Einladungen zur Gesellschafterversammlung hinzuweisen. Jedem Gesellschafter steht hiergegen ein Vetorecht zu. Die

Gesellschafterversammlung kann darüber hinaus bei besonderem Anlass Gäste beratend hinzuziehen.

(10) Soweit Beschlüsse der Gesellschafterversammlung nicht notariell beurkundet werden, sind sie in einer Niederschrift festzuhalten, die vom Vorsitzenden und vom Protokollführer zu unterzeichnen ist. Die Protokolle sind innerhalb von vier Wochen nach der Sitzung den Teilnehmern und der Geschäftsführung zu übermitteln; Zeitverzögerungen oder formale Protokollmängel haben auf die Wirksamkeit der Beschlüsse keine Auswirkungen. Wird der Niederschrift nicht binnen vier Wochen nach dem Zugang der Niederschrift schriftlich oder per Fax widersprochen, so gilt die Niederschrift als genehmigt, es sei denn, mit der Niederschrift wird bewusst von den Beschlüssen der Gesellschafterversammlung abgewichen.

(11) Einwendungen gegen die Wirksamkeit von Gesellschafterbeschlüssen können nur durch Klageerhebung innerhalb einer Ausschlussfrist von zwei Monaten nach Absendung des Beschlussprotokolls geltend gemacht werden. Nach Ablauf der Frist gelten etwaige Beschlussmängel als geheilt.

§ 13
Beirat

(1) Die Gesellschaft hat einen Beirat. Der Beirat kann aus bis zu 3 Personen bestehen.

(2) Die Bestellung und Abberufung der Beiratsmitglieder erfolgt durch die Gesellschafterversammlung mit einer ¾ Mehrheit der abgegebenen Stimmen.

(3) Die Mitglieder des Beirats werden auf fünf Jahre bestellt. Wiederbestellung ist zulässig. Beiratsvorsitzender auf Lebenszeit ist[……]. Er/sie kann nur durch einstimmigen Beschluss aller Gesellschafter abberufen werden.

(4) Der Beirat bestellt und überwacht die Geschäftsführer, beruft sie ab und bestätigt ihre Anstellungsverträge. Der Beirat ist vor allen Entscheidungen, die über die gewöhnliche Geschäftstätigkeit hinausgehen, zu hören.

(5) Der Beirat hat auch die Funktion eines Schiedsrichters, wenn innerhalb der Gesellschafterversammlung keine Einigung zustande kommt.

(6) Die Beiratsmitglieder haben keinen Anspruch auf eine Vergütung, sondern erhalten nur Auslagenersatz.

§ 14
Verfügungen über Geschäftsanteile

(1) Jede entgeltliche oder unentgeltliche Verfügung über Geschäftsanteile oder Ansprüche eines Gesellschafters gegen die Gesellschaft darf zu ihrer Wirksamkeit der vorherigen Zustimmung der Gesellschaftsversammlung. Der Beschluss ist mit einer Mehrheit von ¾ der abgegeben enStimmen zu fassen, wobei der betroffene Gesellschafter kein Stimmrecht hat.

(2) Die vorstehende Regelung gilt nicht für Verfügungen zu Gunsten von Mitgesellschaftern, Ehegatten und leiblichen ehelichen Abkömmlingen von Gesellschaftern.

(3) Vor Abtretung von Geschäftsanteilen sind diese zunächst den übrigen Gesellschaftern schriftlich zum Kauf im Verhältnis zu ihrer Beteiligung anzubieten. Als Gegenleistung ist der Wert der Anteile zu zahlen, wie er sich aus der Abfindungsregelung dieser Satzung ergibt, Zug um Zug gegen Abtretung. Üben die Gesellschafter ihr Ankaufsrecht nicht aus, so haben sie der

Anteilsveräußerung zuzustimmen, sofern nicht wichtige, in der Person des Käufers liegende Gründe entgegenstehen.

§ 15
Teilung und Zusammenlegung von Geschäftsanteilen

(1) Über die Teilung von Geschäftsanteilen entscheidet die Gesellschafterversammlung mit einfacher Mehrheit der abgegebenen Stimmen.

(2) Für die Teilung von Geschäftsanteilen verstorbener Gesellschafter unter deren Erben ist eine Genehmigung der Gesellschaft nicht erforderlich.

(3) Über die Zusammenlegung von Geschäftsanteilen entscheidet die Gesellschafterversammlung mit einfacher Mehrheit der abgegebenen Stimmen. Sie ist nur zulässig, wenn der betroffene Gesellschafter schriftlich zustimmt, die Einlagen auf die Geschäftsanteile in voller Höhe geleistet sind, keine Nachschusspflicht besteht, die Geschäftsanteile die gleichen Rechte vermitteln und nicht unterschiedlich belastet sind.

(4) Die Geschäftsführung hat unverzüglich nach dem Wirksamwerden des Gesellschafterbeschlusses eine neue Gesellschafterliste zu erstellen und zum Handelsregister einzureichen.

§ 16
Erbfolge

(1) Die Geschäftsanteile sind vererblich.

(2) Nachfolgeberechtigt sind nur Mitgesellschafter, Ehegatten und leibliche eheliche Abkömmlinge des verstorbenen Gesellschafters (Alternativ: nur gemeinnützige Körperschaften).

(3) Geht ein Geschäftsanteil beim Tod eines Gesellschafters ganz oder zum Teil auf eine Person über, die nicht nachfolgeberechtigt ist, kann die Gesellschafterversammlung unter Ausschluss des betroffenen Gesellschafters innerhalb von sechs Monaten nach Kenntnis von Erbfall und Erben die Einziehung des Geschäftsanteils des verstorbenen Gesellschafters gegen eine Abfindung nach Maßgabe dieser Satzung beschließen.

(4) Statt der Einziehung kann die Gesellschaft verlangen, dass der Anteil ganz oder geteilt an die Gesellschaft selbst, an einen oder mehrere Gesellschafter oder an einen Dritten abgetreten wird.

(5) Die vorstehenden Regelungen gelten für Vermächtnisnehmer entsprechend.

§ 17
Einziehung von Geschäftsanteilen

(1) Geschäftsanteile können durch Beschluss der Gesellschafter mit Zustimmung des betroffenen Gesellschafters eingezogen werden.

(2) Die Geschäftsanteile eines Gesellschafters können ohne seine Zustimmung eingezogen werden, wenn der Gesellschafter stirbt oder ein wichtiger Grund vorliegt. Als wichtiger Grund gilt insbesondere

- die grobe Verletzung von Gesellschafterpflichten oder ein in der Person des Gesellschafters liegender wichtiger Grund (entsprechend §§ 133, 140 HGB), der seine Ausschließung aus der Gesellschaft rechtfertigt;
- die Betreibung der Zwangsvollstreckung in den Geschäftsanteil, wenn diese nicht inner-

halb von drei Monaten nach Zustellung des Pfändungs- und Überweisungsbeschlusses abgewandt wird, oder

- die Eröffnung des Insolvenzverfahrens über das Vermögen des Gesellschafters oder die Ablehnung der Eröffnung eines solchen Verfahrens mangels Masse.

(3) Statt der Einziehung kann die Gesellschaft von dem Gesellschafter oder seinen Erben die Abtretung des Geschäftsanteils an die Gesellschaft, einen Gesellschafter oder einen von der Gesellschaft bestimmten Dritten verlangen.

(4) Der Beschluss zur Einziehung des Geschäftsanteils oder das Abtretungsverlangen bedarf einer Mehrheit von drei Vierteln der Stimmen der Gesellschafter. Im Fall des Abs. 2 sind der Gesellschafter bzw. seine Erben nicht stimmberechtigt.

(5) Mit dem Beschluss über die Einziehung verliert der Gesellschafter seine Gesellschafterstellung, mit dem Beschluss über die Abtretungsverpflichtung ruhen die Gesellschafterrecht, jeweils mit sofortiger Wirkung und unabhängig von der Zahlung der Abfindung.

(6) Im Fall der Einziehung gem. Abs. 1 oder 2 sowie im Fall der Abtretung gem. Abs. 3 haben der ausscheidende Gesellschafter oder seine Erben Anspruch auf eine Entschädigung in Höhe des Nennwerts des Geschäftsanteils. In den Fällen der Abs. 1 und 2 ist Schuldnerin die Gesellschaft, im Fall des Abs. 3 haften der Erwerber und die Gesellschaft als Gesamtschuldner. Ein Einziehungsbeschluss kann nur dann wirksam gefasst werden, wenn auch nach der Einziehung die Summe der Nennbeträge der Geschäftsanteile dem Stammkapital der Gesellschaft entspricht. Zu diesem Zweck sind zusammen mit der Einziehung die Nennbeträge der anderen Geschäftsanteile anteilig aufzustocken, sofern die Gesellschafter nicht etwas anderes beschließen.

§ 18
Austritt / Kündigung der Gesellschaft

(1) Jeder Gesellschafter kann durch Kündigung seinen Austritt aus der Gesellschaft erklären.

(2) Der Austritt kann nur zum Ende des Geschäftsjahres erfolgen. Er ist unter Einhaltung einer Frist von sechs Monaten durch eingeschriebenen Brief zu erklären. Das Recht zur Kündigung aus wichtigem Grund bleibt unberührt.

(3) Der ausscheidende Gesellschafter ist nach Wahl der Gesellschaft verpflichtet, seinen Geschäftsanteil jeweils ganz oder zum Teil an die Gesellschaft selbst, an einen oder mehrere Gesellschafter oder an von der Gesellschafter zu benennende Dritte abzutreten oder die Einziehung zu dulden. Bis zum Ausscheiden kann er seine Gesellschafterrechte ausüben. Die verbleibenden Gesellschafter sind verpflichtet, bis zum Wirksamwerden des Austritts über die Einziehung oder Abtretungsverpflichtung Beschluss zu fassen.

§ 19
Jahresabschluss und Gewinnverwendung

(1) Der Jahresabschluss ist von der Geschäftsführung nach den gesetzlichen Vorschriften und innerhalb der gesetzlichen Frist aufzustellen, von sämtlichen Geschäftsführern zu unterschreiben und zusammen mit der zuletzt im Handelsregister aufgenommenen Gesellschafterliste an alle Gesellschafter zu übersenden.

(2) Über die Gewinnverwendung beschließt die Gesellschafterversammlung. Im steuerlich zulässigen Umfang dürfen Rücklagen gebildet werden. Im Übrigen sind die Mittel zeitnah für

den Gesellschaftszweck gem. §§ 2 und 3 dieser Satzung zu verwenden. Die Gesellschafter haben keinen Anspruch auf den anteiligen Jahresüberschuss.

(3) Zur Verfolgung des Gesellschaftszwecks sollen in erster Linie die Erträge des Gesellschaftsvermögens verwendet werden. Das Gesellschaftsvermögen mit Ausnahme des Stammkapitals darf in jedem Jahr bis zur Höhe von zehn Prozent des Vermögens gem. dem Abschluss des Vorjahres in Anspruch genommen werden.

§ 20
Satzungsänderungen

(1) Diese Satzung kann durch Beschluss der Gesellschafter mit einer Mehrheit von drei Vierteln aller Stimmen der Gesellschafter geändert werden.

(2) Beschlüsse über Satzungsänderungen können abweichend von § 12 Abs. (4) nur in der Gesellschafterversammlung gefasst werden. Die Vorlage muss allen Gesellschaftern spätestens drei Wochen vor der Versammlung schriftlich zugegangen sein.

(3) Beschlüsse über Änderungen der §§ 2 und 3 (Zweck, Gemeinnützigkeit) dürfen erst ausgeführt werden, wenn das zuständige Finanzamt die gemeinnützigkeitsrechtliche Unbedenklichkeit bescheinigt hat.

§ 21
Auflösung, Vermögensanfall

(1) Die Gesellschaft kann durch einstimmigen Beschluss der Gesellschafter aufgelöst werden. Für die Beschlussfassung gilt § 13 Abs. 2 bis 4.

(2) Im Falle der Auflösung der Gesellschaft wird die Liquidation von den Geschäftsführern der Gesellschaft nach Maßgabe der gesetzlichen Bestimmungen vorgenommen.

(3) Bei Auflösung der Gesellschaft oder bei Wegfall ihrer steuerbegünstigten Zwecke haben die Gesellschafter Anspruch auf ihre eingezahlten Stammeinlagen zum Nennwert. Das übrige Vermögen fällt an eine andere steuerbegünstigte Körperschaft, die es ausschließlich zu steuerbegünstigten Zwecken zu verwenden hat. Als anfallberechtigte Körperschaft wird benannt [.....], oder, falls diese Körperschaft nicht mehr besteht, [......] mit der Maßgabe, diese Mittel ausschließlich und unmittelbar für steuerbegünstigte Zwecke im Sinne des § 2 dieses Gesellschaftsvertrages zu verwenden.

§ 22
Gründungskosten

(1) Die Gesellschaft trägt die mit der Errichtung der Gesellschaft verbundenen Kosten bis zur Höhe von insgesamt 2.500 EUR einschließlich der Gründungsberatungskosten. Etwa darüber hinausgehende Gründungskosten tragen die Gesellschafter.

(2) Ferner trägt die Gesellschaft sämtliche Kosten künftiger Kapitalerhöhungen, einschließlich der Kosten der Übernahmeerklärungen.

§ 23
Schlussbestimmungen

Die Unwirksamkeit einzelner Bestimmungen des Vertrages lässt die Wirksamkeit des Gesellschaftsvertrages im Übrigen unberührt, soweit Treu und Glauben dem nicht zwingend entgegenstehen. In einem solchen Falle ist die ungültige Bestimmung durch Beschluss der Gesellschafterversammlung so umzudeuten oder zu ergänzen, dass der mit der endgültigen Bestimmung beabsichtigte wirtschaftliche und rechtliche Zweck erreicht wird.

Dasselbe gilt, wenn bei der Durchführung des Gesellschaftsvertrages eine ergänzungsbedürftige Lücke offenbar wird.

Stichwortverzeichnis

fette Zahlen = Paragraph
andere Zahlen = Randnummer